REGENSBURG IM MITTELALTER
Katalog

Regensburg im Mittelalter

Katalog der Abteilung Mittelalter
im Museum der Stadt Regensburg

Herausgegeben von Martin Angerer

Buchverlag der Mittelbayerischen Zeitung

Die Deutsche Bibliothek - CIP-Einheitsaufnahme

Regensburg im Mittelalter. - Regensburg : Buchverl. der
Mittelbayerischen Zeitung
ISBN 3-927529-54-0

Bd. 2. Museum <Regensburg> / Abteilung Mittelalter: Katalog
der Abteilung Mittelalter im Museum der Stadt Regensburg. -
1995

Museum <Regensburg> / Abteilung Mittelalter:
Katalog der Abteilung Mittelalter im Museum der Stadt
Regensburg / hrsg. von Martin Angerer. - Regensburg :
Buchverl. der Mittelbayerischen Zeitung, 1995
(Regensburg im Mittelalter ; Bd. 2)
ISBN 3-927529-56-7
NE: Angerer, Martin [Hrsg.]; HST

Regensburg im Mittelalter, Bd. 2
Katalog der Abteilung Mittelalter im Museum der Stadt Regensburg
Herausgegeben von Martin Angerer

© Mittelbayerische Druck- und Verlags-Gesellschaft mbH, Regensburg 1995
Redaktion: Eugen Trapp; Andreas Boos, Peter Germann-Bauer
Umschlag: Manfred Bachhofer
Herstellung: Druckzentrum der Mittelbayerischen Zeitung, Regensburg
Satz und Litho: Vollnhals Fotosatz, Mühlhausen und bt-gravure, Neutraubling
Buchbinderische Verarbeitung: Friedrich Pustet, Regensburg

ISBN 3-927529-54-0 (Gesamtausgabe)
       3-927529-55-9 (Bd. 1 – Beiträge)
       3-927529-56-7 (Bd. 2 – Katalog)

In memoriam Dr. Wolfgang Pfeiffer (1926–1994)
Direktor der Museen der Stadt Regensburg von 1968 bis 1989

Vorwort

Wenn Städte Jubiläen feiern, veranstalten sie oft große und aufwendige Ausstellungen. Solche Ausstellungen werden ideenreich konzipiert und aufgebaut; ein Katalog dokumentiert das Ergebnis, und dann werden sie wieder abgebaut. Ausstellungen verschlingen viel Geld, sind mit nicht zu unterschätzenden konservatorischen Risiken behaftet und entfalten eine zeitlich eher begrenzte Wirkung.

Regensburg hat im Jahr seines Stadtfreiheitsjubiläums auf eine große Ausstellung verzichtet und stattdessen viel Geld in den ersten Abschnitt der Museumssanierung investiert. Die Mittelalterabteilung präsentiert sich in völlig neuem Gewand. Es ist dies gewissermaßen das Jubiläumsgeschenk der Stadt an sich selbst.

Daß der Stadtrat eine solche Entscheidung getroffen hat, ist beispielgebend und paßt in die Zeit. Er hat damit deutlich gemacht, daß ihm das kulturgeschichtliche Erbe Regensburgs am Herzen liegt. Die Entscheidung des Stadtrats bedeutet zugleich den Einstieg in die dringend nötige Gesamtsanierung unseres Museums. Diesen Einstieg mit dem Jubiläumsjahr zu verknüpfen, war ein wichtiges Signal.

Sammeln, Bewahren, Erforschen und Vermitteln sind die vier klassischen Aufgaben eines Museums. Im ganzen Haus am Dachauplatz sind nun die unerläßlichen brandschutz-, sicherheits- und klimatechnischen Vorkehrungen getroffen worden. Dies ist neben den zahlreichen Objektrestaurierungen der bewahrende Beitrag zum Jubiläumsjahr. Den vermittelnden Beitrag leistet die auf höchstem museumsdidaktischen Standard erarbeitete Neupräsentation der Mittelalterabteilung. Und daß die Erforschung der Bestände nicht zu kurz kommt, zeigen Aufsatzband und Katalog.

Der vorliegende Katalog enthält alle in der Mittelalterabteilung präsentierten Objekte in wissenschaftlicher Bearbeitung. Fast alle sind fotografisch abgebildet. Die lange Liste der Autoren zeigt, daß die Herausgeber mit Erfolg bestrebt waren, die optimale fachliche Kompetenz in dieses Werk einzubringen.

Allen Mitarbeitern des Museums und allen anderen Autoren danke ich herzlich für ihre Mühe, ebenso dem Verlag. Danken möchte ich nochmals dem Stadtrat, der die erforderlichen Mittel bereitgestellt hat. Ich bin sicher, daß gerade der Kontrast zwischen den sanierten und den nicht sanierten Teilen des Museums verdeutlichen wird, daß wir, museumsfachlich und kulturpolitisch, den im Jubiläumsjahr 1995 eingeschlagenen Weg konsequent und zügig weitergehen müssen.

Dr. Egon Johannes Greipl
Kulturreferent der Stadt Regensburg

Vorwort

„Die Erde wird von dem Gewicht eines kleinen Vogels bewegt, der sich auf ihr niederläßt." Dieser scheinbar absurde Satz aus den Aufzeichnungen des Leonardo da Vinci verweist auf grundlegende Aspekte des Renaissance-Denkens, nach denen schon die geringste Veränderung das Gleichgewicht der Kräfte beeinflussen kann. Zu Beginn „unseres" Zeitalters, das vor mehr als fünfhundert Jahren begann und mit dessen Phänomenen wir größtenteils immer noch leben, bekamen einzelne Teile eine Eigenständigkeit, die ihnen früher nicht zukam. Im hierarchisch geordneten Weltbild des Mittelalters hatte jedes einzelne Glied seine Berechtigung durch seine Beziehung zum Schöpfergott und dadurch bestimmte die Wahrnehmung die Wirklichkeit.

Der Versuch, 1000 Jahre Regensburger Geschichte des Mittelalters darstellen zu wollen, eine Zeit, zu deren Beginn die schriftlichen Quellen überhaupt nicht und gegen deren Ende sie auch nicht gerade üppig fließen, erscheint kühn; vor allem, da es sich nicht nur um ein gedrucktes und bebildertes Buch handelt. Wie es der Aufgabe eines Museums zukommt, müssen die erhaltenen Realien auf ihre Aspekte von den Entstehungsbedingungen über die Wirkungsgeschichte bis zu ihrer Aussagekraft für den heutigen Museumsbesucher überprüft werden. Nach den Forderungen, daß Museen primär eine Bildungsaufgabe hätten, geht die Tendenz vom „aufgeblasenen Schulbuch", in dem Originale, Kopien und aussagekräftige Texte gleichberechtigt nebeneinander stehen, wieder hin zum Museum als dem Ort der Originale. Das jüngste Beispiel für diese Entwicklung bietet Christoph Stölzl mit seinem Deutschen Historischen Museum in Berlin.

Die neue Abteilung „Mittelalter" bietet einen exemplarischen Gang durch die Regensburger Geschichte, vom Grabstein der ersten Christin Sarmannina bis zur Wallfahrt der „Schönen Maria" kurz vor der Einführung der Reformation in Regensburg. In enger Abstimmung mit der Denkmalpflege wurde, soweit noch unter Putzschichten vorhanden, die mittelalterliche Architektur des ehemaligen Minoritenklosters, so z. B. im Großen Kreuzgang, wieder sichtbar gemacht. Rechtzeitig zur Wiedereröffnung konnte auch die Freilegung der Fresken in der Minoritenkirche St. Salvator, einer der bedeutendsten Bettelordenskirchen in Süddeutschland, nach siebzehn Jahren abgeschlossen werden.

Die historische Raumvorgabe bedingte ein Konzept, das die historisch-thematische Abfolge mit vorhandenen und unveränderbaren Räumen in Einklang brachte. Ein Regensburger Spezifikum ist die gut erhaltene Altstadt, die in großen Teilen noch durch das Mittelalter bestimmt wird. So ergänzen sich Museum und Stadt gegenseitig; ein jedes liefert seinen Teil der Wirklichkeit. Dennoch sollte nie außer acht gelassen werden, daß auch damit nur Annäherungen an das Phänomen „Mittelalter" möglich sind; das Erlebnis „Museum" läßt sich nicht passiv konsumieren, sondern setzt die Bereitschaft zur Aktivität immer wieder voraus.

1992 wurde ein erstes Konzept für die geplante „große" Ausstellung mit einem Kostenrahmen vorgelegt. Ähnlich der Jubiläumsausstellung 1979 sollte eine große Sonderausstellung angeboten werden, die in konzentrierter Form – dann ohne Leihgaben – in eine neue Abteilung übergeführt werden sollte. Erst durch die Kürzung der hierfür geplanten Mittel auf die Hälfte konnte das veränderte Projekt – „nur" eine neue Abteilung „Mittelalter" – realisiert werden. Für die Unterstützung in dieser schwierigen Anfangsphase darf Herrn Stadtkämmerer Helmut Beil gedankt werden, der trotz der angestrengten Finanzlage der Kommune und trotz vieler anderer kostenträchtiger Projekte dieses „Geschenk der Stadt Regensburg an ihre Bürgerinnen und Bürger" befürwortete. Gleich nach Antritt seiner Stelle als Kulturreferent erfuhren die geplanten Unternehmungen die ungeteilte Unterstützung von Herrn Dr. Egon Johannes Greipl, dem aufgrund seiner früheren Tätigkeit, vor allem seit dem „Bayerischen Museumstag" von 1991 in Regensburg, die Nöte und Unzulänglichkeiten des Museums nur zu gut bekannt waren. An dieser Stelle darf auch den Damen und Herren des Stadtrats gedankt werden, die dieses Projekt genehmigten.

Die anstehende Sanierung des Westflügels, zwischen Minoritenkirche und Haupteingang, wobei das Foyer und das Treppenhaus ausgespart bleiben mußten, konnte in der ungewöhnlich kurzen Zeitspanne von März 1994 bis November 1995 inklusive der Einrichtung realisiert werden. Dies war nur möglich, da schon seit 1989 ein vom Architekturbüro von Branca, München, erarbeitetes Gesamtkonzept vorlag. Obwohl es sich nur um einen von insgesamt fünf geplanten Sanierungsabschnitten handelte und der architektonischen Kreativität infolge der vorhandenen historischen Bausubstanz sehr enge Grenzen gesetzt waren, konnten wir uns stets des nachhaltigen Interesses durch Emanuela Freiin von Branca und Alexander Freiherr von Branca sicher sein. In der wichtigsten Phase stieß glücklicherweise Herr Gallus Faller zum Projekt, der im eigenen Hause durch Herrn Rudolf Balzer unterstützt wurde. Vor Ort wurde die Realisierung des Projekts durch das Architekturbüro Dömges und Partner, vertreten durch Herrn Robert Fischer, vorangetrieben und überwacht; für die gute und konstruktive Zusammenarbeit darf den Herren Ulrich Kögler und Alfred Gramalla gedankt werden. Ein gutes und sicheres Gefühl gab uns Museumsleuten und Baulaien das städtische Hochbauamt mit seinem Leiter, Herrn Siegfried Messmer, vor allem dessen Mitarbeiter, die Herren Michael Hermann, Martin Schönberger und Hans Frankerl. Unzählige intensive und lange Baubesprechungen führten dazu, daß alle mit dem nun vorliegenden Ergebnis zufrieden sein können. Bei allen Überlegungen wurde die sachgerechte Präsentation der Objekte in den Mittelpunkt gestellt. Die Ausstellungsgraphik wurde von Herrn Erich Hackel vom Büro atelier & friends erarbeitet; die Ausführung leitete Herr Rudi Mautner. Allen Projektanten und beteiligten Firmen darf für die – meist – zeitgerechte Fertigstellung und das Einfühlungsvermögen für das Besondere bei dieser Maßnahme gedankt werden.

Obwohl es vielen als eine Selbstverständlichkeit erscheint, daß die unterschiedlichsten Ämter einer Stadtverwaltung zusammenarbeiten, dürfen an dieser Stelle doch einige genannt werden, die wesentlichen Anteil am Gelingen hatten: das Amt für Bauverwaltung und Betriebstechnik (Sturmhart Schindler, Helmut Rupprecht und Siegmund Schönberger, Harald Baumann und Oskar Grüner), das Amt für Stadtentwicklung (Bernhard Dauerer und Joachim Lenz) sowie die Presse- und Informationsstelle (Margit Adamek und Peter Ferstl). Ein besonderer Dank für mannigfaltige Hilfe gebührt dem Amt für Archiv und Denkmalpflege, dessen Leiter, Herr Dr. Heinrich Wanderwitz, die Betreuung der historischen Komponente übernommen hat (Dr. Lutz Dallmeier, Dr. Markus Harzenetter, Karl Schnieringer, Karl Kiener und Hans Rösch). Herrn Dr. Helmut-Eberhard Paulus, dem ehemaligen Leiter der Unteren Denkmalschutzbehörde, nunmehr Direktor der Stiftung Thüringer Schlösser und Gärten, darf gedankt werden für die unterstützenden Hinweise in denkmalpflegerischer Hinsicht; dieser Dank geht auch an Herrn Dr. Harald Gieß vom Bayerischen Landesamt für Denkmalpflege, Außenstelle Regensburg.

Neben einer beträchtlichen finanziellen Unterstützung gewährte uns die Landesstelle für die Nichtstaatlichen Museen beim Bayerischen Landesamt für Denkmalpflege mit ihrem Leiter, Herrn Dr. York Langenstein, vielfachen Rat, für den Herrn Dr. Otto Lohr, Herrn Rainer Köhnlein und Herrn Henning Großeschmidt herzlich gedankt sei. Für großzügige Zuwendungen schulden wir ferner Dank: dem Bayerischen Landesamt für Denkmalpflege, München (Herrn Generalkonservator Prof. Dr. Michael Petzet), der Bayerischen Landesstiftung, München (Herrn Ministerialdirektor a. D. Dr. Rainer Keßler), dem Bezirk Oberpfalz (Herrn Bezirkstagspräsident Dr. Hans Bradl).

Zum Gelingen des Unternehmens haben viele Helfer beigetragen. Ihnen allen, die hier nicht namentlich genannt werden können, gilt mein herzlicher Dank für den Einsatz, den sie auf allen Ebenen des so vielschichtigen Projekts geleistet haben. Allen Mitarbeiterinnen und Mitarbeitern des Museums, auf die in dieser Ausnahmesituation auch besondere Aufgaben zukamen, darf ich für die reibungslose Zusammenarbeit danken. Dennoch ist es angebracht, einige von ihnen hervorzuheben. Herrn Dr. Andreas Boos gelang innerhalb kurzer Zeit die profunde Bearbeitung der für die Stadt und die Region so wichtigen Jahrhunderte vom Ende der römischen Epoche bis zur ersten Jahrtausendwende. Sämtliche Belange eines Ausstellungssekretärs waren bei Herrn Dr. Eugen Trapp, der leider nur für eine befristete Zeit eingestellt werden konnte, in besten Händen. Frau Monika Adolf und Frau Annette Kurella, die beiden Leiterinnen der Restaurierungswerkstätten, setzten ihr Fachwissen und ihre Kompetenz in allen Bereichen ein. Frau Dr. Johanna Brade, für zwei Jahre als Wissenschaftliche Volontärin bei den Museen der Stadt Regensburg, bewährte sich in allen Belangen eines Museumsbetriebs. Die Verwaltungsleiterin, Frau Renate Wittenzellner, trug mit großem persönlichen Einsatz zum erfolgreichen Abschluß des Projektes bei. Der herausragendste Dank für das hervorragende Gelingen aber gebührt Herrn Dr. Peter Germann-Bauer, der auch in seiner Funktion als Stellvertretender Leiter der Museen sich aller Probleme annahm und sie zu soliden Lösungen führte. So ist es auch sein Verdienst, daß neben der großen Sanierung die dringenden Sofortmaßnahmen im gesamten Haus in einer unaufgeregten Atmosphäre abgeschlossen werden konnten.

Neben den Erklärungen in den einzelnen Abteilungen kann der vorliegende Katalog eine große Hilfe, aber auch Anregung zum Weiterforschen bieten. Daß in dem die neue Abteilung begleitenden und für die Zukunft dokumentierenden Katalog in gewissem Umfang eine Geschichte Regensburger Kunst und Kultur zustande gekommen ist, wie sie so umfassend bisher noch nie versucht wurde, ist das Verdienst von vielen. An erster Stelle sind die Autorinnen und Autoren zu nennen, die hunderte von Objekten bearbeiteten, vom zehn Meter langen Wandteppich bis zur kleinsten Grabbeigabe. Dies geschah in vielen Fällen mit Hilfe von nur spärlicher Literatur, oft sogar zum ersten Mal. Für Hinweise fachlicher Art ist Herrn Prof. Dr. Franz Fuchs, Herrn Prof. Dr. Achim Hubel und Herrn Heimatpfleger Richard Triebe herzlich zu danken.

Wie schon beim Aufsatzband lag die Redaktion in den bewährten Händen von Herrn Dr. Eugen Trapp. Obwohl die beiden Bände als einzelne Publikationen zu sehen und auch zu erwerben sind, sind sie aufeinander bezogen und bilden eine Einheit. Herrn Dr. Konrad M. Färber, dem Geschäftsführer des Universitätsverlages, und Herrn Manfred Bachhofer darf für das stete Interesse, vor allem aber für das nachsichtige Insistieren gedankt werden. Daß diese beiden umfangreichen Publikationen in einer aufwendigen Ausstattung allen Interessierten angeboten werden können, ist – wie schon so oft – das Verdienst von Herrn Verleger Karl Heinz Esser.

Es ist eine Selbstverständlichkeit, die beiden Bände Herrn Dr. Wolfgang Pfeiffer zu widmen. Über mehr als zwanzig Jahre hinweg führte er als Direktor die Museen der Stadt Regensburg zu ihrer heutigen Bedeutung und prägte nachhaltig die Museumslandschaft. Seinen profunden Rat hätten wir gerne noch eingeholt, auf die Publikation seiner reichen wissenschaftlichen Ergebnisse haben wir alle gewartet und gehofft.

Dr. Martin Angerer
Leiter der Museen der Stadt Regensburg

Inhaltsverzeichnis

Mittelalter neu präsentiert	11
Leihgeber	16
Bearbeiter der Katalogtexte	16
1. Das mittelalterliche Regensburg – seine Entwicklung und seine Lage in der mittelalterlichen Welt	17
2. Romanen und Germanen. – Das 5. Jahrhundert	19
3. Die Bajuwaren. – 6. bis 8. Jahrhundert	25
4. Baiern und Slawen. – 8. bis 10. Jahrhundert	46
5. Bauen in der mittelalterlichen Residenzstadt – Der Salzburger Hof	52
6. Öffentliche Repräsentation – Die Steinerne Brücke	56
7. Private Repräsentation – Die Plastiken aus dem Dollingersaal	61
8. Der Dom St. Peter	64
9. Kirche und Kloster der Minoriten	70
10. Verteidigung	76
11. Die Verfassung der Reichsstadt Regensburg im Mittelalter	82
12. Wirtschaft	89
13. Handwerk und Zünfte	94
14. Städtische Wohnkultur	105
15. Die jüdische Gemeinde	127
16. Das Rathaus	133
17. Krankheit und Tod	140
18. Wasserversorgung	142
19. Entsorgung	145
20. Die mittelalterlichen Bildteppiche aus dem Alten Rathaus	147
21. Kirche, Kunst und Kultur	150
22. Plastik des Spätmittelalters	157
23. Niederbayerische Tonplastik	170
24. Tafelmalerei des Spätmittelalters	174
25. Die Wallfahrt zur Schönen Maria	186
26. Albrecht Altdorfer	193
Farbtafeln	201
Verzeichnis der Abkürzungen und Bibliographie	257
Bildnachweis	265
Dank	266

Martin Angerer

Mittelalter neu präsentiert

Das Museum der Stadt Regensburg, eines der größten kommunalen Museen in Deutschland, zählt zu den jüngeren Gründungen in der Museumsgeschichte. Erst 1931 entschloß sich die Stadt, das Areal des Minoritenklosters – 1810 bis 1920 vom Königreich als Kaserne genutzt – zur Errichtung eines Museums zu erwerben. Ein für die damalige Zeit der Rezession kühner finanzieller Entschluß, der jedoch durch die Zeitläufe eine ideelle Unterstützung erfuhr, sollte es doch die Geschichte der Ostmark den Besuchern nahebringen. Jedoch wie konnte dieser gewaltige Komplex mit aussagekräftigen Exponaten zur Stadt- und Regionalgeschichte ausgestattet werden? Zum einen boten sich die Schätze aus dem Alten Rathaus an, die sich dort aufgrund der Mittelknappheit – die Stadt konnte es sich einfach über Jahrhunderte nicht leisten, die Räume nach dem jeweiligen modernen Geschmack auszustatten – erhalten hatten. Darunter so kostbare Stücke wie die mittelalterlichen Wandteppiche oder die fast komplette Modellkammer mit dem einzigartigen Modell der Wallfahrtskirche zur „Schönen Maria". Anläßlich des Abschlusses der ersten umfangreichen Sanierung des Alten Rathauses im Jahre 1910 veröffentlichte Otto Hupp in seiner immer noch sehr verdienstvollen Publikation, die einem Bestandskatalog gleichkommt, all diese Kostbarkeiten.

Nachdem die Freie Reichsstadt 1810 dem noch jungen Königreich Bayern einverleibt worden war und die kostbarsten Regensburger Geschichtsdenkmäler nun der Legitimation des neuen Ruhmes in München dienen sollten, sank das Interesse an den Zeugnissen der kulturellen Überlieferung. Die Funktion des Bewahrens, Erforschens und Präsentierens übernahm der 1830 gegründete Historische Verein von Oberpfalz und Regensburg. Ohne dessen verdienstvolles Eintreten um die erhaltenen oder neu aufgefundenen Zeugnisse der Vergangenheit wäre uns Heutigen viel verlustig gegangen. In der Manier des 19. Jahrhunderts wurden sie in der Ulrichskirche neben dem Dom und in einem kleinen Raum im Erhardihaus dem interessierten Besucher gezeigt.

Als der Historische Verein sich 1933 entschloß, seine gesamten Kunstsammlungen der Stadt zu schenken, war der Grundstein für das neue Museum gelegt. Noch heute stammen die besten Stücke sowohl der römischen als auch der mittelalterlichen Abteilung aus dieser Schenkung.

Noch in den 1930er Jahren wurden ein Erweiterungsbau fertiggestellt sowie kleinere Abteilungen eröffnet; erst nach dem Zweiten Weltkrieg konnten alle Räume, die die Geschichte der Stadt und der Region vom Mammutzahn bis zu den Gemälden von Altheimer darstellten, der Öffentlichkeit zugänglich gemacht werden. Die wie an einer Perlenschnur aufgereihte Geschichte der Kulturentwicklung in über hundert Räumen erfuhr in den zurückliegenden Jahrzehnten – bis auf die Neugestaltung der römischen Abteilung – nur stellenweise Korrekturen oder Veränderungen. Ende der 1970er Jahre wurden jedoch eklatante Mängel sowohl im baulichen wie auch im konservatorischen Bereich festgestellt; 1981 wurde die Generalsanierung des gesamten Museumskomplexes beschlossen und die hierfür erforderlichen Mittel bereitgestellt. 1989 wurde das bisher einzige Gesamtkonzept zur Neuordnung der Schausammlungen und der Depots vorgelegt und das in Museumsbelangen erfahrene Architektenbüro von Branca mit der baulichen Umsetzung beauftragt. Im November 1990 entschied der Stadtrat, als die beiden Großprojekte zur Diskussion standen, zugunsten der Sanierung der Theaterwerkstätten.

Das Jubiläumsjahr 1995

Jedes Jahr erinnert sich die Stadt am 10. November, dem sogenannten Stadtfreiheitstag, an ein für sie bedeutendes Ereignis: die Verleihung des Privilegs durch Kaiser Friedrich II., durch das die Regensburger Bürger als Dank für ihre Treue das Recht erhielten, zum Nutzen der Stadt und des Reiches Bürgermeister, Räte und alle anderen Beamten frei zu wählen. Damit war der Grundstein für die bürgerliche Stadtherrschaft gelegt. Als Freie Reichsstadt unterstand Regensburg bis zur Auflösung des Heiligen Römischen Reiches Deutscher Nation 1810 nur noch dem Kaiser. Vergleichbar dem Jubiläum im Jahre 1979, als die Gründung des römischen Castra Regina aufgrund der steinernen Weihinschrift von 179 n. Chr. gefeiert wurde, sollte 1995 des für die Stadtgeschichte wichtigen „pergamentenen" Privilegs gedacht werden. Eine in ähnlichem Rahmen wie 1979 geplante Sonderausstellung mußte aufgrund der finanziellen Lage der Stadt verworfen werden. Sozusagen als „Geschenk der Stadt an ihre Bürgerinnen und Bürger" einigte man sich auf eine grundlegende Neukonzeption der Abteilung „Mittelalter" nach dem neuesten wissenschaftlichen Forschungsstand und museumsdidaktischen Erfahrungen. Im Rahmen des 1989 vorgelegten Gesamtkonzeptes war hierfür der „Westtrakt" zwischen Minoritenkirche und Haupteingang vorgesehen, der zu diesem Zweck mit einem großen Aufwand saniert wurde. Der mit der Denkmalpflege auf das engste abgestimmte Grundgedanke der Sanierung war, den historischen Kontext des ehemaligen Minoritenklosters St. Salvator wieder sichtbar zu machen. Sehr hilfreich bei diesem Unterfangen waren die erst kürzlich im Kriegsarchiv in München aufgefundenen kompletten Bauakten aus der Zeit der Kasernennutzung, aufgrund derer die räumliche Struktur des Klosterbaus nachvollzogen werden kann. Weitere Ergebnisse brachten ausführliche Befunduntersuchungen. In allen Belangen wurde das Prinzip des „Rückbauens" dem des „Rekonstruierens" vorgezogen. So konnten im original erhaltenen Westflügel des Großen Kreuzganges die im Zuge der ersten Museumsnutzung zugemauerten Zugänge wieder frei-

Kirche und kleiner Kreuzgang des Minoritenklosters, Federzeichnung, 18. Jahrhundert (Museum der Stadt Regensburg)

gelegt werden, das 2. Obergeschoß wird sich – wieder – als ein einziger großer Raum präsentieren.

Die konzeptionelle Vorgabe des Museums war, anstelle der Abfolge von kunsthistorischen Kompartimenten für den Besucher kulturhistorisch nachvollziehbare thematische Zusammenhänge anzubieten und damit den Stellenwert des kommunalen Regionalmuseums zu dokumentieren. Dennoch mußten aufgrund der unterschiedlichen und für manche Exponate zu geringen Raumhöhen einige wenige Ausnahmen hingenommen werden. Für die beauftragten Ausstellungsarchitekten und -designer bestand die Herausforderung darin, das vorgebene Konzept sowohl in historischen Räumen wie dem Großen Kreuzgang und den sich anschließenden Kapellen und Sakristeien als auch in neuzuschaffenden Raumkomplexen im 1. und 2. Obergeschoß umzusetzen. Nach unzähligen ausführlichen Besprechungen aller Beteiligten konnte im Juni 1994 eine Entwurfsplanung vorgestellt werden, in der alle Vorgaben optimal berücksichtigt sind und die auch das Gremium des Kulturausschusses überzeugte.

Jedes Museum ist so gut wie seine Exponate. Hinzufügen muß man noch: ... und wie diese präsentiert werden. Der Museumsgedanke hat sich seit dem 19. Jahrhundert des öfteren verändert, vom reinen Anschauungsunterricht für Künstler über den Bildungsauftrag für das Bürgertum bis zum sogenannten „Frankfurter Modell", das mehr einem Lehrbuch denn einem Museum glich und in dem Original, Kopie und endlose Wandtexte miteinander konkurrierten. Zwischenzeitlich hat sich in Diskussionen in den Museumswissenschaften eine klare Definition, vor allem für kulturhistorische Museen, ergeben. Das Museum ist nicht dazu da, geschriebene Geschichte zu ersetzen. Es sollte das tun, was wirklich nur das Museum kann, und das bedeutet, daß es primär bei den erhaltenen Originalen, den realen Zeugnissen einer vergangenen Kultur, bleiben muß. Es besteht jedoch kein Zweifel, daß die Objekte allein für den normalen Besucher stumm bleiben. Deshalb wurde bei der neuen Abteilung „Mittelalter" auf eine auf die verschiedenen Bedürfnisse – von der Schulklasse über den eiligen bis zum interessierten Einzelbesucher – abgestimmte Information größter Wert gelegt. So wird sich das Spektrum von der Lehrerhandreichung mit zugehörigem Schülerarbeitsbogen über einführende Abteilungstexte und vertiefende Führungsblätter bis zu einem Kurzführer mit den wichtigsten Exponaten erstrecken. Als Bleibendes – neben der neuen Ausstellung – werden ein umfangreicher Aufsatz- sowie der vorliegende Katalogband angeboten, in denen erstmals die Geschichte des Mittelalters in der Stadt und der Region in einer Gesamtschau wissenschaftlich bearbeitet wird.

Zur Einführung in die Materie sind die beiden an den Kleinen Kreuzgang grenzenden Räume vorgesehen. In dem zentral gelegenen Medienraum kann sich der Besucher einen ersten Überblick von der römischen Epoche bis zum Spätmittelalter verschaffen. Durchgängig wurde stets auf einen sehr engen Bezug zwischen dem Museum und der im Kern sehr gut erhaltenen Altstadt geachtet; nur in der Zusammenschau kann man Geschichte „vor Ort" verständlich machen.

Im anschließenden Raum ist wieder der aktive Besucher gefragt. Anhand eines Stadtmodells mit zugehörigen Karten und Plänen kann er die Entwicklung der Stadt vom römischen Kastell über die arnulfinische Stadterweiterung von 920, die *urbs nova*, und die Ummauerungen um 1300 bis zur endgültigen Stadtgestalt im Spätmittelalter verfolgen. Der Kleine Kreuzgang als Verbindung zwischen Foyer und Minoritenkirche führt in die architektonische Welt des Mittelalters. Bereits um die Mitte des 13. Jahrhunderts konnten die Minoriten, auch Barfüßer oder Minderbrüder genannt, mit dem Bau des Langhauses beginnen, woran sich 1330/40 der hochgotische Chor anschloß. Der Geschichte des Minoritenklosters von den Anfängen unter berühmten Persönlichkeiten wie dem Mystiker David von Augsburg oder dem Prediger Berthold von Regensburg bis zur Nutzung in unserem Jahrhundert ist die Paulsdorffer-Kapelle gewidmet. Auch dieses Oberpfälzer Adelsgeschlecht steht in engstem Zusammenhang mit der Klostergeschichte, diente die Kapelle doch den großen Gönnern des Ordens als Grablege.

Da aufgrund einer Auflage des Bayerischen Landesamtes für Denkmalpflege die Kirche, um die freigelegten Fresken nicht zu schädigen, weder beheizt noch temperiert werden darf, wurden eine „Sommer-" (mit ausführlichem Rundgang) und eine „Winterführungslinie" entwickelt, die sich im Großen Kreuzgang an die römische Abteilung anschließen. Damit kann nun endlich die von vielen Besuchern als schmerzlich empfundene Lücke zwischen der römischen Epoche und dem frühen Mittelalter geschlossen werden, leider noch nicht in dem im Gesamtkonzept vorgesehenen Umfang.

Den Neubeginn markiert der Grabstein der Sarmannina, das früheste christliche Zeugnis nördlich der Alpen. Nach dem Zusammenbruch des römischen Reiches dauerte es einige Generationen, bis Handwerk und Handel wieder aufblühten. Und es ist bezeichnenderweise Regensburg und seine weitere Umgebung, in der manche Forscher die ersten Spuren des Stammes der Bajuwaren sehen wollen. Die

Blick in das ehemalige Museum des Historischen Vereins in der Ulrichskirche, Postkarte, um 1910 (Museum der Stadt Regensburg)

frühesten Beispiele sind die Grabfunde von Barbing-Irlmauth aus dem frühen 6. Jahrhundert. Eine Aussage über das Leben in vorkarolingischer Zeit können uns nur Grabbeigaben vermitteln. Die Herzöge aus dem Geschlecht der Agilolfinger wählten *Reganispurc* zum ersten Sitz des bairischen Staatsgebildes und richteten im alten römischen Kastell im Bereich des Alten Kornmarktes ihre Pfalz ein. Der Freisinger Bischof Arbeo nennt in der Lebensbeschreibung des hl. Emmeram die Stadt „uneinnehmbar, aus Quadern erbaut, mit hochragenden Türmen und mit Brunnen reichlich versehen".

Mit den erhaltenen Spolien des Salzburger Hofes, der 1893–95 dem Neubau des Hauptpostamtes weichen mußte, wird das Bauen in der mittelalterlichen Residenz veranschaulicht. Direkt neben dem Herzogshof gelegen, diente er den Salzburger Erzbischöfen, die als Metropoliten den bayerischen Bischöfen vorstanden, als prunkvoller Sitz.

In der Onophrius-Kapelle werden zwei wichtige Kapitel der Regensburger Geschichte aufgeschlagen: die Steinerne Brücke und der sagenhafte Kampf Dollingers gegen Krako. Da nur diese Kapelle die nötige Raumhöhe für die beiden

Monumentalfiguren des Kaisers Friedrich II. und des hl. Oswald bietet, mußte ein thematischer Sprung akzeptiert werden.

Die an den Türmen der 1135–46 errichteten Steinernen Brücke, die den Zeitgenossen als „achtes Weltwunder" galt, angebrachten Figuren dokumentierten allen Besuchern der Stadt die durch sie verliehenen Privilegien. An der Nordfront wies König Philipp von Schwaben mit seiner Gattin Irene von Griechenland auf die von ihm verliehenen umfangreichen Rechte an der Brücke hin (Philippinum), den beiden gegenüber, an der Südfassade des ehemaligen Schwarzen Turmes, Kaiser Friedrich II. auf die 1245 verliehenen Privilegien. Lange Zeit wurde in dieser Figur der hl. Oswald gesehen, jedoch deuten neben dem politischen Programm der Figurengruppe auch die Attribute auf den Hohenstaufer, den prominentesten Falkenjäger des Mittelalters.

Ebenfalls aus der Zeit um 1300 stammt die überlebensgroße, farbig gefaßte Stuckfigur des hl. Oswald, die uns die hohe Qualität der Regensburger Bildhauerkunst im Hohen Mittelalter vor Augen führt. Beim Abbruch des Dollingerhauses 1899 konnte sie als einzige im ganzen gerettet werden, das Original der dramatischen Szene des Kampfes zwischen dem Regensburger Hans Dollinger und dem fremden Ritter Krako auf dem Haidplatz ging verloren, von der Figurengruppe des reitenden Kaisers Heinrich I. (919–936) blieben nur die beiden Köpfe erhalten.

Die anschließende große Sakristei, ein Beispiel sakraler Architektur um 1300, ist den Originalen des mittelalterlichen Domes gewidmet. Unter den qualitätvollen Skulpturen nimmt die des hl. Petrus (nach 1284), ein Werk des Erminoldmeisters, einen besonderen Rang ein. Dieses Kunstwerk von europäischem Rang wird durch die neue Aufstellung und die verbesserten Lichtverhältnisse neu erlebbar.

Die Fortsetzung der neuen Abteilung findet sich in den beiden darüberliegenden Stockwerken. Im 1. Obergeschoß, das dem Leben, dem „Alltag" innerhalb der Stadtmauern, soweit sich hierzu Objekte erhalten haben, gewidmet ist, trifft man sozusagen als erstes auf das Übergeordnete, das jedoch das Leben eines jeden einzelnen Bürgers beeinflußte. Die Verfassung regelte das gemeinschaftliche Miteinander innerhalb der Stadtmauern. Die von der kaiserlichen Obrigkeit verliehenen Privilegien waren deshalb von allergrößter Bedeutung, so das Fridericianum 1245, das die Stadt erstmals „frei" vom Herzogtum Bayern stellte. Von nun an konnte

Blick auf das ehemalige Minoritenkloster, Photographie, 1904 (Museum der Stadt Regensburg)

die Bürgerschaft ihre Verwaltungsgremien unangefochten wählen, sie war nur noch dem Kaiser unterstellt. Jedoch muß hier angemerkt werden, daß die Mauern zur Blütezeit nur 106 Hektar umschlossen und ca. 6000 bis 10000 Einwohnern Schutz boten. Neben der Reichsstadt mit dem Rathaus beanspruchten noch vier weitere reichsunmittelbare Institutionen staatliche Hoheitsrechte: der Bischof in seiner Domimmunität, die Benediktinerabtei St. Emmeram und die beiden Frauenstifte Niedermünster und Obermünster. Schon im 11. Jahrhundert unterschied ein Chronist zwischen dem *pagus regius*, dem *pagus clericorum* um den Dom und dem *pagus mercatorum*, der sich in engen Gassen zusammendrängte, die zu den Stapelplätzen am Fluß führten. Welchen Stellenwert jedoch die Verfassung für die Stadt am Ausgang des Mittelalters hatte, zeigt noch die feierliche Übergabe des Freiheitenbuches an den Bürgermeister aus dem Jahre 1536.

Die Stadtmauer bot Schutz, jedoch mußte bei einer Belagerung dieser Schutz durch die Bürger verteidigt werden. Bereits seit dem 12. Jahrhundert war das Stadtgebiet in sogenannte Wachten eingeteilt. Der Wachtmeister war mit weitreichenden militärischen und polizeilichen Vollmachten ausgestattet, wodurch er u.a. auch den Befehl über die Bürgerwehr führte. Daneben unterhielt die Stadt ein Zeughaus mit allem nötigen Kriegsgerät, um das sich ein Wart kümmerte, dem auch die Geschütze auf der Befestigung anvertraut waren. Von dem 1803 abgebrochenen Zeughaus erhielten sich neben zwei riesigen Kanonen und diversen Waffen eine Eckkonsole in Form eines Löwen aus der Zeit um 1280.

Schon in karolingischer Zeit war Regensburg eine der bedeutendsten Handelsmetropolen. Zu dieser Stellung trugen die später errichtete Steinerne Brücke wie auch die günstige Lage an der Donau, auf der Waren transportiert werden konnten, bei. Im 11. und im 12. Jahrhundert war die Stadt der reichste Handelsplatz in Süddeutschland mit Verbindung nach Südfrankreich, Venedig und Kiew.

Die folgenden Abteilungen illustrieren anhand von erhaltenen Realien das Leben der Bürger in der Stadt, von der Rolle der Zünfte bis zum Spielzeug für Kinder. Zu Wohlstand und Ansehen der Stadt trug die jüdische Gemeinde, eine der ältesten in Bayern, bei, deren Talmudschule Regensburg zu einem Zentrum jüdischer Kultur machte.

Als Zentrum städtischer Selbstverwaltung und bürgerlichen Selbstbewußtseins entstand, noch im Bereich der Kaufleute, das Rathaus. In seiner heutigen Gestalt lassen sich noch gut die mittelalterlichen Bauphasen ablesen. Die Stellung Regensburgs dokumentieren auch die zahlreichen Reichstage, die hier abgehalten wurden. Die Entwürfe für die Fassadenmalerei von Hans und Melchior Bocksberger erscheinen wie ein letztes Zeugnis der städtischen Macht, bevor die Stadt endgültig in die wirtschaftliche Bedeutungslosigkeit absank.

Das als einziger, großzügiger Raum gestaltete neue 2. Obergeschoß vereinigt die Zeugnisse der Wissenschaft und Künste vom hohen bis zum späten Mittelalter, nicht nur aus Regensburg, sondern auch aus der Oberpfalz und Niederbayern. Durch die Gruppierung der Exponate können dem Besucher Zusammenhänge und Entwicklungsphasen zwischen „Stadt und Land" vermittelt werden.

Durch die Neukonzeption dieser Abteilung konnte endlich ein konservatorisch adäquater Raum für die wertvollen Wandteppiche aus dem Alten Rathaus gefunden werden.

Das Ende des Mittelalters und damit den Übergang zur neuzeitlichen Abteilung und zum nichtsanierten Teil des Museums bilden die Wallfahrt zur Schönen Maria und Albrecht Altdorfer. Zeigt die Wallfahrt, Manifestation der spätmittelalterlichen Frömmigkeit, noch alle Zeichen der vorangegangenen Epoche, so vollzieht sich im Werk des berühmtesten Regensburger Künstlers der spürbare Übergang zur Renaissance und zur Welt des Humanismus.

Durch die strikte Beschränkung auf den Westtrakt verblieb das Foyer in dem ihm eigenen Charme. Auch die Abteilung der „Donauschule" muß auf eine Fortsetzung der Sanierung warten. Jede Baustelle beinhaltet eine Chance; trotz der mannigfachen Belastungen wünschen wir dem Museum mit seinen qualitätvollen Beständen weitere Chancen.

(Dieser Beitrag ist in leicht veränderter Form im Regensburger Almanach 1995 erschienen.)

Folgenden Institutionen danken wir für die Überlassung von Dauerleihgaben:

Bayerische Staatsgemäldesammlungen München
Bayerisches Armeemuseum Ingolstadt
Bayerisches Hauptstaatsarchiv München
Bayerisches Nationalmuseum München
Bischöfliche Administration Regensburg
Germanisches Nationalmuseum Nürnberg
Prähistorische Staatssammlung München
Staatliches Hochbauamt Regensburg
Stadtarchiv Regensburg
sowie allen privaten Leihgebern, die ungenannt bleiben möchten.

Bearbeiter der Katalogtexte

M.A.	=	Martin Angerer, Regensburg
A.B.	=	Andreas Boos, Regensburg
J.B.	=	Johanna Brade, Berlin, Regensburg
D.B.	=	Denis Bruna, Paris
S.C.-W.	=	Silvia Codreanu-Windauer, Regensburg
L.-M.D.	=	Lutz-Michael Dallmeier, Regensburg
U.F.	=	Ursula Fugmann, Kopenhagen
P.G-B.	=	Peter Germann-Bauer, Regensburg
D.G.	=	Doris Gerstl, Regensburg
V.G.	=	Volkmar Greiselmayer, Erlangen
S.H.	=	Susanne Hansch, Regensburg
M.H.	=	Martin Hoernes, Regensburg
W.H.	=	Wolfram Hübner, Regensburg
G.v.K.	=	Georg Ritter von Kern, München, Ingolstadt
N.L.	=	Nicole Lötters, Regensburg
I.L.	=	Isolde Lübbeke, München
K.O.	=	Katja Ost, Regensburg
H.-E.P.	=	Helmut-Eberhard Paulus, Rudolstadt
H.R.	=	Hermann Reidel, Regensburg
S.Sch.	=	Sebastian Schott, Regensburg
E.T.	=	Eugen Trapp, Regensburg
H.W.	=	Heinrich Wanderwitz, Regensburg
S.W.	=	Susanne Wegmann, Regensburg
L.v.W.	=	Leonie von Wilckens, München
E.W.	=	Eleonore Wintergerst, Regensburg
M.W.	=	Magnus Wintergerst, Bamberg

1. Das mittelalterliche Regensburg – seine Entwicklung und seine Lage in der mittelalterlichen Welt

Als Ersatz für das von den Markomannen zerstörte Kohortenkastell von Kumpfmühl legten die Römer etwas weiter nordöstlich, am Südufer der Donau, ein Legionslager an. Es wurde unter Kaiser Marc Aurel im Jahre 179 n. Chr. fertiggestellt und diente der III. italischen Legion als Standort. Da sich das Lager gegenüber der Regenmündung befand, lautete sein lateinischer Name *Castra Regina* oder *Reginum*. Westlich davon entwickelte sich eine zivile Siedlung. Die Einfälle plündernder Germanen seit der Mitte des 3. Jahrhunderts führten dazu, daß sich die römische Zivilbevölkerung in das befestigte Lagergebiet zurückzog. Dies war durch den Abzug der römischen Besatzungssoldaten möglich geworden.

Ab dem frühen 5. Jahrhundert hatte Regensburg keine militärische Bedeutung mehr. Dennoch blieben zumindest die Germanen hier, die als Söldner in der römischen Armee gedient hatten. Das Leben im ehemaligen Legionslager erlosch nicht.

Das schon bald christlich geprägte frühmittelalterliche Regensburg entwickelte sich in zwei ‚Teilstädten'. Während sich das geistlich-politische Zentrum in der Osthälfte des ehemaligen Römerlagers konzentrierte, entstand westlich von diesem das Viertel der Kaufleute. Unter den agilolfingischen Herzögen wurde Regensburg im 8. Jahrhundert zur ersten Hauptstadt Bayerns. Auch die karolingischen Könige residierten häufig hier. Um 920 ließ der Bayernherzog Arnulf, der Rivale König Heinrichs I., auch den westlichen Stadtteil einschließlich der Abtei St. Emmeram befestigen. Dies war die erste mittelalterliche Stadterweiterung nördlich der Alpen.

Seit dem 10. Jahrhundert sind repräsentative Gebäude nachgewiesen, ab dem 12./13. Jahrhundert prägten Türme das Stadtbild. Auch heute noch gibt es in Regensburg mehr mittelalterliche Haustürme als in jeder anderen Stadt Deutschlands. Diese von den reichen Bürgerfamilien errichteten Türme sind als Zeichen für Macht und Wehrhaftigkeit, gleichsam als innerstädtische Burgen, zu verstehen. Sie besaßen alle ihre eigenen Kapellen.

Bei der letzten mittelalterlichen Erweiterung um 1320 wurden die zwischenzeitlich entstandenen Vorstädte im Westen und Osten in den gemeinsamen Mauerring aufgenommen. Damit erhielt Regensburg die Ausdehnung, die es 500 Jahre lang beibehalten sollte.

Ab 1778 ließ Fürst Carl Anselm von Thurn und Taxis anstelle der inzwischen fortifikatorisch nutzlosen, baufälligen Stadtmauer einen Grüngürtel, die sogenannte Allee, anlegen. Sie bildet noch heute den parkartigen Übergang von der mittelalterlichen Altstadt zu den seit dem 19. Jahrhundert entstandenen Außenvierteln.

Damit die Darstellung der Entwicklung Regensburgs von der Antike bis zum Ende des Mittelalters nicht nur ein abstrakter historischer Ablauf bleibt, sind in dieser Abteilung an der Fensterwand „Köpfe" ausgestellt, die helfen sollen, die Jahrhunderte urbaner Geschichte mit Leben zu erfüllen: ein römischer Grabstein mit dem Bildnis eines Ehepaares, ein romanischer Männerkopf aus der Zeit um 1200, das Fragment einer der zweiten Hälfte des 14. Jahrhunderts angehörenden Christophorusgruppe und ein um die Mitte des 15. Jahrhunderts entstandener Schlußstein, der die Halbfigur eines bärtigen Mannes zeigt.

Wie wurde die mittelalterliche Großstadt Regensburg von den Zeitgenossen dargestellt? Die erste Erwähnung Regensburgs auf einer Landkarte findet sich unter der Bezeichnung *Regino* auf der sogenannten Tabula Peutingeriana, einer römischen Straßenkarte aus dem 4. Jahrhundert. Daß die Stadt dann für viele Jahrhunderte von der kartographischen Bildfläche verschwand, ist nur scheinbar ein Widerspruch zu ihrer im frühen und hohen Mittelalter wachsenden Bedeutung. Vielmehr war die Kartographie in nachantiker Zeit nicht Ausdruck geographischer, sondern theologischer Inhalte.

Wenn Landkarten angefertigt wurden, dann als Symbol einer vom göttlichen Willen durchdrungenen Welt. So diente auch die naturkundliche Enzyklopädie *Imago Mundi* des um 1130 in Regensburg wirkenden Honorius Augustodunensis in erster Linie der Erörterung theologischer Fragen. Immerhin aber ging Honorius bereits von der Kugelgestalt der Erde aus. Regensburg ist die einzige deutsche Stadt, die er erwähnt.

Um 1230 erscheint Regensburg erstmals seit der Antike wieder auf einer Landkarte, der Weltkarte aus Kloster Ebstorf bei Lüneburg. Erst jetzt, zu Beginn des Spätmittelalters, knüpfte die Kartographie wieder an das Wissen der Antike an.

Albertus Magnus, 1260 bis 1262 Bischof von Regensburg, begründete die Kugelgestalt der Erde aus antiken Quellen. Er ist damit, zusammen mit Honorius Augustodunensis, einer der Väter der neuzeitlichen Geographie.   E.T.

1.1 Ausschnitt mit dem Minoritenkloster (Museum der Stadt Regensburg) im Vordergrund

1.1
Modell der Stadt Regensburg um 1700

Hans Brandl und Stefan Retzer
nach Vermessungen von Adolf Schmetzer,
vollendet 1942
Holz; B. 557 cm, T. 390 cm
Maßstab 1:400

Das Modell zeigt die Stadt mit ihrem historischen Häuserbestand und den Befestigungen, die anläßlich des Dreißigjährigen Krieges außerhalb der mittelalterlichen Stadtmauer angelegt wurden. Zwischen den beiden Donauarmen liegen der Obere und der Untere Wöhrd. Diese beiden Inseln waren bis 1810, als Regensburg dem Königreich Bayern einverleibt wurde, reichsstädtisch, während das am Nordufer des Flusses liegende Stadtamhof zu Bayern gehörte. Nach Regensburg eingemeindet wurde es erst im Jahre 1924.

Die auf dem Modell zu sehende Ausdehnung Regensburgs entspricht noch dem Umfang, den die Stadt im Zuge ihrer letzten mittelalterlichen Erweiterung zu Beginn des 14. Jahrhunderts angenommen hatte. Trotz mancher bis 1700 errichteter Neubauten ist das spätmittelalterliche Gefüge der Stadt noch unverändert ablesbar.

Um über den statischen Zustand des Modells hinaus die Entwicklung und die urbane Binnenstruktur des mittelalterlichen Regensburg zu veranschaulichen, kann der Museumsbesucher über eine Schalttafel gezielt zusätzliche Informationen abrufen.   E.T.

2. Romanen und Germanen. – Das 5. Jahrhundert

Das spätrömische Regensburg – *Castra Regina* – war nur noch ein schwacher Abglanz des einst blühenden Legionsstandorts. Hatten schon die verheerenden Alamannenstürme des 3. Jahrhunderts die Besiedlung des Umlandes auf einen geringen Rest reduziert, so führten Miltärreformen im 4. Jahrhundert zu einer Verringerung der im Lager stationierten Truppen auf ein Sechstel der Legionsstärke. Zivilbevölkerung rückte ins Kastell ein, und die ausgedehnte Lagervorstadt verödete. Wie in andern raetischen Grenzorten rekrutierte sich das Militär nun, während der Völkerwanderungszeit, in immer stärkerem Maße aus Germanen, die nicht nur vereinzelt, sondern in ganzen Gruppen als Söldner Dienst taten.

Das waren im 5. Jahrhundert Krieger elbgermanischer Herkunft, wie sich vor allem anhand von Keramikfragmenten im Lagerbereich erkennen läßt. Es kommen hier nämlich Scherben mit charakteristischer Verzierung in Form von plastischen Schrägriefen (Schrägkanneluren) oder linsenförmigen Eindellungen (Ovalfacetten) vor. Schalen mit solchem Dekor werden nach zwei großen Brandgräberfeldern gegenüber von Straubing am Nordufer der Donau und in Südwestböhmen als Typ Friedenhain-Přeštovice bezeichnet. Derartige Keramik ist vor allem im Einzugsgebiet der Elbe verbreitet, taucht aber auch in Nordbayern auf, und zwar gerade im Bereich nördlich des Donaulimes. Da sie außerdem in und bei den raetischen Grenzposten am Donausüdufer vorkommt, ist mit einer Rekrutierung eben solcher Germanen zu rechnen, während man noch im 4. Jahrhundert stärker auf ostgermanische Söldner gesetzt hatte.

Jedenfalls hausten die Germanen zusammen mit Zivilbevölkerung in den nur notdürftig hergerichteten Mannschafts- und Offiziersunterkünften des alten Legionslagers. Dabei war Regensburg durchaus noch in das römische Handelsnetz eingebunden. Importierte Glasbecher aus der Zeit um 400 fanden sich sowohl in spätantiken Gräbern vor der Nordwestecke des Kastells als auch fragmentiert in Siedlungsschichten des Lagerinnern. Noch Jahrzehnte später gelangte eine in Nordafrika hergestellte Tonlampe, von der ein winziges Bruchstück erhalten ist, nach Regensburg.

Der *Notitia dignitatum*, einem römischen Amts- und Truppenverzeichnis, zufolge hatte sich der Militärkommandant im frühen 5. Jahrhundert von Regensburg an einen anderen Stützpunkt abgesetzt, sicherlich nicht ohne seine Einheit. Das Hauptkontingent der offiziellen Truppen war damit wohl abgezogen, doch mögen noch kleinere Kommandos verblieben sein. Allmählich dürften aber die Germanen das Heft in die Hand genommen haben.

Zeugnis von einer romanischen Restbevölkerung am Ort legen in römischer Technik hergestellte Produkte ab, die für Germanen bestimmt waren. Das gilt etwa für den christlichen Grabstein der Sarmannina oder für einen teilweise glasierten Topf, der in Formgebung und Verzierungsstil germanische Vorbilder aufnimmt.

Regensburg erscheint im entwickelten 5. Jahrhundert nicht mehr in der historischen Überlieferung. Für den heiligen Severin, der sich nach der Jahrhundertmitte um den organisierten Abzug der Romanen kümmerte, war *Castra Regina* längst kein Thema mehr. Rom gab das raetische Flachland auf.

Erst mit Theoderich dem Großen sollte ganz Raetien wieder ins Reich rücken. Der Ostgotenkönig hielt ab 493 als Nachfolger der römischen Kaiser in der Praefektur Italien den Herrschaftsanspruch bis zur Donau aufrecht. Und er scheint damit Erfolg gehabt zu haben. Archäologisch ist jedenfalls festzustellen, daß in Südbayern Bestattungen mit ostgotischem Formengut auftreten. Auch die nach ursprünglich hunnischer Mode künstlich deformierten Schädel weisen auf ostgermanisch-gotische Einwanderer hin. Wie stark oder schwach man aber auch immer die ostgotische Präsenz in Raetien einschätzen will, eröffnete doch die mit den Ostgoten verbundene Machtkonstellation die weitere Entwicklung eines bajuwarischen Stammes. A.B.

2.1

2.1
Christlicher Grabstein

5. oder 6. Jh.
FO: Regensburg, Kumpfmühler Straße (Großes Gräberfeld)
Kalkstein (Kelheimer Korallenkalkstein); 38 × 56 × 10 cm
Lap. 24

Die Steinplatte weist in der obersten Schriftzeile das Staurogramm als Christuszeichen auf, eingerahmt von den apokalyptischen Buchstaben Alpha und Omega. Die Inschrift lautet: *IN CHR(isto) B(ene) M(erenti) / SARMANN(i)NE / QVIESCENTI IN PACE / MARTIRIBUS SOCIATAE* (Der in Christus wohlverdienten Sarmannina, die in Frieden ruht, den Märtyrern beigesellt).

Der hinsichtlich seiner Ausdeutung umstrittene Text besagt zumindest, daß die verstorbene Christin Sarmannina in geistig-spirituellem Sinne bei den Märtyrern weilt, wenn es sich nicht gar um eine Bestattung *ad sanctos*, also bei den Gräbern von Heiligen oder Märtyrern bzw. deren Reliquien, handelt. Daß die Tote selbst Märtyrerin war, erscheint dagegegen angesichts des völligen Fehlens von Belegen eines auf sie bezogenen Kultes höchst unwahrscheinlich. In jedem Fall dokumentiert sich ein tiefchristliches Bekenntnis der Sarmannina, deren nichtrömischer Name doch sicherlich als germanisch anzusehen ist, während die Steinbearbeitung unzweifelhaft von einem Romanen ausgeführt wurde.

Lit.: K. Dietz in RzR 138f., 424f.; Waldherr 1993 (mit Lit.)

A.B.

2.2

2.2
Zwei Glasbecher

Um 400
FO: Regensburg, Altes Rathaus (Grabfunde)
Olivgrünes Glas
H. 11,9 cm, Dm. Rand 12 cm
H. 9,5 cm, Dm. Rand 10,2 cm
1969/7 u. 1969/6

Die beiden spätantiken Trinkgläser stammen aus Skelettgräbern, die zu einem Friedhof vor der Nordwestecke des römischen Kastells gehörten. Im Gegensatz zu den bei derselben Ausgrabung 1969 entdeckten merowingischen Reihengräbern sind die späteströmischen Körperbestattungen meist beigabenlos, so daß diese den Toten mitgegebenen Gläser Ausnahmen darstellen.

Lit.: Osterhaus 1972, 15 u. Beilage 3; Kat. Regensburg 1977, 18 Nr. 16f.

A.B.

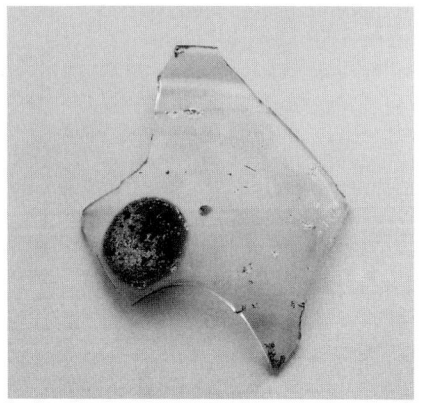

2.3

2.3
Glasbecher (Fragment)

Um 400
FO: Regensburg, Grasgasse (Siedlungsfund)
Olivgrünes Glas; H. 6,9 cm
1979/333

Das Fragment eines Glasbechers mit ausziehendem, abgesprengtem Rand und dunkelblauen Nuppen stammt aus einem Bereich des Römerlagers, der zu dieser Zeit nicht nur von Militär, sondern auch von der Zivilbevölkerung bewohnt war. Solche Gläser konnten von Werkstätten aus der Provinz Pannonien bezogen werden.

Lit.: Fischer/Rieckhoff-Pauli 1982, 58–60 mit Abb. 23,3

A.B.

2.4
Öllampe (Fragment)

Nordtunesien, Mitte 5. Jh.
FO: Regensburg, Niedermünster, Kreuzgarten (Siedlungsfund)
Keramik; L. 6,0 cm
1989/89.7
(Ohne Abb.)

Die in Form gepreßte rottonige Öllampe besitzt eine plastische Jakobsmuschel auf dem Spiegel. Die Form entspricht dem nordtunesischen Lampentyp Atlante VIII D1, dessen Produktion in dem spätantiken Töpferbezirk von El Mahrine belegt ist.

Lit.: E. WINTERGERST 1991, 46 mit Taf. 14,3; vgl. MACKENSEN 1993, 148ff.

E.W.

2.5
Schnalle

Ostgermanisch, 5. Jh.
FO: Regensburg, Kumpfmühler Straße (Großes Gräberfeld)
Bronze; B. 3,0 cm, L. Dorn 3,7 cm
A 2947

Der herzförmige, an der Spitze leicht verdickte Bügel weist auf der Vorderseite ein feines Rautenmuster auf. Der um den dünnen Bügelsteg gebogene Dorn besitzt ein hakenförmiges, zweirippig profiliertes Ende. Die Schnalle stammt angeblich als Einzelfund aus einem Steinsarkophag und gehört demnach zu einem spätantiken Körpergrab. Während jüngere, merowingerzeitliche Grabfunde aus dem Bereich des großen römischen Gräberfeldes in geringer Zahl bekannt sind, handelt es sich bei der Bronzeschnalle um das einzige Fundstück des 5. Jahrhunderts. Sie zeigt eine kontinuierliche Belegung des Friedhofs an; weitere, beigabenlose Körpergräber dürften etwa zeitgleich sein.

Lit.: SCHNURBEIN 1977, 124f. u. 251f. Nr. 17, Taf. 192,17

A.B.

2.5–2.7

2.6
Schnallendorn

Gotisch, 1. Hälfte 5. Jh.
FO: Regensburg, Grasgasse (Siedlungsfund)
Silber; L. 2,5 cm
1979/334

Der aus Silber gegossene, ritzverzierte Schnallendorn mit hakenförmigem Ende steht in gotischer Formtradition. Ähnliche gotische Gürtelteile stammen auch aus anderen spätrömischen Kastellen Raetiens und beweisen, daß in der ersten Hälfte des 5. Jahrhunderts Goten oder andere Germanen östlicher Herkunft an der Donaugrenze und im Binnenland Dienst taten. Da es sich in der Regel um Objekte aus Edelmetall handelt, dürften sie am ehesten aus dem Besitz von Anführern stammen.

Lit.: FISCHER/RIECKHOFF-PAULI 1982, 54f. mit Abb. 22,5; KELLER 1986, 582f. mit Abb. 4,4; BÖHME 1988, 26f. mit Abb. 6,6; MENGHIN 1990, 44 mit Abb. 40,4

A.B.

2.7
Amulettring

Germanisch, 5./6. Jh.
FO: Regensburg, Grasgasse (Siedlungsfund)
Bronze; Dm. innen 2,5 cm
1979/81a

Der gebuckelte, massive Ring stammt ebenfalls aus dem Regensburger Kastellbereich. Solche Ringe wurden als Amulette getragen und kommen auch noch in germanischen Gräbern des 6. Jahrhunderts vor *(vgl. Kat. 3.7).*

Lit.: FISCHER/RIECKHOFF-PAULI 1982, 54f. mit Abb. 22,6

A.B.

2.8
Schalen

Elbgermanisch, 5. Jh.
FO: Regensburg, Grasgasse (Siedlungsfunde)
H. 11,5 cm, Dm. Rand 18,2 cm (Rekonstruktion), Fragmente

Die auf der Grundlage weniger Scherben nachgebildete schwarztonige Schale des Typs Friedenhain-Přeštovi-

2.8 u. 2.11

ce (im Bild links) weist das charakteristische Dekor mit linsenförmigen Eindellungen, den Ovalfacetten, auf dem Umbruch auf. Diese Vertiefungen sind durch einrahmende Linien- und Punktverzierung betont.

Weitere Scherben zeigen Schrägkanneluren, das zweite Charakteristikum der Keramik dieses Typs. Aus den kleinen Bruchstücken kann das Aussehen der ganzen Gefäße annähernd rekonstruiert werden. Alle diese Keramikfragmente stammen von einem Fundplatz am Südrand des Kastellbereichs.

Lit.: FISCHER/RIECKHOFF-PAULI 1982, 63–65 mit Abb. 27; FISCHER 1988b, 37 mit Abb. 30 u. 84f. mit Taf. 10

A.B.

2.9
Kumpf (Fragment)

Germanisch, 5./6. Jh.
FO: Regensburg, Niedermünster, Kreuzgarten (Siedlungsfund)
H. noch 25,4 cm, Dm. Rand ehemals 20 cm
1989/89.6
(Ohne Abb.)

Der grob gemagerte, handgefertigte Kumpf weist einen einziehenden Rand auf.

Die Fundumstände des Stücks, das aus der schwarzen Planierschicht oberhalb der römischen Befunde stammt, lassen nur eine sehr grobe Datierung zu, wie auch diese einfache Keramik an sich weit verbreitet und über längere Zeit in Gebrauch war.

Lit.: E. WINTERGERST 1991, 47f., 49–51 mit Taf. 15,3; DIES. 1994, 65 mit Abb. 6

E.W.

2.10

2.10
Henkeltopf
5. Jh.
FO: Regensburg, Grasgasse
(Siedlungsfund)
H. 19,4 cm, Dm. Rand 25,5 cm
1979/119

Der weitmundige, rottonige Henkeltopf, der aus wenigen Fragmenten rekonstruiert ist, wurde auf der schnelllaufenden Töpferscheibe hergestellt, besitzt einen gedrehten Henkel und ist innen und an Teilbereichen der Außenseite mit senfgrüner Bleiglasur überzogen. Diese Technik sowie der harte Brand wurzeln in antiker Töpfertradition. Allerdings sind an dem Gefäß Verzierungselemente angebracht, wie sie sich auf typisch germanischen Gefäßen finden: Es besitzt einen Standring und Verzierungen durch ovale Dellen (Ovalfacettierung; *vgl. Kat. 2.8 u. 2.13*) und Dreiecksstempel. Somit stellt dieses glasierte Gefäß einen der äußerst seltenen Mittler zwischen spätantiker Technik und germanischem Formempfinden dar.

Lit.: FISCHER/RIECKHOFF-PAULI 1982, 64–66 mit Abb. 68; FISCHER 1984, 239f. mit Abb. 62; DERS. 1988a, 43 mit Abb. 20; DERS. 1988b, 84 mit Taf. 10; BOOS/CODREANU-WINDAUER/WINTERGERST 1995, 32 mit Farbtafel 1

E.W.

2.11
Schale
Elbgermanisch, 5. Jh.
FO: Burglengenfeld, Lkr. Schwandorf, Rotkreuzstr. 10
H. 8,6, Dm. Rand 17,8 cm
1953/4
(Abb. bei Kat 2.8)

Die etwa zu einem Drittel original erhaltene, hellbraune, außen geglättete Schale aus feinem Ton gehört dem Typ Friedenhain-Přeštovice an und weist – abgesehen von der typisch weitmundigen, flachen Form – als Charakteristikum Schrägkanneluren auf.

Lit.: FISCHER 1981, 357, 368f. u. 385 mit Abb. 13,4

A.B.

2.12

2.12
Schale (Randstück)
Elbgermanisch, 5. Jh.
FO: Burglengenfeld-Wieden
1937/161

Ebenfalls zur Keramik vom Typ Friedenhain-Přeštovice zählt das Randstück einer graubraunen Schale mit Ovalfacetten, Einstich- und Rillenverzierung.

Lit.: FISCHER 1981, 357, 368f. u. 385 mit Abb. 13,6

A.B.

2.13

2.13
Schalenurnen
Elbgermanisch, Ende 4./5. Jh.
FO: Forchheim bei Freystadt, Lkr. Neumarkt (Grabfunde)
H. 10,5 cm, Dm. Rand. 25,2 cm
H. noch 11,0 cm, Dm. max. 26,5 cm
1990/42.30z und 1989/1.11x
(Nur ein Exemplar abgebildet)

Die beiden Schalen sind typische Vertreter der Keramik vom Typ Friedenhain-Přeštovice. Während das abgebildete, nur geringfügig ergänzte Gefäß mit den charakteristischen Ovalfacetten sowie mit Einstich- und Rillendekor versehen ist, weist die fragmentarische, aus vielen Scherben zusammengesetzte Schale mit ihren Schrägkanneluren die zweite bezeichnende Verzierungsart jener Keramik auf. Die beiden Gefäße stehen auch stellvertretend für die unterschiedlichen Erhaltungsumstände der Fundstücke aus dem Gräberfeld von Forchheim. Die Zerstörung der Gräber durch Verackern ist so weit fortgeschritten, daß die Keramik in der Regel völlig zerschert und verstreut aufgefunden wird.

Beide Schalen dienten als Urnen und nahmen, wie in den germanischen Brandgräberfeldern üblich, die wenigen Beigaben und den Leichenbrand auf.

Lit.: WEINLICH 1991, 136f. mit Abb. 104; DERS. 1992, 42f. mit Abb. 2

A.B.

2.14

2.14
Glasperlen
4. und 5. Jh.
Farbiges Glas
FO: Forchheim bei Freystadt (Grabfunde)
1994/42

Die Glasperlen stammen aus dem Areal eines elbgermanischen Brandgräberfeldes. Einige sind durch Hitzeeinwirkung auf dem Scheiterhaufen stark deformiert worden. Der unförmige zweifarbige Klumpen (im Bild links oben) entstand durch das Zusammenschmelzen einer gelben und einer blauen Perle. Auffallend sind neben einfarbigen kugeligen Formen polyedrische und balusterförmige dunkelblaue Perlen, die als spätantik anzusprechen sind. Die größte, zu einem Klumpen zerschmolzene schwarze Perle zeigt Reste einer hellblauen 8er-Schleifenauflage. Besonders reich verziert ist das Fragment einer großen, kugeligen, schwarzen Perle mit weißer Faden-, gelber Kreis- und roter Punktauflage (Bildmitte).

A.B./E.W.

2.15
Bügelfibel

Thüringisch/alamannisch,
1. Hälfte/Mitte 5. Jh.
FO: Sulzbürg bei Mühlhausen,
Lkr. Neumarkt (Siedlungsfund)
Silber; L. 4,9 cm
1962/44

Die gegossene Bügelfibel mit herzförmigem Fußende (im Bild rechts) zeigt Reste von Feuervergoldung und stellt ein Derivat entsprechender Blechfibeln des Typs Wiesbaden dar. Es handelt sich um einen Einzelfund aus dem Areal der vor- und frühgeschichtlichen Befestigung Sulzbürg, die zu den alamannischen Gauburgen zählt.

Lit.: A. STROH/H. DANNHEIMER in VHVOR 103 (1963), 456f. mit Abb. 6; WERNER 1981, 240 mit Abb. 6,b; FISCHER 1981, 356, 362f. u. 377 mit Abb. 5,C1; BÖHME 1989, 402 mit Abb. 5 (Nr. 20), 404 (Nr. 20)

A.B.

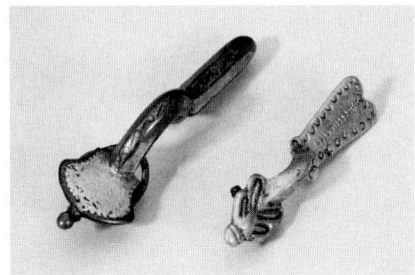

2.15 u. 2.16

2.16
Bügelfibel

Elbgermanisch (Böhmen), 2. Drittel 5. Jh.
FO: Lengfeld-Alkofen, Lkr. Kelheim (Siedlungsfund)
Silbervergoldet; L. 6,4 cm
A 4134

Die gegossene Silberfibel mit gelappter Kopfplatte und schmalem Fuß (im Bild links) ist einer elbgermanischen Fibelgruppe zuzuweisen, deren Verbreitung in Böhmen ihren Ausgang hat, aber auch ins römische Reichsgebiet streut. Daraus ist eine Aufnahme der elbgermanischen Träger solcher Fibeln in den römischen Militärdienst abzulesen. Das Alkofener Stück stammt von einer Stelle, die aufgrund ihrer Topographie und des Fundmaterials als mittelkaiserzeitliches Kleinkastell am Donaulimes gedeutet wird. Möglicherweise weist die wesentlich jüngere Fibel auf eine nachmalige Belegung in der Spätantike hin.

Lit.: KOCH 1968, 4 mit Abb. 1; BÖHME 1989, 400–402 mit Abb. 4,13 u. Abb. 5,33, 404 (Nr. 33); FISCHER 1993, 154 (Nr. 2)

A.B.

2.17

2.17
Bügelfibelpaar

Ostgotisch, um 500
FO: Regensburg-Irlmauth, Grab 10 (Frau)
Silber; L. 13,5 cm, L. noch 12,6 cm
1937/244

Die gegossenen Silberfibeln besitzen eine halbrunde Kopfplatte mit ursprünglich fünf Knöpfen sowie eine rhombische Fußplatte mit Tierkopffuß und weisen geringe Spuren von Vergoldung auf. Kopf- und Fußplatte zeigen Spiralrankendekor. Die Almandineinlagen in den vier seitlichen Rundeln der Fußplatte sind teilweise ausgefallen. Das Fibelpaar stammt aus einer der frühen Bestattungen des Irlmauther Reihengräberfeldes.

Die Fundlage der Fibeln im Beckenbereich entspricht nicht der bei den Ostgoten üblichen Trageweise vor den Schultern, wo das Fibelpaar ein Kleidungsstück in Form eines Peplos zusammenhielt. Dieses offenbar auf veränderte Kleidung zurückzuführende Phänomen zeigt sich in Bayern regelhaft bei Bestattungen mit ostgotischen Fibeln. Verschiedene Indizien legen es allerdings nahe, trotz der andersartigen Trageweise mit den ostgotischen Fibeln auch Ostgotinnen zu verbinden.

Lit.: ECKES/ZEISS 1938, 46–48 u. Taf. 9,5; WERNER 1961, 68f. u. Taf. 7,1–2; KOCH 1968, 27, 176, Taf. 35,1–2 u. 84,6–7; BIERBRAUER 1971, bes. 133, 148, 150–152, 157 mit Abb. 9 (Nr. 11 u. Taf. 9,1–2; BÖHME 1988, 34, 36 mit Abb. 13

A.B.

2.18
Bügelfibel und Armreif

Ostgotisch (Italien), um 500/Anfang 6. Jh.
FO: Alteglofsheim (Grabfund)
Fibel: Silber-Kupfer-Legierung; L. 9,7 cm
Armreif: Bronze; Dm. 5,7 cm *(ohne Abb.)*
1972/9

Der Schmuck stammt aus dem West-Ost-orientierten Einzelgrab einer Frau. Die gegossene, kerbschnittverzierte Bügelfibel weist Reste von Feuervergoldung auf. Die halbrunde, mit fünf Knöpfen versehene Kopfplatte zeigt Spiralrankendekor, während die rhombische Fußplatte ein in vier Rhomben gegliedertes Gittermuster besitzt und in einen Tierkopf übergeht. Der dünne,

2.18

offene Armreif endet in abgeplatteten Tierköpfen und stellt wohl ein Altstück dar, da verwandte Formen in spätrömischen Gräbern des 4. Jahrhunderts begegnen.

Die ostgotische, in Italien hergestellte Fibel befand sich bei dieser Bestattung einzeln im Beckenbereich, war somit nicht nach gotischer Mode getragen worden. Allerdings war der Kopf der hier bestatteten älteren Dame künstlich deformiert *(s. Kat. 2.19)*. Es dürfte sich daher um eine Ostgotin gehandelt haben, die vielleicht noch zu Zeiten der hunnischen Hegemonie geboren worden war.

Lit.: Osterhaus/Bierbrauer 1973; Gerhardt 1980; Schröter 1988, 259 (Nr. 2)

A.B.

2.19
Künstlich deformierte Schädel

Individuen wohl um 500 verstorben
a. FO: Regensburg-Irlmauth, Grab 33
SK 253
b. FO: Bereich des Reihengräberfeldes von Eltheim
SK 172

Die beiden Schädel weisen jeweils eine deutliche Veränderung hin zu einer länglichen Kopfform auf. Solche künstlichen Deformationen erzielte man durch Bandagierung des Kopfes im Kleinkindalter. Diese eigentlich hunnische Mode fand vor allem bei ostgermanischen Stämmen im Machtbereich der Hunnen gelegentlich Nachahmung, kam aber sogar noch in Thüringen und Burgund vor. Während die Kopfverformung im Karpatenbecken bei Individuen beiderlei Geschlechts offenbar gleichermaßen geübt wurde, betraf sie bei den Germanen in Mitteleuropa vornehmlich Frauen. Hier scheint der Brauch bald nach dem Niedergang der hunnischen Hegemonie (ab 454 n. Chr.) aufgegeben worden zu sein.

In den beiden vorliegenden Fällen handelt es sich um Männer, die in maturem Alter verstorben sind. Die vorwiegend mongoliden Rassenmerkmale des Irlmauther Schädels (links) legen eine Bestimmung des Individuums als „waschechten Hunnen" (Gerhardt 1965, 23) nahe; die wenigen, nur unter Vorbehalt zuweisbaren Beigaben sprechen nicht gegen diese Interpretation. Der ohne Fundzusammenhang geborgene Schädel von Eltheim (rechts) dürfte dagegen von einem Germanen, vielleicht aus dem Kernbereich hunnischer Macht, stammen.

Lit.: Gerhardt 1965; Koch 1968, 180, 186; Gerhardt 1980, bes. 15f. u. Taf. 2; Schröter 1988, 259 (Nr. 3f.)

A.B.

2.19

3. Die Bajuwaren. – 6. bis 8. Jahrhundert

Erst um die Mitte des 6. Jahrhunderts treten die Bajuwaren ins Licht der Geschichte. Als östliche Nachbarn der Alamannen siedeln sie zwischen den Alpen im Süden und dem Donauraum im Norden, zwischen dem Lech im Westen und der Traun im Osten. Um 555 findet mit Garibald der erste bekannte Herzog der Bajuwaren Erwähnung. Die Stammesbildung dürfte bis dahin weitestgehend abgeschlossen gewesen sein.

Die Formierung des bajuwarischen Stammes muß in den Jahrzehnten davor stattgefunden haben. Ein Blick auf die Beigaben in Gräbern dieser Zeit zeigt verschiedenste Einflüsse gleichsam aus allen Himmelsrichtungen. Die Toten werden nun in enggereihten, West-Ost-gerichteten Körpergräbern, den sogenannten Reihengräbern, mit Schmuck, Waffen und Gerät beigesetzt. Dabei kommt vor allem den Fibeln, den schmückenden Gewandspangen, große Bedeutung zu, weil sie Modeströmungen und regionalen Vorlieben in besonderer Weise unterworfen waren und somit sowohl über die Zeitstellung als auch über die Herkunft ihrer Träger bzw. Trägerinnen nähere Auskünfte zu geben vermögen.

Die Beurteilung der Grabinventare zeigt, daß in der Zeit um 500 und in der 1. Hälfte des 6. Jahrhunderts ein Bevölkerungszustrom stattgefunden hat. Die Anstöße hierfür gründen wohl im Machtanspruch des Ostgotenkönigs Theoderich, dem an einer Aufsiedlung des bevölkerungsarmen Landes bis zur Donau gelegen sein mußte. In der Tat kommt es schon während seiner Herrschaftszeit (493–526) zum Zuzug von Fremden. Dies dokumentieren im Regensburger Umland und anderorts in Südbayern Funde aus dem sogenannten östlich-merowingischen Reihengräberkreis ebenso wie aus dem westlich-merowingischen. Letztere sind als fränkisch-alamannische Formen hauptsächlich mit der Einwanderung von Alamannen zu verbinden, bei denen fränkische Einflüsse zur Geltung kamen und rheinische Importe beliebt waren. Jedenfalls stammen viele Typen gerade von Fibeln aus Südwestdeutschland oder haben dort ihre Vorbilder. Dagegen zeigt die im Fundgut bislang weniger starke östliche Komponente Formen, wie sie um 500 in Mitteldeutschland, Böhmen und Mähren vorkommen, dem damaligen Herrschaftsbereich von Thüringern und Langobarden.

Die Vermischung dieser Stammesteile zeigt sich in Gräberfeldern, die von den verschiedenen Gruppen gemeinsam genutzt werden und zum Teil sogar noch Friedenhain-Přeštovice-Keramik der germanischen Vorbevölkerung aufweisen. Der historisch überlieferte Stammesname *baiovarii* bedeutet nach namenkundlichem Verständnis „Leute aus Baia", womit Böhmen gemeint sein könnte. Es ist allerdings letztlich ungeklärt, ob er sich auf Teile der schon im 5. Jahrhundert ansässigen Germanen bezieht oder die Herkunft von germanischen Volksgruppen angibt, die erst um 500 und im frühen 6. Jahrhundert aus Böhmen hinzustoßen. Gelegentlich deuten bestimmte Gefäße, die in römischer Techniktradition hergestellt wurden, auch auf die Integration verbliebener Romanen.

Die Herrschaft der Ostgoten, unter deren Schutz dieser Verschmelzungsprozeß beginnt, wird in den dreißiger Jahren des 6. Jahrhunderts von einem fränkischen Machtanspruch abgelöst. In den folgenden Jahrzehnten setzt sich nun immer mehr die einheitliche Zivilisation des Merowingerreichs durch, so daß die unterschiedlichen kulturellen Wurzeln fast zur Gänze nivelliert werden. Die Bajuwaren bleiben aber fremden Einflüssen aus Osten und Süden, nun von den Awaren und den ab 568 in Italien ansässigen Langobarden kommend, aufgeschlossen.

Aus der Regensburger Innenstadt sind bislang nur wenige Fundstücke der bajuwarischen Frühzeit bekannt. Dennoch wird man davon ausgehen dürfen, daß der Ort seinen im 7. Jahrhundert nachweisbaren Rang als Herzogsresidenz schon seit der Stammesbildung eingenommen hat. Die unzerstörte monumentale Umwehrung des alten Legionslagers mag die Stadt hierfür prädestiniert haben.

Um 600 datieren die ältesten der aufgedeckten reichen Gräber des bajuwarischen Bestattungsplatzes bei St. Emmeram, und in dieselbe Zeit fällt das am Bismarckplatz zutage gekommene Pferdegrab als Teil der Grablege eines adeligen Reiters. Bei ihm wird es sich um eine hochrangige Person aus dem Umfeld des Herzogs gehandelt haben. Daß die Bestattung des Adligen selbst schon um 920 bei der Erweiterung der Stadtbefestigung zerstört worden sein dürfte, wirft ein bezeichnendes Licht auf die ungünstigen Erhaltungsbedingungen der frühmittelalterlichen Gräber im Stadtkern.

Außerdem übten die Bajuwaren selbst in großem Stil den Grabraub, so daß auch bei Ausgrabungen auf dem freien Feld ungestörte reiche Gräber nicht die Regel sind. Dennoch lassen sich die Veränderungen der Tracht angesichts der Menge an Grabfunden durchaus nachvollziehen. Als Beispiel sei der Wandel in der Fibelmode genannt. Die mit den Alamannen ins Land gekommene Frauentracht mit einem Bügelfibel- und einem Kleinfibelpaar wird noch im Verlauf des 6. Jahrhunderts aufgegeben. Getragen werden nun und in der Folgezeit einzelne Scheibenfibeln, die aber nicht in entsprechender Häufigkeit in Gräbern zu finden sind.

Das allmählich Einzug haltende Christentum drückt sich bei den Bajuwaren in charakteristischen Grabbeigaben wie den Goldblattkreuzen und in kreuzförmigen Verzierungen auf Schmuck und Waffen aus. Vereinzelt hat die Archäologie innerhalb von Bestattungsarealen auch die Spuren hölzerner Kirchenbauten nachweisen können. Die Beigabensitte selbst widersprach anfänglich nicht dem christlichen Bekenntnis der Bestatteten. Wohl unter kirchlichem Einfluß hörten die Bajuwaren aber bald nach 700 auf, die Toten mit ihrem persönlichen Besitz zu bestatten. A.B.

Einflüsse in frühbajuwarischer Zeit

3.1

3.1
Doppelkonischer Becher

Um 500 / Anfang 6. Jh.
FO: Regensburg-Irlmauth, Grab 8
H. 9,9 cm, Dm. Rand 8,4 cm
1937/216

Der hochwandige Becher zeigt als Verzierung auf der polierten Oberfläche eingeritzte schräggestellte Strichbündel. Form und Verzierung weisen in den mitteldeutschen oder böhmisch-mährischen Bereich, das Herrschaftsgebiet der Thüringer und Langobarden.

Lit.: ECKES/ZEISS 1938, 46, 51f. u. Taf. 10,3; KOCH 1968, 112f., 122, 174f. u. Taf. 34,11; FISCHER 1988, 106f. u. Taf. 21

A.B.

3.2

3.2
Einglättverzierter Becher

Um 500 / Anfang 6. Jh.
FO: Regensburg-Irlmauth, Grab 9
H. 7,8 cm, Dm. Rand 7,2 cm
1937/217

Der scheibengedrehte, hart gebrannte Becher weist auf der geschwungenen Schulter Einglättverzierung auf, wie sie vor allem aus Thüringen bekannt ist. Formal finden sich eher in Böhmen Vergleichsstücke.

Lit.: ECKES/ZEISS 1938, 46, 51 u. Taf. 10,2; KOCH 1968, 112f., 122, 175 u. Taf. 34,10; FISCHER 1988, 106f. Taf. 21

A.B.

3.3

3.3
Dreiknopffibel

Um 500 / Anfang 6. Jh.
FO: Regensburg-Irlmauth, Grab 3 (Frau)
Bronze; L. 4,2 cm
1937/114

Die kleine Bügelfibel besitzt eine rautenförmige Kopfplatte mit drei Knöpfen und einen gerippten Fuß mit Endrundel. Sie ist mit tiefen Kreisaugen verziert und zählt zu einer speziellen Gruppe von Miniaturfibeln, die ihre Hauptverbreitung in Thüringen hat.

Lit.: ECKES/ZEISS 1938, 46, 49f. u. Taf. 9,4; KOCH 1968, 21f., 122, 174, Taf. 34,7 u. 84,5

A.B.

3.4
Wirbelfibel

Anfang 6. Jh.
FO: Regensburg-Irlmauth, Grab 2 (Frau)
Silbervergoldet;
Dm. Zentralscheibe 1,6 cm
1937/113

Die kerbschnittverzierte Scheibenfibel zeigt vier Vogelkopfprotomen, die paarweise antithetisch angeordnet sind und ursprünglich wie die Mittelfassung in den Augen Almandineinlagen trugen. Das Stück dürfte entsprechend der vorgenannten Dreiknopffibel aus dem thüringischen Bereich stammen.

Lit.: ECKES/ZEISS 1938, 45f., 50 u. Taf. 9,3; KOCH 1968, 36f., 121f., 174, Taf. 34,2 u. 84,4

A.B.

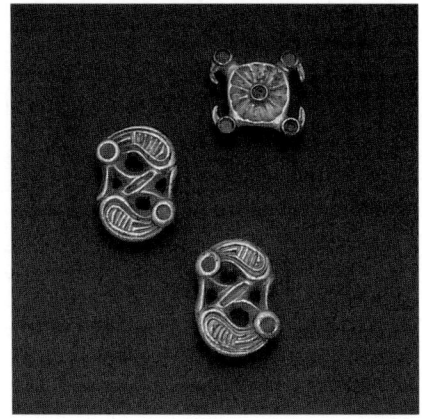

3.4 u. 3.5

3.5
S-Fibelpaar

2. Drittel 6. Jh.
FO: Sarching, Grab 14 (Frau)
Silber; L. 2,9 cm
1959/44

Die aus Silber gegossenen S-Fibeln (Typ Sarching) zeigen zwei stilisierte Vögel mit geöffneten Schnäbeln. S-Fibeln waren zwar in Süddeutschland bei Alamannen und Bajuwaren nicht selten, gehen aber auf langobardische Vorbilder zurück. Vorformen dieser Variante finden sich im pannonischen Bereich, der bis 568 von den Langobarden besiedelt war.

Lit.: KOCH 1968, 35f., 192f., Taf. 48,3–4 u. 85,4–5

A.B.

3.6
Beigaben aus einem Kriegergrab

1. Hälfte 6. Jh.
FO: Regensburg-Irlmauth, Grab 36
1939/330
Grabbeigaben in Auswahl:
a. Spatha; L. 89,9 cm
b. Lanzenspitze; L. 47,0 cm
c. Schildbuckel; H. 8,6 cm, Dm. 16,9 cm

d. Knochenkamm; L. 20,8 cm
e. Bronzenes Perlrandbecken;
Dm. 37,0 cm
f. Gläserner Sturzbecher; H. 9,8 cm,
Dm. 7,8 cm *(Farbtafel 1)*

Die Spatha, das hochstehenden Kriegern vorbehaltene zweischneidige Langschwert, zeigt deutliche Damaszierung. Die lange Lanzenspitze mit kurzem rautenförmigen Blatt hat sich von der ansonsten vergangenen Lanze erhalten. Als markantestes der verbliebenen Eisenteile des Schildes kann der Schildbuckel gelten. Er diente zum Schutz der schildtragenden Hand; der Abschluß der pilzförmigen Spitze ist ebenso wie die Niete bronzeplattiert. Als Toilettegerät diente der einreihige, aus drei Lagen zusammengesetzte

3.6

Knochenkamm mit schwach gewölbter breiter Leiste. Dasselbe ist für das große bronzene Perlrandbecken, ein bei den Alamannen beliebtes rheinländisch-fränkisches Erzeugnis, zu vermuten. Auch der gläserne Sturzbecher ist fränkischer Herkunft. Ebenso wie einfachere glockenförmige Glasbecher (Tummler) ließ er sich nicht auf ebenem Untergrund abstellen, sondern mußte zügig nach dem Motto „wenn schon, denn schon" geleert werden.

Der Krieger aus Grab 36 gehörte zweifellos der militärischen Oberschicht an. Die ausgestellte Waffenausstattung wird durch ein fragmentarisches Hiebschwert, den Sax, und das Bruchstück einer Pfeilspitze ergänzt. Die nicht mehr rekonstruierbaren Reste eines Eisensporns weisen den Mann als Reiter aus.

Lit.: KOCH 1968, 87f., 101, 115, 118, 181f. u. Taf. 40; FISCHER 1988, 104f., Taf. 20

A.B.

3.7

3.7
Beigaben aus einem Frauengrab

Um 500 / Anfang 6. Jh.
FO: Regensburg-Irlmauth, Grab 21
1939/395
a. Silbervergoldetes Bügelfibelpaar;
L. 6,5 cm
b. Silbervergoldetes Vogelfibelpaar;
L. 3,2 cm
c. Bronzering; Dm. 4,5 cm
d. Bronzebecken; H. 6,6 cm, Dm. 17,9 cm
e. Doppelkonischer Becher; H. 5,8 cm,
Dm. Rand 7,5 cm

Die kerbschnittverzierten Fünfknopffibeln mit gleich breitem Fuß ähneln den Exemplaren aus Grab 1 *(Kat. 3.11)*. Bei den Vogelfibeln sind der rechteckige Schwanz, Auge und Flügel mit Almandinen besetzt. Der profilierte massive Bronzering *(vgl. Kat. 2.7)* stellt ein Amulett dar. Das unverzierte Bronzebecken wird man wie das Perlrandbecken von Grab 19 *(Kat. 3.8)* als ein fränkisches Erzeugnis aus dem Rheinland ansehen dürfen. Der doppelkonische Tonbecher besitzt als Verzierung vier horizontale Rillen, die den selben Abstand wie die Rillen auf dem Doppelkonus von Grab 31 *(Kat. 3.15)* aufweisen, so daß das gleiche vierzinkige Gerät verwendet worden sein dürfte.

Lit.: KOCH 1968, 22, 30, 57, 106f., 113, 116, 178, Taf. 35,8–15, 81,1–2 u. 83,14–15, Karte Taf. 91,2

A.B.

3.8
Beigaben aus einem Frauengrab

Um 500 / Anfang 6. Jh.
FO: Regensburg-Irlmauth, Grab 19
1939/341
Grabbeigaben in Auswahl:
a. Silbervergoldetes Bügelfibelpaar;
L. 8,0 cm
b. Silbervergoldetes Vogelfibelpaar;
L. 2,7 cm
c. Goldenes Ohrringpaar;
Dm. Ring 3,3 cm und 3,1 cm
d. Silberne teilvergoldete Schmucknadel;
L. noch 9,9 cm
e. 2 silberne, teilweise goldplattierte Riemenzungen; L. 3,1 cm
f. Bernstein- und bunte Glasperlen
g. Silberlöffel; L. 21,4 cm
h. Hell-olivgrüne Glasschale; H. 5,8 cm,
Dm. 13,7 cm *(Farbtafel 1)*
i. Silberner, teilvergoldeter Armring;
Dm. max. 6,7 cm

Die Fünfknopffibeln stellen aufgrund des almandinbesetzten Bügels ein besonders prunkvolles Derivat des Bügelfibeltyps Westhofen dar *(vgl. Kat. 3.15)*. Dem Typ Irlmauth sind die Vogelfibeln mit einem einzelnen Almandin als Auge zuzuweisen *(vgl. Kat. 3.12)*. Die Goldohrringe – ebenfalls als Typ Irlmauth bezeichnet – zeigen auf der runden Schmuckscheibe goldenes Stegwerk mit vier plan geschliffenen Almandinen und einem konvexen Almandin in der Mittelzelle. Die Schmucknadel ist im oberen Bereich teilvergoldet und besitzt einen Abschluß in Form eines Vogelkopfes mit almandingefülltem Auge (wiederum Typ Irlmauth). Ein Paar silberner goldplattierter Riemenzungen zierte den Abschluß der Wadenbinden. Die Perlen wurden in Ketten zum Teil am Hals, zum Teil am Arm getragen. Die außer-

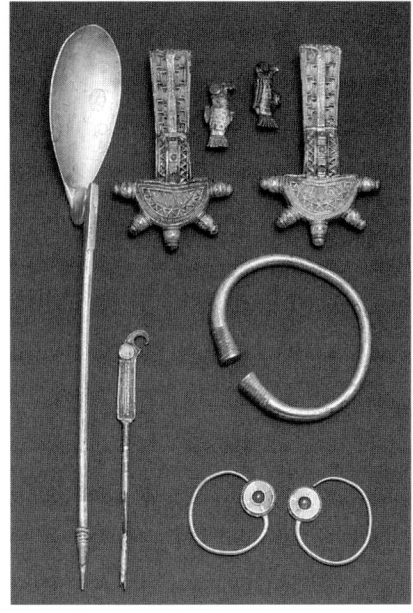

3.8

gewöhnliche Glasschale mit Fadenauflage verrät fränkische Herkunft, während die Beigabe des Silberlöffels in Süddeutschland von Alamannen geübt wurde.

Die Dame in diesem Grab war besonders reich ausgestattet. Nahezu alle bemerkenswerten Teile des Grabinventars, auch der massive Silberring *(vgl. Kat. 3.15)*, weisen mittelrheinisch-fränkische bzw. südwestdeutsch-alamannische Provenienz auf oder gehen auf Vorlagen aus diesem Bereich zurück.

Lit.: KOCH 1968, 24f., 30, 32, 45f., 65f., 105, 114, 177f.; Taf. 36,1–7,11,13–15, 82,1–7, 82,3–5 u. 83,12–13, Karten Taf. 92,3, 93,5, 94,7–8, 96,11, 97,13; FISCHER 1988, 102f., Taf. 19; MENGHIN 1990, Taf. 21

A.B.

3.9

3.9
Fibeltracht aus einem Frauengrab

1. Drittel 6. Jh.
FO: Regensburg-Irlmauth, Grab 32
1939/393
a. Silbervergoldetes Bügelfibelpaar mit Almandineinlagen; L. 8,6 cm
b. Silbervergoldetes Zikadenfibelpaar mit Almandineinlagen; L. 2,7 cm

Die Ausstattung der Frau mit einem Paar Bügelfibeln und einem Kleinfibelpaar ist bezeichnend für die alamannische Trageweise von Fibeln. Die Bügelfibeln selbst sind fränkisch-alamannischer Art. Des weiteren sprechen die Zikadenfibeln für Anregungen aus dem fränkischen Bereich, wo solche Zierformen, die letztlich östliche Vorbilder aufgreifen, unter anderem im Grab des Königs Childerich vorkommen. Die im bajuwarischen Gebiet außerordentlich seltenen, aber vielleicht in einer südbayerischen Werkstatt hergestellten Stücke entfernen sich von der zugrundeliegenden Zikaden- oder Bienengestalt, denn sie weisen trotz deutlicher Flügelpartie einen Säugetierkopf mit Schnauze und spitzen Ohren auf.

Lit.: KOCH 1968, 33–35, 121, 180, Taf. 37,6.8 u. 83, 16–17; SAGE 1973, 267f.

A.B.

3.10

3.10
Bügelfibelpaar

FO: Regensburg-Irlmauth, Grab 29 (Frau)
1. Drittel 6. Jh.
Silbervergoldet; L. 6,2 cm
1939/413

Die Fünfknopffibeln zeigen auf der halbrunden Kopfplatte einfachen Dreieckkerbschnitt. Seinen Ursprung hat dieser Fibeltyp im südwestdeutschen Alamannengebiet.

Lit.: KOCH 1968, 22f., 30, 119, 179, Taf. 37,17–18 u. 83,23–24, Karte Taf. 91,2

A.B.

3.11
Bügelfibelpaar

1. Drittel 6. Jh
FO: Regensburg-Irlmauth, Grab 1 (Frau)
Silbervergoldet; L. 6,6 cm
1937/112

3.11

Die Fünfknopffibeln mit gleichbreitem Fuß zeigen auf der halbrunden Kopfplatte ein Bogenornament in Kerbschnitt. Es dürfte sich bei dieser hauptsächlich in Süddeutschland verbreiteten Fibelform um eine Weiterentwicklung der Fünfknopffibeln mit Dreieckkerbschnitt *(wie Kat. 3.10)* handeln.

Lit.: ECKES/ZEISS 1938, 45, 48 u. Taf. 9,1–2; KOCH 1968, 22, 30, 121, 173 f., Taf. 34,12–13 u. 81,3–4

A.B.

3.12

3.12
Vogelfibelpaar

FO: Regensburg-Irlmauth, Grab 20 (Kind)
1. Drittel 6. Jh.
Silbervergoldet; L. 2,7 cm
1939/346

Vogelfibeln gehören als typische Kleinfibeln zur alamannischen Tracht, sind aber vor allem in Nordfrankreich sowie in den fränkischen und alamannischen Gebieten am Rhein verbreitet. Die vorliegende Variante, wegen ihres mehrfachen Vorkommens im Gräberfeld als Typ Irlmauth bezeichnet, ist unter anderem auch von weiteren südbayerischen Fundplätzen bekannt.

Lit.: KOCH 1968, 32f., 178, Taf. 37,4–5 u. 83,10–11, Karte Taf. 93,6

A.B.

3.13
Bügelfibelpaar

FO: Regensburg-Irlmauth (Grabfunde ohne gesicherte Zuweisung)
Um 500 / Anfang 6. Jh.
Silbervergoldet; L. 6,8 cm
1939/419

Die Bajuwaren. – 6. bis 8. Jahrhundert

3.13 u. 3.14

Die Dreiknopffibeln im Bild rechts (Typ Irlmauth-Aubing) weisen eine Fußplatte mit almandinbesetztem Mittelgrat und eine rautenförmige Kopfplatte mit Vier-Spiralen-Kerbschnitt auf. Die Fibeln sind stark abgenutzt und wurden offensichtlich lange Zeit getragen. Ein modelgleiches Stück stammt aus dem oberbayerischen Aubing.

Lit.: BOTT 1952, 18 u. Taf. 1,3; KOCH 1968, 20f., 30, 183, Taf. 3,7 u. 81,5–6, Karte Taf. 91,1

A.B.

3.14
Bügelfibelpaar

Anfang 6. Jh.
FO: Eltheim, Grab 2
Silbervergoldet; L. 7,2 cm und noch 6,6 cm
1961/348

Die Fünfknopffibeln im Bild links weisen auf der Kopfplatte die selbe Spiralverzierung wie die vorgenannten Irlmauther Dreiknopffibeln *(Kat. 3.13)* auf, die für das Kopfplattendekor offensichtlich als Vorlage dienten. Das Spiralornament der typologisch jüngeren Fibeln aus Eltheim ist allerdings schärfer nachgeschnitten. Ungewöhnlich sind die flachen kerbschnittverzierten Knöpfe.

Lit.: KOCH 1968, 21, 30, 185, Taf. 41,14–15 u. 81,7–8, Karte Taf. 91,1

A.B.

3.15
Beigaben aus einem Frauengrab

1. Drittel 6. Jh.
FO: Regensburg-Irlmauth, Grab 31
1939/392
a. Silbervergoldetes Bügelfibelpaar; L. 7,9 cm
b. Silberner Kolbenarmreif; Dm. max. 7,1 cm
c. Doppelkonischer Becher; H. 8,1 cm, Dm. Rand 10,6 cm

Die Fünfkopffibeln mit gleichbreitem Fuß gehören dem Typ Westhofen an, der durch das zweizonige Kerbschnittdekor der Kopfplatte gekennzeichnet ist. Der Dreieckkerbschnitt läuft an den beiden Rändern von Bügel und Fuß fort, während der Mittelgrat – wie bei Bügelfibeln häufig – durch gegenständige niellogefüllte Dreiecke verziert ist. Zusammen mit verwandten Formen von Bügelfibeln hat der genannte Typ seinen Ausgangsbereich im Rheinland und in Südwestdeutschland. Auf An-

3.15

stöße aus dem fränkisch-alamannischen Gebiet weist ebenso der prunkvolle massive Armreif mit Kerbschnittdekor und Feuervergoldung an den kolbenförmigen Enden, dessen Verzierung stilisierte Tierköpfe erkennen läßt. Desgleichen findet auch der handgeformte geglättete Becher doppelkonischer Form mit seinem einfachen Rillendekor gute Parallelen in Südwestdeutschland.

Lit.: KOCH 1968, 23–25, 30, 49f., 52, 106f., 113, 180, Taf. 38,2–5 u. 82,10–11, Karten Taf. 92,3 u. 96,11

A.B.

3.16

3.16
Beigaben aus einem Frauengrab

Um 500 / Anfang 6. Jh.
FO: Regensburg-Irlmauth, Grab 15
1938/248
Grabbeigaben in Auswahl:
a. Eiserne almandinbesetzte Bügelfibel; L. 5,8 cm
b. Silbervergoldetes Vogelfibelpaar; L. 3,8 cm
c. Bernsteinperle; Dm. 2,7 cm

Die eiserne Bügelfibel besitzt eine ovale knopflose Kopfplatte, einen schmalen Bügel und einen kaum verbreiterten Fuß. Sie ist mit Almandinen in goldenem Stegwerk besetzt und kann als Imitation eines mediterranen Fibeltyps der Zeit um 500 angesehen werden. Die eiserne Grundplatte verbindet das Stück mit ebenfalls cloisonnierten Bügelfibeln des burgundisch-alamannisch-fränkischen Raums, die allerdings eine andere Kopf- und Fußgestaltung aufweisen. Die kerbschnittverzierten feuervergoldeten Vogelfibeln weisen Almandineinlagen des trapezförmigen Fußes, des Auges und eines

Mittelkreises auf. Bezeichnend für diesen Typ von Vogelfibeln ist die ovale Rumpfform, die nicht von den Flügeln durchbrochen wird. Gegenstücke finden sich im alamannischen und fränkischen Bereich. Die Ringperle aus Bernstein wurde als Anhänger wohl an einem vom Gürtel herabhängenden Band getragen.

Lit.: KOCH 1968, 26f., 31, 33, 117, 176, Taf. 35,3–6 u. 83,18–19

A.B.

3.17

3.17
Bügelfibel

2. Viertel 6. Jh.
FO: Pfakofen, Grab 27
Silber; L. 9,2 cm
1995/12.27

Gegossene Bügelfibel mit halbrunder Kopfplatte und rautenförmiger Fußplatte mit Eckrundeln und Tierkopfende. Die Fibel zeigt eine einfache Verzierung aus Zickzack- und Linienmustern, die in flauem Kerbschnitt ausgeführt sind. Die Kopfplatte weist fünf Knöpfe mit Almandineinlagen auf.

Die Bügelfibel ist in die Gruppe der Fibeln vom Typ Hahnheim einzuordnen, deren Verbreitungsschwerpunkt am nördlichen Oberrhein liegt. Die Fibel aus Pfakofen markiert bislang den östlichsten Fundpunkt, wobei Unsicherheiten in der Ausführung des Kerbschnittdekors an eine Nachahmung rheinischer Fibeln denken lassen.

Lit.: CODREANU-WINDAUER 1994, 123f. mit Abb. 85

S.C.-W.

3.18

3.18
Wurfäxte (sog. Franzisken)

Um 500 / 1. Hälfte 6. Jh.
FO: Regensburg-Kumpfmühl, Grab 2, und Eltheim, Grab 1
Eisen; L. 16,3 cm u. 15,5 cm
A1020 und 1960/141

Die Franzisken, also die typisch fränkischen Wurfäxte, setzen für ihre Handhabung eine gute Schulung voraus. In nennenswertem Maße kommen sie ab der Zeit um 500 sonst nur bei den Alamannen vor. Beim Besitzer einer solchen Waffe dürfte es sich also entweder um einen Franken oder um einen im Gebrauch geschulten Alamannen handeln.

Lit.: KOCH 1968, 93, 185, 203, Taf. 41,20, 54,21 u. Karte Taf. 99,17; BOOS 1994

A.B.

3.19

3.19
Kanne

1. Hälfte 6. Jh.
FO: Regensburg-Irlmauth, Grab 18
H. 13,0 cm
1939/340

Die plumpe handgefertigte Kanne stammt aus einem zerstörten Grab und repräsentiert eine Gattung schlichter Gebrauchskeramik, die vergleichsweise selten beigegeben wurde. Die Bestattung ist nur allgemein in den zeitlichen Rahmen des Gräberfelds zu stellen.

Lit.: KOCH 1968, 177, Taf. 35,16

A.B.

3.20

3.20
Kanne

1. Drittel 6. Jh.
FO: Regensburg-Irlmauth, Grab 1 (Frau)
H. 20,0 cm, Dm. Rand 8,9 cm
1937/112

Die Kanne mit dreistabigem Bandhenkel ist auf der schnellrotierenden Töpferscheibe gedreht und reduzierend gebrannt. Die Herstellungsweise folgt römischer Technik, die vor allem im Regensburger Donaubogen noch bis ins 6. Jahrhundert tradiert wurde. Zusammen mit anderen Indizien spricht derartige Keramik für das Fortleben einer romanischen Restbevölkerung. Zum Grabinventar gehört auch das Bügelfibelpaar Kat. 3.11.

Lit.: ECKES/ZEISS 1938, 45, 51 u. Taf. 10,1; KOCH 1968, 174, Taf. 34,16; FISCHER 1988, 106f. Taf. 21; Fischer 1993, 81–83 mit Abb. 7 Nr. 2, 153 Nr. 2

A.B.

Die Bajuwaren. – 6. bis 8. Jahrhundert

Tracht, Bewaffnung und Gebrauchsgerät im Spiegel der Grabfunde

3.21
Beraubungshaken

3. Drittel 6. Jh.
FO: Pfakofen, Grab 74
Eisen; L. 60,0 cm
1995/12.74

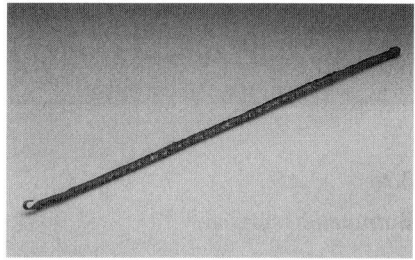

3.21

3.22

Die ca. 1 cm starke, grob vierkantige Eisenstange endet in einem polyedrischen Knopf. Das andere Ende ist als Haken mit 0,6 cm innerem Durchmesser ausgebildet.

Beraubungshaken dienten den frühmittelalterlichen Grabschändern als Werkzeug, um Waffen oder Trachtzubehör aus Särgen herauszufischen. Da es zu den seltenen Zufällen gehört, daß Grabräuber ihr Werkzeug liegen ließen, sind bislang in Bayern erst zwei dieser Beraubungshaken aufgefunden worden.

Lit.: CODREANU-WINDAUER 1991

S.C.-W.

3.22
Keramik aus Gräbern

7. Jahrhundert
FO: Geisling, Gräber 1, 143, 16, 136, 133
H. 9,8 cm, Dm. Rand 9,6 cm
H. 10,9 cm, Dm. Rand 8,2 cm
H. 6,6 cm, Dm. Rand 7,6 cm
H. 14,3 cm, Dm. Rand 12,3 cm
H. 12,8 cm; Dm. Rand 12,2 cm
1995/11.1, 143, 16, 136 u. 133

Die Gefäße stellen eine Auswahl der Keramikfunde aus dem bajuwarischen Reihengräberfeld von Geisling dar. Die sorgfältig hergestellten Gefäße sind teilweise sogar scheibengedreht bzw. sehr exakt nachgedreht. Die Gefäßprofilierungen und die unterschiedlichen Verzierungsformen wie Stempel-, Wellenlinien- und Rillendekor zeigen ein kleines Spektrum der Vielgestaltigkeit frühmittelalterlicher Grabkeramik.

Die weiteren Beigaben datieren alle Gefäße in das 7. Jahrhundert.

Lit.: CODREANU-WINDAUER 1992b, 275 mit Abb. 6; FISCHER 1993, 147 (Liste 4, Nr. 40f.); Kat. Rosenheim-Mattsee 1988, 427 (R. 29)

E.W.

3.23

3.23
Beigaben aus einem Frauengrab

Um 600
FO: Geisling, Grab 152
Grabbeigaben in Auswahl:
a. Bronzene Gürtelschnalle; L. 7,2 cm
b. Tongefäß; H. 9,8 cm
1995/11.152

Die gedrücktovale Gürtelschnalle ist mit rundem Laschenbeschläg versehen, das um die Nietlöcher und randparallel mit einer tremolierstichgefaßten Kreispunzenreihe verziert ist.

Das beutelförmige, handgefertigte Gefäß ist mit hufeisen- und rautenförmigen Stempeln verziert. Beutelförmige Gefäße werden als typische Fundstücke östlicher Prägung angesehen, da sie wohl als Nachahmungen langobardischer Gefäße gelten dürfen. Die Grabdatierung erfolgt jedoch über die Gürtelschnalle.

E.W.

3.24
Gürtelschnalle mit festem Beschläg

2. Hälfte 7. Jh.
FO: Staubing, Lkr. Kelheim,
Grab 33 (Mann)
Bronze; L. 4,0 cm
1970/15

Ovale Bronzeschnalle mit festem, mit Kerbschnitt verziertem Beschläg und Resten des eisernen Dorns. Die Verzierung zeigt zwei gegenständig angeordnete Tiere.

Das zu dem Typus der sogenannten byzantinischen Schnallen gehörende Stück wird allgemein durch den Belegungsbeginn des Gräberfeldes datiert.

Lit.: FISCHER 1993, 173 mit Taf. 12,1

E.W.

3.24

3.25

3.25
Amulette, sog. Donarskeulen

7. Jh.
a. FO: Staubing, Grab 54
Bein; L. 4,5 cm
1970/31
b. FO: Geisling, Grab 63
Bronze; L. 4,8 cm
1995/11.63

Der keulenförmige Knochenanhänger (a) ist strichverziert und noch mit den Resten eines Eisendrahtringes zur Befestigung versehen. Das stabförmige Bronzeamulett (b) besitzt eine S-förmig umgeschlagene Öse und ist mit versetzt angebrachten Dellen und Ritzlinien verziert. Es wurde in einem Frauengrab, zusammen mit einem stabförmigen Gürtelgehänge mit Zierscheibe, geborgen.

Derartige stab- bis keulenförmige Anhänger werden als Donars- oder Herkuleskeulen bezeichnet, wodurch ihr Amulettcharkter angedeutet wird.

Lit.: FISCHER 1993, 183 mit Taf. 23,2

E.W.

3.26

3.26
Kolbenarmringe

Um 700
a. FO Staubing, Grab 28
Bronze; Dm. max. 6,6 cm
1970/12
b. FO: Lauterhofen, Grab 41
Bronze; max. Dm. 7,6 cm
1958/70,1

Der ritz- und kreisaugenverzierte Staubinger Armring aus Bronzeblech (links) repräsentiert einen Ringtyp, der wohl von den Awaren übernommen worden war, möglicherweise aber auf ältere romanische Formen zurückgeht. Dagegen besitzt der massive, gegossene Kolbenarmring aus Lauterhofen (Typ Klettham) vor allem Parallelen in Oberbayern und dürfte in diesem Bereich hergestellt worden sein. Die kleinen runden Vertiefungen waren ursprünglich wie bei gleichartigen Stücken mit Almandinen oder rotem Glas gefüllt.

Lit.: DANNHEIMER 1968, 33, 70, Taf. 5,5 u. 13,5; FISCHER 1993, 44, 172, Taf. 10,6

A.B.

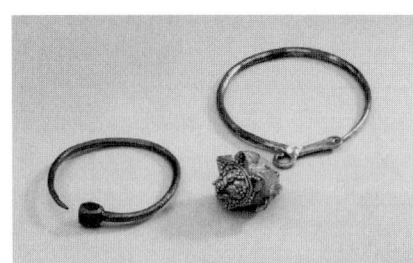

3.27

3.27
Ohrringe

7. Jh.
FO: Geisling, Grab 62 und 72
a. Silberner Ohrring; Dm. 3,8 cm, L. Körbchen 1,8 cm
b. Bronzener Ohrring; Dm. 3,0 cm
1995/11.62 u. 72

Der silberne Ohrring (rechts) besitzt ein sternförmiges Körbchen (abgebrochen), dessen erhabener Mittelbuckel mit Granulationsrosetten verziert ist, der bronzene Ohrring ein massives Polyederknopfende.

Besonders im 7. Jahrhundert treten bei den bajuwarischen Frauen höchst unterschiedliche Ohrringformen auf.

Lit.: CODREANU-WINDAUER 1992 I, 274f. mit Abb. 4

E.W.

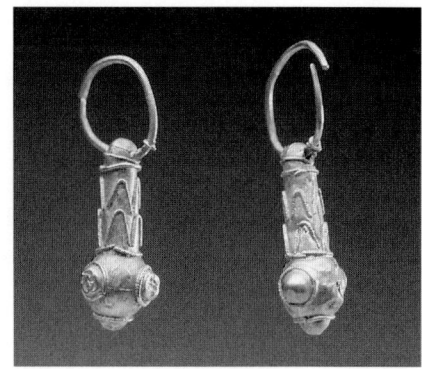

3.28

3.28
Bommelohrringpaar

2. Hälfte 7./ Anfang 8. Jh.
FO: Staubing, Grab 19
Gold; L. 4,3 bzw 4,1 cm
1970/7

Ein Paar Bommelohrringe aus Goldblech mit konischem Zylinder, der in eine Kugel übergeht. Das konische Mittelteil ist mit aufgelöteten goldenen Perldrahtwinkeln verziert, die Kugel besitzt vier mit Perldraht gefaßte Buckel.

Ab der Mitte des 7. Jahrhunderts übernahmen die Bajuwaren und Alamannen von der Awaren den Typus der Bommelohrringe, die dann längere Zeit in Mode waren.

Lit.: FISCHER 1993, 168 mit Taf. 6,1–2; 58,1

E.W.

3.29

3.29
Goldblechanhänger

2. Hälfte 7. / Anfang 8. Jh.
FO: Staubing, Grab 21 (Mädchen)
Gold; Dm. 2,1 bzw. 1,4 cm
1970/9

Die Bajuwaren. – 6. bis 8. Jahrhundert

Zwei unterschiedliche Goldblechanhänger mit aufgelöteter Öse. Ein Stück ist mit aufgelötetem, tordiertem Draht in Form eines Dreipasses verziert, das andere besitzt ein eingepunztes gleicharmiges Krückenkreuz mit Randkreis.

Derartige Goldblechanhänger waren meist Bestandteile des Halsschmucks, wenngleich eines der beiden Stücke auf dem Schädel der Toten gefunden wurde. Ketten mit Goldblechanhängern sind eine Modeerscheinung, die ab dem 7. Jahrhundert aus dem mediterranen Raum übernommen wurde.

Lit.: FISCHER 1993, 169 mit Taf. 7,1.4
E.W.

3.30

3.30
Brakteatenpaar

Um 700
FO: Essing-Altessing, Lkr. Kelheim
(Grabfund)
Gold, Dm. 2,1 cm
A 624
(Nur ein Exemplar abgebildet)

Die zwei aus Goldblech getriebenen Anhänger zeigen das Gesicht eines bärtigen Mannes, daneben die Hände mit gespreizten Fingern *(vgl. Kat. 3.68)*. Dieser unheilabwehrende Gestus spricht eher gegen eine Deutung des Mannes als Christus oder Gottvater. In jedem Fall sollte das Bild schützend und apotropäisch wirken.

Lit.: BOTT 1952, 97–99 u. Taf. 8,1–2; KOCH 1968, 55f., 149f. u. Taf. 85,14–15; BOOS 1994
A.B.

3.31

3.31
Brakteat

Oberitalien (langobardisch?), 7. Jh.
FO: Regensburg-Sallern (Grabfund)
Gold; Dm. 3,1 cm
A 636

Der Goldbrakteat, Teil eines zusammen gefundenen, heute auf zwei Museen verteilten Paares, besitzt ein von reichem Filigran umgebenes gepreßtes Bildfeld, das die Darstellung eines vierfüßigen Huftieres einnimmt. Das Auge ist mit einem roten Schmuckstein ausgelegt. Die Bögen über dem Tierrücken mögen als Geweih zu deuten sein, eine Interpretation der unteren Schnörkel als Schlange erscheint dagegen sehr fraglich.

Lit.: BOTT 1952, 100–106 u. Taf. 8,4–5; KOCH 1968, 56, 207f. u. Taf. 85,17–18
A.B.

3.32
Tascheninhalt aus einem Frauengrab

7. Jh.
FO: Geisling, Grab 122
a. Zweireihiger Dreilagenkamm mit Klappetui, das mit Kreisaugen verziert ist; L. 14,0 cm
b. Bronzene Pinzette; L. 6,0 cm
c. Massiver Bronzering mit gedrücktovalem Querschnitt; Dm. 4,3 cm
d. Kleiner offener Bronzering; Dm. 1,8 cm
e. Bronzenadel mit spatelförmig abgeflachtem Kopf; L. 13,0 cm *(ohne Abb.)*
f. 2 bronzene Omegafibeln mit eichelförmigen Enden, ein Dorn fehlt; Dm. 2,9 cm
g. Kleines Eisenmesser; L. 6,7 cm
1995/11.122

Da die Fundstücke gemeinsam auf einer Stelle in einer dunklen Verfärbung von vergangenem organischen Material lagen, können sie als Tascheninhalt angesprochen werden. Aufgrund des

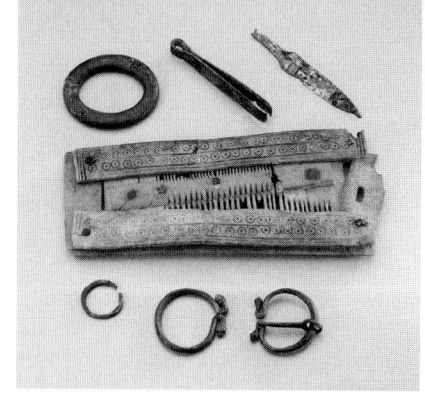
3.32

Fehlens feinchronologisch aussagefähiger Fundstücke im Grabinventar kann der Tascheninhalt nur allgemein in das 7. Jahrhundert datiert werden.
E.W.

3.33
Beigaben aus einem Frauengrab

Mitte 7. Jh.
FO: Staubing, Grab 47
Grabbeigaben in Auswahl:
a. Silberne Ohrringe; Dm. 4,1 cm
b. Bronzenes Gürtelgehänge; Dm. Zierscheibe 7,5 cm, Dm. Rahmen 10,3 cm
c. Dreilagenkamm; L. noch 12,5 cm *(ohne Abb.)*
d. Eiserne Gürtelschnalle; B. Bügel 2,7 cm *(ohne Abb.)*
1970/26

3.33

Die silbernen Körbchenohrringe (a) besitzen einen Haken-Ösen-Verschluß; der Ring und das blütenförmige Körbchen sind granulationsverziert. Das Gürtelgehänge (b) besteht aus einer bronzenen Speichenzierscheibe mit separatem Bronzerahmen; Zierscheibe und Rahmen sind kreisaugenverziert, der Rahmen besitzt zusätzlich alternierende Strichfelder. Darüber lagen drei punzverzierte bronzene Riemenzungen und ein ebenso verzierter Beschlag. Der fragmentierte einreihige Dreilagenkamm (c) hat eine gewölbte, strichverzierte Griffplatte.

Durch die einer romanisch-mediterranen Form entsprechenden Ohrringe vom Typ Allach kann das Grab in die Mitte des 7. Jahrhunderts datiert werden.

Lit.: FISCHER 1993, 179 mit Taf. 19,3.10; 59,1

E.W.

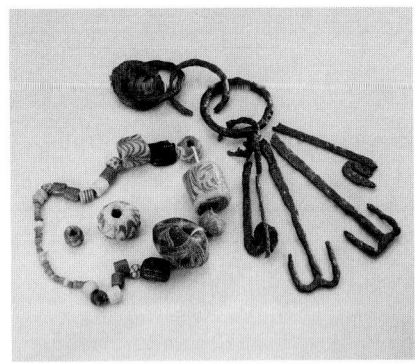

3.34

3.34
Beigaben aus einem Frauengrab

Ende 6. Jh.
FO: Geisling, Grab 19
Grabbeigaben in Auswahl:
a. Perlenkette
b. Eisernes Schlüsselgehänge
1995/11.19

Die Perlenkette (a) besteht aus 49 teils mehrfarbigen Glasperlen; darunter ist ein doppelkonischer schwarzer Glaswirtel mit aufgekämmter weißer, gefederter Glasauflage. Das Schlüsselgehänge (b) bestand aus einer Kette mit großen runden Gliedern und mindestens vier Eisenschlüsseln. Derartige Schlüsselgehänge wurden von Frauen am Gürtel getragen.

Aufgrund des Perlenensembles ist das Grab auf das Ende des 6. Jahrhunderts zu datieren.

Lit.: CODREANU-WINDAUER 1992 II, 274 mit Abb. 3

E.W.

3.35

3.35
Grabausstattung einer Frau

FO: Pfakofen, Grab 48
2. Drittel 7. Jh.
a. Bronzene Gewandnadel; L. 15,5 cm
b. Bronzenes Gürtelgehänge; Dm. 7,3 cm; Dm. äußerer Ring (Elfenbein) 9,8 cm
c. Silberne Schuhschnallengarnitur; L. jeweils 4,5 cm
1995/12.48

Die Gewandnadel (a) ist mit einem lyraförmigen Kopf, mit Strichgruppen und Kreisaugen verziert. Das bronzene Gürtelgehänge (b) besteht aus einem achterförmigen Ring mit ankorrodierten Eisenringfragmenten, drei weiteren Bronzeringen und einem Radanhänger. Das Ende des Gehänges bildete eine Zierscheibe aus Bronze, die von einem Beinring eingefaßt wird; sie ist in Form eines fünfspeichigen Rades durchbrochen und mit Kreispunzen verziert. Der äußere Ring besteht aus Elfenbein. Die Schuhschnallengarnitur ist aus Silberblech gearbeitet und besteht aus je einer Schnalle mit profiliertem Beschlag und einer Riemenzunge mit leicht eingezogenem Zungenfeld.

Die genannten Fundstücke stellen den im Grab verbliebenen Teil einer einst reichen Ausstattung dar. Aus dem Rahmen fällt nicht nur der wegen angerosteter Gewebereste eindeutig als Gewandnadel anzusprechende Schmuck; auch die kostbaren Schuhschnallen sind im Regensburger Raum einmalig. Die Verwendung von Elfenbein als Material des Gehängeringes ist ein Zeugnis für den Fernhandel, an dem die Pfakofener Bevölkerung offensichtlich teilhatte.

S.C.-W.

3.36
Tummler

Ende 7. Jh.
FO: Staubing, Grab 144
Blaugrünes Glas; H. 7,5 cm,
Dm. Rand 10,9 cm
1970/44

Der Trinkbecher mit verdicktem Rand und aufgewölbtem Spitzboden stellt einen seltenen Import aus dem Rheinland dar. Er stammt aus einem alt beraubten Grab, das nach dem anthropologischen

3.36

Befund einer Frau zuzuordnen ist. Im Gegensatz zu ähnlichen Tummlerformen erlaubte dieser Bechertyp durch den aufgewölbten Boden wenigstens vorsichtiges Abstellen auf einer ebenen Unterlage. Die Frau mußte den gefüllten Becher also nicht unbedingt auf einen Zug leeren *(vgl. Kat. 3.6 u. 3.48)*.

Lit.: Kat. Regensburg 1977, 20, Nr. 20; FISCHER 1993, 54, 211, Taf. 49,7

A.B.

3.37
Gerätschaft zur Zwirnherstellung

FO: Pfakofen, Grab 74
3. Drittel 6. Jh.
a. Beinerne Spindel; L. 25,2 cm
b. Beinerner Spinnwirtel; Dm. 3,1 cm
c. Tönerner Spinnwirtel; L. 2,0 cm
d. Tönernes Tüllengefäß; H. 7,0 cm
1995/12.74

Die Bajuwaren. – 6. bis 8. Jahrhundert 35

3.37

Die aus Bein gearbeitete Spindel (a) ist in der Mitte leicht gebaucht, das eine Ende ist als Häkchen ausgebildet. Ein Spinnwirtel (b) ist annähernd halbkugelig und auf der flachen Schauseite mit konzentrischen Rillen verziert, der andere (c) ist doppelkonisch. Das aus reduzierend gebranntem Ton hergestellte, bauchige Tüllengefäß (d) weist an der Schulterzone sechs schräg nach oben gerichtete Tüllen auf, die um eine zentrale Öffnung von 6,5 cm Durchmesser angeordnet sind.

Die Gegenstände wurden auf dem Sarg einer Frau als Beigabe gefunden. Die Spindel diente zum Zwirnen gesponnener Fäden. Dabei wurden die Spinnwirtel auf den Spindelstab aufgesteckt, um ein zusätzliches Drehmoment für die Herstellung gleichmäßiger Zwirne zu bekommen. Analysen des Gefäßinhaltes und praktische Versuche haben belegt, daß der eigenartige Tüllentopf beim Zwirnvorgang eine wichtige Rolle spielte: Bis zu sechs Fäden konnten durch die Tüllen ins Gefäßinnere geführt und durch die Mittelöffnung herausgezogen werden. So vermied man, daß sich die einzelnen Knäuel beim Zwirnen verwickelten. Bei der Grablegung wurden im Tüllentopf Kermesläuse deponiert, die beim Färben Anwendung fanden *(s. Kat. 3.38)*.

Lit.: BARTEL/CODREANU-WINDAUER 1995

S.C.-W.

3.38
Becher

FO: Pfakofen, Grab 87
Um 600
H. 7,9 cm, Dm. Rand 4,7 cm
1995/12.87

Der handgemachte, beutelförmige Becher mit profiliertem Rand trägt eine dreireihige Verzierung aus halbkreisförmigen und ovalen Stempeln.

Der Becher gehört zu einer Gefäßgruppe, die schwerpunktmäßig in der zweiten Hälfte des 6. Jahrhunderts in den Gräbern des Regensburger Umlandes vertreten ist. Der gebauchte Gefäßunterteil läßt auf östlich-merowingische, langobardische Einflüsse

3.38

schließen. Der Becher war zu Füßen eines Mädchens deponiert. Bei der Analyse des Gefäßinhaltes war festzustellen, daß der Becher als Behältnis für die Beigabe von Schildläusen diente. Die als deutscher/polnischer Kermes oder Johannisblut bekannten Läuse mußten von den Wurzeln ihrer Wirtspflanzen abgesammelt und danach getrocknet werden, ehe sie zum Rotfärben der Textilien verwendet werden konnten. Wegen der Schwierigkeit der Beschaffung und der kräftigen Farbe waren die Kermesläuse kostbarer Farbstoff und ein geschätztes Handelsgut. Die Pfakofener Funde *(s. auch Kat. 3.37)* stellen den bislang ältesten Nachweis für die Verwendung der deutschen/polnischen Kermeslaus zum Färben von Textilien dar.

Lit: BARTEL/CODREANU-WINDAUER 1995

S.C.-W.

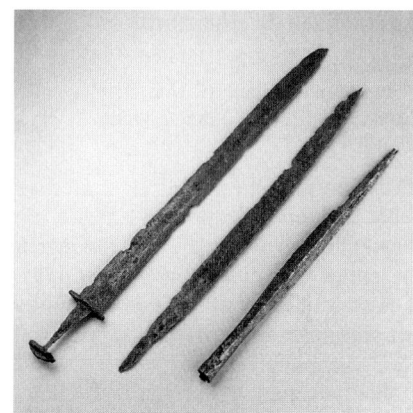

3.39

3.39
Angriffswaffen aus einem Kriegergrab

Um 700
FO: Regensburg-Kreuzhof (Grabfund)
a. Spatha; L. 80,8 cm
b. Sax; L. 69,8 cm
c. Lanzenspitze; L. 55,3 cm
1939/402

Die damaszierte Spatha besitzt eine massive ovale Heftplatte und eine rechteckige Knaufplatte, der ein rechteckiger, halbrund gewölbter Bronzeknauf mit Kreisaugenverzierung aufsitzt. Der Langsax, das einschneidige Hiebschwert, ist unverziert, während die Lanzenspitze mit achtkantig faszettierter Tülle auf ihrem massiven Blatt beiderseits des Mittelgrats mit Rillen dekoriert ist. Der hier bestattete Krieger, dessen Angriffswaffen beachtliche Maße aufweisen, war außerdem mit dem obligatorischen Schild bewaffnet.

Lit.: KOCH 1968, 80, 86f., 91, 184, Taf. 42,1–3

A.B.

3.40

3.40
Dreiteilige Gürtelgarnitur

1. Drittel 7. Jh.
FO: Staubing, Grab 163 (Mann)
Eisen; L. 7,7 cm, 7,5 cm, 4,3 cm
1970/99

Die silbertauschierte Gürtelgarnitur besteht aus einer Schilddornschnalle mit beweglichem Beschläg, einem Gegenbeschläg und einem Rückenbeschläg. Die Beschläge wurden jeweils mit vier Kupfernieten mit Messingkappen auf dem Gürtel befestigt.

Die sogenannten dreiteiligen Gürtel kamen um 600 in Mode und wurden noch vor der Mitte des 7. Jahrhunderts von den vielteiligen Gürtelgarnituren abgelöst.

Lit.: FISCHER 1993, 216 mit Taf. 53, 3–5; 61, 11–13

E.W.

3.41
Riemenzunge

Ende 7. Jh.
FO: Staubing, Grab 145 (Mann)
Silber, teilweise goldplattiert; L. 7,3 cm
1970/94

Die aus Silber gegossene Riemenzunge ist im flechtbandverzierten Mittelbereich vergoldet. Sie stammt von einem Saxgürtel. Die vier Perlrandniete spre-

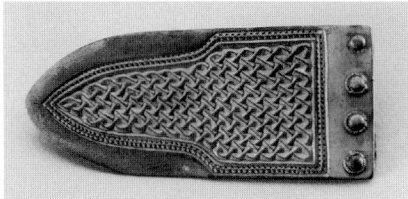

3.41

chen ebenso wie die Gürtelmode für eine späte Datierung des Grabes.

Lit.: FISCHER 1993, 211f. mit Taf. 50,5; 61,6

E.W.

3.42
Rechteckiges Rückenbeschläg

1. Drittel 7. Jh.
FO: Staubing, Grab 83 (Mann)
Eisen; L. 5,6 cm
1970/48

Silber- und messingtauschiertes Rückenbeschläg einer dreiteiligen Gürtelgarnitur; von ehemals vier Nieten sind noch zwei mit halbkugeligem Silberkopf erhalten.

Lit.: FISCHER 1993, 194 mit Taf. 34, 2; 60, 6

E.W.

3.42 u. 3.43

3.43
Bronzeschnalle mit festem Beschläg

Mitte 7. Jh.
FO: Staubing, Grab 40 (Mann)
Bronze; L. 5,2 cm
1970/20

Das feste Beschläg dieser kleinen Bronzeschnalle wird von vier beißenden Tierköpfen eingerahmt.

Die Datierung des Grabes erfolgt über die darin ebenfalls gefundenen Beschläge eines vielteiligen Gürtels, einer Gürtelform, die im zweiten Drittel des 7. Jahrhunderts verbreitet war.

Lit.: FISCHER 1993, 177 mit Taf. 16, 23; 58, 8

E.W.

3.44

3.44
Vielteilige Gürtelgarnitur

2. Drittel 7. Jh.
FO: Pfakofen, Grab 66
Eisen
1995/12.66

Die aus Eisen gefertigte Gürtelgarnitur umfaßt 14 Teile: Fragmente einer Schnalle mit dazugehöriger Hauptriemenzunge, zehn Beschläge, meist schildförmig, und vier kurze Riemenzungen. Fast alle Teile tragen Reste einer Tauschierung auf der Vorderseite, die teils als Spiralmuster, teils als Flechtband ausgebildet ist. Vier Stücke sind silberplattiert.

Die Gürtel mit vielteiligen Beschlag- und Riemenzungengarnituren gehen auf reiternomadische Vorbilder zurück und dürften durch die Kontakte zu den Awaren ab dem zweiten Viertel des 7. Jahrhunderts bei den Bajuwaren in Mode gekommen sein. Der Knabe im Pfakofener Grab trug einen Gürtel, der aus Teilen unterschiedlicher, tauschierter Garnituren (Altstücke?) zusammengestellt worden war.

S.C.-W.

3.45
Waffen aus einem Männergrab

7. Jh.
FO: Geisling, Grab 120
a. Sax; L. 45,5 cm
b. Lanzenspitze mit schlankem Blatt; L. 37,5 cm
1995/11.120 *(Ohne Abb.)*

Die Bajuwaren. – 6. bis 8. Jahrhundert 37

Der Sax mit ovaler Knauf- und Griffplatte besitzt parallel zum Rücken und in Klingenmitte verlaufende, doppelte Blutrillen und zeigt noch Reste des Holzgriffes. Auch die Lanze, die rechts des Toten niedergelegt worden war, weist in ihrer Tülle erhaltenes Holz des Schaftes und auf dem Blatt Gewebereste auf.
A.B./E.W.

3.46
Einreihiger Kamm

7. Jh.
FO: Pfakofen, Grab 13
Bein; L. noch 18,9 cm
1995/12.13

Der einzeilige Dreilagenkamm besitzt eine 7 cm lange, massive Griffplatte. Die Griffleisten sind beidseitig verziert, auf der einen Seite mit Schrägrillen, auf der anderen mit schraffierten Rechteckfeldern.

Einzeilige und zweizeilige Kämme gehören – geschlechtsunabhängig – zur Standardausstattung einer bajuwarischen Bestattung. Als persönliches Toilettegerät kamen sie in Trachtlage, d.h. am Gürtel hängend bzw. in einer Tasche verwahrt, ins Grab. Anderenfalls wurden sie in der Kopf- oder Fußgegend deponiert. Der vorliegende Kamm gehört aufgrund seiner seitlichen Griffplatte zu einem seltenen Typ, der allem Anschein nach erst im 7. Jahrhundert gebräuchlich wurde.
S.C.-W.

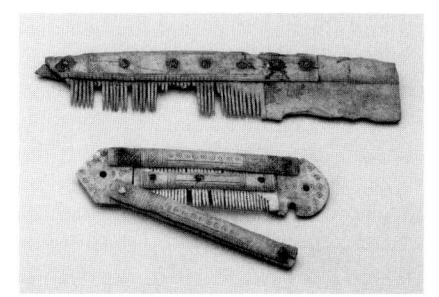

3.46 u. 3.47

3.47
Taschenkamm

2. Drittel 7. Jh.
FO: Staubing, Grab 49 (Mann)
Bein; L. 12,3 cm
1970/27

Die Griffplatte dieses zweireihigen Dreilagenkamms ist mit Strichgruppen und Kreisaugen verziert. Dazu gehört ein einseitig mit Strichgruppen, Schraffurfeldern und Kreisaugen verziertes Klappfutteral.

Kämme sind zwar chronologisch schlecht differenzierbar, doch ordnen die mit aufgefundenen Reste einer vielteiligen Gürtelgarnitur mit Tierstil-II-Tauschierung über die Gürtelmode und den Zierstil das Grab in das zweite Drittel des 7. Jahrhunderts ein.

Lit.: FISCHER 1993, 181 mit Taf. 21,19
E.W.

3.48
Tummler

2. Hälfte 7. Jh.
FO: Regensburg, Weinweg, Grab 87
Glas; H. 7,7 cm, Dm. Rand 9,9 cm
1951/77
(Farbtafel 1)

Leicht glockenförmiger Tummler aus bläulich-grünem, schlierigem Glas *(vgl. Kat. 3.6 u. 3.36).*

Durch die mit aufgefundenen Sporen und Perlrandniete ist das Männergrab in die zweite Hälfte des 7. Jahrhunderts zu datieren.

Lit.: KOCH 1968, 220 mit Taf. 66, 16; Kat. Regensburg 1977, 20, Nr. 21
E.W.

3.49
Schildbuckel mit Schildfessel

2. Drittel 7. Jh.
FO: Staubing, Grab 36
Eisen; H. Buckel 9,4 cm, Dm. 21,9 cm, L. Fessel 53,0 cm
1970/16
(Ohne Abb.)

Der Schildbuckel besitzt einen konischen Kragen und eine abgesetzte, kräftig gewölbte Kalotte. Das Gegenstück zum Schildbuckel stellt die Schildfessel dar. Ihr Bügel verlief an der Innenseite des Holzschildes, so daß die Hand, die den Griff in einer Aussparung in der Schildmitte hielt, vom Schildbuckel geschützt war.

Durch die ebenfalls in dem Grab gefundenen Reste einer vielteiligen Gürtelgarnitur kann der Schild in das mittlere Drittel des 7. Jahrhunderts datiert werden.

Lit.: FISCHER 1993, 173f. mit Taf. 13,2
A.B./E.W.

3.50
Sax mit Scheidenmundblech

7. Jh.
FO: Geisling, Grab 35
Eisen; L. 41,4 cm
1995/11.35

Der Sax (rechts) besitzt auf der Klinge eine Blutrille. Am Übergang zwischen Klinge und Griffangel ist das Scheidenmundblech mit Holzhinterfütterung erhalten.
E.W.

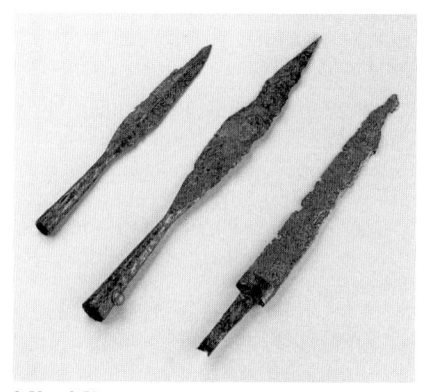

3.50 u. 3.51

3.51
Lanzenspitzen

7. Jh.
FO: Geisling, Grab 81 u. 113
Eisen; L. 46,8 cm u. 33,0 cm
1995/11.81 u. 113

Die beiden Lanzenspitzen zeigen die typische weidenblattförmige Gestalt. Auffallend ist bei dem Stück aus Grab 81 die verstärkte Spitze, die der Lanze wohl eine größere Durchschlagskraft verlieh. Diese Lanzenspitze weist auch einen großen Zierniet aus Messingblech am Schaftende auf. Die Lanzenspitze (links) aus Grab 113 ist kleiner mit deutlich schmalerem Blatt.

Die Lage der beiden Lanzenspitzen im Grab rechts neben dem Kopf bzw. neben der Schulter läßt vermuten, daß die Lanzen mit Schaft auf der rechten Körperseite der Toten niedergelegt wurden.
E.W.

3.52

Lanzenspitzen (Spieße)

1. Hälfte 7. Jh.
FO: Weillohe-Untermassing, Grab 1
u. Regensburg-Schwabelweis (Grabfund)
Eisen; L. 26,2 cm u. 28,7 cm
A 604 u. 1950/52

Die beiden schlanken stahlhart geschmiedeten Spieße, deren Blatt rhombischen Querschnitt aufweist, gehen auf awarische Vorbilder aus Ungarn zurück. Der Typ Untermassing ist vor allem in Württemberg und Südbayern verbreitet.

Lit.: KOCH 1968, 89–91, 197, 208, Taf. 50,8 u. 58,8, Karte Taf. 100,19

A.B.

3.53

Waffen aus einem Männergrab

7. Jh.
FO: Geisling, Grab 53
a. Breitsax; L. 51,0 cm
b. Lanzenspitze (Spieß); L. 33,5 cm
c. 2 Flügelpfeilspitzen; L. 7,9 cm
u. 7,2 cm
d. Schildbuckel und Schildfessel;
Dm. Schildbuckel 20,1 cm
1995/11.53
(Ohne Abb.)

Der schwere Breitsax besitzt eine lange Griffangel. Das Blatt der schlanken Lanzenspitze ist mit Rillen und Kreisaugenpunzen verziert. Der Schildbuckel hat einen breiten Rand und einen konisch abgesetzten Kragen.

Das Grabinventar stellt die typische Bewaffnung eines Mannes im 7. Jahrhundert dar.

E.W.

3.54

Beigaben aus einem Männergrab

FO: Pfakofen, Grab 26
7. Jh.
a. Beil; L. 13,6 cm
b. Lanzenspitze; L. 34,5 cm
c. Pfeilspitze; L. 6,2 cm *(ohne Abb.)*
d. Pfeilspitze; L. 10 cm *(ohne Abb.)*
1995/12.26

Die entlang des rechten Beines im Grab deponierten Beigaben gehören zum Teil zur gängigen Waffenausstattung eines Bajuwaren. Die Lanzenspitze (b) hat ein großes, sehr flaches, lanzettförmiges Blatt und eine kurze runde Tülle. Die Pfeilspitzen (c: dreiflügelig mit Dornende, d: lanzettförmig mit runder Tülle) dürften in einem Köcher aus organischem Material gesteckt haben. Dieser ist ebenso vergangen wie die Holzschäfte der Pfeile und der Lanze. Der mit Sicherheit einst im Grab vorhandene Sax fiel wohl Grabräubern zum Opfer. Als außergewöhnlicher, sehr seltener Grabfund ist das Beil (a) anzusehen. Es gibt einen Hinweis auf die holzverarbeitende Tätigkeit seines einstigen Besitzers.

S.C.-W.

Frühe Christen

3.55

Ohrringfragment

Ende 7. Jh.
FO: Pfakofen, Grab 23
Silberblech; Dm. 2,5 cm
1995/12.23
(Ohne Abb.)

Die kegelförmige Pendilie eines Ohrringes entspricht dem Typ Lauterhofen. Der Kegel trägt ein Preßdekor in Form von gleichschenkligen Kreuzen in Rundmedaillons, die von punktgefüllten Dreiecken umgeben sind. Ohrringe vom Typ Lauterhofen stellen eine bajuwarische Schmuckform dar, die auf byzantinische Einflüsse zurückgeht. Sie kommen meist in besser ausgestatteten Frauengräbern vor und sind auf das späte 7. Jahrhundert beschränkt. Vom einstigen Schmuck der Pfakofener Dame haben die zeitgenössischen Grabräuber nur dieses Fragment zurückgelassen. Die aufwendige Bestattung mit Holzkammer und Grabhügel mit Kreisgraben weist die Verstorbene einer höhergestellten sozialen Schicht zu. Das eindeutig christliche Ziermotiv des Ohrrings belegt die bereits im 7. Jahrhundert einsetzende Christianisierung der bajuwarischen Oberschicht.

Lit.: CODREANU-WINDAUER 1994, 123 mit Abb. 84

S.C.-W.

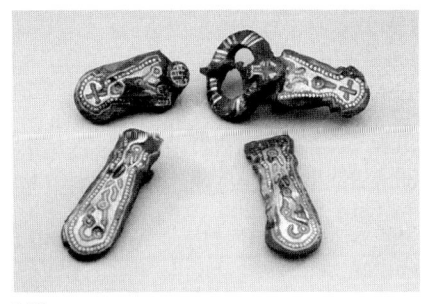

3.56

Schuhschnallen mit Riemenzungen

2. Drittel 7. Jh.
FO: Geisling, Grab 61 (Frau)
Eisen; L. Schnallen 4,8 cm bzw.
noch 3,4 cm; L. Riemenzungen 4,1 cm
1995/11.61

Die paarigen silber- und messingtauschierten Schilddornschnallen mit profiliertem Beschläg weisen neben der Verzierung mit Tierköpfen auch ein Kreuzmotiv auf. Die zugehörigen Riemenzungen des Schuhverschlusses sind flächig mit Tierköpfen verziert.

Die tauschierten Kreuze auf den Schnallenbeschlägen können wohl als christliches Symbol gedeutet werden.

Lit.: Kat. Regensburg 1989, 20 (Nr. 14), 311; CODREANU-WINDAUER 1989, 67–70 mit Abb. 3; DIES. 1992 I, 47 mit Abb. 3; DIES. 1992 II, 277 mit Abb. 8

E.W.

Die Bajuwaren. – 6. bis 8. Jahrhundert

3.57

3.57
Preßblechscheibenfibel

Ende 7./ Anfang 8. Jh.
FO: Staubing, Grab 28
Silber/Bronze; Dm. 3,1 cm
1970/12

Die Scheibenfibel besteht aus einer bronzenen Grundplatte mit aufgelötetem Nadelhalter und -rast mit silberner Preßblechauflage. Diese zeigt in einem Perlkreis ein menschliches Gesicht, über dem ein gleicharmiges Kreuz steht, eingerahmt von wirr verschlungenen Armen und Händen.

Die Fibel gehört zu einer Gruppe von spätmerowingischen Preßblecharbeiten, die antike Münzbilder nachempfinden, allerdings zum Teil bis zur Unkenntlichkeit verändert.

Lit.: FISCHER 1993, 171 mit Taf. 10,4; 58,6

E.W.

3.58

3.58
Goldbrakteat mit Kreuzsymbol

Ende 7./ Anfang 8. Jh.
FO: Lauterhofen, Lkr. Neumarkt, Grab 60
Gold; Dm. 1,9 cm
1959/55

Goldblechbrakteat mit angelöteter, gerippter Bandöse. Innerhalb eines Perlkreises ist ein rückwärts blickender Vogel mit ausgebreiteten Flügeln dargestellt, über dessen Kopf ein Kreuz steht.

Das aus einem beraubten Grab stammende Fundstück kann durch das sicher christliche Motiv und die Fundumstände in dem spätmerowingischen Gräberfeld von Lauterhofen an das Ende des 7. Jahrhunderts oder den Anfang des 8. Jahrhunderts datiert werden.

Lit.: DANNHEIMER 1968, 74 mit Taf. 2 u. 18,4; Kat. Rosenheim-Mattsee 1988, 462 (R.189); Kat. Nürnberg 1995, 102 mit Taf. 44.1

E.W.

3.59

3.59
Beigaben aus einem Mädchengrab

Um 600
FO: Staubing, Grab 76
Grabbeigaben in Auswahl:
a. Goldblattkreuz; 6,8 × 6,6 cm
b. Silbervergoldete Bügelfibel; L. 10,4 cm
c. Versilberte Bronzenadel; L. 15,4 cm
(ohne Abb.)
1970/45

Das zweiteilige Goldblattkreuz hat Arme, die sich zur Mitte hin leicht verjüngen und an den Enden jeweils zwei Durchlochungen besitzen. Die silbervergoldete alamannische Bügelfibel ist durch eine halbrunde Kopfplatte und einen Fuß, der in einem Tierkopf endet, gekennzeichnet. Die Schauseite der Fibel ist im Tierstil I verziert. Das Stück ist stark abgetragen und geflickt.

Der ebenfalls tiergestaltige Kopf der versilberten Bronzenadel ist vergoldet und mit Niello (Schwefelsilber) verziert; daneben lagen parallel zur Nadel acht mehrfarbige Glasperlen, eventuell als Futteralbesatz.

Die Entstehungszeit der Fibel wird um die Mitte des 6. Jahrhunderts angesetzt, doch läßt die starke Abnutzung auf einen späteren Zeitpunkt für die Bestattung schließen. Fibel und Nadel stammen aus einer alamannischen Werkstatt und wurden dem Mädchen als Altstücke mit ins Grab gegeben. Durch das Goldblattkreuz ist die Tote bereits als Christin ausgewiesen.

Lit.: FISCHER 1993, 192 mit Taf. 31,1.6–7; 60,1–3

A.B./E.W.

3.60
Goldblattkreuz (Fragment)

2. Drittel 7. Jh.
FO: Geisling, Grab 59
Gold; L. noch 5,2 cm
1995/11.59

Erhalten ist nur der Mittelbalken eines mehrteiligen Goldblattkreuzes (rechts), das in Preßblechtechnik um ein zentrales Kreuzmotiv herum im Tierstil II verziert ist.

Die Datierung des Grabes wird über den Zierstil vorgegeben.

Lit.: Kat. Regensburg 1989, 25 (Nr. 18), 315; CODREANU-WINDAUER 1992 I, 47 mit Abb. 4; DIES. 1992 II, 276f. mit Abb. 3 u. 7

E.W.

3.60 u. 3.61

3.61
Goldene Preßblechapplik

7. Jh.
FO: Staubing, Grab 138 (Frau)
Gold; L. 1,6 cm
1970/91

Profiliertes Preßblech (links) mit sechs Befestigungslöchern am Rand, die für eine ehemalige Fixierung der Applik auf Stoff, möglicherweise einem textilen Kreuz, sprechen.

Das völlig gestörte Grab läßt sich nur allgemein in das 7. Jahrhundert datieren.

Lit.: FISCHER 1993, 209 mit Taf. 48,1; 61,5

E.W.

3.62

3.62
Schildbuckel mit Kreuzdarstellungen

Ende 7./ Anfang 8. Jh.
FO: Regensburg-Harting, Katzenbühl, Grab 118
Eisen/Bronze; Dm. 20,4 cm
1984/574.118

Der Schildbuckel besitzt einen breiten Rand, einen konischen Kragen und eine kräftig gewölbte Kalotte. In ihrer Mitte ist ein bronzenes Kreuz mit annähernd rhombischen Armen aufgenietet. Drei davon sind erhalten, darauf ist jeweils ein Kreuz eingepunzt.

Mit ehemals fünf Nieten auf dem Rand war der Schildbuckel auf dem Holzschild befestigt.

Der Typus des Schildbuckels und die Verzierung mit Kreuzmotiven sowie die Fundsituation sprechen für eine Datierung in das ausgehende 7. bzw. beginnende 8. Jahrhundert.

Lit.: OSTERHAUS 1986, 131–135 mit Abb. 87,9

E.W.

3.63
Steckkreuz

7. Jh (?)
FO: Thalmassing, Kirche St. Nikolaus
Eisen; L. 9,3 cm
1991/1.31

3.63

Das schlichte Eisenkreuz mit hochgeführten Armen gehört der Gruppe der Steckkreuze an. Diese wurden einem offenbar vom Frühmittelalter bis in die Neuzeit geübten Brauchtum entsprechend in eine Unterlage oder den Boden gesteckt. Trotz wechselnder Intentionen ist die Sitte des Kreuzchensteckens stets Ausdruck der Volksfrömmigkeit und als solcher nicht allein auf Kirchen beschränkt. Gerade die anscheinend ältesten Belege stammen aus römischen Ruinen, die offenbar als Orte für christliche Zusammenkünfte gewählt wurden, wohl noch bevor reguläre Kirchenbauten in ihnen entstanden. So stammt das Thalmassinger Kreuz aus dem ehemaligen Hauptgebäude eines römischen Gutshofes, wo es bei Ausgrabungen in nachrömischen Schichten unter der frühen Kirche des 8./9. Jahrhunderts entdeckt wurde.

Lit.: CODREANU-WINDAUER 1992 II, bes. 56f. mit Abb. 3; CODREANU-WINDAUER 1992 III, 147f. mit Abb.116

A.B.

3.64
Sakralbecken

Ende 7. oder 8. Jh.
FO: Regensburg-Kreuzhof
Kalkstein; H. 29,0 cm, Dm. Rand 35,0 cm
1976/125

Das zylindrische, nach oben leicht zulaufende Kalksteinbecken wurde aus drei zusammenpassenden Fragmenten rekonstruiert. Als Zier besitzt es lediglich eine umlaufende flache Leiste.

Die Fundumstände des Beckens im Inneren einer Saalkirche mit Rechteckchor in Pfostenbauweise, die zu einem frühmittelalterlichen Gehöft mit Reihengräberfeld gehörte, legen eine Nutzung im Sakralbereich nahe. So wurde das Becken bereits als Weihwasserbecken, als Reliquiar oder als römische Aschenurne angesprochen.

Lit.: OSTERHAUS 1977 mit Abb. 4; GEISLER 1984, 167–171 mit Abb. 35; Kat. Rosenheim-Mattsee 1988, 441 (R.104); Kat. Regensburg 1989, 20 (Nr. 16), 312

E.W.

3.64

Siedlungsfunde

3.65
Dreilagenkamm

2. Hälfte 7. Jh.
FO: Regensburg-Burgweinting (Siedlungsfund)
Bein; L. noch 7,5 cm
1992/6.347
(Ohne Abb.)

Der einreihige Dreilagenkamm besitzt eine ritzlinienverzierte Griffplatte.

Das Fundstück stammt aus einer Siedlungsgrube des frühmittelalterlichen Gehöfts von Burgweinting. Derartige Kämme kommen aber auch als Beigaben in bajuwarischen Gräbern vor, so daß die zeitliche Einordnung über vergleichbare Grabfunde erfolgt.

Lit.: OSTERHAUS 1987, 139f.

E.W.

Die Bajuwaren. – 6. bis 8. Jahrhundert

3.66
Rauhwandige Drehscheibenware

7./8. Jh.
a. Keramikfragmente
FO: Regensburg-Burgweinting
(Siedlungsfunde)
1986/443–41 u. 97
b. Wölbwandtopf
FO: Geisling, Grab 35 (Mann)
H. 10,5 cm, Rand-Dm. 12,0 cm
1995/11.35
c. Wölbwandtopf
FO: Regensburg (Siedlungsfund)
H. 10,5 cm, Dm. Rand 11,0 cm
K 1936/155

Die 3 Fragmente verschiedener Töpfe (a) stammen aus einem frühmittelalterlichen Gehöft. Der Topf mit leicht innengekehltem Rand (Deckelfalz) (b) war eine der Beigaben eines Grabes mit Funden aus dem 7. Jahrhundert. Es handelt sich um einen der seltenen Grabfunde dieser vorrangig aus Siedlungen bekannten Keramik. Der kleine Wölbwandtopf (c) besitzt einen gerade ausgebogenen, verdickten Rand.

3.66

Diese Keramikart ist auf der schnelllaufenden Töpferscheibe hergestellt, wie man an den feinen Drehriefen innen und außen auf Rand und Gefäßwandung, ferner an den Drehschnecken auf der Innenseite der Böden sowie an Abschneidespuren auf der Unterseite der Böden sehen kann.

Derartige rauhwandige Drehscheibenware entwickelte sich aus römischer Töpfertradition, wobei die schweren Böden einen allmählichen Verfall der Handwerksfertigkeit andeuten. Die Funde entsprechen der Keramik aus einem Töpferofen, der in Barbing-Kreuzhof angeschnitten wurde.

Lit.: GEISLER 1984, 164–173 mit Abb. 32f.; OSTERHAUS 1987, 139f.; FISCHER 1993, 150 mit Abb. 19; GEISLER 1993, Abschnitte B I u. E III 2
E.W.

3.67

Regensburger Funde aus der Agilolfingerzeit

3.67
Knickwandtöpfe aus Regensburg und Umgebung

7. Jh.
FO: Regensburg, St.Emmeram (3 Gefäße); Weinweg, Grab 31; Ziegetsberg (?); Obertraubling, Grab 7
H. 10,6 cm, Dm. Rand 9,5 cm
H. 13,8 cm, Dm. Rand 12,4 cm
H. 10,4 cm, Dm. Rand 7,7 cm
H. 11,3 cm, Dm. Rand 7,9 cm
H. 11,7 cm, Dm. Rand 8,9 cm
H. 9,8 cm
1995/300, 1980/179, A 1049, 1948/23, A 1045, 1992/10.20

Die wegen des deutlichen Knicks in der Gefäßwandung als Knickwandtöpfe bezeichneten Gefäße stellen einen häufigen Typus der frühmittelalterlichen Grabkeramik dar. Die hier getroffene Auswahl an Gefäßen soll einen Überblick geben über die verschiedenen Herstellungstechniken und Verzierungsmöglichkeiten sowie über die Tonfärbungen, die sich aus Tonbeschaffenheit und Brennathmosphäre ergeben. Aus diesem Grund wurde das Regensburger Keramikensemble um den wegen seiner gelbroten Farbe besonders außergewöhnlichen Topf aus dem nahegelegenen Obertraubling erweitert (1980/179, im Bild hinten links).

Die drei Gefäße von St. Emmeram kommen mutmaßlich aus Gräbern, obwohl ihre Fundzusammenhänge nicht dokumentiert wurden. Das Stück vom Weinweg und das aus Obertraubling stammen jeweils aus einem Grab, während es sich bei dem Topf vom Ziegetsberg (links; Schenkung Fam. Dr. Ehrhardt) um einen Altfund ohne bekannten Fundzusammenhang handelt.

Lit.: KOCH 1968, 200 mit Taf. 52,5.10, 216 mit Taf. 63,18; OSTERHAUS/WINTERGERST 1993, 303 mit Abb. 14,L2
A.B./E.W.

3.68 a,b

3.68
Beigaben aus einem Frauengrab

2. Hälfte 7. Jh.
FO: Regensburg, St.Emmeram-Nord, Grab 10
Grabbeigaben in Auswahl:
a. Zwei goldene Bommelohrringe; Dm. Hauptkugel 1,6 cm
b. Kollier; Dm. der Brakteaten 2,3 cm bzw. 2,6 cm
c. Perlenkette
d. Bronzene Gürtelschnalle; L. 4,6 cm
e. Bronzene Riemenzunge; L. 12,1 cm
f. Messer; L. 12,1 cm
g. Kammfragment; L. noch 14,8 cm
1992/10.10

3.68 c–g

Die zwei goldenen Bommelohrringe (a) bestehen aus einer Goldblechhauptkugel und drei horizontal angebrachten Halbkugeln mit Granulationseinfassung; eine ebensolche Kugel sitzt an der Unterseite der Hauptkugel, drei aneinandergelötete Goldblechkugeln bilden mit anhaftenden Goldgranalien den Übergang zum massiven Goldreif.

Das Kollier (b) setzt sich aus fünf großen, mandelförmigen Glas- und zwei Amethystperlen mit sechs goldenen Brakteatenanhängern zusammen; auf den letzteren ist jeweils ein bärtiges Gesicht mit erhobenen Händen dargestellt, eingerahmt durch eine bzw. zwei Buckelreihen. Der Rand wird durch einen Kerbdraht gebildet.

Die Perlenkette (c) besteht aus 94 farbigen Glasperlen, überwiegend aus sehr poröser, orangefarbener Fritte (Glasmasse).

Die bronzene Gürtelschnalle (d) besitzt ein festes Beschläg und einen eisernen Dorn (sog. byzantinische Gürtelschnalle), der großenteils fehlt. Der D-förmige Bügel ist unverziert, das wappenförmig profilierte Beschläg mit mitgegossenen Nieten zur Riemenbefestigung ist mit unsymmetrisch angebrachten, eingepunzten Kreisaugen verziert.

Die überlange bronzene Riemenzunge (e) hat einen zentralen Niet. Der Rand der Riemenzunge ist abgefast und mit randparallelen, gegenständigen Dreieckspunzen verziert; der obere Abschluß wird durch eine wenig sorgfältig ausgeführte Buckelreihe markiert.

Bei dem Messer (f) sind am Griff aufgerostete Holzreste und auf der Klinge Lederreste der Scheide zu sehen.

Das Fragment des einreihigen Dreilagenkamms (g) ist mit Ritzlinien und Kreisaugen verziert.

Das Grabinventar kann durch die große Anzahl an orangefarbene Fritteperlen, die teilweise annähernd doppelkonisch sind, wie auch durch das Vorhandensein einer sehr langen Riemenzunge in die zweite Hälfte des 7. Jahrhunderts datiert werden; die übrigen Beigaben fügen sich problemlos in diesen zeitlichen Rahmen. Auffallend sind die Ohrringe, die als typisch awarisch angesprochen werden können und wohl als Importstücke nach Regensburg gekommen waren. Der Kamm gehört mutmaßlich zu diesem Grab, obwohl er etwas oberhalb der Füße geborgen wurde.

Lit.: OSTERHAUS/WINTERGERST 1993, 295–297 mit Abb. 12, 299 mit Abb. 14, L1; OSTERHAUS 1993, 136–138

E.W.

3.69
Beigaben aus einem Mädchengrab

2. Drittel 7. Jh.
FO: Regensburg, St. Emmeram-Nord, Grab 11
Grabbeigaben in Auswahl:
a. Dünner Silberohrring; Dm. 2,4 cm *(ohne Abb.)*
b. Perlenkette aus 132 farbigen Glasperlen, überwiegend gelb und blau;
c. Eisennadel mit abgeflachtem Kopf; L. noch 9,1 cm *(ohne Abb.)*
d. Durchlochte Eisenscheibe und Eisenhaken, wohl von einem Verschluß; Dm. Scheibe 2,0 cm *(ohne Abb.)*
e. Durchbrochene Bronzezierscheibe; Dm. 6,2 cm
f. Messerfragment mit anhaftenden Lederresten der Scheide und Holzresten des Griffs; L. noch 6,9 cm *(ohne Abb.)*
g. Eisenring, mit Lederbändchen umwickelt, möglicherweise Verteilerring des Gürtelgehänges; Dm. 2,8 cm *(ohne Abb.)*
h. Zwei Garnituren silber- und messingtauschierter Schnallen mit Riemenzungen zur Befestigung der Beintücher; L. Schnalle mit Beschläg 5,2 cm;
L. Riemenzunge 4,4 cm
i. Reste eines Miniaturholzeimers mit Bronzebeschlägen; ursprünglich H. 11,7 cm, Dm. Rand 9,0 cm *(vgl. komplette Nachbildung)*
1992/10.11
(Farbtafel 2)

Das Grabinventar wird über die Verzierung der bichrom tauschierten Wadenbindengarnituren in die Mitte des 7. Jahrhunderts datiert; die Perlen sind chronologisch nicht genauer einzugrenzen.

Lit.: OSTERHAUS/WINTERGERST 1993, 297–299 mit Abb. 13

E.W.

Die Bajuwaren. – 6. bis 8. Jahrhundert

3.70
Gleicharmige Fibel

2. Drittel 7. Jh.
FO: Regensburg, Dachauplatz (Einzelfund)
Bronze mit Silbereinlage; L. 5,5 cm
1971/146

Gegossene, gleicharmige Bronzefibel mit rechteckigen Armen, die am Übergang zum Bügel viertelrund eingezogen sind. Der Bügel ist kräftig gewölbt. Nadelrast und Scharnierbefestigung für die (fehlende) Nadel sind mitgegossen. In Bügelmitte läuft ein eingepunztes Punktband; auf den Armen ist gegengleich je ein in sich verschlungenes Tier aus eingelegtem, überstehendem Silberdraht angebracht.

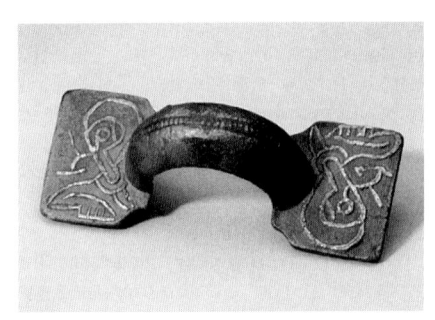

3.70

Gleicharmige Fibeln treten vor allem im Westen des Merowingerreichs und bei den Langobarden in Italien ab dem 7. Jahrhundert auf, werden aber in der Karolingerzeit weiter als Mantelverschluß bei Männern und Frauen verwendet. Das bislang im bajuwarischen Raum einzigartige Stück mit Verzierung im Tierstil II kann über den Zierstil sowie die massive Form ins mittlere Drittel des 7. Jahrhunderts datiert werden.

E.W.

3.71
Perlenketten aus einem Mädchengrab

1. Hälfte 7. Jh.
FO: Regensburg, St.Emmeram-Nord, Grab 1
1992/10.1

Die eine Kette besteht aus 76 teils mehrfarbigen Glas- und fünf Bernsteinperlen, die andere aus 62 teils mehrfarbigen Glasperlen.

3.71

Mehrfarbige Glasperlen, auch als Doppelperlen ausgeführt, kamen nach 600 in Mode und verschwanden weitgehend um die Mitte des 7. Jahrhunderts im merowingerzeitlichen Fundgut. Die Fundlage im Grab läßt darauf schließen, daß eine Kette am Hals getragen wurde, während die andere auf Hüfthöhe niedergelegt war.

Lit.: OSTERHAUS/WINTERGERST 1993, 287–289 mit Abb. 9

E.W.

3.72

3.72
Beigaben aus einem Frauengrab

2. Hälfte 7. Jh.
FO: Regensburg, St.Emmeram/St.Rupert (Grabfund)
Grabbeigaben in Auswahl:
a. 2 silberne Körbchenohrringe mit Hakenverschluß, die Körbchen fehlen;
Dm. 3,4 cm
b. Perlenkette aus 66 farbigen Glasperlen, überwiegend aus orangefarbener Fritte
c. Bronzene Gürtelschnalle mit festem Beschläg (sog. byzantinische Gürtelschnalle);
L. noch 5,1 cm

d. Messer; L. 11,6 cm *(ohne Abb.)*
e. Eisenschnalle und zwei silber- und messingtauschierte Riemenzungen der Wadenbinden; B. Schnalle 2,6 cm, L. Riemenzungen 5,9 cm
f. Beschädigte bronzene Waagschale einer römischen Balkenwaage mit einem römischen Silberdenar;
Dm. Waagschale 4,0 cm
g. Schlanker, scheibengedrehter Knickwandtopf, reduzierend gebrannt, mit Stempeldekor auf der Gefäßschulter; H. 11,0 cm, Dm. Rand 8,2 cm
1986/450

Durch die Perlenkette, die überwiegend aus orangefarbenen Fritteperlen besteht, und die bichrom tauschierten Riemenzungen kann das Grab in die zweite Hälfte des 7. Jahrhunderts datiert werden. Bemerkenswert ist die Beigabe der römischen Waagschale mit Münze, die als Altstücke keinerlei Funktion mehr hatten und wohl von mehr ideellem Wert waren.

Lit.: Fundchronik für das Jahr 1985 (Bayerische Vorgeschichtsblätter, Beiheft 1), München 1987, 168 mit Abb. 116; OSTERHAUS 1995

E.W.

3.73
Beigaben aus einem Frauengrab

Um 600
FO: Regensburg, St.Emmeram-Nord, Grab 13
Grabbeigaben in Auswahl:
a. Perlenkette aus 13 Rohbernsteinen und 98 Goldüberfang- und Glasperlen
b. Armschmuck aus 8 Großperlen, darunter drei Millefioriperlen und ein Knochenring
c. Bronzene Gürtelschnalle mit reich profiliertem, rechteckigem Bügel und flüchtig verziertem, dreieckigem Beschläg mit

3.73

Blindnieten, ehemals versilbert;
L. 10,2 cm
d. Tascheninhalt, bestehend aus einem Bronzedrahtring mit aufgeschobenem Bronzeknopf, einem massiven Bronzering und einem beschädigten Bronzeblechtönnchen; Dm. Drahtring 2,4 cm, Dm. Bronzering 4,1 cm, H. Bronzetönnchen 2,2 cm
e. Messer mit Griffplatte; L. 18,0 cm
f. Kleine, rechteckige Bronzeschnalle mit Riemenzunge, wohl von der Messerbefestigung; B. Schnalle 1,8 cm, L. Riemenzunge 2,9 cm
1992/10.13

Das Perlenensemble datiert das Grab an das Ende des 6. Jahrhunderts bzw. in die Zeit um 600. Bemerkenswert ist der Tascheninhalt, bei dem es sich teilweise wohl um römische Altstücke ohne praktischen Gebrauchszweck handelt und die trotzdem so wertgeschätzt wurden, daß sie mit ins Grab genommen wurden (Amulettcharakter ?). Die Gürtelschnalle stellt einen bislang in dieser Kombination von Bügel und Beschläg nicht bekannten Typ dar.

Lit.: OSTERHAUS/WINTERGERST 1993, 299–301 mit Abb. 15

E.W.

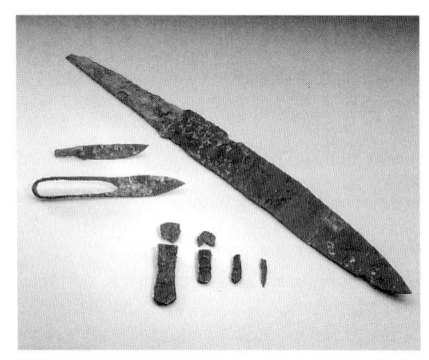

3.74
Beigaben aus einem Männergrab
2. Drittel 7. Jh.
FO: Regensburg, St.Emmeram-Nord, Grab 14
Grabbeigaben in Auswahl:
a. Breitsax; L. 62,4 cm
b. Fragment eines Messers; L. noch 10,9 cm
c. 4 eiserne Riemenzungen; L. 8,5 cm, 4,9 cm, 4,5 cm
d. 2 eiserne Gürtelbeschläge; L. 2,4 cm, 1,8 cm
e. Eiserne Schere; L. 16,6 cm
1992/10.14

Durch die erhaltenen Reste einer vielteiligen Gürtelgarnitur kann das Grab über die Gürtelmode in das zweite Drittel des 7. Jahrhunderts datiert werden.

Lit.: OSTERHAUS/WINTERGERST 1993, 301f. mit Abb. 16

E.W.

3.75
Bernsteinperle
Ende 5./6. Jh.
FO: Regensburg, St. Emmeram-Bäckerhöfel (Einzelfund, wohl aus einem zerstörten Grab)
Bernstein; Dm. 4,9 cm
1992/10.20

Bernsteinobjekte von der Art dieser großen, walzenförmigen Perle sind als magische Schwertanhänger aus Männergräbern, aber auch als Wirtel in Gürtelgehängen aus Frauengräbern bekannt. Je nach den Fundumständen schwankt die Datierung vom ausgehenden 5. bis in das 6. Jahrhundert. Da kein eindeutiger Fundzusammenhang vorliegt, muß der Datierungsspielraum des vorliegenden Stückes recht weit gefaßt werden.

Lit.: OSTERHAUS/WINTERGERST 1993, 303 mit Abb. 14,L6

E.W.

3.76
Scheibengedrehter Krug
7. Jh.
FO: Regensburg, St.Emmeram (wohl Grabfund)
H. 30,4 cm
A 1050

Ob es sich bei dem scheibengedrehten Krug mit Kleeblattmündung, dessen Henkel abgebrochen ist, um ein Importstück aus fränkischen Töpfereien oder um eine lokale Imitation dieser in antiker Tradition hergestellten Gefäße handelt, ist mangels Dünnschliffuntersuchung nicht eindeutig geklärt.

Das hart gebrannte, grautonige Fundstück wurde bei Arbeiten im Kreuzgang von St. Emmeram zwischen 1811 und 1839 geborgen. Die Zugehörigkeit zu einem Grab ist anzunehmen, der genaue Fundzusammenhang jedoch nicht mehr zu klären.

Lit.: KOCH 1968, 199f. mit Taf. 52,9

E.W.

3.77
Ausstattung eines Pferdegrabes
Um 600
FO: Regensburg, Bismarckplatz
1977/290
Beigaben in Auswahl:
a. Bronzevergoldete Teile des Zaumzeugs: 2 quadratische Riemenverteiler, Seiten-L. 6,5 cm; 3 schmalrechteckige Beschläge, L. 8,2 cm; 1 runder Knopfbeschlag, Dm. 2,2 cm; 2 Riemenzungen, L. 8,6 cm; Ringtrense mit Riemenzwingen, Zwingen-L. 7,9 bzw. 7,6 cm
b. 2 silberne, rechteckige Riemenzungen; L. 6,7 cm
c. Eiserner Steigbügel; H. 15,8 cm
d. Große eiserne Schnalle; B. 7,1 cm
(Ohne Abb.)
e. 3 eiserne Flügelpfeilspitzen, davon 2 zusammenkorrodiert, L. je 5,6 cm
(Ohne Abb.)

Die Bajuwaren. – 6. bis 8. Jahrhundert 45

Bei dem Grab handelt es sich um die Bestattung von vier enthaupteten Pferden in einer eng bemessenen Grabgrube. In einer Ecke lag das abgehalfterte Zaumzeug, während das Steigbügelpaar und die großen silbernen Riemenzungen, die ehemals am Brust- oder Schwanzriemen des Sattels angebracht waren, unter dem Bauch des größten Pferdes lagen. Dieses Tier kam demnach gesattelt ins Grab. Die große Eisenschnalle dürfte den Bauchriemen verschlossen haben. Auch die Pfeile könnten (in einem Köcher?) am Sattel angebracht gewesen sein.

Die vollständige Zäumung des Pferdes verdeutlicht ein Modell des Pferdekopfes in der Ausstellung. Sämtliche Schmuckteile des Kopfgeschirrs sind im Tierstil II verziert. Die schmalrechteckigen Beschläge kommen in gleicher oder ähnlicher Form im alamannischen, fränkischen und skandinavischen Raum vor. Entsprechendes gilt für die quadratischen Riemenverteiler, die allerdings auch bei den Langobarden in Italien auftreten. Die Ringtrense, deren eisernes, wohl zweiteiliges Mittelstück vergangen ist, besitzt ihre besten Parallelen in skandinavischen Gräbern. Die zum Sattelzeug zählenden, großen silbernen Riemenzungen finden nur wenige Entsprechungen in fränkischen, alamannischen oder langobardischen Gräbern und können nach ihrer Form wie nach ihrer Verzierung durch einziselierte vegetabile Ornamente mit awarischen Vorbildern in Verbindung gebracht werden. Ganz eindeutig awarischer Art sind die Steigbügel, deren Vorkommen sich in der ungarischen Tiefebene massiert und kaum nach Westen streut.

Die abgehalfterte Zäumung stammt sicherlich von dem Pferd, bei dem sich die Sattelreste und die Steigbügel fanden. Mit der für die damalige Zeit außergewöhnlichen Widerristhöhe von 1,52 m stellte es ein wahres Schlachtroß dar. Die drei kleineren Pferde mögen als Packtiere genutzt worden sein. Sie gehörten sicherlich alle einem adligen Reiter, dem die Tiere in den Tod folgen mußten und der sein Grab in unmittelbarer Nähe fand. Die Anlage des direkt am Pferdegrab vorbeiziehenden Arnulfsgrabens um 920 scheint die Bestattung des hochrangigen Adligen zerstört zu haben.

Lit.: OSTERHAUS 1977; DERS. 1980; Kat. Rosenheim-Mattsee 1988, 427 Nr. R.28; MENGHIN 1990, Taf. 35

3.77

A.B.

4. Baiern und Slawen. – 8. bis 10. Jahrhundert

Mit der Absetzung Tassilos III., des letzten Herzogs aus der Herrscherdynastie der Agilolfinger, beendete Karl der Große im Jahr 788 das alte bajuwarische Stammesherzogtum. Regensburg blieb dennoch Sitz der folgenden bairischen Herzöge und rückte zu einem der wichtigsten königlichen Pfalzorte im Karolingerreich auf. Neben Frankfurt wurde Regensburg bedeutendstes Zentrum des ostfränkischen Reiches.

Allerdings kommt der besondere Rang der Stadt in den Funden aus karolingisch-ottonischer Zeit nicht zum Ausdruck. Das hängt hauptsächlich mit dem Erlöschen der Beigabensitte schon im frühen 8. Jahrhundert zusammen. Grabfunde stehen nun der Archäologie nicht mehr zur Verfügung, und so sind auch nähere chronologische Einordnungen nur bedingt möglich. Frühmittelalterliche Siedlungsfunde aus der Innenstadt kommen wegen der intensiven Überbauung lediglich in besonderen Ausnahmefällen zutage. Siedlungsstrukturen dieser Zeit sind aufgrund der eingeschränkten Untersuchungsflächen, aber auch aufgrund alter Eingriffe äußerst selten zu erkennen, zumal die üblichen Wohnhäuser in Holzbauweise errichtet wurden. So ist es kein Wunder, daß man über die Innenbebauung des frühmittelalterlichen Regensburg nur wenig weiß.

Von der karolingischen Pfalz und dem gleichzeitigen Herzogssitz am Alten Kornmarkt – sicherlich wenigstens teilweise aus Stein erbaut – kennen wir nur den ungefähren Bereich, nämlich bei der Alten Kapelle, die um 830 unter Ludwig dem Deutschen als Pfalzkapelle erneuert wurde. Eine ganze Reihe von Kirchen und Klöstern sind wenigstens durch die historische Überlieferung als frühe Gründungen ausgewiesen, was nur in Sonderfällen über archäologische und baugeschichtliche Untersuchungen bestätigt werden kann.

Das alles hat dazu geführt, daß Funde aus dieser frühen Blütezeit Regensburgs äußerst rar sind. Kostbaren Schmuck wie aus älteren Gräbern darf man unter dem Siedlungsmaterial kaum erwarten. Schon eher finden sich Reste von Keramik, die meist zerschert in den Boden gelangte und bei Ausgrabungen, etwa im Bereich der um 920 angelegten arnulfinischen Befestigung, zutage kommt.

Trotz seiner großen Bedeutung lag Regensburg im Frühmittelalter am Rande des Ostfränkischen Reichs. Weite Teile der heutigen Oberpfalz waren spätestens seit dem 8. Jahrhundert von Slawen besiedelt, die offensichtlich erst im Laufe der Zeit unter die Botmäßigkeit der Baiern und Franken kamen. Diese slawische Besiedlung läßt sich historisch, namenkundlich und archäologisch fassen.

Eine Bestimmung Kaiser Karls des Großen aus dem Jahre 805 nennt die Kontrollpunkte des Handels mit den Slawen, nämlich in Bayern Regensburg, Premberg bei Burglengenfeld, Forchheim und Hallstadt bei Bamberg. Damals dürfte die Grenze also nahe dieser Orte verlaufen sein, an denen die Handelsgüter kontrolliert wurden, etwa in Hinsicht auf die ausdrücklich untersagte Ausfuhr von Schwertern. Die westlich dieser Linie siedelnden Slawen mögen sich der Herrschaft des Reiches schon früher untergeordnet haben.

Mit der slawischen Bevölkerung hängt es offenbar auch zusammen, daß hier die Beigabensitte – nicht wie im alten bajuwarischen Siedelgebiet – zu Beginn des 8. Jahrhunderts aufgegeben wurde. Die sogenannten karolingisch-ottonischen Reihengräber waren zum Teil zumindest bis ins 9. Jahrhundert gebräuchlich. Die Bestattungsart entspricht der der älteren Reihengräber, so daß man vor allem bei den südlichsten Gräberfeldern in der Nähe von Regensburg kaum entscheiden kann, ob hier tatsächlich nur Slawen, eine gemischte Bevölkerung oder aber Bajuwaren unter anachronistischer Beibehaltung der Beigabensitte beerdigten. Manchmal weisen die Gräber jedoch Stücke auf, die typisch für die slawischen Gebiete in Böhmen und Mähren sind. Auch bestimmte Keramik ist vorrangig mit den Slawen zu verbinden. Die fortschreitende Christianisierung und Kolonisation der Oberpfalz, des damaligen Nordgaus, durch bairische wie fränkische Siedler setzte der Beigabensitte aber schließlich ein Ende. Die Slawen wurden von dieser Besiedlungswelle aufgenommen und integriert.

A.B.

4. Baiern und Slawen. – 8. bis 10. Jahrhundert

Regensburger Funde aus der karolingisch-ottonischen Zeit

4.1
Keramik aus der Kreuzgartenplanierung im Niedermünster

Vor 973
FO: Regensburg, Niedermünster-Kreuzgarten (Siedlungsfunde)
1989/89
(Ohne Abb.)

Die Fragmente sind grob zwei Warenarten zuzuweisen. So kann man die recht dünnwandige Keramikart, die überwiegend trichterförmige Randformen besitzt, als rauhwandig-sandige Ware bezeichnen. Die übrigen Fundstücke zählen zu der im Donauraum weit verbreiteten sog. Goldglimmerkeramik. Diese handgefertigte, teilweise nachgedrehte Keramik erhielt ihren Namen nach dem goldfarbenen Glimmer, der dem Ton unter anderem als Magerung zugesetzt wurde.

Die vorgestellten Keramikbruchstücke wurden in den Planierungen für den ottonischen Kreuzgarten über dem karolingischen Konvent geborgen. Diese Einebnungen waren für den Neubau des Niedermünsters unter Herzogin Judith notwendig geworden. Mit dem Eintritt Judiths in das Niedermünsterstift 973 haben diese Planierschichten eine sicheren *terminus ante quem*.

Lit.: E. WINTERGERST 1991, 55–68 mit Taf. 19,12–32,8; DIES. 1993, 66f. mit Abb. 9–10; M. WINTERGERST 1995

E.W.

4.2
Scheibenfibel mit Adlerdarstellung

9. Jh.
FO: Regenburg, Niedermünster-Kreuzgarten (Siedlungsfund)
Eisen/Bronze; Dm. 3,5 cm
1989/89.5

Scheibenfibel mit eiserner Grundplatte und bronzener, ehemals vergoldeter Preßblechauflage. Der Nadelhalter ist aus Bronze, wohingegen Nadel und Nadelrast aus Eisen gefertigt sind. Das Fundstück ist durch einen Bronzeniet sekundär geflickt. Auf dem Preßblech ist ein nach rechts blickender Adler mit

4.2

ausgebreiteten Flügeln in Halbseitenansicht dargestellt.

Form und Herstellung der Scheibenfibel schließen an die spätmerowingischen Preßblecharbeiten des ausgehenden 7. und frühen 8. Jahrhunderts an, doch läßt sich für die Adlerdarstellung in dieser Zeit bislang keine Parallele finden; vergleichbar sind eher Adlerdarstellungen auf hochmittelalterlichen, gegossenen Schmuckstücken und in der frühen Buchmalerei, wodurch eine karolingisch-ottonische Zeitstellung wahrscheinlich wird. Durch den Fundzusammenhang ist eine zeitliche Festlegung auf die Zeit vor 973 gegeben. Derartige Fibeln dienten zum Verschluß von Mänteln sowohl bei Männern wie auch bei Frauen.

Lit.: E. WINTERGERST 1991, 81–83 mit Abb. 18 u. Taf. 51,1; DIES. 1994, 67 mit Abb. 11

E.W.

4.3
Emailscheibenfibel und -anhänger

9.–10. Jh.
FO: Brunn und Regensburg, St. Emmeram
Bronze; Dm. 3,4 cm, 2,9 cm
A 881 u. A 880

Die Emailscheibenfibel (links) mit abgeschrägtem, gekehltem Rand und plateauartig abgesetztem Bildfeld ist mit Grubenschmelz gefüllt und zeigt einen nach rechts springenden Vierfüßler mit erhobenem Schwanz. Ihre Nadelhalterung ist bis auf einen Lotrest vergangen.

Die flache, ebenfalls mit Grubenemail versehene Zierscheibe (rechts) mit geperltem Rand weist als Motiv einen stark silisierten, nach links gerichteten Vierfüßler auf. Reste der Nadelbefestigung fehlen völlig. Dennoch könnte es sich auch bei diesem Stück ursprüng-

lich um eine Scheibenfibel gehandelt haben, denn die Öse, die eine Nutzung als Anhänger erlaubte, ist nachträglich eingebrochen worden und sitzt noch dazu an einer das Bild verkehrenden Stelle. Man hat also wohl nur noch auf die Farbigkeit Wert gelegt und den Bildgehalt nicht mehr verstanden.

Lit.: WAMERS 1994, 78, Karte Abb. 49, 220 (Nr. 2)

A.B.

4.3

4.4
Spatelkopfnadeln

8.–10. Jh.
FO: Regensburg, Niedermünster-Kreuzgarten (4 Nadeln) und Grasgasse (Siedlungsfunde und Grabfund)
Bronze; L. 14,2 cm *(ohne Abb.)*, 8,1 cm, 3,4 cm, 4,7 cm, 7,2 cm
1979/332 u. 1989/89.1–4

4.4

Die vorgestellten Stücke weisen verschiedene Kopfformen auf. So sind die Exemplare aus dem Kreuzgarten von Niedermünster unterschiedlich breit und teilweise ritzlinienverziert, während das Fundstück aus der Grasgasse (links) dagegen einen fast rhombischen Kopf besitzt, der durch einen Wulst scharf vom Schaft abgesetzt ist.

Bronzenadeln mit spatelförmig abgeflachtem Kopf wurden sowohl in den sog. karolingisch-ottonischen Reihengräberfeldern der Oberpfalz *(vgl. Kat. 4.11)* wie auch in Siedlungsschichten des Regensburger Stadtgebietes gefunden. Das Stück aus der Grasgasse stammt ebenfalls aus einem Grab. Die Funktion der Spatelkopfnadeln ist bislang unklar, doch wurde unter anderem eine Verwendung zur Befestigung der Totentücher vermutet. Der Datierungsspielraum deckt das ganze 8. bis 10. Jahrhundert ab, also die Belegungsdauer der karolingisch-ottonischen Reihengräberfelder.

Lit.: FISCHER/RIECKHOFF-PAULI 1982, 71 mit Abb. 22,7; E. WINTERGERST 1991, 83–85

E.W.

4.5

Topf aus Goldglimmerkeramik

8.–10. Jh.
FO: Regensburg, Ledererergasse 1
H. 12,3 cm, Dm. Rand 10,0 cm
1983/591.1
(Ohne Abb.)

Der Ton des Töpfchens wurde mit feinem Goldglimmer, Quarzsand und Feldspat gemagert. Die Herstellungstechnik durch Aufbauen aus Tonplatten ist an dem Stück deutlich durch das Überlappen der Tonplatten an der Gefäßinnenseite, die schwankende Wandungsstärke und die unregelmäßige Randausbildung abzulesen.

Das fragmentierte Gefäß stammt aus der ältesten mittelalterlichen Siedlungsschicht der Grabung Ledererergasse 1, die eine Pfostenbauphase des 8. bis 10. Jahrhunderts erbrachte.

Lit.: M. WINTERGERST 1991, 16–18 u. 48–50 mit Taf. 9,4

M.W.

4.6

Topf

10. Jh.
FO: Regensburg, Fuchsengang 2
H. 13,5 cm, Dm. Rand 6,8 cm
1994/8.80

Der kleine, gedrungene Topf (rechts) ist handgefertigt und in den Randpartien leicht nachgedreht. Seine einfache Form mit kaum ausgebildeter Hals- und Schulterzone spricht für einen Zeitansatz vor oder um 1000.

Das Fundstück wurde zerscherbt im Graben der arnulfinischen Stadtbefestigung aus der Zeit um 920 unmittelbar an der römischen Lagermauer aufgefunden; es muß bei der Anlage des Grabens in den Boden gelangt sein.

E.W.

4.7 u. 4.6

4.7

Topf

10./11. Jh.
FO: Regensburg, Maximilianstraße
H. 19,1 cm, Dm. Rand 16,5 cm
1955/113

Der teilweise ergänzte, bauchige Topf (links) ist mit Goldglimmer gemagert und weist einen ausladenden, schräg abgestrichenen Rand auf. Das Gefäß stammt aus den Einschwemmschichten des um 920 angelegten Grabens vor der Südostecke der alten römischen Lagermauer.

Lit.: DANNHEIMER 1973, 13f., 37, Taf. 2,3 u. 52,1

A.B.

Slawisches Fundgut

4.8

Keramikbeigaben aus Gräbern

8.–10. Jh.
FO: Nabburg, Lkr. Schwandorf (5 Gefäße) und Diendorf, Lkr. Schwandorf
H. 8,5 cm, Dm. Rand 8,0 cm
H. 7,5 cm, Dm. Rand 8,5 cm
H. 8,0 cm, Dm. Rand 11,0 cm
H. 12,5 cm, Dm. Rand 13,5 cm
H. 15,0 cm, Dm. Rand 16,5 cm
H. 15,0 cm, Dm. Rand 8,5 cm
1951/73,1–5; 1960/122

Die aus unbeobachteten karolingisch-ottonischen Gräbern der Oberpfalz stammenden Fundstücke sind alle handgefertigt aus unterschiedlich grob mit Quarz und Glimmer gemagertem Ton. Die schwankende Färbung der Gefäße zwischen beige-orange und braun-rötlich deutet auf wechselnde Brennatmosphäre hin, die nur weichen bis mäßig harten Brand erzielte. Als häufigste Verzierung in der auffallenden Vielgestaltigkeit der Ornamente kommen Wellenbänder vor, doch sind auch Einstichmuster und Rillen vertreten. Die meisten der Gefäße besitzen sehr unterschiedliche Bodenzeichen wie Rad- oder Sternmarken und Achsabdrücke, die vom Abstellen der ungebrannten Gefäße auf einer drehbaren Unterlage herrühren *(s. Kat. 4.9)*.

Lit.: STROH 1954, 26f. mit Taf. 2, 1–3.5–6 u. Taf. 16, 9–13

E.W.

4.8

4. Baiern und Slawen. – 8. bis 10. Jahrhundert

4.9

4.9
Keramik aus Siedlungen und Gräbern
8.–10. Jh.
a. FO: Iffelsdorf, Lkr. Schwandorf (Siedlungsfunde)
H. 7,0 cm, Dm. Rand 8,5 cm
H. 14,5 cm, Dm. Rand 13,0 cm
1960/134
Die beiden handgefertigten Töpfe (vorne links und Mitte) sind beige-braun und grob gemagert. Ihre Gefäßwandung ist reich mit mehreren Wellenbändern verziert. Der größere Topf besitzt einen sehr ausgeprägten Achsabdruck.
b. FO: Burglengenfeld, Lkr. Schwandorf (Grabfunde und Siedlungsfund)
H. 12,0 cm, Dm. Rand 11,5 cm
H. 20,5 cm, Dm. Rand 20,0 cm
H. 12,0 cm, Dm. Rand 13,5 cm
1938/272, 1936/95, 1936/72

Das Gefäß mit Einstichbändern stammt sicher aus Grab 34, jenes mit zwei Wellenbändern und Ritzlinienzier diente mutmaßlich auch als Grabbeigabe. Der dritte, kaum verzierte Topf aus Burglengenfeld ist als Siedlungsfund anzusprechen.

Die handgefertigten, teilweise mit Glimmer gemagerten Gefäße sind nur im Randbereich nachgedreht. Die Töpfe weisen sehr vielgestaltige und unterschiedliche Verzierungen auf. Überwiegend handelt es sich um hochschultrige Topfformen, doch treten gelegentlich auch bauchige Töpfchen und kleine Schalen auf. Die Farbe der grob gemagerten Gefäße schwankt zwischen rot-beige und braun. Die Böden einiger der Gefäße besitzen einen sog. Achsabdruck oder sehr vielgestaltige Bodenmarken, die von dem Abstellen des Gefäßes auf einer drehbaren Unterlage bzw. der Zwischenscheibe zwischen Gefäß und drehbarer Unterlage herrühren.

Lit.: STROH 1954, 13–16 mit Taf. 5,60; 6, V1; 7, 44; LOSERT 1993, Abb. 14,8 u. 15
E.W.

4.10
Perlenkette
Ende 7./1. Hälfte 8. Jh.
FO: Krachenhausen, Grab 19
Glas und Bernstein
A 1076

Die aus großenteils mehrfarbigen Perlen bestehende Kette weist neben einer Vielzahl zylindrischer Perlen auch eine als Altstück anzusprechende Bernsteinperle auf. Das Perlenensemble ist noch ganz dem merowingerzeitlichen Stil verhaftet, so daß von einer Datierung am Ende der Merowingerzeit auszugehen ist.

Lit.: STROH 1954, 22 mit Taf. 13,B
E.W.

4.11
Ohrring und Spatelkopfnadel
8. Jh.
FO: Burglengenfeld, Grab 53
Bronze; Dm. Ring 1,8 cm, L. Nadel 6,5 cm
1936/64

Der Drahtohrring mit doppelt S-förmig gebogenem Ende und die fragmentierte Spatelkopfnadel mit ritzlinienverziertem Kopf stammen aus einem Frauengrab, in dem auch einige Glasperlen lagen, die einen Zeitansatz des Grabes am Ende der Merowingerzeit oder am Anfang der Karolingerzeit zulassen.

Lit.: STROH 1954, 16f. mit Taf. 3,K6–7
E.W.

4.12
Slawischer Silberschmuck
9./1. Hälfte 10. Jh.
FO: Matzhausen, Lkr. Neumarkt, Grab 2/3
1938/273
(Farbtafel 3 und 4)

Die Frauenbestattung, möglicherweise ein Doppelgrab, weist das reichhaltigste Schmuckensemble unter den slawischen Gräbern der Oberpfalz auf. An den paarigen, granulationsverzierten Halbmondohrringen halten Gehängeketten mehrere Klapperbleche. Die mit reicher Granulation versehene, silberne Pferdchenapplik stellt ein Unikat dar; ob sie als Besatz eines Kleidungsteils oder eines Gefäßes diente, ist unklar. Die sechs Silberringe, sogenannte Schläfenringe, gehören zum Kopfputz.

4.10 u. 4.11

Die paarigen, kugelförmigen Anhänger sind aus Blechhalbkugeln zusammengesetzt. Ein Exemplar ist an der Öse alt repariert, das unversehrte enthält Klappersteine im Innern. Beide Kugeln weisen sechs kreisförmige Zierfelder auf, wobei je zwei gegenüberstehende im mittleren Medaillonfries Gesichtsdarstellungen zeigen.

Vergleichbare Kugelanhänger finden sich in Gräbern des Großmährischen Reiches und belegen damit die kulturellen Verbindungen der hiesigen Slawen nach Osten.

Lit.: STROH 1954, 8f., 29f., Taf. 1,1–8 u. 8,B.C; MENGHIN 1990, Taf. 62–64

A.B.

4.13
Bommelohrringpaar

8. Jh.
FO: Krachenhausen, Grab 39
Gold; L. Anhänger 2,7 u. noch 2,4 cm
A 1094

Die Goldblechbommeln haben doppelpyramidenförmige Gestalt mit gekerbten Längs- und Querleisten aus aufgelegten Blechstreifen. Trotz des aufwendigen Ohrschmucks war der Toten sonst nur eine Halskette mit vier schlichten Perlen beigegeben.

Lit.: STROH 1954, 23f., Taf. 1,9–10 u. 13,D1–2

A.B.

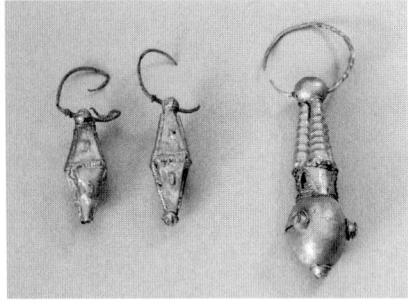

4.13 u. 4.14

4.14
Bommelohrring

8. Jh.
FO: Burglengenfeld, Grab 6
Gold; L. Anhänger 4,7 cm
A 875

Ein tordierter Golddrahtring hält den großen reich verzierten Goldblechbommel. An der Hauptkugel sind horizontal drei kleine Halbkugeln mit Granulationszier angebracht, eine weitere sitzt an der Unterseite. Ebenfalls Granulatinsverzierung weist der zylindrische teilweise durchbrochene Mittelteil auf. Drei aneindergestellte geriffelte Goldblechröllchen führen zur nach oben abschließenden Kugel, die den Bommel mit dem Drahtring verbindet. Formale Ähnlichkeiten weisen den Ohranhänger als Weiterentwicklung ursprünglich awarischer Goldbommelohrringe aus *(vgl. Kat. 3.68).*

Lit.: STROH 1954, 12, Taf. 1,11 u. 3,L2

A.B.

4.15

4.15
Reliquienkreuz

Ende 9.–11. Jh.
FO: Altfalter, Lkr. Schwandorf, wohl verlagert aus Dietstätt (Einzelfund)
Messing bzw. stark zinnhaltige Bronze;
L. 8,8 cm, B. 6,9 cm
Leihgabe H. Schwarz

Das Stück trägt eine halbplastische Darstellung des Gekreuzigten, an den beiden Kreuzarmen flankiert von eingravierten Brustbildern der Mutter Gottes und des Apostels Johannes mit Bezeichnungen durch griechische Inschriften. Das hohle Kreuz besaß ursprünglich ein entsprechend geformtes rückseitiges Gegenstück, so daß die enthaltenen Reliquien in dem zweiteiligen Kreuz wie in einem Medaillon auf der Brust getragen werden konnten. Vergleiche weisen einerseits in das Großmährische Reich der Zeit um 900, andererseits ins Böhmen des 11. Jahrhunderts, wo ähnliche Kreuze aus dem Kiewer Reich bezogen wurden. Das Fundstück wurde offenbar durch Abraumtransport von Dietstätt nach Altfalter verlagert. Bei Dietstätt ist durch Funde slawischer Keramik des 8. und 9. Jahrhunderts eine Wüstung bekannt, mit der das Reliquienkreuz vielleicht zu verbinden ist.

Lit.: LOSERT 1992; DERS. 1993

A.B.

4.16
Waffenausstattung aus einem Kriegergrab

8. Jh.
FO: Burglengenfeld, Grab 1
a. Langsax; L. 65,5 cm
b. Lanzenspitze; L. 42,2 cm
c. 8 Pfeilspitzen; L. 8,0–11,2 cm
d. Messer (Fragment); L. noch 19,4 cm
A 873

Der Mann wurde mit einer vergleichsweise umfangreichen Waffenausstattung beigesetzt. Bemerkenswert ist die besonders große Lanzenspitze. Pfeile gehören zu den gängigen Waffen aus den späten Reihengräbern, doch ist in diesem Fall ihre mit ursprünglich zwölf Stück hohe Anzahl auffällig. Während es sich bei sieben der erhaltenen acht Pfeilspitzen um Widerhakenpfeilspitzen handelt, weist ein Exemplar (im Bild ganz rechts) ein rhombisches Blatt auf. Messer sind eine häufige und oft die einzige Beigabe in slawischen Gräbern. Sie gehören im engeren Sinne nicht zur Bewaffnung, sondern zum Gebrauchsgerät.

Lit.: STROH 1954, 12 u. Taf. 3A

A.B.

4.16

4. Baiern und Slawen. – 8. bis 10. Jahrhundert

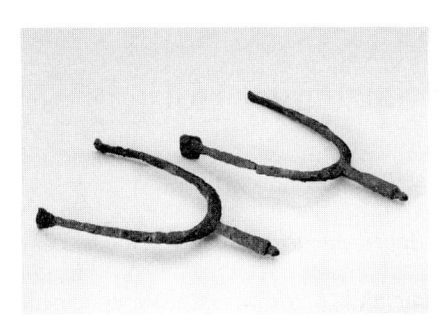

4.17

4.17
Sporenpaar
9./10. Jh.
FO: Eichelberg, Lkr. Neustadt a.d. Waldnaab, Grab 7 (Mann)
Eisen; L. noch 15,9 u. 16,2 cm
A 1108

Die Knopfsporen weisen den Bestatteten als Reiter aus. Wie die Fundlage an den Füßen zeigt, hatte man die Sporen dem Toten angeschnallt. Daß er sie überhaupt ins Jenseits mitbekam, ist durchaus bemerkenswert, weil in der Eichelberger Gräbergruppe mit ihren neun Bestattungen so gut wie keine Beigaben mehr mitgegeben wurden. Dies läßt auf eine besondere Bewertung der Sporen als ganz persönliches Statussymbol schließen.

Lit.: STROH 1952, 25 u. Taf. 17,E3–4

A.B.

4.18
Sichel
8. Jh.
FO: Krachenhausen, Grab 5 (Frau)
Eisen; L. (Griffende bis Spitze) noch 32,7 cm
A 1063

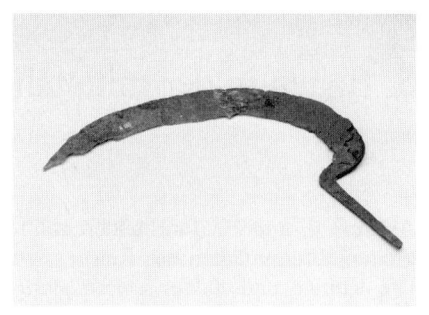

4.18

Wie bei den Bajuwaren kommen Sicheln bei den Slawen sowohl in Frauen- als auch in Männergräbern vor. Es handelt sich nicht um Waffen, sondern um bäuerliches Gerät, dessen zweckmäßige Form sich bis in heutige Zeit nicht wesentlich verändert hat.

Lit.: STROH 1954, 21 u. Taf. 12,M4

A.B.

5. Bauen in der mittelalterlichen Residenzstadt – Der Salzburger Hof

Ab dem 9. und 10. Jahrhundert zählte Regensburg zu den großen Königsstädten des Reiches, wie Aachen und Pavia. Die Könige und Kaiser untermauerten diesen besonderen Charakter der Stadt dadurch, daß sie den Bistümern, Klöstern und Stiften Bayerns, ebenso aber auch den Adeligen Häuser und Höfe in Regensburg zuwiesen, damit diese bei den Versammlungen des Königs in der Stadt standesgemäße Quartiere zur Verfügung hatten.

Als bedeutendster unter den Höfen der bayerischen Bischöfe in Regensburg lag der Salzburger Hof (auch Hof des hl. Rupert genannt) unmittelbar westlich des Pfalzbereiches und südlich des Domes. Schon 976 ist die Schenkung dieser Hofstelle an den Salzburger Erzbischof Friedrich durch Kaiser Otto II. urkundlich erwähnt. Im Jahre 998 wird die *Cortis sancti Rodperti* in einem Diplom Ottos III. wiederum erwähnt. 1062 erfolgte die Bestätigung der Schenkung durch Kaiser Heinrich IV.

1893 wurden der Süd-, Ost- und Westflügel, im Winter 1894/95 auch der Nordflügel zugunsten der heutigen Oberpostdirektion abgebrochen. Die bis dahin bestehende Vierflügelanlage muß nach den erhaltenen Triforien und den übrigen Fragmenten der Bauskulptur im Museum der Stadt Regensburg in die 70er und 80er Jahre des 12. Jahrhunderts datiert werden. Demnach müßte der uns heute nur noch durch Pläne, alte Photographien und Zeichnungen überlieferte Bau während der Regierungszeit des Salzburger Erzbischofs Konrad III. (1177–1183) entstanden sein. Diese stilistische Einordnung wird gestützt durch die historischen Hinweise, die für Konrad III. ein Engagement als Bauherr sowohl in Salzburg als auch in Mainz belegen. Daher sind anläßlich der 1180 und 1182 abgehaltenen Regensburger Reichstage des verbündeten Kaisers Friedrich Barbarossa bauliche Aktivitäten auch an der Regensburger Pfalz des Salzburger Bischofs naheliegend. Wiederverwendete Baudetails des frühen 12. Jahrhunderts im Südbereich des Salzburger Hofes deuten auf ältere Bauteile bzw. Vorgängerbauten hin, deren erster nach den historischen Quellen im 10. Jahrhundert entstanden sein muß.

Die im 12. Jahrhundert sich herausbildende Anlage des Salzburger Hofes zeigte ein annähernd regelmäßiges Geviert mit einem großen, zuletzt viergeschossigen Wohntrakt im Norden, der im Osten durch einen mächtigen Eckturm abgeschlossen wurde. Im Obergeschoß des Eckturms befand sich die Kapelle des hl. Rupert. Östlich und westlich des Innenhofes stellten jeweils dreigeschossige Flügelbauten die Verbindung zum rückwärtigen Palas her. Im ersten Obergeschoß dieses Traktes befand sich der große Saal.

1277 verlieh der Salzburger Erzbischof Friedrich II. den Hof den Kindern des Friedrich Daum mit der Auflage, innerhalb von drei Jahren Umbauten vorzunehmen. Um 1340 wird die Kapelle mit dem Patrozinium Ruperti urkundlich erwähnt. Später gelangte der Salzburger Hof in den Besitz verschiedener Regensburger Familien, die ihn allerdings für die kurzen Aufenthalte des jeweiligen Salzburger Erzbischofs – etwa zwischen 1531 und 1576 – zu räumen hatten. Mit der Säkularisation verlor das Anwesen seine Salzburger Immunität. Nach dem Erwerb des Grundstücks durch den Verein „Domfreiheit" und die Stadt Regensburg wurden die Baulichkeiten von 1893 bis 1895 zugunsten der Erweiterung des Domplatzes und der Errichtung der Dompost abgebrochen.

Für die stilistische Einordnung der Vierflügelanlage als weitgehend einheitlicher Bestand in das spätere 12. Jahrhundert geben die im Museum der Stadt Regensburg verwahrten Fragmente die entscheidenden Anhaltspunkte. Dokumentierbar sind die Bauperioden des nördlichen und des südlichen Hauptflügels und des etwas jüngeren östlichen Verbindungsflügels.

H.-E.P.

5. Bauen in der mittelalterlichen Residenzstadt – Der Salzburger Hof

5.1
Biforium aus dem Salzburger Hof

Regensburg, 1210/20
Kalkstein; 167 × 210 × 41 cm
HVE 313 u. 318
(Ohne Abb.)

Das Biforium befand sich ausweislich einer Photographie von 1893 im 2. Obergeschoß der Westfassade des Westflügels. Es gehört zu der eher seltenen Gruppe von Biforien, bei denen Halbsäulen an den Gewänden die Form der Mittelsäule in leicht variierten Formen wieder aufnehmen, die also eine reichere Fortentwicklung der älteren Biforien mit lediglich einem eingestellten Säulchen darstellen. Das Mittelsäulchen ruht auf einer attischen Basis mit Eckknollen und reicherem Kämpferkapitell. Das Kapitell besitzt vierfach abgefaste Schmalseiten, die henkelartig mit einer S-förmigen Schwingung auslaufen, und Breitseiten mit Stabzier. Die Gewändesäulen sind achteckig, wobei die Kapitellformen von den Gewändekämpfern wieder aufgenommen werden, links mit Voluten, rechts mit Rollen.

Lit.: Pohlig 1896, Fig. 3; Strobel 1962, 412 u. Abb. 248

H.-E.P.

5.2
Einfaches Zwillingsfenster aus dem Salzburger Hof

Regensburg, 12. Jh.
Kalkstein; 81,5 × 86 cm
HVE 314
(Ohne Abb.)

Beispiel eines der weit verbreiteten, aber nur in wenigen Beispielen erhaltenen Monolithfenster mit zweifacher Öffnung. Beiderseits der Bogenöffnungen je zwei Löcher mit Holzdübeln für die Angeln, in der Mitte des Trennpfostens ein Dübel für den Riegel der Fensterladen.

H.-E.P.

5.3
Fenstersäule aus dem Salzburger Hof

Regensburg, um 1170/80
Kalkstein; 124,5 cm × 40,5 cm × 22,5 cm
HVE 322

5.3

Das Säulchen wurde beim Abbruch des Salzburger Hofes im Ostflügel vorgefunden. Charakteristisch ist der Blattrankendekor auf der Breit- und der Klauendekor auf der Schmalseite des Kämpferkapitells. Die Datierung um 1170/80 stimmt mit den übrigen Funden aus dem Ostflügel überein.

Lit.: Pohlig 1896, Fig. 17; Strobel 1981, 62 (F 11); BAP V, Abb. 228; Paulus in Kat. Regensburg 1989, 107 (B 7)

H.-E.P.

5.4
Fenstersäule aus dem Salzburger Hof

Regensburg, um 1170/80
Kalkstein; 93 × 35 × 22 cm
HVE 319

5.4

Die Fenstersäule mit Kämpferkapitell und flachem Blattrankendekor wurde beim Abbruch des Salzburger Hofes im Südflügel vermauert vorgefunden.

Lit: Pohlig 1896, 8 u. Fig. 16; Strobel 1981, 62 (F 12); BAP V, Abb. 229; Paulus in Kat. Regensburg 1989, 109 (B 16)

H.-E.P.

5.5
Gewändestück eines Triforiums aus dem Salzburger Hof

Regensburg, um 1170/80
Kalkstein; 115,5 × 46 × 31,5 cm
HVE 321

Das Gewändestück mit polygonaler Halbsäule wurde beim Abbruch des Salzburger Hofes im Nordflügel vorge-

5.6
Kragstein mit springendem Hasen aus dem Salzburger Hof

Regensburg, 3. Viertel 12. Jh.
Kalkstein; 35 × 31 × 38 cm
HVE 359

Der Kragstein mit einem springenden Hasen als Stützfigur der Kämpferrolle wurde während des Abbruchs im Westflügel des Salzburger Hofes vorgefunden. Es handelt sich wohl um den Träger eines Türsturzes oder eines Gesimses, möglicherweise aber auch um die Hälfte eines Säulenkapitells vom Typ der Rollenkämpferkapitelle.

Lit.: POHLIG 1896, 9f. u. Fig. 26; STROBEL 1962, 422; PAULUS in Kat. Regensburg 1989, 111 (B 19)

H.-E.P.

5.5

funden. Mit großer Wahrscheinlichkeit war es Teil eines hofseitigen Fensters des Nordflügels. Ähnliche Würfelkapitelle tauchten auch im Bereich des Ostflügels auf.

Lit.: POHLIG 1896, Fig. 23; STROBEL 1962, 413 u. Taf. 29; BAP V, Abb. 221; PAULUS in Kat. Regensburg 1989, 106 (B 4)

H.-E.P.

5.7
Säulenbasis aus dem Salzburger Hof

Regensburg, 2. Hälfte 12. Jh.
Kalkstein; 15 × 23 × 23 cm
HVE 340
(Ohne Abb.)

Die attische Säulenbasis stammt nach den Angaben Pohligs von der Innenseite des Ostflügels. Die zeitliche Einordnung muß nach stilistischen Kriterien in die 2. Hälfte des 12. Jahrhunderts erfolgen.

Lit.: STROBEL 1962, 149 (dort unbekannter Herkunft); PAULUS in Kat. Regensburg 1989, 108 (B 8)

H.-E.P.

5.8
Kämpfer mit Halbsäulenfragment aus dem Salzburger Hof

Regensburg, Ende 12. Jh.
Kalkstein; 34,5 × 45,5 × 28,5 cm
HVE 343

Der Kämpferblock wurde beim Abbruch des Salzburger Hofes im Südbau eingemauert vorgefunden. Es handelt sich um einen Kämpferstein mit angearbeiteter Halbsäule, wahrscheinlich von einem einfachen Gewändeteil. Zum gleichen Portal gehörte ein eben-

5.8

falls im Südflügel aufgefundenes Gewändestück der rechten Ecksäule.

Lit.: POHLIG 1896, 10 u. Fig. 21; STROBEL 1962, 418; STROBEL 1981, 147 (P 3 a,b); PAULUS in Kat. Regensburg 1989, 109 (B 15)

H.-E.P.

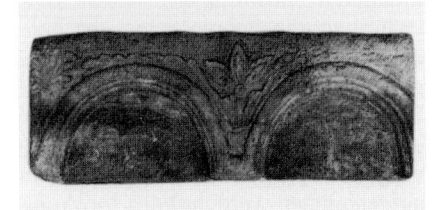

5.9

5.9
Gesimsfragment aus dem Salzburger Hof

Regensburg, um 1170/80
Kalkstein; 38,5 × 107,5 × 22 cm
HVE 355

Das Gesimsfragment mit einem Blendbogenfries und zwischengesetzten Blüten wurde beim Abbruch des Salzburger Hofes im Südflügel vermauert aufgefunden.

Lit.: PAULUS in Kat. Regensburg 1989, 108 (B 12)

H.-E.P.

5.10
Kragstein mit Löwenkopf aus dem Salzburger Hof

Regensburg, 3. Viertel 12. Jh.
Kalkstein; 32 × 42,5 × 25 cm
HVE 350

Der Kragstein mit dem Löwenkopf wurde im Bereich der tonnengewölbten Einfahrt des Nordflügels vorgefunden. Er dürfte als Auflager des Portalbogens gedient haben. Die Datierung in das

5.6

5. Bauen in der mittelalterlichen Residenzstadt – Der Salzburger Hof

5.10

3. Viertel des 12. Jahrhunderts stimmt mit der übrigen Bauplastik des Nordflügels überein.

Lit.: POHLIG 1896, Fig. 8; PAULUS in Kat. Regensburg 1989, 106 (B 5)

H.-E.P.

5.11

Doppelkapitell aus dem Salzburger Hof

Regensburg, um 1210/20
Kalkstein; 31 × 42 × 25,5 cm
HVE 332

Das Doppelkapitell mit Knospenblättern wurde beim Abbruch des Südflügels vermauert vorgefunden. Es handelt sich um das Fragment eines Wandpfeilers oder Portals aus der Zeit um 1210/20. Bemerkenswert ist die T-förmige Trennung der beiden Kapitele sowie die Diamantierung der einzelnen Blattränder.

Lit.: POHLIG 1896, 9 u. Fig. 24; STROBEL 1962, 418 u. Abb. 245; PAULUS in Kat. Regensburg 1989, 110 (B 17)

H.-E.P.

5.12

Friesfragment mit männlichem Kopf aus dem Salzburger Hof

Regensburg, Anfang 12. Jh.
Kalkstein; 40 × 48 × 15,5 cm
HVE 351

Das Friesfragment wurde beim Abbruch des Salzburger Hofes im Südflügel vermauert vorgefunden. Die schlichte Form dürfte am ehesten in das frühe 12. Jahrhundert zu datieren sein.

Lit.: PAULUS in Kat. Regensburg 1989, 109 (B 13)

H.-E.P.

5.13

Friesfragment mit männlichem Kopf aus dem Salzburger Hof

Regensburg, 1. Hälfte 12. Jh.
Kalkstein; 26 × 37 × 20,5 cm
HVE 352

Das Friesfragment ist von ähnlicher Schlichtheit wie Kat. 5.12 und wurde im Südflügel vermauert vorgefunden.

Lit.: PAULUS in Kat. Regensburg, 109 (B 14)

H.-E.P.

5.14

Wappenrelief vom Salzburger Hof

Regensburg, um 1500
Kalkstein; 62 × 94,5 × 14,5 cm
Teilweise gefaßt
HVE 1301

Das Relief zeigt die Wappen des Erzbischofs Leonhard von Keutschach (1495–1519), gehalten von zwei Engeln (Cherubim), flankiert von zwei Bischofsstäben und bekrönt von der erzbischöflichen Mitra.

Lit.: ZAISBERGER 1982, Abb. 39; BAP V, Abb. 227; PAULUS in Kat. Regensburg 1989, 108 (B 9)

H.-E.P.

5.15

Kämpfer mit Knospenkapitellen, möglicherweise aus dem Salzburger Hof

Regensburg, um 1225/30
Kalkstein; 28,5 × 45 × 31,5 cm
HVE o. Nr.

Die Herkunft des Kämpfersteins aus dem Salzburger Hof ist nicht gesichert. Es handelt sich um einen Portalkämpfer oder möglicherweise um ein Rippenauflager. Bemerkenswert ist die zweireihige Anordnung der Knospenkapitelle hintereinander. Anstatt der Knospenreihe erscheinen hier Blätter, darüber auf Lücke Zungenblätter.

Lit.: STROBEL 1962, 418; PAULUS in Kat. Regensburg, 111 (B 20)

H.-E.P.

6. Öffentliche Repräsentation – Die Steinerne Brücke

Zu den bedeutendsten Monumenten des hohen Mittelalters in Regensburg und in Deutschland überhaupt zählt die Steinerne Brücke. Als sechzehnjochige Rundbogenbrücke verbindet sie das ehemals reichsstädtische Regensburg mit dem einst altbayerischen Stadtamhof am Nordufer der Donau. In ihrem Verlauf überquert sie den südlichen und den nördlichen Flußarm sowie die beiden dazwischen liegenden Inseln des Oberen und des Unteren Wöhrdes.

Die Steinerne Brücke ist ausgezeichnet durch ihre besondere geographische Lage am nördlichsten Punkt der Donau. Schon Karl der Große hatte nur wenige Meter stromabwärts, vor dem Nordtor des Römerlagers Castra Regina, eine hölzerne Schiffsbrücke über die Donau schlagen lassen. Zu Beginn des 12. Jahrhunderts wagte man die Errichtung einer massiven Brücke, die unter Überwindung der vom Strombett aufgeworfenen, nicht unbeträchtlichen baulichen Probleme zu einer technischen wie städtebaulichen Großtat der romanischen Bau- und Ingenieurkunst wurde. Schon die Wahl des Jahres 1135 für den Baubeginn deutet auf eine sorgfältige Vorplanung hin. Nur eine schlüssige Logistik konnte es ermöglichen, den außerordentlich trockenen Sommer des Jahres 1135 für die unverzügliche Fundamentierung der Brückenpfeiler zu nutzen. Der Beginn des Brückenbaus im Jahre 1135 ist durch eine Urkunde des benachbarten Stadtamhofer Klosters St. Mang aus dem Jahre 1138 überliefert. Diese Urkunde bezeichnet das Jahr ihrer Ausstellung als das dritte nach dem Beginn des Brückenbaus.

Über die Bauherrschaft an der Brücke bestand zwischen dem bayerischen Herzog und dem Kaiser Uneinigkeit. Zwar fiel der Baubeginn in die Regierungszeit des sehr agilen Welfenherzogs Heinrich X., genannt der Stolze. Aber auch nach dessen Absetzung im Jahre 1138 muß der Bau unter dem Babenberger Herzog Leopold IV. (1138–1141) in vollem Umfang fortgesetzt worden sein. Die politischen Wirren zur Zeit der Vollendung der Brücke – 1142 verwaltete König Konrad III. selbst das Herzogtum – deuten schließlich darauf hin, daß spätestens zu diesem Zeitpunkt der Kaiser bzw. der deutsche König sich selbst des Brückenbaus in Regensburg annahm. So konnte trotz der Umweltkatastrophe von 1144 und eines Krieges zwischen dem Bischof von Regensburg und Herzog Heinrich Jasomirgott (1143–1156) in den Jahren 1144/45 der Bau der Steinernen Brücke zum Abschluß gebracht werden.

Zweifellos förderten die Regensburger Kaufleute mit ihrer Finanzkraft die Errichtung der Brücke, zogen sie doch wesentliche wirtschaftliche Vorteile aus dem einzigen festen Donauübergang des Mittelalters zwischen Ulm und Wien. In geographischer Hinsicht begünstigte gerade dieser Donauübergang die Handelswege zwischen dem südlich des Flusses gelegenen Regensburg und den osteuropäischen Handelszentren. Es dürfte daher auch kein Zufall sein, daß der Brückenbau zeitlich mit der Blüte Regensburgs als führende deutsche Handelsstadt im 12. Jahrhundert zusammenfiel.

Mit Recht wird vermutet, daß der Burggraf als Stellvertreter des deutschen Königs mit seinen beachtlichen Zolleinnahmen zum Brückenbau beitrug. Die rechtliche Hoheit über die Brücke war aber zumindest ab dem späten 12. Jahrhundert dem König vorbehalten, wie die von Friedrich I. Barbarossa in einer Urkunde vom 26. September 1182 erlassenen Vorschriften zeigen. Sie bestimmten die Freiheit des Brückenzugangs und die Zollfreiheit der Brücke. Ferner wird in der Urkunde der Brückenmeister erwähnt, ein Ehrenamt, das gewöhnlich einem der Regensburger Ratsherren übertragen wurde. Ihm oblag die Aufsicht über die Brücke sowie über deren Finanzwesen und die dort beschäftigten Zöllner.

So erlangte die Steinerne Brücke schließlich eine gewisse rechtliche Selbständigkeit. Sie verfügte über ein eigenes Siegel, das die Umschrift *S. gloriosi pontis ratisbone* trägt. Dieses Siegel aus der Zeit um 1300 enthält auch die älteste bekannte Darstellung der Brücke mit ihren ursprünglich drei Türmen. Außer dem bestehenden Brücktor befestigten ein Mittelturm auf dem zwölften Pfeiler und der Schwarze Turm auf dem nördlichen Widerlager die Brücke. Der Mittelturm wurde 1784 abgebrochen, der Schwarze Turm 1810 nach den napoleonischen Beschießungen.

Die Steinerne Brücke war das Opfer von vielen Eingriffen im Laufe der Jahrhunderte. Neben Hochwassern und Eisgängen waren es vor allem kriegerische Ereignisse, die die Brücke beschädigten oder zum Verlust wichtiger Teile führten. Als während des Dreißigjährigen Krieges im Jahre 1633 die Schweden unter Herzog Bernhard von Weimar sich der Stadt näherten, ließ der Kommandant der kurfürstlich bayerischen Besatzung eiligst das 4. Joch ursprünglicher Zählung, den heutigen dritten Brückenbogen, sprengen. Die Lücke wurde erst 1790/91 wieder geschlossen. 1809 erlitt insbesondere der nördliche Brückenkopf durch die napoleonische Beschießung der Stadt erhebliche Schäden. In deren Folge wurde 1810 der Schwarze Turm zusammen mit den Befestigungsanlagen abgebrochen. 1877/78 wurden die barocken Brüstungen der Brücke durch Granitplatten ersetzt. 1902/03 bedingte die Anlegung der elektrischen Straßenbahn einen Umbau des Brücktores. Seither öffnet sich westlich des eigentlichen Brücktores der vom Stadtbaurat Alois Schmetzer entworfene Schwibbogen. Dieser Baumaßnahme fiel die ehemalige Magaretenkapelle an der Brückstraße zum Opfer. Am 23. April 1945, kurz vor dem Ende des Zweiten Weltkrieges, wurden von den deutschen Truppen der zweite und der elfte Pfeiler ursprünglicher Zählung gesprengt, was zur Zerstörung der unmittelbar anschließenden Joche führte. Diese konnten erst 1967 wieder geschlossen werden.

H.-E.P.

6. Öffentliche Repräsentation – Die Steinerne Brücke

6.1

6.1
Modell der Steinernen Brücke

Entwurf: Adolf Schmetzer, um 1900/10
Holz, Papier, Kork, Gips, farbig gefaßt;
45 × 408 × 95 cm
KN 1993/5

Um die Donauschiffahrt zu fördern, wurde in den Jahren 1900 bis 1913 der Abbruch der Steinernen Brücke zugunsten eines Neubaues diskutiert. Der Plan scheiterte an dem massiven Widerstand in der Bevölkerung. In dieser Zeitspanne, wohl zur Veranschaulichung des Erhaltungswertes, dürfte dieses Modell angefertigt worden sein. Dargestellt wird der Zustand der Steinernen Brücke vor dem Jahr 1784, in dem der Mittelturm abgebrochen wurde.

Man erkennt noch viele Bauten auf und neben dem „mittelalterlichen Wunder der Baukunst", das Hans Sachs in einem Lobgedicht pries: *„Der Brucken gleicht keine in Deutschland"*. Der südliche – stadtseitige – Brückenkopf zeigt neben den noch heute vorhandenen beiden Salzstadeln, Brückturm und Wurstküche die Margarethenkapelle und den Ohmturm. Es folgen auf den nächsten sechs sichtbaren Pfeilern Türgerichte, kleine kapellenartige Häuschen mit türartiger, begehbarer Nische. Die infolge einer Beschädigung im Dreißigjährigen Krieg (1633) angelegte Zugbrücke wurde erst 1790/91 wieder durch einen massiven Bogen ersetzt. Auf dem Türgericht des vierten Pfeilers war bis 1791 der Platz des Brückenmännchens, auf dem Beschlächt darunter sowie auf dem übernächsten befand sich je eine Mühle. Ein hölzerner Triumphbogen aus dem 18. Jahrhundert auf dem Scheitelpunkt der Brücke zeigt ihre Bedeutung als *Via triumphalis*, auf der der Kaiser zu den Reichstagen feierlich einzog. Heute befindet sich an dieser Stelle das Brückenmännchen von 1854. Vom Oberen Wöhrd führt die sog. Obere Hölzerne Brücke auf die Steinerne, an der Einmündung hervorgehoben durch eine Kapelle. Auf dem zwölften Pfeiler ist der 1784 abgebrochene Mittelturm mit dem vorgebauten Wachhaus zu sehen. An dieser Stelle befanden sich der „größte und kleinste Stein" sowie der Brückenlöwe. Auf der Stadtamhofer Seite, am nördlichen Brückenkopf, befand sich die bayerische Befestigungsanlage. Sie wurde nach dem Anschluß Regensburgs an das Königreich 1810 abgebrochen.

Lit.: R. STROBEL in Kat. Bayern 1972, Nr. 136, 323; M. ANGERER in Kat. Andechs 1993, Nr. 5, Abb. S. 32; PAULUS 1993, Leporello zwischen S. 16 u. 17
M.A.

6.2
Kaiser Friedrich II.

Regensburg, um 1280/90
Kalkstein; 272 × 72 × 42 cm
Prov.: Steinerne Brücke, Schwarzer Turm
AB 15

Die monumentale Figur des Herrschers, der Regensburg durch die in Pavia ausgestellte Urkunde vom 10. November 1245 in den Stand einer Freien Reichsstadt erhob, hatte ihren Ehrenplatz an der Südfront des sog. Schwarzen Turmes, dem nördlichen Widerlager der Steinernen Brücke. Nach dem Abbruch des Turmes 1810 wurde sie 1835 am stadtseitigen Brückturm befestigt, an dem sich seit 1930 eine Kopie befindet.

Eine Konsole in Form eines maskenhaften Kopfes mit gewundenen Widderhörnern, möglicherweise ein Symbol der Finsternis, dient als Standfläche. Die stark auf Frontalansicht gearbeitete Figur befand sich am ursprünglichen Aufstellungsort in beträchtlicher Höhe direkt unter dem Dach des Turmes, wie uns eine Zeichnung von Georg Christoph Wilder aus dem Jahr 1809 (Abb. bei PAULUS 1993, 34) überliefert. Daraus folgt, daß sie auf extreme Untersicht konzipiert war, was auch den leicht vorgeneigten Kopf erklären kann. Das Gewand und der Mantel fallen in Parallelfalten, der Umriß der Figur wird durch die beiden angewinkelten Arme bestimmt. Die Locken von Haupthaar, Kinn- und Backenbart rahmen den Kopf mit der Königskrone, dem damals üblichen Reif mit Dreiblättern.

Gilt im allgemeinen der Einfluß der französischen Plastik auf die deutsche Skulptur in der zweiten Hälfte des 13. Jahrhunderts als gesichert und be-

6.2

kannt, so konnte für diese Herrscherfigur eine sehr enge Verbindung gefunden werden. Im Louvre wird eine Standfigur vom Trumeau-Pfeiler des ehemaligen Refektoriums der Abtei Saint-Germain-des-Prés aufbewahrt (Inv.Nr. M.L. 93), die um 1240 datiert wird und den Abteigründer Childebert I. († 558) darstellen soll *(vgl. Bd. I, Abb. 123, 126)*.

Wie gering diese gotische Bildhauerarbeit noch zu Beginn unseres Jahrhunderts geschätzt wurde, zeigen die bisher einzigen monographischen Behandlungen der mittalterlichen Plastik durch Alfred Seyler (1905) und Johannes Schinnerer (1918). So urteilt letzterer: „Sie macht einen recht derben Eindruck, das wenig differenzierte Gewand schneidet unten glatt ab, am besten ist noch der Kopf durchgearbeitet, der jene etwas blöde Freundlichkeit ausdrückt, die stets das Kennzeichen einer verhältnismäßig primitiven Kunst ist ..." In der kurzen Erwähnung bei Seyler finden sich die Benennungsversuche „Heinrich der Finkler" und „Otto IV.", jedoch auch der Vermerk, daß der „stark lädierte" Vogel „erst jüngst ergänzt" wurde. Dieses Attribut des nicht näher bestimmbaren Vogels führte Felix Mader zu der Vermutung, es könnte sich um einen Raben und damit bei dem Dargestellten um den hl. Oswald handeln. Das Ergebnis der in den letzten Jahren geführten Diskussion faßte Helmut-Eberhard Paulus zusammen. Die durch mehrfache Ergänzungen verunklärte Situation der beiden Hände bzw. Unterarme läßt sich folgendermaßen auflösen: Bei dem Vogel handelt es sich um einen Falken, dessen Kopf zum bedeutendsten Falkner des Mittelalters gewendet ist (dieser Zustand im Mai 1995 wiederhergestellt); der Greifvogel sitzt auf einem Handschuh, die Linke hält einen Lederbeutel mit der Atzung.

Nach diesen Überlegungen handelt es sich um Kaiser Friedrich II., dessen Privileg (Fridericianum) von 1245 für die Stadt eine Erinnerung an einer derart prominenten Stelle wie der Steinernen Brücke rechtfertigte. Die Entstehung in der Regierungszeit Rudolfs von Habsburg läßt sich durch die von diesem gepflegte Stauferrenaissance erklären.

In einem Bändchen mit dem Titel *Die deutschen Kaiser. In Holzschnitten nach Bilderrn deutscher Künstler*, das 1855 in Leipzig erschien und 1899 von M. Helmberger, Kanonikus bei St. Johann dem Historischen Verein geschenkt wurde *(A. Kunstgesch. No. 114)*, findet sich auf der Innenseite des Einbandes eingeklebt ein Zeitungsartikel, dessen Verfasser und Erscheinungsdatum noch unbekannt sind. Er trägt den bezeichnenden Titel *Die Statue Kaiser Friedrichs II. an der Nordseite des Brückenthurmes in Regensburg* und verweist auf eine Darstellung dieses Herrschers von Philipp Veit, die sich als Kupferstich in diesem Band befindet. Der Artikel schließt mit der Begründung: „Friedrich ertheilte im November 1245 zu Pavia folgendes Diplom: ‚Der Kaiser vergünstige den Regensburger Bürgern wegen ihrer erprobten Treue fortan zur Ehre des Reichs und zum Nutzen der Stadt, einen Stadt-Rath zu setzen und Bürgermeister und andere Beamte aufzustellen, ohne Rücksicht auf ein entgegenstehendes Privileg von Ravenna, das er für nichtig und kraftlos erkläre'. Damit war Regensburg eine Reichsstadt."

Lit.: KLEINSTÄUBER 1878, 23; WALDERDORFF 1896, 574; SEYLER 1905, 76f.; SCHINNERER 1918, 29f.; KDB Regensburg III, 239, Taf. XVIII; DIEPOLDER 1953, 7; PAULUS 1993, 33–35 mit Abb.

M.A.

6.3
Sitzfigur des Philipp von Schwaben

Regensburg, um 1207
Muschelkalkstein; 85,5 × 38 × 47 cm
Inschrift am Sockel: *PILIPI RX ROMA*
Lilien der Krone erneuert, linker Unterarm angekittet
Prov.: Steinerne Brücke (bis 1784 Nordseite des Mittelturms, dann bis 1810 über einem Portal an der Westseite des Stadtamhofer Brückenkopfes; 1835 an der Nordseite des Brücktores angebracht, dort heute Kopie)
AB 25

Die Sockelinschrift bezeichnet die thronende Figur als König Philipp von Schwaben (1198–1208). Sie ist größtenteils rundplastisch ausgeformt, wobei die Verbindlichkeit des kubischen Werkblocks für die gesamte plastische Bemessung der Skulptur deutlich erkennbar ist. Zur Aufnahme in den Mauerverbund wurde der Steinblock an der Rückseite in Bosse belassen. In seiner Rechten hält der König ein hausförmiges Reliquiar, in der nach oben geöffneten Linken einen nicht mehr identifizierbaren eiförmigen Gegenstand. Die Detailformen sind ziemlich grob ausgeführt; nachträgliche Veränderungen des Haupthaares und des Bartes sind deutlich erkennbar. Stilistisch läßt sich die Figur in der Nähe der Sitzfiguren an den Seitenfeldern des Nordportals der Schottenkirche St. Jakob ansiedeln.

Zusammen mit ihrem Pendant, der Figur der Königin Irene *(Kat. 6.4)* steht die Statue in engster Verbindung zum Schutzbrief des Königs Philipp von Schwaben vom 9. März 1207, in dem er der Stadt Regensburg umfangreiche Rechte an der Steinernen Brücke verlieh. Zugleich bildeten die Privilegien des Philippinums eine wichtige Grundlage für die spätere Stadtfreiheit. Bedeutsam erscheint diesbezüglich, daß den Statuen dieses Königspaares auf dem Mittelturm der Brücke später die Statue Friedrichs II. *(Kat. 6.2)* an der Südfront des Schwarzen Turmes gegenübergestellt wurde. Die reichsstädtischen Privilegien von 1207 und 1245 waren so in ihrer gegenseitigen Ergänzung an der Steinernen Brücke repräsentiert.

Lit.: KLEINSTÄUBER 1878, 216–218; V. LOERS/E.J. GREIPL in Kat. Landshut 1980, 83f., Nr. 94 (mit Lit.); Kat. Andechs 1993, 205, Nr. 1; PAULUS 1993, 36f.

V.G./H.-E.P.

6.4
Sitzfigur der Königin Irene (?)

Regensburg, um 1207
Muschelkalkstein; 80 × 37,5 × 47,5 cm
Prov.: wie 6.3
AB 26

Die thronende Frauenfigur stellt das Pendant zur Figur Philipps dar. Sie gilt seit jeher als dessen Gemahlin Irene von Byzanz. In den Händen hält sie einen Gegenstand, der aufgrund der starken Verwitterung der Skulptur nicht mehr näher bestimmbar ist.

Lit.: wie Kat. 6.3

V.G.

6. Öffentliche Repräsentation – Die Steinerne Brücke

6.3

6.4

6.5

6.5
Brückenlöwe

Regensburg, 2. Hälfte 12. Jh.
Sandstein; 50 × 80 × 65 cm
Prov.: Steinerne Brücke (1826 beim Abbruch eines Zollhäuschens am ehem. Mittelturm entdeckt und etwas tiefer in das Mauerwerk des Brückenbogens eingesetzt, nach der Sprengung der Brücke am 23. April 1945 verschollen, beim Wiederaufbau wieder aufgefunden und ins Museum gebracht.)
K 1956/97

Der Quader zeigt in hohem Relief einen von links nach rechts schreitenden Löwen. Der Kopf des Tieres wendet sich nach rechts dem Betrachter zu, er wirkt durch die flach aufliegenden Augen gedrückt. Das aufgerissene Maul erscheint zahnlos. Am Körper des Tieres zeichnen sich die stark hervortretenden Rippen ab. In einer stilisierten Geste ist der Schweif durch die Hinterbeine am Körper hochgezogen.

Der Löwe, dessen Kopie heute beim zwölften Pfeiler der Steinernen Brücke eingesetzt ist, zählt mit zum frühesten Bestand der Brücke. Seine fast heraldische Stilisierung sowie die Physiognomie des breit geöffneten Mauls und des durch die Hinterbeine hochgezogenen Schweifes lassen eine Deutung als Wappentier des für die Vollendung der Brücke verantwortlichen Staufergeschlechts zu.

Lit.: PAULUS 1987

H.-E.P.

6.6
Apotropäischer Kopf

Regensburg, Anfang 13. Jh.
Grünsandstein; 44 × 25 × 33 cm
Prov.: Steinerne Brücke (vom 1784 abgebrochenen Mittelturm)
AB 18
(ohne Abb.)

Vermutlich hatte der Kopf, wie auch die vielen anderen bisher ungedeuteten Darstellungen an der Brücke, eine apotropäische Funktion.   H.-E.P.

6.7
Brückenmännchen (Bruckmandl)

Regensburg, 1579
Grünsandstein; 67 × 40 × 30 cm
Prov.: siehe Beschreibung
HVE 157

Die stark beschädigte Skulptur zeigt die auf einem Giebel reitende Figur eines jüngeren Mannes, der nur mit einer kurzen Hose bekleidet ist. Eine Federzeichnung von Jakob Hufnagel aus dem Jahre 1594 zeigt das Männchen auf dem Dächlein eines Türgerichts der Steinernen Brücke rittlings sitzend, nach Westen gewandt und mit dem Gesicht nach Südwesten gerichtet. Im Gegensatz zu der 1854 auf der Steiner-

6.7

nen Brücke aufgestellten Kopie des Brückenmännchens führt es die linke und nicht die rechte Hand zur Stirn. In der rechten Hand hielt das Männchen ein Spruchband mit der Aufschrift *Schiuck wie hais*.

Die Deutung des Brückenmännchens ist noch immer offen. Selbst wenn man dem Vorschlag Hanftmanns von 1935 beipflichten wollte, daß es sich um die Darstellung eines Püsterichs handelt, wird der Zusammenhang mit der Steinernen Brücke nicht vollständig schlüssig. Wesentlich leichter verständlich ist dagegen die Darstellung des Kleindenkmals bei Jakob Hufnagel, da auf dessen Zeichnung neben dem Stadtwappen die Jahreszahl 1446 vermerkt ist. Damals bestätigte der König der Reichsstadt Regensburg ihren Status als Freistadt und ihre Rechte an der Brücke gegenüber dem Bischof. Die auf diese Ereignisse verweisende Jahreszahl und das beigefügte Stadtwappen verbinden sich mit dem Brückenmännchen zu einem Rechtsdenkmal, das auf den Status der Freistadt und ihre Rechte an der Brücke Bezug nimmt. Bezeichnend ist auch die zusätzliche Inschrift *renoviert anno 1579*. Die Tatsache, daß man sich nach der Beschädigung des Brückenmännchens eiligst zu dessen Neuanfertigung entschloß, deutet darauf hin, daß es sich um ein für die Stadt bedeutendes Rechtsdenkmal handelte.

Lit.: HANFTMANN 1935; PAULUS 1993, 37–42

H.-E.P.

7. Private Repräsentation – Die Plastik aus dem Dollingersaal

Im letzten Fünftel des 13. Jahrhunderts ließen die Dollinger, eine vornehme Regensburger Bürgerfamilie, den Festsaal ihres Hauses mit monumentalen Stuckplastiken ausschmücken. Deren zentrales Thema war der legendäre Sieg des Vorfahren Hans Dollinger über den fremden Heiden Krako, zugleich Gegenstand einer der ältesten deutschen Stadtsagen.

Der erst seit dem frühen 16. Jahrhundert schriftlich überlieferten Sage zufolge war zu Beginn des 10. Jahrhunderts ein Ungar, Hunne oder Türke, jedenfalls ein „Heide", noch dazu von riesenhafter Gestalt, nach Regensburg gekommen. Im kaiserlichen Hoflager suchte er vergeblich einen Ritter, der den Kampf mit ihm aufnehmen würde. In dieser für den Kaiser blamablen Situation erklärte sich der wegen Majestätsbeleidigung eingekerkerte Hans Dollinger bereit, gegen den Fremden anzutreten. Zunächst schien Krako den Sieg über ihn davonzutragen, doch dann erinnerte sich Dollinger an den Rat, den ihm ein Geistlicher gegeben hatte: Er ließ sich ein Kreuz auf den Turnierplatz bringen. Der Kaiser selbst erwies ihm diesen Dienst. Als Dollinger nun abermals gegen Krako anritt, traf er ihn tödlich.

Der Augenblick des siegreichen Lanzenstoßes war im zentralen Relief des Festsaales dargestellt. Dazu kamen die Reiterfigur König Heinrichs I. und eine Statue des hl. Oswald. Als das Dollingerhaus 1889 – trotz entschiedener Proteste, namentlich von seiten des Historischen Vereins – abgerissen wurde, konnte nur die Heiligenfigur zur Gänze gerettet werden, da sie nicht mit dem Mauerwerk in Verbindung stand *(Kat. 7.1)*. Von den anderen Plastiken jedoch konnten nur zwei vollplastisch gearbeitete Bruchstücke geborgen werden, der Kopf des Königs *(Kat. 7.2)* und der seines Pferdes *(Kat. 7.3)*. Vom Ensemble zeugen nur noch einige historische Ansichten sowie die vor dem Abbruch angefertigten Gipsabgüsse *(vgl. den Text zu Kat. 7.1)*.

Der kunstgeschichtliche Wert der Plastiken ist in zweifacher Hinsicht außergewöhnlich: zum einen stellen sie – in nächster Nähe zu den Arbeiten des sogenannten Erminoldmeisters *(vgl. Kat. 8.2)* – einen frühen Höhepunkt in der gotischen Plastik Süddeutschlands dar, zum andern gehören sie zu den frühesten Beispielen profaner bürgerlicher Repräsentationskunst überhaupt. Ihre Aufgabe bestand darin, den Gästen die ruhmreiche Geschichte der eigenen Familie vor Augen zu führen. Zu diesem Zweck wurde das im Mittelalter gängige Motiv des christlichen Ritters, der über den Ungläubigen siegt, konkret auf einen Vorfahren bezogen.

E.T.

7.1

Hl. Oswald

Regensburg, um 1280/90
Gips, div. farbige Fassungen; Krone Eisen;
Pokal Holz, farbig gefaßt;
H. ges. 213,5 cm, H. Konsole 71 cm
Prov.: Aus dem Dollingerhaus am Kohlenmarkt gegenüber dem Alten Rathaus
(1889 abgebrochen)
AB 17
(Farbtafel 40)

Die überlebensgroße Gestalt des hl. Oswald gehörte zum figürlichen Schmuck im Festsaal des Patrizierhauses, das in seiner Entstehungszeit dem Geschlecht der Dollinger gehörte. Wie wir aus den bildlichen Überlieferungen vor dem Abriß und den damals angefertigten Kopien wissen, umfaßte die sogenannte Dollingerplastik neben der annähernd vollrund gearbeiteten Figur des hl. Oswald einen auf einem Pferde dahersprengenden, jugendlichen Reiter in lebensgroßem Hochrelief, Heinrich I. genannt, und – ebenfalls im Hochrelief – in einem eigenen Bogenfeld die fast lebensgroße Wiedergabe des Turniers zwischen Hans Dollinger und dem fremden Krieger Krako, das nach der Überlieferung im Jahre 930 in Regensburg stattfand. Da der uns bisher unbekannte Bildhauer die Stuckmasse auf in der Wand verankerte Eisenklammern warf und das aushärtende Material bearbeitete, konnten bei dem Abriß 1889 nur die Figur des hl. Oswald sowie der Kopf Heinrichs I. und der seines Pferdes gerettet werden *(Kat. 7.2, 7.3; s. hierzu den Beitrag von M.* ANGERER *in Bd. I)*. Abgüsse dieses berühmten Ensembles erwarben das Bayerische und das Germanische Nationalmuseum sowie die Marienburg in Westpreußen; nach einer Zwischenstation im Erhardihaus sind die Regensburger Abgüsse im Dollingersaal (Altes Rathaus) zu sehen.

Auf einem Sockel, an dem die drei Lebensalter als Atlanten (Tragefiguren) dargestellt sind, steht die monumentale Figur des hl. Oswald. Abgesehen davon, daß die Fassung erneuert wurde, fehlt ein Mantelstück unter dem linken Arm; die alte Krone, das Szepter und der Pokal sind ersetzt. Ursprünglich saß auf dem originalen Pokal ein Rabe mit einem Ring im Schnabel (erwähnt bei Wiguläus HUNDT: Stammbuch von Regensburg, 1555).

Der Heilige steht ruhig, unterstrichen durch die Faltengebung, mit einer leichten Drehung des Körpers. Sein schmales Gesicht rahmt das gekonnt modellierte Haar; gerade im Profil scheinen sich Vergleiche mit den Werken des Erminoldmeisters, namentlich mit dem Grabmal Erminolds in Prüfening, der Verkündigungsgruppe im Dom und dem hl. Petrus im Museum *(Kat. 8.2)* anzubieten. Diese hier erstmals geäußerten Vermutungen bedürfen noch einer exakteren Analyse. Bei der „Ballung" von qualitativ hochstehender Plastik im letzten Viertel des 13. Jahrhunderts gibt es jedoch nur zwei Erklärungen: entweder trafen mehrere hervorragende Bildhauer in dieser Zeit in Regensburg zusammen oder nur wenige schufen die uns erhaltenen Bildwerke.

Den Kult des hl. Oswald brachten die iroschottischen Mönche des Klosters St. Jakob nach Regensburg, das sich zu einem Zentrum der Verehrung des Schutzpatrons des Bürgertums entwickelte.

Lit.: Zum Dollingersaal und seiner Ausstattung GRATZMEIER 1889; SEYLER 1905, 77–82; SCHINNERER 1918, 28–30; HAHN 1925 (bisher einzige kunsthistorische Monographie); FUTTERER 1930, 116, 197, Nr. 255; KDB Regensburg III, 152; VON REITZENSTEIN 1966, 61–80; GRZIMEK 1975, 35f.; GÖLLER/WURSTER 1980; GÖLLER 1982; V. LOERS in Kat. Landshut 1980, Nr. 67f.; vgl. allgemein auch: Dollinger 1995

M.A.

7.2

Kopf König Heinrichs I.

Regensburg, um 1280/90
Stuck; H. 31,5 cm
Reste von mehreren farbigen Fassungen
Prov.: Aus dem 1889 abgebrochenen Dollingerhaus, Sammlungen des Historischen Vereins
HVE 155

Von der im Hochrelief dargestellten Reiterfigur des Königs Heinrich I. konnten nur die Teile gerettet werden, die vollplastisch gearbeitet waren: der Kopf des Königs und der seines Pferdes *(Kat. 7.3).*

7.2

Lit.: ENDRES 1920, Nr. 155;
sonst wie Kat. 7.1

M.A.

7.3

Pferdekopf

Regensburg, um 1280/90
Stuck; B. 82 cm
Reste von mehreren farbigen Fassungen
Prov.: Aus dem 1889 abgebrochenen Dollingerhaus, Sammlungen des Historischen Vereins HVE 367

7.3

7.4

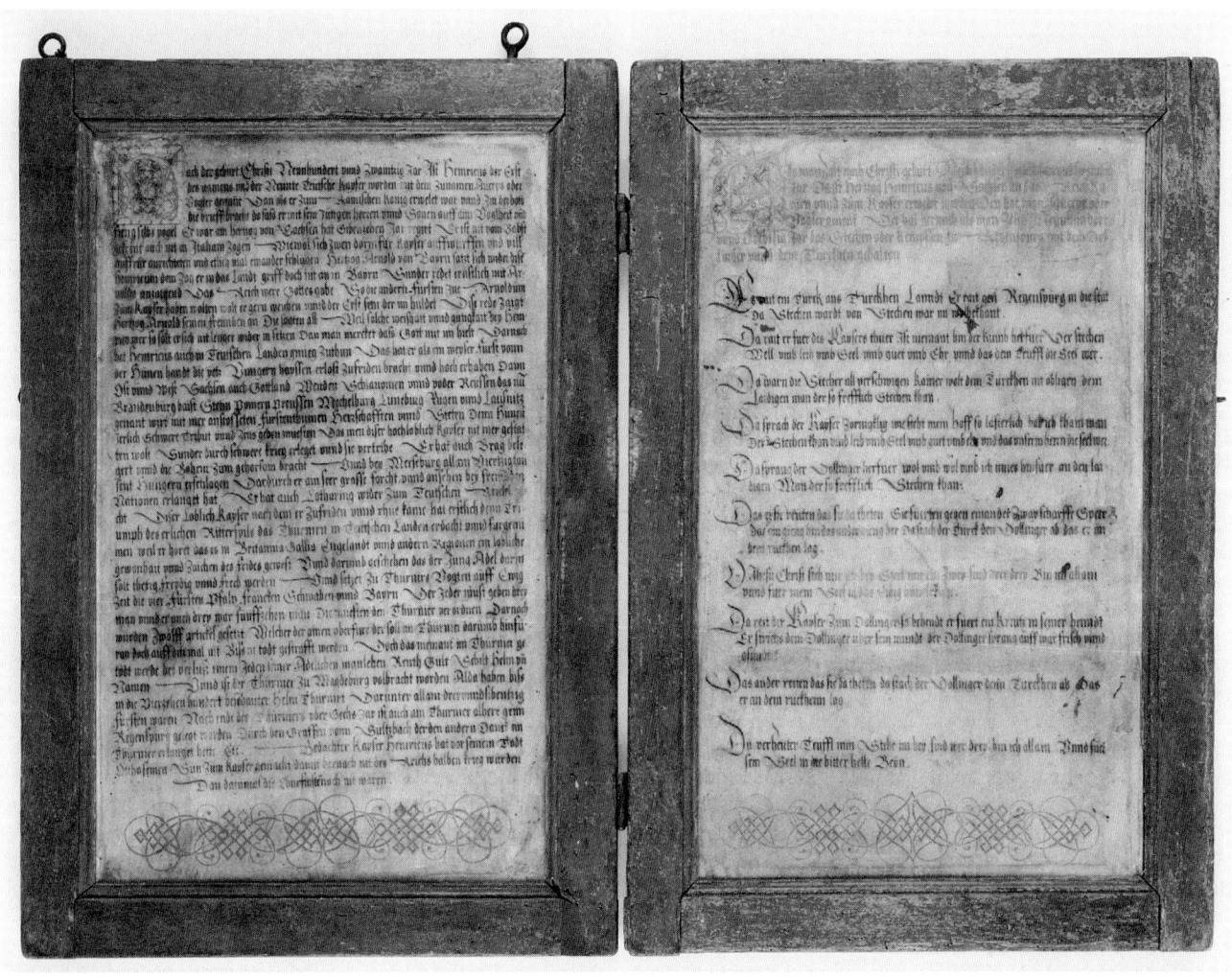

Der Kopf, der zum Pferd König Heinrichs I. gehörte, wird sich vermutlich bei der Nr. 367 im von J. A. Endres verfaßten Katalog des Ulrichsmuseums befunden haben: „Brüchstücke vom Original der Kämpfergruppe Dollinger und Krako, um 1300, Gipsstuck; die Gruppe nach Abguß wieder hergestellt im Dollingersaal des St. Erhardihauses."

Lit.: ENDRES 1920, Nr. 367; sonst wie Kat. 7.1

M.A.

7.4
Klapptafel mit dem Dollingerlied

Regensburg, 1552
Weichholz mit Pergamentauflage
Geöffnet 65,5 × 91 × 3,5 cm
Prov.: Aus dem Festsaal des 1889 abgebrochenen Dollingerhauses, 1940 aus Privatbesitz erworben
K 1940/59 a

Die Wandtafel besteht aus zwei hochrechteckigen, durch Scharniere verbundenen Hälften. Darauf ist, jeweils von einem glatten Holzrahmen mit profilierter Innenkante umgeben, eine Pergamenthandschrift (gotische Fraktur mit romanisierenden Initialen) aufgezogen: links ein Bericht über die Hunnenkämpfe König Heinrichs I. und seine Verdienste um die Einführung des Turniers in Deutschland, rechts das Dollingerlied.

Die Klapptafel war an der Mittelstütze des Dollingersaals befestigt. Sie überliefert die zweitälteste schriftliche Fassung der Dollingersage. (Eine um ca. 40 Jahre ältere Fassung befindet sich in einer Sammelhandschrift der Österreichischen Nationalbibliothek Wien, Cod. Vindob. 3301).

Lit.: PARITIUS 1722, 172;
NEUMANN 1862, 15f.;
WEININGER 1868, 345;
GÖLLER/WURSTER 1980, 42, 68f.

E.T.

8. Der Dom St. Peter

Über das Aussehen der vorromanischen Regensburger Bischofskirche wissen wir wenig. Mit Sicherheit lag sie östlich des heutigen gotischen Domes, da das bischöfliche Areal bis ins 11. Jahrhundert im Westen durch die zur Porta Praetoria führende Via Praetoria begrenzt wurde. Diese durchschnitt in ihrem Verlauf die Vierung des jetzigen Domes in Nord-Süd-Richtung.

Wie Grabungen ergaben, war der vermutlich im späten 9. Jahrhundert errichtete Vorgängerbau eine dreischiffige Pfeilerbasilika mit einer Apsis im Osten. Im Westen besaß er ein – wohl um 1000 errichtetes – Querhaus und einen Chor, der von zwei Türmen flankiert wurde. Der nördliche, der sogenannte Eselsturm, ist erhalten. An seiner Position kann man deutlich ablesen, daß sich der Westbau auf der Höhe der heutigen Vierung befand.

Im Bereich des jetzigen Turmjochs lag die Taufkirche St. Johann, die mit dem Dom durch ein Atrium verbunden war *(vgl. Kat. 8.1)*.

Im Jahre 1273 zerstörte ein Brand den alten Dom. Der unter Bischof Leo Tundorfer beschlossene Neubau wurde im Osten begonnen. Noch vor 1300 war der Südchor liturgisch nutzbar. Damals kam ein neuer Dombaumeister nach Regensburg, der mit den jüngsten Entwicklungen der französischen Gotik bestens vertraut war; ein – behutsam durchgeführter – Planwechsel war die Folge.

Auf die Vorbildrolle der ehemaligen Kollegiatskirche St-Urbain in Troyes, deren Chor und Querhaus von 1262 bis 1266 entstanden, wurde schon oft hingewiesen. Der Grundriß ist nahezu identisch, und auch im Aufriß bestehen Gemeinsamkeiten. Die Wandgliederung hat ihre Wurzeln in jener des Chorbereichs der Kathedrale von Auxerre.

Schon kurz nach 1330 konnte mit der Westfassade begonnen werden. Der südliche Turm erhielt bis um 1370 zwei Geschosse, der Bau des nördlichen ging noch schleppender voran. Der Westgiebel konnte erst 1486/87 vollendet werden. Die finanziellen Belastungen des Dombaus überstiegen die Kräfte der im ausgehenden Mittelalter wirtschaftlich schwer angeschlagenen Stadt. Um 1525 stellte man die Arbeiten gänzlich ein, obwohl die beiden Türme lediglich Notdächer über dem zweiten Geschoß besaßen. Auch die Dächer und Giebel der Querhäuser waren noch unvollendet.

Der unausgebaute Zustand wurde stets als Mangel empfunden. Doch erst König Ludwig I. setzte sich, angeregt durch die nationalen Initiativen zur Vollendung des Kölner Domes, seit 1828 mit Nachdruck für den Ausbau der Regensburger Domtürme ein. Aufgrund finanzieller und vor allem statischer Schwierigkeiten dauerte es jedoch noch bis 1859, als Dombaumeister Denzinger tatsächlich mit der Vollendung beginnen konnte. Zehn Jahre später waren die Turmhelme fertiggestellt, 1871 die Querhausgiebel.

Ein Modell des Domes im Maßstab 1:100, ausgeführt in den Jahren 1952 bis 1954 von Ludwig Zandt, gibt einen genauen Eindruck von der baulichen Gesamterscheinung der Kathedrale. Ihre skulpturale Ausstattung kann verständlicherweise nur anhand einiger bedeutender Werke exemplarisch dokumentiert werden. Nicht in den Katalog aufgenommen wurden die Domskulpturen, die sich im Chor der Minoritenkirche und in der Bäckerkapelle befinden; sie sollen im Rahmen einer geplanten Publikation zur Minoritenkirche gewürdigt werden.

E.T.

8.1

Wandpfeiler mit vorgelegter Halbsäule

Regensburg, um 1215/20
Sandstein; 247 × 111 × 65 cm
Original nur die Kapitelle, der mittlere Kämpfer und das obere Drittel der Halbsäule
Prov.: Vom nördlichen Gang des Atriums
HVE 391

Der 1925 von Karl Zahn westlich des gotischen Doms gefundene Wandpfeiler gehörte zur Nordmauer des Atriums, das dem ottonischen und romanischen Dom vorgelagert war und unter Bischof Konrad IV. (1204–26) erneuert wurde. Der Pfeiler ruht auf einer attischen Basis, deren Original von Zahn *in situ* belassen wurde. Die Knospenkapitelle sind über einem Schaftring zweireihig mit mehrfach ausgebogtem Zwischenblatt gegliedert.

Die Halbsäulen der insgesamt sechs Wandpfeiler trugen die Gurtbögen, die den nördlichen Atriumsgang überwölbten. Als Widerlager dienten freistehende quadratische Pfeiler, denen nach Norden, Osten und Westen ebenfalls Halbsäulen vorgelegt waren, nach Süden, d. h. zum Atriumshof hin, jedoch ein Pilaster. Analog darf man sich den südlichen Gang des Atriums vorstellen.

Lit.: VHVOR 78 (1928), 211; Zahn 1931, passim; Strobel 1962, Abb. 233–235, 413f.; ders. 1965, 170–172; Kat. Regensburg 1989 I, 84 mit Abb. 2

E.T.

8.2

Hl. Petrus

Regensburg, nach 1284
Hellgrauer Sandstein; 136 × 70 × 71 cm
Ursprüngliche Fassung bis auf geringe Reste und den Kopf, der anscheinend erst später angefügt wurde; die segnende Rechte im Barock in Holz ergänzt
Prov.: Vermutlich Teil des Grabmals von Bischof Heinrich von Rotteneck (1277–1296) im Domchor, unter Domherr und Weihbischof Albert Ernst Graf von Wartenberg (1635–1715) in die Hauskapelle seines Domherrenhofes (heute Maria-Läng-Kapelle) verbracht; 1880 vom damaligen Besitzer Deplaz dem Historischen Verein für dessen Sammlungen in der Ulrichskirche geschenkt
HVE 150
(Farbtafel 39)

Aufgrund des oben geschilderten Werdegangs ist die Figur des hl. Petrus das einzige Werk des Erminoldmeisters, das sich in einem Museum befindet. Den Notnamen erhielt der bisher unbekannte Bildhauer nach dem von ihm geschaffenen Grabmal des seligen Abtes Erminold in der Kirche der ehem. Benediktinerabtei Prüfening, das um 1283 datiert wird. Eindeutig seine Handschrift erkennt man auch in der Verkündigungsgruppe, die sich seit dem 19. Jahrhundert in der Vierung des Domes befindet.

Die frühesten Nachrichten zum Grabmal des Bischofs von Rotteneck erhält man aus der sog. *Continuatio Ratisponensis*: *„Im Jahre des Herrn 1296, am 16. Juli, starb Heinrich, Bischof von Regensburg, genannt von Rotteneck. ... In ähnlicher Weise ließ er sich sein Grabmal schon zwölf Jahre vorher errichten; er hatte es neben dem Altar der Jungfrau Maria in der Kathedrale von Regensburg, aber in dem alten Bau, vorgesehen ...*" (nach Hubel 1974, 207). Konrad von Megenberg lokalisiert das Grab 1373 hinter dem Hochaltar. Möglicherweise wurde es in der ersten Hälfte des 14. Jahrhunderts vom alten in den neuen Dom übertragen.

Die Figur des thronenden Petrus zählt zu den besten Werken der mittelalterlichen Plastik in Regensburg. Sie zeigt die Schulung des noch unbekannten Meisters, dessen frühestes bekanntes Werk die um 1270 entstandenen Archivolten des Basler Münsters sind, an Werken der französischen Hochgotik, wie z. B. in Reims und Paris. Hubel hat als erster auf das Vorbild des nur wenig älteren thronenden Petrus von der Hand des Arnolfo di Cambio im Petersdom zu Rom verwiesen.

Lit.: Grundlegend Hubel 1974 (mit sämtlicher Lit.); ders. 1993, 197–207; aktuelle Erwähnungen bei Hubel/Schuller 1995, 15–24, Abb. 18, u. Morsbach/Brandl 1995, 60–62

M.A.

8.3

Verkündigungsgruppe

Regensburg, um 1310/20
Sandstein; H. Maria 135 cm,
H. Engel 136 cm
Prov.: Regensburg, Dom, Westfassade (bis 1910)
Leihgabe des Staatl. Hochbauamtes Regensburg

Die beiden stark verwitterten Figuren der Verkündigungsgruppe geben noch eine Vorstellung von der Qualität der Bildhauerarbeiten an der Westfassade des Regensburger Domes. Als Pendant erhielt sich die Gruppe der Heimsuchung, die A. Hubel, abweichend von der bisherigen Datierung um 1350, überzeugend schon um 1310/20 ansetzt.

Lit.: Seyler 1905, 53; Schinnerer 1918, 84–86; Hubel 1977, 22, Abb. 8 (Heimsuchung)

M.A.

8.3

8.4

Hl. Andreas, Thomas und Paulus

Regensburg, um 1410
Sandstein; H. 160 cm, 166,5 cm, 159,5 cm
Prov.: Regensburg, Dom, Hauptportal,
Freipfeiler der Vorhalle
Leihgabe des Staatl. Hochbauamtes
Regensburg

Die insgesamt acht Apostelfiguren am Freipfeiler der Vorhalle des Hauptportals wurden 1907/08 abgenommen und durch Bildhauerkopien ersetzt. Fünf der Originale befinden sich im Lapidarium, drei als Leihgabe im Museum der Stadt. Der graugrüne Sandstein unterscheidet diese Skulpturen deutlich von den beiden Aposteln der Gewändenischen, die aus einem rötlich-gelben Stein gearbeitet sind. Die auf der Rückseite eingemeißelten Nummern hielten die Abfolge der Aufstellung fest.

Der hl. Andreas ist an seinem Attribut, dem (nahezu unbeschädigten) Kreuz, zu erkennen. Die kaskadenartigen Faltenbündel und der durch den eleganten Kontrapost gebildete Schwung der gesamten Figur werden durch die betonte Vertikale des Kreuzstammes sowie den perspektivisch an- gelegten Kreuzbalken aufgefangen und beruhigt. In Komposition und Stil eng verwandt ist der hl. Paulus, die wohl überzeugendste Figur dieser Apostelgruppe. Die Körperlichkeit des Oberkörpers steht in einem spannungsvollen Kontrast zu den Gewandfalten, die darunter bis zum Boden folgen. Wie beim hl. Andreas begrenzt das Attribut, in diesem Fall das Schwert, den Gesamtumriß auf einer Seite. Das heute beim hl. Thomas fehlende Attribut hat man sich ebenfalls als ein auf dem Boden aufgesetztes Schwert vorzustellen. Gegenüber den beiden anderen Skulpturen ist die Gestaltung des Gewandes recht zurückgenommen.

Bei den qualitätvolleren Arbeiten dieser Gruppe läßt sich neben der Parlerwerkstätte ein Einfluß der burgundischen Plastik des ausgehenden 14. Jahrhunderts erkennen. Vergleichbar sind insbesondere die Figuren des Mosesbrunnens von Claus Sluter

8.4 (Paulus)

8. Der Dom St. Peter

(Kartause von Champmol bei Dijon, 1395-1403).

Lit.: Zuletzt FUCHS 1990, 59-62, Abb. 105, 110, 112

M.A.

8.5
Hl. Judas Thaddäus

Regensburg, um 1410
Sandstein; H. 167 cm
Prov.: Regensburg, Dom, äußere
Gewändenische des Hauptportals
Leihgabe des Staatl. Hochbauamtes
Regensburg

Zusammen mit der Statue des hl. Matthäus (heute im Lapidarium) wurde die des hl. Judas Thaddäus 1924 von ihrem ursprünglichen Standort, der äußeren Gewändenische des Hauptportals, abgenommen und durch eine Kopie ersetzt. Beide zeigen die Abhängigkeit von der Hand des Bildhauers, der die zentrale Petrusfigur des Hauptportals geschaffen hat und daher den Notnamen Petrusmeister trägt. An ihm wird der französisch-burgundische Einfluß auf die Regensburger Skulptur besonders gut faßbar.

Augenfällig ist die üppige Gewanddrapierung, „die Gestalt ertrinkt regelrecht in den schweren Gewändern" (F. Fuchs). In der Rechten hält der Heilige sein Attribut, die Keule, und in der angehobenen Linken ein Buch.

Die Verwitterung hat der Bildhauerarbeit die ursprüngliche graphische Tiefe und Schärfe genommen.

Lit.: Zuletzt FUCHS 1990, 59, Abb. 103

M.A.

8.6
Vier Propheten

Regensburg, um 1410/15
Sandstein; H. 88 bis 96 cm
Prov.: siehe Beschreibung
Leihgabe des Staatl. Hochbauamtes
Regensburg

Die vier von ehemals zwölf Prophetenfiguren der beiden Vorhallenarchivolten dürften 1907/08 durch Kalksteinkopien ersetzt worden sein. Für die museale Präsentation wurden jeweils die beiden unteren sowohl der südlichen wie der nördlichen Vorhallenarkade ausgewählt.

Aufgrund starker Verwitterungsspuren und fehlender Teile läßt sich die ursprüngliche Qualität der Originale nur noch für das geschulte Auge nachempfinden. In der Gesamtauffassung folgen

8.5

8.6

sie den Aposteln an den Pfeilern. Nach F. Fuchs ist zweifelhaft, ob die Originale der südlichen Vorhallenarchivolte ursprünglich eine Krone trugen, wie dies bei den Kopien und bei den beiden Propheten der nördlichen Archivolte der Fall ist.

Lit.: Zusammenfassend FUCHS 1990, 62–64 (Prophet 1, 6, 7 und 12), Abb. 113, 118, 119, 124

M.A.

8.7
Prophet

Regensburg, um 1410/20
Kalkstein; H. 80 cm
Farbig gefaßt
Prov.: Regensburg, Dom
Leihgabe des Staatl. Hochbauamtes Regensburg

Nach F. Fuchs handelt es sich bei dieser Figur mit größter Wahrscheinlichkeit um jenen Propheten, den Schinnerer 1918 noch in der Archivolte des nördlichen Nebenportals erwähnt.

Der Prophet mit dem damals modischen Beutelhut hält mit beiden Händen vor seiner Brust ein Schriftband. Seine Körperlichkeit ergibt sich aus der Fülle der Gewandung mit dem reichen Spiel ihrer Drapierieformen. Dieses „flächig dekorative Gewandschema" und die „graphische Schärfe der Modellierung" (F. FUCHS) zeigen eine enge Verwandtschaft mit dem Stil des Petrusmeisters vom Hauptportal.

Die Figur zeigt den noch relativ lange anhaltenden Einfluß der Kunst der Parlerzeit (vgl. z. B. den hl. Petrus aus Slivice, um 1385/90, Prag, Nationalgalerie).

Lit.: SCHINNERER 1918, 94, 103; FUCHS 1990, 65, Abb. 126 (Abb. 74: Petrus aus Slivice)

M.A.

8.8
König Cyrus

Regensburg, um 1410/20
Sandstein; 130 × 106 × 43 cm
Prov.: Regensburg, Dom, Westfassade, Sockelgeschoß des Nordturms
Leihgabe des Staatl. Hochbauamtes Regensburg

Die Fensterzone über dem Süd- und Nordportal in der Basis der beiden Türme rahmen vier reitende Könige. Sie sind jeweils unter Baldachinen auf den vier Hauptpfeilern angebracht. Domdekan Dr. G. Jakob gelang es im Jahre 1900, die seit dem Mittelalter in Vergessenheit geratene Ikonographie wieder zu entschlüsseln. Demnach symbolisieren die vier Reiterfiguren die vier Weltreiche nach der Vision des Propheten Daniel (7, 2 ff.), der vier Tiere aus dem Meer aufsteigen sah. Bereits das Malerbuch vom Berge Athos enthält eine Anleitung zur künstlerischen Darstellung dieses Themas. Die vier Tiere tragen die Beherrscher der vier Weltreiche: Nabuchodonosor steht für das kaldäische, Darius für das persische, Alexander für das griechisch-mazedonische und Augustus für das römische Reich.

Endres führt die ehemaligen Plafondmalereien von St. Emmeram mit der Darstellung der vier Weltreiche und deren Überlieferung in zwei Handschriften an (ENDRES 1924, 189f.). In dem im Kloster Wilhering aufbewahrten Codex aus dem 15. Jahrhundert wird als Beherrscher des zweiten Weltreiches anstelle des späteren Darius Cyrus genannt. Somit bilden die vier reitenden Herrscher wichtige Elemente der Westfassade des Regensburger Domes, der dem hl. Petrus geweiht ist, dem Christus die Schlüssel seines Reiches übergeben hat. Das Reich Christi ist nach dem Propheten Daniel dazu bestimmt, die großen Weltreiche abzulösen. Die vier Könige „weisen somit auf den König aller Könige und sein ewiges Reich, auf Jesus Christus und seine Kirche (JAKOB)."

Lit.: JAKOB 1900; ENDRES 1924, 188–198

M.A.

8.9 a–c
Drei Schlußsteine aus der Willibaldskapelle der Regensburger Domdechantei

Regensburg, um 1308/18
Reste alter Fassung
Prov.: siehe Beschreibung

Lit.: WALDERDORFF 1896, 470; BAP V, 57–61; vgl. auch den Beitrag von M. HOERNES in Band I.

8. Der Dom St. Peter

8.9 a

8.9 b

8.9 c

a. Schifflein Petri

Kalkstein; Dm. 43,5 cm, T. 19,5 cm
AB 20

Auf dem abgefasten Teller des Schlußsteins ist im Hochrelief der segnende Petrus im Fischerkahn dargestellt. Mit der Linken hält der durch Tonsur, Lippen- und Kinnbart gekennzeichnete Heilige ein Ruder in die von Fischen belebten Wellen. Sein Gesicht ist detailliert ausgearbeitet. Charakteristisch sind die vorstehenden Wangenknochen, die sichelförmig geschnittenen, tief in den Höhlen liegenden und mit schweren Lidern versehenen Augen.

Der Schlußstein stammt aus der vermutlich um 1308/18 von Dekan Konrad von Parsberg eingerichteten Willibaldskapelle der Domdechantei, einem zweijochigen Bau mit Polygonalschluß und Empore, der sich über zwei Geschosse des angrenzenden Wohnbaus erstreckte. Er befand sich, wie die vier Kehlrippenansätze zeigen, im Gewölbe des Westjochs. Nach dem Ausbruch der Gewölbe im Innenhof vermauert, gelangte er nach dem Abbruch der Domdechantei 1937 zusammen mit anderen Spolien in die Sammlungen des Museums.

Darstellungen des Regensburger Dompatrons im Fischerkahn mit Schlüssel, Fisch oder Ruder dienten vermutlich schon seit dem 13. Jahrhundert als Wappen- und Repräsentationsbild des Domkapitels. Sie erhielten sich auch in der Bauskulptur und in den Glasfenstern des Doms.

b. Mischwesen („Fischkentaur")

Kalkstein; Dm. 50 cm, T. ca. 30 cm
AB 21

Auf den undekorierten, abgefasten Teller des Schlußsteins ist das Hochrelief eines Fabeltiers mit geschupptem Fischschwanz, Pferdevorderhufen und bekleidetem menschlichen Oberkörper aufgelegt. Der Oberkörper des Jünglings ist parallel zur Reliefebene ausgerichtet. Das Schwert und der kleine Rundschild sind abwehrend erhoben. Das strähnige Haar fällt wellenförmig beiderseits des fast vollrunden Kopfes herab und rollt sich an den Enden ein. Die Gesichtszüge zeigen konzentrierte Anspannung, was der zusammengepreßte Mund und die Falten seitlich der Nasenwurzel verdeutlichen. Die tief in den Höhlen liegenden Augen sind sichelförmig geschnitten und mit schweren Lidern versehen.

Der Schlußstein befand sich, wie die sechs erhaltenen Kehlrippenansätze zeigen, im Chorpolygon der Kapelle. Da der Kentaur als dämonisches Wesen gedeutet wurde, überrascht seine Darstellung im Altarraum der Kapelle.

c. Harpyie

Kalkstein; Dm. 50 cm, H. 31 cm
AB 22

Auf den undekorierten, abgefasten Teller des Schlußsteins ist das Hochrelief einer Harpyie mit Löwenfüßen aufgelegt. Die Drachenflügel sind so ausgebreitet, daß sie sich dem Schlußsteinrund anpassen und den Rand leicht überschneiden. Auch die Löwentatzen und der zwischen die Beine genommene Schweif nutzen die Fläche des Schlußsteintellers präzis aus. Der nahezu vollrunde Frauenkopf ist zur Seite gewandt, die Züge erscheinen weicher als bei den beiden anderen Schlußsteinen der Willibaldskapelle. Übereinstimmend sind jedoch die Haartracht, der sichelförmige Augenschnitt sowie der gespitzte Mund. Der Stein befand sich bis 1936 im kreuzrippengewölbten Raum über dem nördlichen Zugangsjoch der Kapelle.

Harpyien sind Sturmdämonen der Antike und galten im Mittelalter als Symbole des Bösen, besonders der Habsucht. Zusammen mit dem „Fischkentauren" befanden sich in der Willibaldskapelle also zwei Verkörperungen des Bösen, denen neben Petrus im Fischerkahn nur noch zwei weitere Schlußsteine mit floralen Motiven gegenüberstanden. M.H.

9. Kirche und Kloster der Minoriten

Im Jahre 1221, noch zu Lebzeiten des hl. Franziskus († 1226), kamen seine ersten Mitbrüder nach Regensburg. Sie nannten sich, da sie im Gegensatz zu den älteren Orden auch auf gemeinschaftlichen Besitz verzichteten, *fratres minores*, Minderbrüder. Nachdem sie zunächst in einer Kapelle an der Steinernen Brücke gepredigt hatten, schenkte ihnen Bischof Konrad IV. 1226 die Salvatorkapelle im Osten der Stadt. Dank einer Reihe weiterer Stiftungen von seiten wohlhabender Bürger konnte hier rasch das Minoritenkloster entstehen. Vor allem die Familie der Paulsdorfer gewährte vielfache Unterstützung. Dafür durfte Konrad von Paulsdorf († 1299) den Raum, der heute zur Dokumentation der Klostergeschichte dient, als Grablege für sich und seine Familie an den Kreuzgang anbauen *(vgl. Kat. 9.6–8).*

Der an der Stelle der Salvatorkapelle um 1255 begonnene Kirchenbau muß um 1275 vollendet gewesen sein. Der Chor wurde 1350/60 erneuert. Die Kirche folgt, der Armutsregel des Ordens gemäß, dem Typus der Bettelordenskirchen. Als solche erhielt sie keinen Turm, sondern nur einen Dachreiter, und im Langhaus kein Gewölbe, sondern einen offenen Dachstuhl (1683 durch eine flache Decke ersetzt). Sie ist nach der Regensburger Dominikanerkirche die größte Bettelordenskirche im süddeutschen Raum.

Der programmatischen Absage an den Bauluxus widersprach jedoch in aller Regel die Abhängigkeit vom stiftungsfreudigen Bürgertum. Daher legte Bruder David von Augsburg, der von 1240 bis 1246 Novizenmeister bei den Regensburger Minoriten war, die Armutsregel so aus, daß Spendengelder zu dem Zweck verwendet werden müßten, zu dem sie gegeben wurden. So erhielt auch die Regensburger Minoritenkirche wertvolle Glasfenster und Fresken. Während von den um 1360 entstandenen Fenstern nur wenige Fragmente in Regensburg verblieben sind *(Kat. 9.1)*, konnten die Fresken in den letzten Jahren freigelegt und konserviert werden. Bei den 1492 entstandenen (und um 1587 überarbeiteten) Malereien an den Hochschiffwänden des Langhauses handelt es sich um einen Apostel-Credo-Zyklus. Als Vorbild für die in gemalten spätgotischen Tabernakelarchitekturen stehenden Apostelfiguren dienten dem unbekannten Meister Martin Schongauers Kupferstich-Apostel bzw. Israel von Meckenems seitenverkehrte Nachstiche. Über den Lettnerarkaden befinden sich Darstellungen der Jungfrau Maria und des Salvators. An der Westwand sind die Halbfiguren König Davids und des Propheten Isaia typologisch der – fast völlig von der Orgel verdeckten – Verkündigungsszene zugeordnet. Nennenswert sind außerdem vor allem der noch dem 14. Jahrhundert zugehörige Nothelferfries an der südlichen Seitenschiffwand, die etwa gleichzeitigen Aposteltondi im Chor und die 1499 datierten Heiligendarstellungen zwischen den Chorfenstern.

Seine Blütezeit erlebte das Kloster, das seit 1239 zur oberdeutschen Franziskanerprovinz (Alemania) gehörte, noch im Jahrhundert seiner Gründung. Neben dem Mystiker David von Augsburg wirkte hier von 1226 bis zu seinem Tod 1272 Bruder Berthold von Regensburg, der größte deutschsprachige Volksprediger des Mittelalters. Nach französischem Vorbild diente ihm als Ausgang für die Erörterung nicht mehr die Bibel, sondern eine Gegenwartsfrage, die er mit Hilfe der Heiligen Schrift löste. Bertholds Grabplatte befindet sich in der Mitte des Chors.

Im Spätmittelalter erlebte das Kloster trotz der vorübergehenden Einrichtung einer Lateinschule einen kontinuierlichen Niedergang. Nach Einführung der Reformation 1542 richtete der Rat der Stadt in der Kirche die evangelische Druckerei des Hans Kohl ein. Auf Betreiben Kaiser Karls V. erhielten die Minoriten jedoch 1551 ihr Kloster zurück. Sie behielten es bis zur Säkularisation 1803: das Kloster wurde Kaserne, die Kirche (ab 1871) Exerzierhalle. Nach 1918 diente die Kirche als Lagerhalle, während im Kloster Notwohnungen eingebaut wurden. 1931 erwarb die Stadt Regensburg den Gebäudekomplex vom Freistaat Bayern zur musealen Nutzung. In den folgenden Jahren wurden an den Kirchenwänden von verschiedenen Regensburger Friedhöfen stammende Grabdenkmäler aufgestellt. Sie konnten so vor weiterer Verwitterung bewahrt werden; letzlich aber beeinträchtigen sie die Klarheit der strengen Bettelordensarchitektur.

E.T.

9. Kirche und Kloster der Minoriten

9.1 a–e
Glasfenster

Regensburg, 1360–70
Hüttenglas, Blei
Prov.: Aus der Minoritenkirche, 1810/11 ausgebaut
Leihgabe Bayerisches Nationalmuseum München

Die Chorfenster der Minoritenkirche wurden von Wenzeslaus Maeller, dem 1371 verstorbenen Lektor des Konvents, gestiftet. Am bedeutendsten waren die drei jeweils von einem anderen Künstler geschaffenen Fenster des Chorhauptes: das mittlere mit Szenen aus der Passion Christi, das nördliche mit Szenen aus dem Alten Testament, das südliche mit Szenen aus dem Leben des hl. Franziskus. Daran schlossen sich je ein Fenster mit Darstellungen des Marienlebens und des Apostelkollegiums sowie Ornamentfenster an.

Der Stil der Malereien weist, wie auch die architektonische Gliederung der Fenster durch große Medaillons, an den Oberrhein (Straßburg) und auf die von dort beeinflußte Prager Hofkunst unter Kaiser Karl IV. Den Regensburger Domfenstern dagegen kommt nur eine sekundäre Vorbildrolle zu, etwa für die Rahmenmotive des Fensters mit Szenen aus dem Alten Testament. Der Meister dieses Fensters scheint nach seiner Tätigkeit für die Regensburger Minoriten noch an der Pfarrkirche von Wels gearbeitet zu haben.

Etwa 2/5 des ursprünglichen Scheibenbestandes sind erhalten; sie wurden nach der Säkularisation des Klosters ausgebaut, um als Vorbild für die damals in München betriebene Wiederbelebung der Glasmalerei zu dienen (WALDERDORFF 1896, 241f.).

Lit.: DREXLER 1988 (mit älterer Lit.)

a. Grablegung Christi

2 Fragmente aus dem Passionsfenster
79 × 56 (60,5) cm
BNM G 964, 975

Maria und Johannes beugen sich trauernd über den bildparallel auf der Deckplatte eines Sarkophages liegenden Leichnam Christi. Links von dieser Dreiergruppe steht Nikodemus, der sich anschickt, Christus an den Schultern anzuheben, um ihn ins Grab zu senken. Aus Gründen der Symmetrie und gemäß der Beschreibung bei Johannes 19, 38–42 ergänzt Drexler zu Füßen Christi die Gestalt des Joseph von Arimathia. Wie auch die anderen Szenen des Passionsfensters, ist die Grablegung vor blauem Grund einem Querrechteck eingeschrieben, das oben und unten gerundet ist, seitlich dagegen von einem gedrückten Bogen erweitert wird (vgl. die Medaillons des Schusterfensters im Freiburger Münster).

Lit.: DREXLER 1988, 31f., 83f., Abb. 7

b. Jonas wird ins Meer geworfen

3 Fragmente aus dem Bibelfenster
80 (79,5) × 58 cm
BNM G 966, 967, 1325

Von dieser Szene sind nur die seitlichen Teile erhalten. Man erkennt das Schiff mit dem Steuermann und einem Ruderer sowie die aus den Wellen ragende Schwanzflosse des Fisches. Das Hauptmotiv des ins Meer geworfenen Jonas ist für das verlorene Mittelfeld zu ergänzen. Diese Szene gilt traditionell als alttestamentliche Präfiguration der Grablegung Christi.

Lit.: DREXLER 1988, 38f., 90f., Abb. 13

c. Franziskus sagt sich von seinem leiblichen Vater los

Fragment aus dem Franziskusfenster
78 × 60 cm
BNM G 1331
(Farbtafel 53)

Die Szene, deren untere Hälfte verloren ist, illustriert einen zentralen Punkt aus der Lebensbeschreibung des hl. Franziskus: Im Beisein des Bischofs von Assisi legt er seinen Mantel als Zeichen für den Verzicht auf irdischen Besitz ab, sagt sich von seinem Vater los und wendet sich Gott als dem Vater im Himmel zu. Daraufhin erhebt sich der Bischof von seinem Thron und legt fürsorglich seinen Mantel um Franziskus (Leg. maior II,2). Eindringlich ist hier dargestellt, wie der grimmig dreinschauende Vater versucht, den Sohn von seinem Entschluß abzuhalten, indem er ihn an der Schulter packt. Möglicherweise ist das kräftige Gelb im Gewand des Vaters als Symbol für dessen Eifersucht zu deuten.

Lit.: DREXLER 1988, 41f., 91-93, Abb. 17

d. Stigmatisation des hl. Franziskus

2 Fragmente aus dem Franziskusfenster
79,5 × 56,5 (60,5) cm
BNM G 977 a, b

Als Franziskus 1224 am Fest der Kreuzerhöhung auf dem Berg La Verna betete, erschien ihm am Himmel ein Seraph. *„Er sah zwischen den Flügeln die leuchtende Gestalt eines Mannes mit ausgebreiteten und an ein Kreuz genagelten Händen und Füßen. Zwei Flügel erhoben sich über den Kopf, zwei öffneten sich zum Fluge und zwei bedeckten den Körper"* (Leg. maior XIII, 3).

Lit.: DREXLER 1988, 45, 95f., Abb. 20

e. Maria und Engel

Fragment aus dem Marienfenster
79,5 × 59 cm

Dieses wohl zu einer *Geburt Christi* gehörende Fragment ist der einzige erhaltene Teil des von Drexler angenommenen Fensters mit Szenen aus dem Marienleben. Diese These wird dadurch gestützt, daß Maria zu den *sancti maiores*, den „Hauptheiligen" der Franziskaner, zählt und daher mariologische Zyklen zu allen bedeutenden franziskanischen Bildprogrammen gehören.

Lit.: DREXLER 1988, 49, 103f., Abb. 25

E.T.

9.2
Giebelkreuz

Regensburg, Mitte 13. Jh.
Sandstein; 163,5 × 125,5 cm
Prov.: 1985 vom Westgiebel der Minoritenkirche abgenommen und durch eine Kopie ersetzt
K 1986/11

Das Kreuz besteht aus gebündelten Rundstäben, die so gebogen sind, daß in der Mitte eine Rautenform ausgespart wird. An den Enden scheinen die Stäbe zusammengebunden, bevor sie in einer klaren Lilienform enden. M.A.

9.2

9.3
Mönchskopf

Regensburg, um 1320/30
Sandstein; H. 29,5 cm
Reste originaler Fassung
Prov.: Beim Umbau des Minoritenklosters zum Museum im Sommer 1933 bei Abbrucharbeiten für das jetzige Haupttreppenhaus (ehem. Eingangshöfchen) in der Nordwand im 2. Stock eingemauert gefunden
K 1933/102

Der vollrund gearbeitete Kopf eines jungen Mönches mit Tonsur und Kapuzenansatz am Hals gehört zu einem verlorengegangenen Figurenschmuck der Klosterkirche St. Salvator, über den uns keine Nachrichten vorliegen.

Irene Diepolder sieht einen Zusammenhang mit der Domplastik, namentlich mit dem Meister des Heinrichsaltares. Die Gestaltung der Augen mit dem kurzen Unterlid und dem hoch geschwungenen Oberlid sowie der kleine, etwas vorgespitzte Mund sind nach Achim Hubel „typisch für Bildwerke des Erminoldmeisters; sie beweisen ein Nachleben seiner eigenwilligen Ornamentformen bis ins 14. Jahrhundert hinein."

Lit.: DIEPOLDER 1953, 9; HUBEL 1974, 234f.

M.A.

9.4

9.4
Christus am Ölberg

Regensburg, 1. Hälfte 15. Jh.
Sandstein; 62 × 113 × 14 cm
Reste unterschiedlicher Fassungen; der Kopf Christi und die Nasen der Apostel fehlen
Prov.: Aus der Onophriuskapelle des Minoritenklosters
AB 143

Das Relief mit der Darstellung Christi am Ölberg war ursprünglich in der Ostwand der Onophriuskapelle, neben dem Durchgang zur Großen Sakristei, eingemauert und wurde vermutlich im 19. Jahrhundert – während der Nutzung als Kaserne – aus dem Mauerverband genommen.

Das vertiefte Halbrelief wird seitlich und oben von einem Steg, unten von einem geflochtenen Zaun gerahmt. Ein flaches Band mit stilisierten Wolken als Kennzeichnung des Himmels leitet zum Reliefgrund über. Noch der himmlischen Sphäre zugehörig schwebt, gerahmt durch ein Wolkenband, der Kopf Gottvaters, den sein Sohn in seiner schwersten Stunde – *„Herr, laß diesen Kelch an mir vorübergehen!"* – anruft. Christus in rotem Gewand kniet vor einem Felsen (Abbreviatur des Ölbergs?), auf dem ein größenmäßig überzeichneter Kelch steht. Hinter ihm kniet eine Gruppe von drei Aposteln, deren linker betend einen ihn nur gering überragenden Baum umklammert, der sich – wie durch einen Sturm gebogen – zur Hauptfigur neigt. Der rechte Jünger ist durch das Schwert mit Paulus zu identifizieren.

Die sehr kompakte Behandlung im Figürlichen setzt sich in der kraftvollen Binnenzeichnung der Haare und der Gewänder fort. Die scheinbare Unproportionalität und die Reduzierung auf das Wesentliche bringen auf eine plakative Weise dem Gläubigen das Ereignis aus der Leidensgeschichte Christi nahe. Gerade in der ersten Hälfte des 15. Jahrhunderts scheint die Darstellung des Ölbergs recht beliebt gewesen zu sein; erhalten haben sich Reliefs in den Vorhallen von Niedermünster und von St. Emmeram sowie in Karthaus-Prüll.

Die beiden Stifterwappen (vielstrahlige Sonne mit Gesicht und Kreuz auf waagrechter Standfläche mit Schrägbalken über dem Stamm) konnten bisher nicht aufgelöst werden.

Lit.: KDB Regensburg III, 14

M.A.

9.5
Figuren der hll. Nikolaus und Elisabeth

Regensburg, um 1436
Sandstein, polychrome Fassung wohl original, Köpfe fehlen; ca. 85 cm
Prov.: Siehe Beschreibung
Restauriert mit Unterstützung der Werbegemeinschaft Bismarckplatz
K 1995/20 a,b

Die als Gegenstücke gearbeiteten Figuren zeigen einen Bischof mit Kasel, Stab und Pontifikalhandschuhen, der zwei Brote hält. Er trägt eine rote Kasel mit goldenem Kreuz über einem grünen Levitenkleid. Die weibliche Figur trägt einen weißen, mit roten Blüten besetzten Mantel über einem roten Kleid und weißem Schleier; in der Linken hält sie ein Brot. An der Seite der Bischofsfigur befindet sich rechts unten eine Ausstemmung für ein angesetztes, jetzt verlorenes Attribut. An die Figuren angearbeitet ist auf einer Seite eine gerade, nach hinten abgeschrägte

9.3

9. Kirche und Kloster der Minoriten

9.5

Pilasterrücklage, auf der anderen ein schmaler Runddienst; sie stehen auf polygonalen Spitzkonsolen, die an der Vorderseite Tartschenschilde mit Wappen tragen: das eine rot/silber gestreift, das andere zeigt in Gold einen schwarzen Schrägbalken, darin drei silberne Sterne.

Die beiden Figuren wurden 1994 bei Bauarbeiten in einer Abfallgrube im Bereich des sogenannten Kleinen Kreuzgangs des ehemaligen Minoritenklosters gefunden. In diese Grube wurde zu Anfang des 19. Jahrhunderts verschiedener älterer Abfall verfüllt; damals hat man wohl auch die beiden Figuren „bestattet" (freundl. Mitteilung des Grabungsleiters, Dr. Lutz Dallmeier).

Die stilistische Einordnung der Figuren um 1440 wird unterstützt durch die Aufzeichnungen der Bruderschaft der Bäckergesellen zu Regensburg. Dort heißt es im Jahr 1436, daß „vnser newer Altar zu den Parfussen [Minoriten] zu Regens[burg] neben eynem Pfeyler volpracht vnn geweicht" wurde (FISCHER 1962, 303). Die halbrunde Aushöhlung der Rückseite der Figuren und die unterschiedlichen Rücklagen lassen auf eine Anbringung zu beiden Seiten eines Altarbilds vor einer der Säulen im Langhaus der Minoritenkirche schließen. Die Reliquien der hll. Nikolaus und Elisabeth befanden sich auch im Hochaltar der Kirche (HILZ, 40f.).

Die beiden Wappen erinnern wohl an Stifter, die in der Minoritenkirche bestattet sind. Das Anniversar des Minoritenguardians Johannes Rab von 1462 verzeichnet zwei weibliche Mitglieder des Rittergeschlechts der Satzenhofer: Sygaun verstarb 1411, bei Katharina ist das Todesjahr nicht verzeichnet, neben ihrem Eintrag findet sich das rot/silber gestreifte Wappen (Bayer. Staatsbibliothek, clm 1004, fol. 42r). Die Bestimmung des Wappens mit den drei Sternen gelang bisher nicht zweifelsfrei: heraldisch ist es zu identifizieren mit dem der Familie von Reibershofen (Wappenbuch des 16./17. Jahrhunderts im Museum der Stadt Regensburg, HV Misc. Va Nr. 1), die jedoch bisher nicht mit der Minoritenkirche in Zusammenhang gebracht werden konnte.

P.G.-B.

9.6
Turniersattel der Paulsdorfer

Regensburg, um 1400
Weichholz, vorne mit Leinen und Pergament bezogen, innen mit Leder; mit Stroh und Birkenrinde gefüttert, bemalt;
89 × 91 × 60 cm
Prov.: Minoritenkloster (Paulsdorferkapelle), Sammlungen des Historischen Vereins HV 1416

Das oberpfälzische Geschlecht der Paulsdorfer gehörte seit Konrad I. (1240–1299) zu den ältesten und einflußreichsten Wohltätern des Minoritenklosters St. Salvator. Von der ehemaligen Ausstattung ihrer Grablege erhielten sich Epitaphien (s. Kat. 9.8) und zwei Turniersättel, wovon der zweite dem Germanischen Nationalmuseum bald nach dessen Gründung als Geschenk verehrt wurde.

9.6

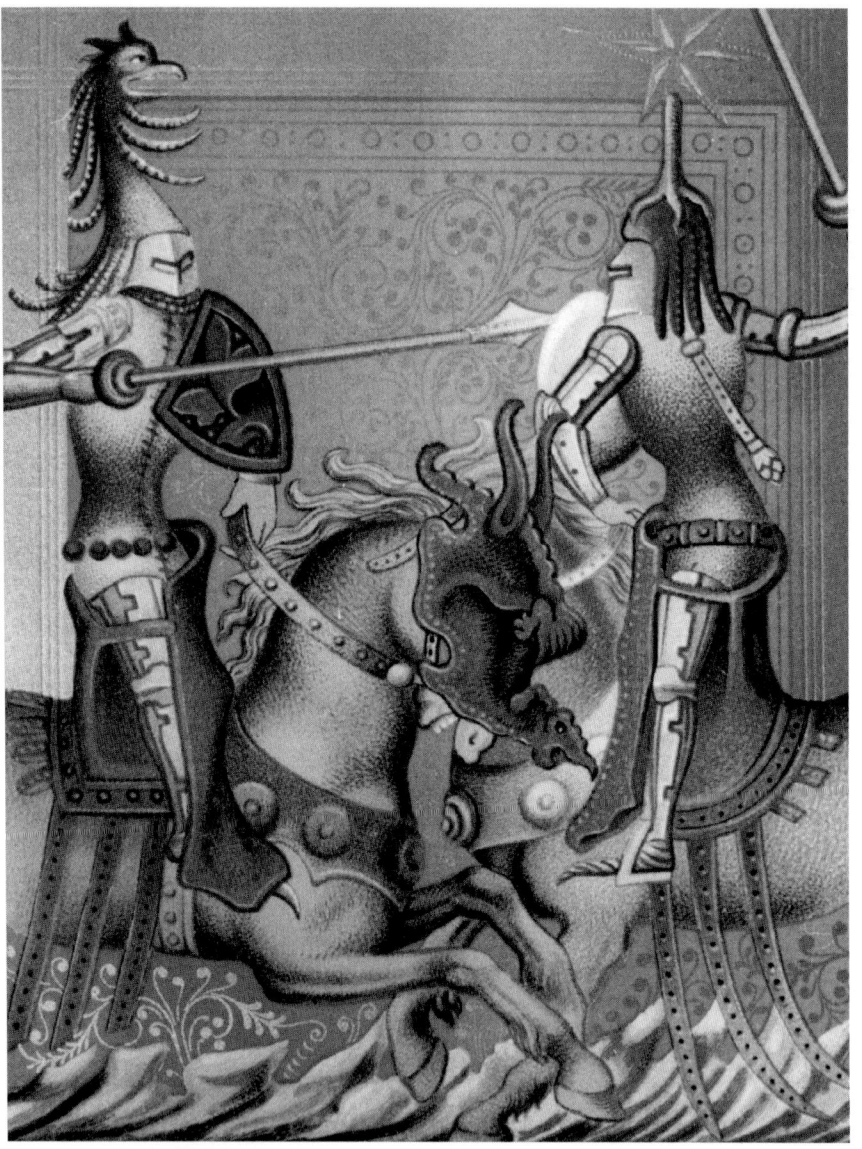

zu 9.6 Turnierszene „im hohen Zeug". Miniatur aus dem Codex des Wilhelm von Orange, 1387, Wien, Ambraser Sammlung

Der Sattel bildete einen Teil der Turnierausrüstung beim „Deutschen Gestech in hohem Zeug". Der Reiter stand hierbei in den Bügeln und wurde durch den hohen Vorderbogen und den beidseitigen Beinschutz des Sattels geschützt und durch das rückwärtige, starke Eisenband, das ihn umschloß, festgehalten. Dadurch konnte er sich auf die Handhabung seiner Waffe, Stechstange oder Turnierkolben, konzentrieren *(Abb.)*. Der geflochtene Bügel an der rechten Seite bot Halt bei einem Ausfall.

Mit den Schnallen am vorderen Rand des in den Farben der Paulsdorfer (rot/silber) gehaltenen Vorderbogens konnte ein gepolsterter Brustschutz für das Pferd befestigt werden. Die an der Innenseite liegenden, mit Stroh und Birkenrinde gefüllten Lederpolster dienten als Reibschutz.

Im Mittelalter war Regensburg, seiner Bedeutung gemäß, ein begehrter Turnierort. „Gestochen" wurde auf dem Haidplatz und am Herzogshof. Allein zum glanzvollen Turnier von 1393 fanden sich 224 auswärtige Gewappnete ein, darunter die Herzöge von Bayern mit Gefolge.

Lit.: V. LOERS in Kat. Landshut 1980, 187 (mit Abb.); M. ANGERER in Kat. Verona 1980, 105, Nr. 23 (mit Abb.)

M.A.

9.7

Wappenstein der Paulsdorfer

Erste Hälfte 15. Jh.
Kalkstein; 62 × 78,5 × 9,5 cm
KN 1995/29

Der Schild mit dem Wappen der Paulsdorfer wird von zwei stehenden Löwen gehalten. Das schräggevierte Wappen zeigt Reste von rot-weißer Bemalung.

Der Name des Ministerialengeschlechts der Paulsdorfer leitet sich von der früheren Stammburg Paulsdorf bei Amberg ab. Seit dem ausgehenden 12. Jahrhundert urkundlich nachweisbar, erlangte die Familie im 13. und 14. Jahrhundert bedeutenden Besitz und großes Ansehen. Konrad I. (1240–1299), Landrichter zu Amberg, dem der Erwerb der mit dem Blutbann belegten Herrschaft Tännesberg (Landkreis Neustadt a. d. Waldnaab) gelang, war ein besonderer Wohltäter des Minoritenklosters. Sein Sohn Heinrich I. war Vertrauter Kaiser Ludwigs des Bayern und Marschall von Oberbayern. Ab dem 14. Jahrhundert wird die Burg Kürn, Landkreis Regensburg, zum Hauptsitz der Familie. Mitglieder der Familie, die den geistlichen Stand wählten, begegnen wiederholt als Regensburger Domherren oder als Äbtissinnen der Regensburger Klöster. Erst gegen Ende des 16. Jahrhunderts beginnt der Niedergang der Familie, die 1623 im männlichen Stamm ausstirbt.

P.G.-B.

9.8

Doppelgrabplatte der Gebrüder Heinrich und Wilhelm II. von Paulsdorf

Sterbedaten 10. 11. 1467, 3. 1. 1478
Rotmarmor; 247 × 118,5 cm

Inschriften: *Hie ligt hainrich vnd (Wilhalmb) / (Paulsdorff) gepru(der) von der kurrn vnd wilh(almb) paulstarffer starb an / sand martans abent als man / zalt m cccc lxvii Jar vnd hainri(ch) paulstarffer star(b) al(s) man zalt / m cccc lxxviii (an sambstag) / nach de(m) neven (jar dem got genad) – o h(e)r erparm dich vber uns – h(einrich) p(aulsdorfer) w(ilhelm) p(aulsdorfer)* (nach Inschriften Regensburg I)

Leihgabe des Bayerischen Nationalmuseums München (MA 940)

Die beiden Verstorbenen sind in Lebensgröße dargestellt, die Köpfe ruhen auf einem großen Kissen und sind einander leicht zugewandt. Sie tragen lange, von Schlaufen zusammengehaltene Mäntel mit weiten Ärmeln und breiten Pelzkrägen. Runde Pelzkappen bedecken das Haar. Über die gefalteten Hände der Brüder ist ein Spruchband mit dem Gebet gelegt. Den unteren Teil der Grabplatte nimmt ein Feld ein, in das zweimal das Wappen der Paulsdorfer mit den Initialen der Brüder gesetzt ist.

Heinrich und Wilhelm II. waren die Söhne des Albrecht von Paulsdorf und der Anna von Nußberg. Im Jahr 1423 werden sie erstmals urkundlich erwähnt. Heinrich, der ältere Bruder, war Pfleger zu Landau (1447) und Pernstein (1450); seine Teilnahme an Kriegszügen ist ebenfalls belegt. Auch Wilhelm war sowohl ein angesehener Ministeriale – von 1455 bis 1465 Pfleger zu Vilshofen – als auch Krieger.

Der ursprüngliche Standort der Grabplatte ist die Paulsdorferkapelle; durch die langjährige Nutzung der Kapelle als Holzlege hat der Stein erheblichen Schaden genommen. Mit einer Reihe weiterer Grabsteine der Stifterfamilie kam der Stein um die Mitte des 19. Jahrhunderts in das Bayerische Nationalmuseum, 1935 dann als Leihgabe wieder nach Regensburg zurück.

Lit.: RESCH 1811 (1837); HILZ 1991, 218f. (mit Lit.); Inschriften Regensburg I 1995

P.G.-B.

9.9
Flügelaltar aus der Minoritenkirche

Werkstatt oder Umkreis Albrecht Altdorfer, 1517
Fichtenholz; Mitteltafel: 134 × 125 cm
Flügel: 134 × 60 cm
Vorder- und Rückseiten der beweglichen Flügel zur musealen Präsentation gespalten
Datiert *1517* auf der Abendmahlstafel (Sockelleiste der Bank)
Prov.: Minoritenkirche, Sammlung Kränner, Sammlungen des Historischen Vereins
HV 243
(Farbtafel 27–31)

Die Szenen des Flügelaltars stellen die biblischen Ereignisse zur Erklärung des Fronleichnamsfestes dar. Nach Karl Busch war der Altar vermutlich am Ostende des nördlichen Seitenschiffs der Minoritenkirche aufgestellt.

Das zentrale Geschehen findet sich auf der Mitteltafel mit der Geburt Christi. Der Stall mit Maria, dem jugendlichen Josef und dem neugeborenen Jesuskind steht in einer „Weltlandschaft", wie man sie von den Künstlern der sogenannten Donauschule kennt. Jedoch findet er seine recht eigene Ausprägung durch die klassischen Säulen, die ein Gesims aus Brettern tragen. Noch im Lichtschein des göttlichen Kindes unterhalten sich zwei Hirten an einer Mauer, und am Himmel schweben recht „irdisch" Engel mit kunstvoll bewegten Kleidern.

Die Flügelinnenseiten zeigen das Letzte Abendmahl und die Auferstehung Christi. Nach den Forschungsergebnissen von Nora Watteck zeigt der Blick durch das Fenster bei der Darstellung des Abendmahls den Pfarrhof von Hallein. Gerade bei diesen beiden Szenen sind die Vorbilder aus Altdorfers Holzschnittzyklus „Sündenfall und Erlösung des Menschengeschlechtes" augenscheinlich; bei der Auferstehung wird im Hintergrund das Vorbild „Erscheinung Christi vor Magdalena" sichtbar (WINZINGER 1963, 43, 60, 61).

Bei geschlossenem Zustand, der „Werktagsseite", sahen die Gläubigen die Verkündigung durch den Engel an Maria. Kulturhistorisch interessant sind der spätgotische Schrank im Rücken des Engels und das doppelseitige Lesepult mit der seitlichen Tür bei Maria. Die auf dem Boden stehende Blumenvase und der aus einem Kühlgefäß trinkende Pudel sind Elemente, die sich auf Gemälden Albrecht Altdorfers, aber auch seines Bruders Erhard wiederfinden.

Nach der 1930–35 durch Sessig in München vorgenommenen Restaurierung, bei der alle späteren Übermalungen entfernt wurden, bietet sich der Altar wieder in seiner ursprünglichen Fassung; bis dahin hatten alle Bearbeiter seinen Zustand bedauert, Tietze sprach sogar von einer Bildruine.

In der Forschung wurde die Urheberschaft Albrecht Altdorfers unterschiedlichst beurteilt – von der häufiger geäußerten gänzlichen Ablehnung bis zum Vorschlag der Eigenhändigkeit. Nach Winzinger, der die Forschungsergebnisse zusammenfaßt, spricht die sehr enge und beinahe ängstliche Nachbildung der Holzschnitte gegen die Urheberschaft Altdorfers, jedoch für die Anfertigung in seiner Werkstatt, möglicherweise durch einen Gesellen. Arnulf Wynen greift in seiner Dissertation über Michael Ostendorfer, der vermutlich aus der Werkstatt Altdorfers hervorgegangen ist, den Vorschlag wieder auf, den Altar diesem Regensburger Maler zuzuschreiben.

Lit.: Zusammenfassend WINZINGER 1975, 60, Nr. 94–98; ergänzend (mit einer Auflistung der Zuschreibungen) WYNEN 1961, 279, Nr. 24

M.A.

10. Verteidigung

Das wichtigste Mittel zur Verteidigung einer Stadt war im Mittelalter die Stadtmauer. Diese konnte durch ein Wall- und Grabensystem zusätzlich gesichert sein. Regensburg erhielt eine solche Anlage bereits bei seiner ersten Stadterweiterung in den Jahren 917 bis 920. Damals wurden auch drei neue Stadttore gebaut: das Ruozanburgtor im Westen (am westlichen Ende der heutigen Ludwigstraße, später „Neue Uhr"), das alte Emmeramer Tor im Südwesten (am Südende der Oberen Bachgasse) und das Hallertor im Nordosten (am Beginn der späteren Ostengasse). Weiterhin in Verwendung blieben die einstige Porta Decumana des Römerlagers, das spätere Peterstor, im Süden und die ehemalige Porta Principalis Dextra im Osten. Sie befand sich an der Nordseite des jetzigen Dachauplatzes und bestand als „Schwarzes Burgtor" fort. Bis auf das alte Emmeramer Tor wurden die genannten Tore erst im 19. Jahrhundert abgebrochen.

Von 1284 bis gegen 1320 ummauerte man auch die Vorstädte im Osten und Westen. Die neuen – noch erhaltenen – Endpunkte waren das Prebrunntor an der alten Straße nach Nürnberg und das Ostentor an der Straße nach Straubing; auch das Brücktor am Südfuß der Steinernen Brücke wurde damals gebaut.

Die Wächter an den Stadttoren kontrollierten den Verkehr in beiden Richtungen. Nachts und in Krisenfällen waren die Tore geschlossen. Außerhalb der Stadtmauer bildete ab dem 13. Jahrhundert der Burgfrieden eine zweite, bisweilen heftig umkämpfte und mehrfach korrigierte Grenze. Langfristig gelang es Regensburg jedoch nicht, den bayerischen Herzögen ein nennenswertes Territorium abzutrotzen. Dieses umfaßte nach dem Straubinger Vertrag von 1496 lediglich das südlich vorgelagerte Gebiet zwischen Kneiting und Schwabelweis. Verglichen mit anderen süddeutschen Reichsstädten war dieses Umland äußerst gering.

Seit der Erhebung zur Freien Reichsstadt 1245 waren die Regensburger Bürger selbst für ihre Sicherheit verantwortlich. Zum Zweck der besseren Organisation hatte man schon einige Jahrzehnte zuvor die Stadt in Wehrbezirke, die sogenannten Wachten, eingeteilt. Ihnen stand jeweils ein Wachtmeister vor; das Amt des übergeordneten Stadthauptmanns allerdings ist erst ab 1417 nachweisbar. Seit der letzten mittelalterlichen Stadterweiterung um 1300 gab bzw. gibt es acht Wachten. Als System der innerstädtischen Gliederung blieben sie bis ins 20. Jahrhundert bestehen.

Obwohl im Mittelalter eine allgemeine Wehrpflicht bestand, ging man schon früh zur Anwerbung von Söldnern über. Eine stehende städtische Truppe gab es während des gesamten Mittelalters nicht.

Das zentrale Magazin für das schwere Gerät und alle anderen städtischen Waffen war das Zeughaus, über das die Zeugwarte Aufsicht führten. Diese waren wiederum dem Zeugherrn, einem Ratsmitglied, unterstellt. Ein städtischer Büchsenmeister ist erstmals 1341 nachgewiesen, ein bischöflicher 1407.

Das städtische Zeughaus wurde 1804 abgerissen. An seiner Stelle ließ Fürstprimas Carl von Dalberg das „Neue Haus" erbauen, aus dem das heutige Stadttheater hervorging. Ein Großteil des einst reichen Waffeninventars wurde damals veräußert.

E.T.

10. Verteidigung

10.1

10.1
Geschlossener ritterlicher Helm

Süddeutschland, um 1510
Stahl, Leder; 26 × 29 × 20 cm
Leihgabe Bayerisches Armeemuseum,
Inv.-Nr. A 11081

Einteilig geschlagene Helmglocke mit Kamm, aufschlächtig. Blasebalgvisier mit drei Spitzen, Sehschlitze, Atemlöcher, am Kamm Visiersperre, zwei Visierhaken, Federbuschhülse, zweimal geschobenes Nackenteil, Stahlnägel. Originales Lederfutter. G.v.K.

10.2

10.2
Harnischbrust für Fußsoldaten

Süddeutschland, um 1500
Stahl, Leder; xx
Leihgabe Bayerisches Armeemuseum,
Inv.-Nr. A 8345

Kugelbrust, gebörtelte Ränder, gestempelt (unkenntlich), neun Riefeln in fächerförmiger Anordnung, Gürtelreifen, dreimal geschobener Bauchreifen, leichter Schamausschnitt. Lederriemen für Beintaschen. G.v.K.

10.3
Zwei Harnischhandschuhe

Nicht zusammengehörig
Süddeutschland, 16. Jh.
Stahl, Leder; L. 38 cm (a), 30 cm (b)
Prov.: 1837 vom Historischen Verein erworben
AB 230 a,b

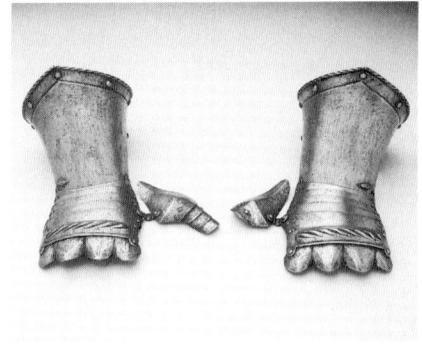

10.3

a. Linker Fingerhandschuh, lange Armstulpe spitz endend, Ränder leicht gebörtelt, Nieten mit Unterlagscheiben, Handrücken sechsmal geschoben. Der Daumenschutz hat drei Geschübe, Belederungsreste. Fingerschutz für vier Finger fehlt.
b. Linker Fingerhandschuh, kurze Armstulpe mit einfacher geometrischer Riefelung. Handrücken sechsmal geschoben. Finger- und Daumenschutz fehlen.

Lit.: VHVOR 21 (1862), 264, Nr. 16, 17
G.v.K.

10.4
Zwei Kettenhemdärmel mit Schulter

Süddeutschland, um 1500
Stahlringe
FO: Furth, Schloßwall
HV 1263
(Ohne Abb.)

Zwei Ärmelstücke, aus Stahlringen zusammengelötet. Unterer Teil schmaler ausgebildet. G.v.K.

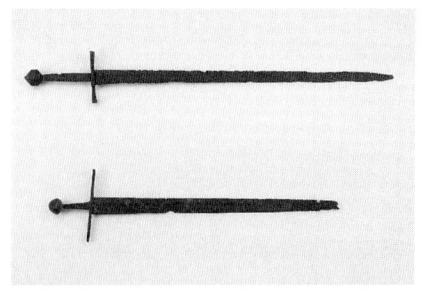

10.5 u. 10.6

10.5
Ritterliches Schwert

Süddeutschland, 14. Jh.
Stahl; L. gesamt 131 cm (Klinge 100 cm, Parierstange 18 cm)
Prov.: Aus altem städtischen Besitz
AB 235

Klinge: gerade, zweischneidige Klinge mit 3/4-langer Hohlkehlung (von der Klingenwurzel aus gesehen), später zusammengeschmiedet.
Gefäß: gerade Parierstange mit achteckigem Querschnitt, die sich zur Klingenwurzel hin verjüngt. G.v.K.

10.6
Ritterliches Schwert

Süddeutschland, 14. Jh.
Stahl; L. gesamt 100 cm (Klinge 86 cm, Parierstange 25,5 cm)
Prov.: Aus altem städtischen Besitz
AB 234

Klinge: gerade, zweischneidige Klinge mit Hohlkehlung, Mittelspitze abgebrochen.
Gefäß: vierkantige gerade Parierstange, Angel (Griffschalen fehlen), Paranuß- oder Pilzknauf. G.v.K.

10.7
Nierendolch

Süddeutschland, 15. Jh.
Stahl, Leder; L. gesamt 36,5 cm
(Klinge 24,5 cm)
FO: In der Sulz bei Berching
K 1938/61 b

Gefäß: Dolch mit Messerklinge, dessen unteres Griffende von zwei halbkugelförmigen Knollen, den sogenannten Nieren, die auf einer abgebogenen Stoßplatte sitzen, flankiert wird. Metallgriff, Lederreste, Metallscheibe.
G.v.K.

10.8
Dolch
Süddeutschland, Anfang 16. Jh.
Stahl; L. gesamt 28 cm (Klinge 17,5 cm, Parierstange 3,5 cm)
FO: In der Sulz bei Berching
K 1938/61 a

Klinge: gerade Messerklinge, Spitze abgebrochen.
Gefäß: gerade, sechseckige Stoßplatte, walzenförmiger Griff mit Löchern, Griffbelederung fehlt, sechseckiger Plattenknauf, Vernietnagel. G.v.K.

10.7 bis 10.9

10.9
Dolch
Süddeutschland, 16. Jh.
Stahl; L. gesamt 34 cm (Klinge 24,5 cm, Parierstange 7,5 cm)
Bodenfund
K 1955/78

Klinge: gerade Sechskantklinge.
Gefäß: nach unten gebogene Parierstange, deren gerade Enden kolbenförmig verbreitert sind. Angel, Griffschalen fehlen, ovalförmiger Knauf, Eisenschnitt, flache Vernietknäufchen.
G.v.K.

10.10
Helmbarte
Süddeutschland, 16. Jh.
Stahl, Holz; L. gesamt 195 cm, B. 24 cm
FO: Bei Landau a. d. Isar
Prov.: 1937 aus dem Kunsthandel erworben
K 1937/69 c *(Ohne Abb.)*

Schmale Stoßklinge, Mittelgrat, Halbmondbeil, sechs mit Messing ausgefüllte Löcher, Haken mit vier Löchern und Marke. Schwertgefäß, Tülle, Zwinge mit eingeschlagenem Zickzackmuster, vier Federn, Hartholzschaft neu, Messingrosette. G.v.K.

10.11
Helmbarte
Süddeutschland, 16. Jh.
Stahl, Holz; L. gesamt 215 cm, B. 25 cm
FO: Wie 10.10
Prov.: Wie 10.10
K 1937/69 a *(Ohne Abb.)*

Schmale Stoßklinge mit Mittelgrat, Halbmondbeil. Blatt vierpaßförmig durchbrochen. Haken von gestieltem Dreiblatt durchbrochen. Tülle, zwei lange Federn. Eisennägel, sechskantiger Weichholzschaft. G.v.K.

10.12
Helmbarte
Süddeutschland, 16. Jh.
Stahl, Holz; L. gesamt 178,5 cm, B. 20 cm
FO: wie 10.10
Prov.: wie 10.10
K 1937/69 e *(Ohne Abb.)*

Breite Stoßklinge, Mittelgrat. Kleines Halbmondbeil, gestempelt, gerader Haken. Tülle mit zwei Federn. Feststellschraube mit Unterlage, neuer Schaft. G.v.K.

10.13
Biedenhänder
Passau, Anfang 16. Jh.
Stahl, Leder; L. gesamt 185 cm (Klinge 139 cm, Parierstange 53 cm)
Prov.: Sammlung Hans Leiden, Köln
K 1934/94 *(Ohne Abb.)*

Klinge: gerade Flammberg-Klinge, Mittelspitze, in Messing tauschierter springender Wolf, langer, vierkantiger Klingenansatz mit Parierhaken, überzogen mit schwarzem, gerautetem, durch Holzbrettchen verstärktem Leder. Im unteren Teil des Ansatzes geätztes Feld mit drei gotischen Zeichen.
Gefäß: nach unten gebogene vierkantige Parierstange, von der nach oben und unten Voluten ausgehen und deren Enden eingerollt sind. Vier Parierringe, langer Griff mit quergereiftem Lederbezug, Mitte betont, Eisenknauf, doppelkegelförmig, Knaufmitte mit tiefer Kehlung geteilt, Vernietknäufchen.

Lit.: Aukt.kat. Köln 1934, Nr. 324, Abb. Taf. 19
G.v.K.

10.14
Biedenhänder
Süddeutschland, Anfang 16. Jh.
Stahl, Leder, Seidenfransen;
L. gesamt 165 cm (Klinge 113 cm, Parierstange 48 cm)
Prov.: Sammlung Hans Leiden, Köln
K 1934/93 *(Ohne Abb.)*

Klinge: gerade, zweischneidige Klinge mit Hohlkehlung, nach unten leicht verbreitert, Mittelspitze. An der Breitseite oben, in der Mitte und über der Spitze je vier muldenartige, breitovale Eintiefungen (1,2,1), weitere Vertiefungen an der Spitze, sechsblättrige Rosette, darunter drei Mulden, darunter wiederum eine Mulde (zum Abtasten der Paternoster beim nächtlichen Rosenkranzgebet). Vier kantige Parierhaken.
Gefäß: langer, nach oben und unten verjüngter, lederbezogener Griff, welcher oben, in der Mitte und unten mit Seidenfransen verziert ist, die mit Messingnägeln befestigt sind. Vierkantige, nach unten gebogene Parierstange, die Enden volutenförmig eingerollt, zwei Parierringe, Ätzverzierungen, lilienförmige Ansätze. Kugeliger Eisenknauf, geschnitten, Vernietknäufchen.

Lit.: Aukt.kat. Lempertz 1934, Nr. 205
G.v.K.

10.15
Biedenhänder
Süddeutschland, Anfang 16. Jh.
Stahl, Leder; L. gesamt 173 cm (Klinge 125 cm, Parierstange 42 cm)
Bodenfund
AB 227 *(Ohne Abb.)*

Klinge: gerade Sechskant-Klinge, Mittelspitze, nach unten gebogene Parierhaken, schwarzer Lederrest.
Gefäß: gebogene, flache, nach unten sich breitende, nach unten gebogene Parierstange, vier Parierringe, langer, lederbezogener Griff. Kugeliger Eisenknauf, Vernietknäufchen. G.v.K.

10. Verteidigung

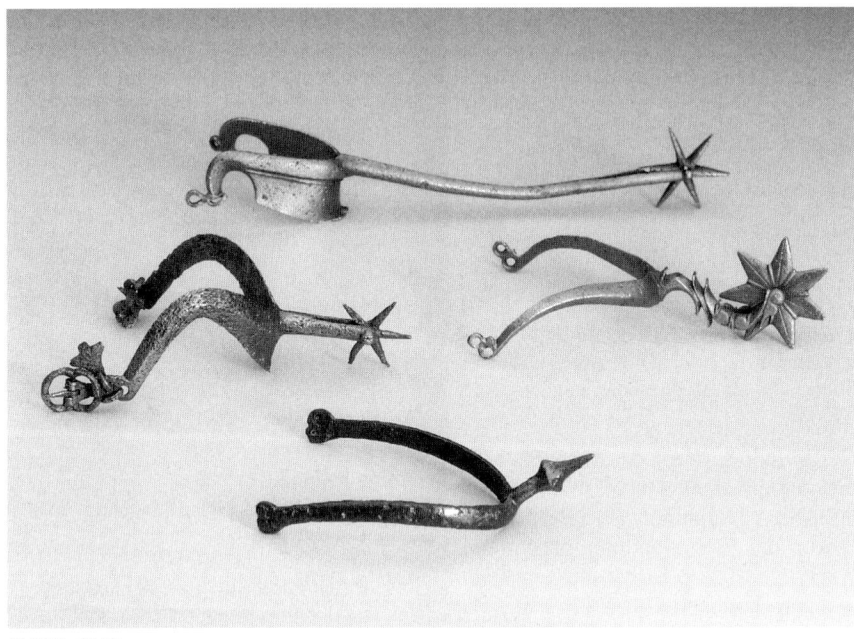

10.16 bis 10.19

10.16
Radsporn

Süddeutschland, 16. Jh.
Stahl; L. 16 cm, Dm. Rad 5 cm
Bodenfund
K 1981/11 a

Kurzer, geschweifter Sporenhals (Radhalter). Das Rad hat sieben Zacken, leicht geschweifte Bügel, zwei runde Doppelösen. G.v.K.

10.17
Radsporn

Süddeutschland, Ende 15. Jh.
Stahl; L. 29 cm, Dm. Rad 5,5 cm
Bodenfund
K 1981/10 c

Langer, leicht gebogener Sporenhals (Radhalter). Das Rad hat sechs Zacken. Gerader Bügel, am Ende geschweift, mit zwei Ösen. Der Bügel hat einen Fersenhalter. G.v.K.

10.18
Stachelsporn

Süddeutschland, 15. Jh.
Stahl; L. 13 cm
Bodenfund
K 1981/7 a

Geschweifter Bügel, doppelte Ringendungen, Stachel. G.v.K.

10.19
Radsporn

Süddeutschland, 15. Jh.
Stahl; L. 14 cm, Dm. Rad 3,6 cm
Bodenfund
K 1981/9 a

Kurzer, gerader Sporenhals (Radhalter). Das Rad hat sechs Zacken. Bügel stark geschweift, an beiden Enden mit waagrechten, viereckigen Schnallen versehen. G.v.K.

10.20
Morgenstern

Süddeutschland, 16. Jh.
Holz, Stahl; L. 66 cm mit Loch
Leihgabe Bayerisches Armeemuseum,
Inv.-Nr. A 9246
(Ohne Abb.)

Holzschaft und Jopf, Eisennägel. G.v.K.

10.21
Morgenstern (?)

Süddeutschland, 16. Jh.
Stahl, Holz; L. Schaft 63,3 cm,
L. Kette 32 cm, Dm. Stern 7 cm
Leihgabe Bayerisches Armeemuseum,
Inv.-Nr. A 335
(Ohne Abb.)

Viereckiger Holzschaft, vier Eisenfedern, Stahlnägel, Tülle, Kette, Holzkugel mit neun Eisennägeln (zwei fehlen). G.v.K.

10.22
Kolben

Süddeutschland, 16. Jh.
Stahl, Leder; 36,5 × 5,5 cm
Leihgabe Bayerisches Armeemuseum,
Inv.-Nr. A 6947
(Ohne Abb.)

Stahlkopf, 16 Schlagblätter, Eisentülle, Holzschaft, Lederreste, Loch für Lederband. G.v.K.

10.23
Streithammer

Süddeutschland, 16. Jh.
Stahl; 45 × 10,5 cm
Leihgabe Bayerisches Armeemuseum,
Inv.-Nr. A 333
(Ohne Abb.)

Stahlschaft, runde Handhabe, quadratische Querplatte, Stahlhammer (Schlagkopf), Mittelstück, Spitze, Gürtelhaken. G.v.K.

10.24

10.24
Drei Pfeilspitzen

Süddeutschland, 15. Jh.
Stahl; L. 4 cm
FO: Burg Kallmünz
K 1957/63

Bei einer Pfeilspitze ist der Querschnitt quadratisch, bei den anderen beiden rautenförmig. Zwei besitzen einen Dorn zur Befestigung am Pfeil. G.v.K.

10.25

Drei Armbrustbolzenspitzen

Süddeutschland, 15. Jh.
Stahl; 7 cm; 7,5 cm; 8 cm
FO: Adelburg (Opf.)
K 1981/40 a–c

Bei einer Bolzenspitze ist der Querschnitt quadratisch, bei den anderen beiden rautenförmig. G.v.K.

10.26

Zwei Hakenbüchsen

Süddeutschland (Nürnberg?), 1460–80
Schmiedeeisen; L. 88,5 cm; 84,5 cm
Prov.: Passau, Oberhaus
K 1940/11,12
(Ohne Abb.)

Zwei gleichartige Exemplare: durchgehend achtkantiges Rohr, gestauchte Mündung, anfängliche Pfannenmulde, Zündloch, Haken durchbohrt, gerader Stoßboden, viereckige Schaftöse.
G.v.K.

10.27

Drei Hakenbüchsen

Süddeutschland (Nürnberg?), 1500/10
Schmiedeeisen; L. 49,5 cm; 57 cm; 58,5 cm
Prov.: Passau, Oberhaus
K 1940/13–15
(Ohne Abb.)

Drei gleichartige Exemplare: rundes glattes Rohr mit Schnürwulst vor dem Mündungskopf, maximilianischer Krönleinwulst an der Mündung; rudimentäre Pfannenmulde, Zündloch, Haken durchbohrt, hintere Schaftöse grob umgefaltet.

Das Rohr besaß ursprünglich eine längere, runde Tülle, die zu einem späteren Zeitpunkt der Benutzung abgesägt wurde. Die Reste wurden damals mit dem Hammer umgeklopft. G.v.K.

10.28

Kanone „Die Pfeiferin"

Hans Turnknopf
Regensburg 1531
Bronze gegossen; L. Rohr 330 cm
Kaliber: 76 mm
Zweirädrige Lafette: Holz, Eisen beschlagen
Prov.: Aus dem städtischen Zeughaus
AB 243

Der Mündungsfries, der Mittelfries und die beiden Henkel sind in Form von doppelten Delphinen ausgebildet. Der Dekor der Rohrwandung besteht aus einem über dem Regensburger Stadtwappen hockenden Fabelwesen, das auf einer Pfeife bläst; im Band darüber die Inschrift: *ICH.BIN.DIE.PFEIFERI.WA.ICH.B.IST.KLAIN.GWIN*, darunter ein Band mit der Jahreszahl *1531*.

Der Bodenfries zeigt zwischen zwei großen Delphinen auf dem Zündloch eine Sirene mit Barett und Mieder. Der Knauf bildet eine vollrunde, affenkopfähnliche Fratze. Zwischen beiden läuft eine Schriftzeile um den Bund, die den Gießer nennt: *HANS TURENKNOPF. ZU.REGENSPURG.HATS.GOSSEN*. Die Lafette ist jünger als das Rohr. Die verschiedenen Datierungen weisen auf die Ergänzungen hin. Auf dem Laufbeschläg die Bezeichnung: *REGENS-PURG* (rechts) *ANNO 1657* (links), dahinter jeweils *HK*. Auf der Eisenbüchse der Radnabe bezeichnet auf der einen Seite *1645*, auf der andern *1656 HK*, auf der Nabe selbst *1734*.

Lit.: HUPP 1910, 166; MÜLLER 1968, 88, 91, Abb. 89; HAMPE 1911, 364; vgl. auch den Beitrag von P. GERMANN-BAUER in Bd. I.

G.v.K.

10.29

Kanonenriß

Nürnberg 1532
Andre Pegnitzer
Papier; Kohle und Bleistift, aquarelliert; 502 × 42 cm
Rohrlänge: 453 cm; Kaliber: 10,8 cm
Inschriften Tusche über meist nicht lesbaren Kohleinschriften (kursiv): *Ich warn dich / Der grimig loeb hais ich / Wenn ich driff* (durchgestrichen) *schrey so huett duech / andre pengnizer zu nuernberg gos mich – 1532 – Regenspurg – anns nar hays ich / wenn ich driff den pescheis ich*;
Aufschrift der Kugel: *10 lb eis(en)*
Prov.: Aus altem städtischen Besitz
AB 236

Der Nürnberger Geschützgießer Endres Pegnitzer zählt zu den bedeutendsten Meistern dieses Handwerks in der ersten Hälfte des 16. Jahrhunderts. Neben Arbeiten für die Stadt Nürnberg ist eine Vielzahl auswärtiger Aufträge belegt, so für die Reichsstädte Augsburg und Nördlingen, für den Herzog von Bayern und den Markgrafen von Bran-

10.28

10. Verteidigung

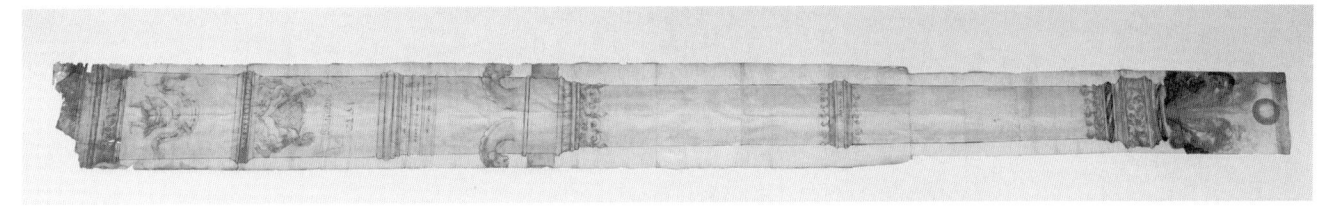

10.29

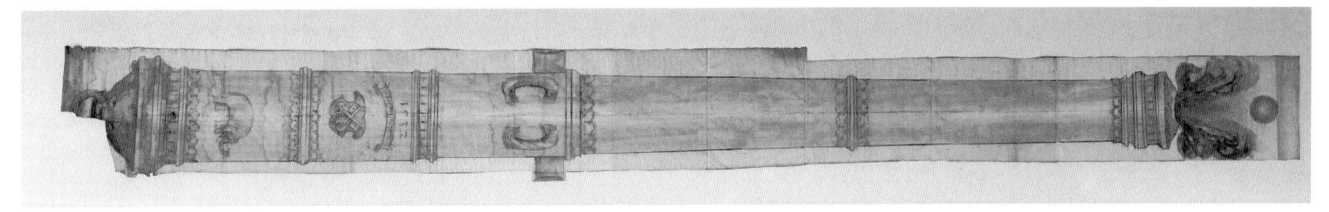

10.30

denburg, vor allem aber für die Herzöge und Kurfürsten von Sachsen. Pegnitzer starb 1554 während der Belagerung der Plassenburg (NEUHAUS 1932/1933).
Der Mündungsfries zeigt zwei Sirenen, die das Wappen der Stadt Regensburg halten. Zarte Ornamentfriese begleiten die Ringe. Die offenen Henkel haben die Form von Tierköpfen. Der Schmuck der Rohrwandung besteht aus dem von zwei Löwen gehaltenen Schlüsselwappen der Stadt Regensburg sowie einem Narren, der sein Gesäß entblößt. Um das Relief des Narren ist ein Spruchband gelegt mit der entsprechenden Inschrift, der übrige Text ist im Bereich der Griffe angebracht. Der in der Zeichnung fragmentarisch erhaltene Boden dürfte – wie bei Kat. 10.30 – in Form eines Löwenkopfes zu ergänzen sein. Vor der Mündung ist die Kugel in einem Feuerstrahl abgebildet.

Lit.: HUPP 1910, 168

P.G.-B.

10.30
Kanonenriß

Nürnberg 1532
Andre Pegnitzer
Papier; Kohle und Bleistift, aquarelliert; 413 × 43 cm
Rohrlänge: 370 cm; Kaliber: 9,2 cm
Inschriften: *1532 – Regenspurg;* auf der Rückseite: *Copie einer Kanone v. 1532 mit einem Elephanten*
Prov.: Aus altem städtischen Besitz
AB 237

Die geschlossenen Henkel der Kanone sind mit einem Band umschlungen. Die Rohrwandung trägt das Stadtwappen mit Datierung und Inschriftband sowie das Relief eines Elefanten. Die Ringe begleiten Blattfriese. Am Boden hält ein Löwenkopf einen Ring im Maul. Auch hier sitzt die Kugel in einem Feuerstrahl vor der Mündung.
Im Jahr 1546, zur Zeit des Schmalkaldischen Krieges, mußte die Stadt Regensburg eine große Anzahl von Geschützen an Kaiser Karl V. übergeben. In einem Inventar des Zeughauses werden auch vier von Endres Pegnitzer gegossene Falkonetten aufgeführt, von denen zwei das Stadtwappen und das Relief eines Elefanten sowie die Jahreszahl 1530 bzw. 1539 tragen (HAMPE, 364).

P.G.-B.

10.31
Löwenkonsole

Regensburg, um 1280
Kalkstein; 70 × 110 × 40 cm
(ohne Steinplatte)
Prov.: Vom 1804 abgebrochenen Zeughaus
HV 1359

Von den einstmals zwei, als Pendants ausgeführten Löwenkonsolen des städtischen Zeughauses am Arnulfsplatz, das 1804 für den geplanten Theaterneubau abgerissen wurde, hat sich nur diese eine erhalten. Die noch in der romanischen Tradition von Brunnen- und Portallöwen verhaftete Darstellung bietet uns ein sehr kompaktes, energiegeladenes Bild des wehrhaften Tieres, das durch die Anbringung am Zeughaus Symbolcharakter erhielt.

Lit.: DIEPOLDER 1953, 6

M.A.

10.31

11. Die Verfassung der Reichsstadt Regensburg im Mittelalter

Über die Verfassung des frühmittelalterlichen Herzogssitzes wissen wir nichts. Während das Innere des ehemaligen römischen Legionslagers durch die karolingischen Könige stetig ausgebaut wurde, entwickelte sich im 9. Jahrhundert westlich davon eine größere Siedlung, die um 920 Herzog Arnulf mit Wall und Graben befestigen ließ. Im dunkeln bleibt aber die Organisation des sich in den folgenden Jahrhunderten unaufhaltsam vergrößernden Ortes. Während sich um die zahlreichen kirchlichen Institutionen eigene Personenverbände unter dem jeweiligen Vogt entwickelten, scheinen der Burggraf und sein Gericht die zentralen Organe der sich bildenden Bürgerschaft gewesen zu sein. Daneben formierte sich die Kaufmannschaft um den Hansgrafen. Dieser vertrat die Regensburger Handelsherren in rechtlichen Angelegenheiten außerhalb der Stadt.

Gegen Ende des 12. und zu Anfang des 13. Jahrhundert entbrannte der Kampf um die Stadtherrschaft. Der Kaiser, der bayerische Herzog und der Regensburger Bischof rangen zum Teil in blutigen Kämpfen um den Einfluß auf die sich nun kontinuierlich stabilisierende Bürgergemeinde. Bereits zu Beginn des 13. Jahrhunderts hatte sich ein Rat konstituiert, um die Mitte des 13. Jahrhunderts war der Status der Reichsstadt erlangt und die konkurrierenden Mächte aus der Stadtherrschaft ausgeschlossen.

Was in diesen Auseinandersetzungen in dem Ort Regensburg entstand, war aber keine einheitlich verfaßte Stadt, in der alle Einwohner nach gleichem Recht lebten, sondern ein Herrschaftskonglomerat, in dem von der Kommune unabhängige Reichsstände wie der Bischof, die Reichsklöster St. Emmeram, Nieder- und Obermünster Kleinterritorien innerhalb der Stadtmauer bildeten. Daneben entstanden außerdem zahlreiche Ansiedlungen unterschiedlicher Ritter- und Mendikantenorden, die wiederum eigene Rechtsverhältnisse entwickelten.

Den Kern der verfaßten Bürgerschaft bildete der Rat. Mit dem kaiserlichen Privileg von 1245 wurde endgültig die freie Wahl von Rat, Bürgermeister und der übrigen städtischen Beamten fixiert. Die Zahl der Ratsmitglieder betrug 16, wohl entsprechend den acht Stadtvierteln, den Wachten. An der Spitze des Rates stand der Bürgermeister, der seit 1334 ausschließlich aus den Familien des auswärtigen Landadels gewählt wurde.

Die richterliche Gewalt wurde hauptsächlich vom Schultheißen, dem ursprünglich burggräflichen, später herzoglichen und schließlich städtischen Richter wahrgenommen. Daneben bestand das Propstgericht, das aus dem domvögtischen Gericht hervorgegangen war, und das hauptsächlich über die Leute der geistlichen Herrschaften richtete. Beide Gerichte waren als Lehen an Regensburger Bürger ausgegeben und beide Gerichte konnten nur langsam an die Stadt gebracht werden. Den Blutbann mußte sich die Stadt bis zum Ende des Alten Reiches vom bayerischen Herzog verleihen lassen. Die Propstgerichte von St. Johann, Ober- und Niedermünster, Immunitätsgerichte dieser Stifte, verloren wohl schon im Hochmittelalter ihre Bedeutung. Als einzige Revisionsinstanz fungierte der städtische Rat, zumal Regensburg von den Kaisern die Privilegien *de non appellando* (1315) und *de non evocando* (1230) erlangen konnte. Damit war gewährleistet, daß kein Verfahren vor ein auswärtiges Gericht geschoben oder gezogen werden konnte.

Ein eigenes städtisches Steuerrecht wird bereits durch das Privileg König Philipps 1207 vorausgesetzt; Regensburg entrichtete seinerseits dem König eine Stadtsteuer, an der auch der Bischof einen Anteil hatte. Anscheinend ist es aber der Stadt bald gelungen, sich dieser Steuerpflicht zu entledigen, wahrscheinlich durch eine geschickte Ausnutzung des Konfliktes zwischen Kaiser und Bischof nach 1245 und der verworrenen Lage im Interregnum. Von 1273 bis 1486 hat Regensburg keinem Herren Steuer bezahlt und diese Besonderheit, eine „Freistadt" und keine „Reichsstadt" zu sein, immer wieder betont. Selbstverständlich erhob die Stadt aber von ihren Bürgern Steuern und sonstige Abgaben. Anders als heute wurden die Einkünfte und Ausgaben der Kommune nicht in einem Gesamthaushalt gemeinschaftlich verwaltet, sondern jedes Amt wickelte die ihm zugewiesenen Aufgaben mit den entsprechenden Einnahmen ab. Die jeweiligen Amtsinhaber hafteten mit ihrem Privatvermögen, behandelten dafür die Ausgaben, aber auch die Einnahmen ebenfalls wie ihr Privatvermögen.

Die mittelalterliche Verfassung Regensburgs erfuhr am Ende dieser Epoche eine grundlegende Revision. Veranlaßt durch den Anschluß an Bayern 1486 und die innenpolitischen Wirren in den folgenden Jahren, wandte der Kaiser Regensburg seine Aufmerksamkeit zu. Bayern mußte Regensburg wieder freigeben, während kaiserliche Kommissionen der Stadt eine neue Verfassung gaben (1500 und 1514).

H.W.

11. Die Verfassung der Reichsstadt Regensburg im Mittelalter

11.1
Bürgeraufnahmebuch

Regensburg, 1486–1500
Papier, Umschlag Pergament; aufgeschlagen 28,5 × 22 cm
StAR, Pol. III, 2
(Ohne Abb.)

Bereits seit dem ausgehenden 14. Jahrhundert gibt es Verzeichnisse, in denen die Neubürger eingetragen wurden. Zum Teil sind Sonderkonditionen vermerkt, durch die Neubürger geworben wurden. Bürgeraufnahmebücher existieren mit kleinen Lücken bis 1819. Die aufgeschlagene Seite beinhaltet die 1486 erfolgten Bürgeraufnahmen in Stadtamhof (Überschrift: „*Am hoff*").
H.W.

11.2
Amtsbuch des Schultheißen Leonhard Portner

Regensburg, 1484
Papier, Umschlag Pergament; aufgeschlagen 31 × 46 cm (ohne Umschlaglasche)
StAR, Jur. II, 1
(Ohne Abb.)

In diesem Amtsbuch wurden kurrent die verschiedenen Aktivitäten des Schultheißen in „*bürgerlichen*" Angelegenheiten eingetragen. Neben Schuldklagen, Schuldbekenntnissen, Vorladungen, Rechtstagen, Gerichtsbescheiden oder Vormundschaftsangelegenheiten, findet sich auch ein Abschnitt über die „*Gant*" (gerichtliche Zwangsversteigerungen).

Die jeweiligen Fallgruppen sind mit festverleimten Pergamentmerkern am unteren Rand der Handschrift gekennzeichnet.
H.W.

11.3
Der städtische Haushalt

Regensburg, 1383
Papier, Umschlag Pergament; aufgeschlagen 51 × 33 cm (ohne Umschlaglasche)
HVOR, R III, 14
(Ohne Abb.)

Dieses Verzeichnis listet die Steuereinnahmen auf, die mit den an die Stadt gegebenen Krediten zu Leibrecht (Leibgeding) verrechnet sind. Es ist nach Wachten geordnet und bietet einen umfassenden Überblick über die Einkommensverhältnisse der Regensburger Bürgerschaft. Die aufgeschlagene Seite zeigt links oben den Eintrag zu Wilhelm und Matthäus Runtinger, deren Haus (jetzt Keplerstraße 1; *vgl. Kat. 12.5*) in der Wahlenwacht heute das Stadtarchiv beherbergt.
H.W.

11.4
Ausgabenrechnung

1393–1396
Papier, Umschlag Pergament; aufgeschlagen 32 × 45 cm (ohne Umschlaglasche)
StAR, Cam. 3
(Ohne Abb.)

Es handelt sich bei dieser Rechnung um Aufzeichnungen der Ungeldherren. Aufgeschlagen ist das Inhaltsverzeichnis für die Ausgaben der Geschäftsjahre 1395/96, beginnend am 18. Dezember 1394. Es zeigt, welche Geschäftsbereiche von dieser Abrechnung erfaßt sind: Die Ausgaben für den Kämmerer (*„der Kamerär"*), Botenlöhne und sonstige Reisekosten (*„dy Erberge Potschafft"*), die Ausgaben für die Steuerherren (*„dy Stewr hern"*), den Baumeister (*„der Pawmayster"*), „sonstige" Ausgaben (*„daz Gemain Awz gebn"*), Aufwendungen für die Feste Donaustauf (*„daz awz gebn gein Stawff"*), die zu dieser Zeit in Pfandbesitz der Stadt war, für Herrn Portner, dem für den städtischen Marstall und die Torsperrer verantwortlichen Ratsherren (*„daz awz gebn hintz dem Porttner"*), für die Diener des Ungeldamtes, die Türmer und Torwärter (*„daz awz gebn meiner herrn dinär, turmär, Torbäuttel"*) und für eine Darlehenstilgung zum Dombau (*„daz Avzgeben der II C lb dy zu dem werch gehörnt"*). Selbstverständlich handelt es sich hierbei nicht um einen Gesamthaushalt, wie wir ihn von modernen Kommunen kennen. Den Ungeldherren, die das Ungeld, eine indirekte Verbrauchssteuer, erhoben, waren einige Aufgaben der Stadt, die mit Zahlungen verbunden waren, übertragen worden, bei weitem aber nicht alle kostenträchtigen Bereiche der Kommune.

Auf der linken Seite findet sich der Nachtrag zu dem im Inhaltsverzeichnis genannten Darlehen für den Dombau. Diese Geldtransaktion scheint mit den gewaltigen Darlehen des Gamerit von Sarching an die Stadt Regensburg zusammenzuhängen. Nutznießer dieses Geschäfts scheint der Schwiegersohn des Gamerit, Konrad Dürnstetter gewesen zu sein.

Lit.: ALTWEGER
H.W.

11.5
Ältestes Siegel der Stadt Regensburg

1233
Wachs (Abguß); Dm. 10 cm
Bayerisches Hauptstaatsarchiv München
(Ohne Abb.)

Dieses wohl um 1190 entstandene Siegel trägt die Umschrift: · *P(er) CLAVES · CELI · RATA · S(un)T · INSIGNIA · PETRI* +. Der Legendentext, der in einfacher Schrift in den Siegelstempel eingraviert wurde, erscheint auf dem Siegel in Spiegelschrift. Das Siegelbild zeigt den thronenden, nimbierten hl. Petrus mit flacher Mitra, der in den Händen einen Schlüssel und ein Buch hält.

Das Siegel wurde, obwohl sich in der Legende kein Hinweis darauf findet, von der Regensburger Bürgerschaft verwandt, wie die Siegelankündigungen in den jeweilige Urkunden erkennen lassen. Ob das Siegel tatsächlich in der Verfügungsgewalt des Bischofs stand, wie in der Literatur behauptet wird, muß dahingestellt bleiben. Das Siegel läßt sich von 1211 bis 1248 nachweisen.

Lit.: AMBRONN 1968, 83 (mit älterer Lit.)
H.W.

11.6
Das zweite Siegel der Stadt Regensburg

7. September 1251
Wachs (Abguß); Dm. 8 cm
Archiv des Katharinenspitals
(Ohne Abb.)

Für das Jahr 1250 ist erstmals ein „neues" Siegel der Stadt überliefert: Es ist das alte Siegelbild, mit einer neuen Umschrift: + *SIGILLUM CIVIUM RATISPONENSIUM*. Man war also zu dieser Zeit nicht mehr bereit, im Stadtsiegel auf einen direkten verbalen Bezug auf die Bürgerschaft, wie in dem ältesten Siegel, zu verzichten. Auch wählte man jetzt einen Handwerker, der auf der Höhe der Zeit war, wie die feine Siegelumschrift in Kapitalis, die stark mit unzialen Buchstaben durchsetzt ist, zeigt. Das Siegel läßt sich nur in den Jahren 1250/51 nachweisen.

Lit.: AMBRONN 1968, 83

11.7
Das dritte Siegel der Stadt Regensburg

11. Juli 1253
Wachs (Abguß); Dm. 9 cm
Bayerisches Hauptstaatsarchiv München

Bereits seit 1248, also zu einer Zeit als das erste und das zweite Stadtsiegel noch in Gebrauch waren, fand ein neues Siegel Verwendung durch die Bürgerschaft. Zwar blieb das Thema des Siegelbildes das gleiche: der nimbierte hl. Petrus mit Schlüssel und Buch, allerdings ohne Mitra, doch verrät die feine Ausführung der Figur und der sie umgebenden reichen Architektur ein unverkennbar gotisches Stilgefühl. Die Umschrift, die möglicherweise von demselben Stecher wie die Legende des zweiten Siegels stammt, blieb unverändert: + SIGILLUM · CIVIUM · RATISPONENSIUM +. Dieses repräsentative Siegel blieb bis ins 16. Jahrhundert in Verwendung.

Lit.: Ambronn 1968, 83f.

H.W.

11.8
Ältestes Secretsiegel der Stadt Regensburg

10. November 1323
Wachs (Abguß); Dm. 5,5 cm
Bayerisches Hauptstaatsarchiv München
(Ohne Abb.)

Seit 1323 läßt sich ein kleineres Secretsiegel der Stadt Regensburg nachweisen. Es zeigt den hl. Petrus wachsend in Halbfigur mit dem Pluviale angetan, mit einer hohen spitzen Mitra auf dem nimbierten Haupt; in seiner Rechten hält er eine Rute, in der Linken den Schlüssel. Die Legende lautet: SECRETUM * CIVIUM * RATISPONENSIUM. Die Rute wurde als ungewöhnliches Symbol für die Bindegewalt des hl. Petrus gedeutet; sie wurde später durch den zweiten Schlüssel ersetzt.

Lit.: ENDRES 1916, 169 ff.

H.W.

11.9
Zweites Secretsiegel der Stadt Regensburg

1395
Wachs (Abguß); Dm. 4,5 cm
Bayerisches Hauptstaatsarchiv München
(Ohne Abb.)

Seit 1395 läßt sich ein neues Secretsiegel der Stadt Regensburg nachweisen. Es zeigt wiederum den hl. Petrus wachsend in Halbfigur mit dem Pluviale angetan, mit einer hohen spitzen Mitra auf dem nimbierten Haupt; in seiner Rechten hält er eine Rute, in der Linken den Schlüssel. Umgeben ist er von einem Baldachin, in dessen seitlichen Kapellchen je ein Engel Platz findet. Die Petrusfigur wächst aus dem Stadtwappen mit den gekreuzten Schlüsseln. Die Legende lautet wiederum: SECRETUM CIVIUM * RATISPONENSIUM. In diesem Secretsiegel findet, erstmals nachweisbar, das Schlüsselwappen offizielle Verwendung.

Lit.: ENDRES 1916, 169 ff.

H.W.

11.7

11.10

Das Brückensiegel

28. Juni 1307
Wachs (Abguß); Dm. 8,5 cm
Bayerisches Hauptstaatsarchiv München

Das Siegel zeigt eine vierjochige Brücke mit drei Türmen. Die Umschrift lautet: · S(igillum) · GLORIOSI · PONTIS · RATISPONE ·. Die Brücke wurde im Mittelalter als eigener Rechtskörper empfunden, wie sich in der Umschrift dieses Siegels eindeutig zeigt. Die Verwaltung lag in der Hand des Brückenmeisters. Bereits in der Kaiserurkunde Barbarossas von 1182 für die Steinerne Brücke wird der Brückenmeister Herbord genannt. Die Brückenmeister, die bis ins 16. Jahrhundert Ratsherren waren, hatten die Oberaufsicht über die Zöllner sowie über die Einnahmen und Ausgaben, sie führten auch das Brückensiegel, wie aus den Siegelankündigungen in den einschlägigen Urkunden zu ersehen ist.

Lit.: KRAUS/PFEIFFER 1979, 74, Nr. 108

H.W.

11.10

11.11

Siegel der Regensburger Münzerhausgenossen

2. Februar 1316
Wachs (Abguß); Dm. 7,2 cm
Bayerisches Hauptstaatsarchiv München

Das Siegelbild zeigt Herzog und Bischof nebeneinander sitzend, einander leicht zugewandt, auf einer Bank, zwischen ihnen im Feld ein sechsstrahliger Stern, über ihnen eine Architekturdarstellung mit zwei großen Spitzbögen. Die Umschrift lautet: · S(igillum) · MONETARIOR(um) · IN · RATISPON(a). Das Siegel wurde von 1316 bis 1357 verwandt. Es weist deutlich auf die beiden Münzherren, Bischof und Herzog, hin, die nebeneinander gezeigt werden. Dieses Motiv findet sich stark vereinfacht auch auf den Regensburger Münzen seit ca. 1315.

Lit.: Die Regensburger Münzerhausgenossenschaft im 13. und 14. Jahrhundert, in: VHVOR 130 (1990), 36f.

H.W.   11.11

11. Die Verfassung der Reichsstadt Regensburg im Mittelalter

11.12

11.12

**Freiheitenbuch der
Stadt Regensburg**

1536
Papierband mit einem pergamentenen Binio als Vorsatz; Einband Holz mit blindgeprägtem Leder bezogen, Messingbeschläge an den Ecken und in der Mitte von Vorder- und Hinterdeckel; Schließen aus Messing, die Verschlußschnallen fehlen;
44 × 31 cm (aufgeschlagen 69 cm)
StAR I Ab 2

Nach den revolutionsartigen Unruhen um die Wende vom 15. zum 16. Jahrhundert, der Einsetzung eines Reichshauptmanns in Regensburg (seit 1492) und dem Erlaß einer Regimentsordnung durch eine kaiserliche Kommission 1514 hatte die Verfassung der Stadt manche Verwerfungen erfahren. Mit der Konsolidierung der Verhältnisse in den zwanziger Jahren – inzwischen waren auch die Juden aus Regensburg vertrieben worden (1519) – galt es die Privilegien und Rechte der Stadt zu sichten, zu sammeln und zu ordnen. So scheint man zu dieser Zeit das Archivgewölbe im Rathaus geordnet zu haben und die wichtigsten Privilegien, Gewohnheitsrechte und Präzedenzfälle in einem 626 Seiten umfassenden Amtsbuch abschriftlich zusammengefaßt zu haben. Mit einem ausführlichen Inhaltsverzeichnis versehen, mit einem Archivverzeichnis ausgestattet und mit Hinweisen auf den Archivlagerort des Originals unter den jeweiligen Abschriften und Excerpten, war damit ein Verfassungshandbuch entstanden, mit dem schnell und präzise zu arbeiten war.

Um der Handschrift auch äußerlich entsprechendes Gewicht zu verleihen, wählte man nicht nur ein sehr großes Blattformat (Imperialfolio), sondern ließ den Anfang des Buches besonders schmücken: Hans Mielich, zu dieser Zeit wohl in der Werkstatt von Albrecht Altdorfer tätig, erhielt wahrscheinlich auf Vermittlung seines Meisters diesen Auftrag. Mielich stellte nach einem reich verzierten Titelblatt auf dem zweiten Pergamentblatt die Übergabe des Freiheitenbuches durch den Stadtsyndicus Dr. Johannes Hiltner an den Schultheißen Ambrosius Amann während einer Sitzung des Inneren Rates dar. Diese Miniatur wird eingefaßt durch Wappen der Ratsherren, des Schultheißen, des Stadtsyndicus und des Stadtschreibers sowie durch das bekrönende kaiserliche Wappen mit Reichsadler, Krone und Goldenem Vlies und durch das Stadtwappen als unterem Abschluß.

Mielich schuf mit dieser Miniatur eine Sammlung von Portraits der Regensburger Stadtspitze des Jahres 1536. Auf der linken Bank ist als dritter von unten Albrecht Altdorfer dargestellt, wie sein Wappen auf dieser Seite erkennen läßt.

Lit.: WINZINGER 1975, 132, Abb. 112;
KRAUS/PFEIFFER 1986, 72, Abb. 96;
Kat. Berlin-Regensburg 1988, 23;
PFEIFFER 1988 (mit Abb.).

H.W.

11.13

**Burgfriedenssäule der
Stadt Regensburg**

Säule wohl Anfang 17. Jh.
Fundament Sandstein; 58 × 120 × 70 cm
Säule Kalkstein; 165 × 32 × 32 cm
Leihgabe der Bischöflichen Administration

Die Säule ist seitlich in einen wiederverwendeten Fundamentstein eingelassen, der ursprünglich aufrecht stand. Ihre Seiten zeigen das Wappen der Stadt Regensburg und das des Reiches, auf der Gegenseite den bayerischen Rautenschild. Der dachförmige obere Abschluß ist einseitig abgeflacht. Die Säule muß vor 1623 entstanden sein, da sie noch das herzoglich bayerische Wappen trägt.

Nach der Vereinbarung des Jahres 1496 mußten die Burgfriedenssäulen auf der einen Seite das regensburgische und das Reichswappen, auf der andern den bayerischen Rautenschild tragen. Bis etwa 1500 waren alle Säulen gesetzt. Sie hatten meist die Form eines Kreuzes. Im Lauf der Zeit wurden diese Steinkreuze durch Grenzsäulen ersetzt, deren oberer Abschluß die Form eines Walm- oder Satteldachs hat. Der Chronist Gumpelzhaimer berichtet, daß nach einem Vergleich der Stadt mit Bayern über den Burgfrieden, der am 14. September 1611 stattfand, *„überall neue Marksteine"* gesetzt wurden (GUMPELZHAIMER II, 1047). Von den ursprünglich 21 Steinen sind heute nur noch elf, teilweise stark verwittert, im Gelände erhalten, die Fragmente von zwei weiteren im Museum deponiert.

Die Säule Nr. 7 bezeichnet den südlichsten Punkt der Stadtgrenze und steht nahe der alten Augsburger Straße, etwa 15 m südlich der Kirche St. Joseph. In den Burgfriedensplänen wird der Standort als oberhalb dem Degelberg, auf dem Burgerberg oder Vogelberg bezeichnet. Die benachbarte Bebauung stammt erst aus dem 20. Jahrhundert, so daß die Säule ursprünglich im freien Feld stand. Eine detaillierte Darstellung der Burgfriedenssäulen aus dem 16. Jahrhundert zeigt, daß auch an der Stelle dieser Säule zuerst ein Kreuz gestanden hatte (BayHStA, Plansammlung 2883).

Am ursprünglichen Standort wurde die Säule durch eine Kopie ersetzt.

Lit.: BECKER 1995 (mit Lit.)

P.G.-B.

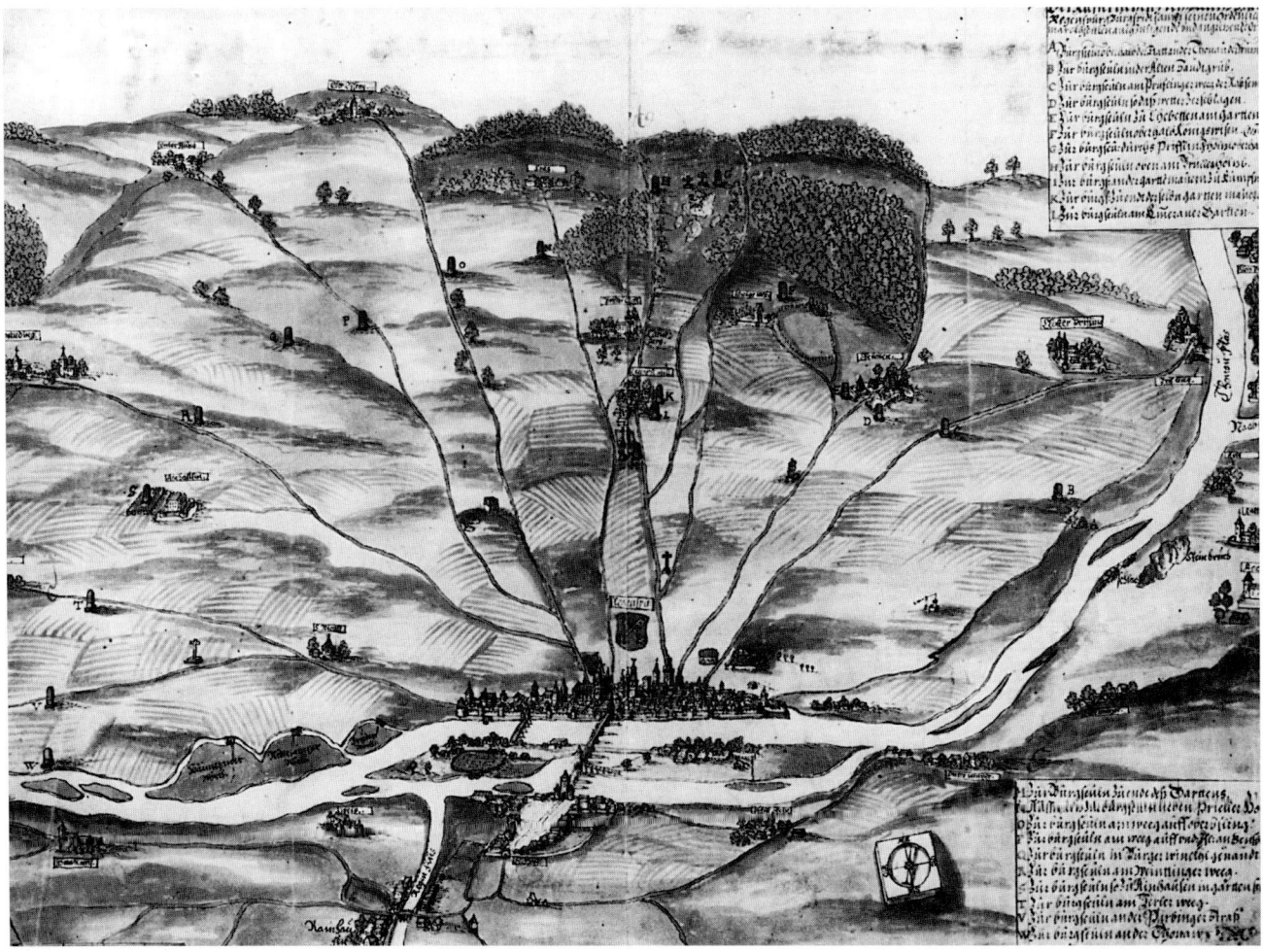

11.14

Plan des Burgfriedens der Stadt Regensburg

Regensburg, Anfang 17. Jh.
Federzeichnung auf Pergament, aquarelliert; 30,5 × 41 cm
Titel: „*Der Kaiserlichen Frey: Reichs Statt / Regenspurg Burgfridt sambt seinen ordentliche(n) Marckhseulen auch inligende(n) und angrentzende(n) Orten.*"
Schrift der Rückseite: „*Franz ... Graf*" (wohl 18. Jh.)
G 1980/325.51

Der Plan zeigt die Stadt Regensburg von Norden gesehen mit ihrem Umland. Die Grenzen des Stadtgebietes sind durch Burgfriedenssäulen markiert. Die Numerierung der Säulen beginnt im Westen der Stadt mit dem sogenannten Wuzelstein, einem Felsen nahe der Donau gegenüber dem Ort Kneiting, und endet mit der östlichsten Säule gegenüber dem Ort Schwabelweis. Die Legende beschreibt die Lage der einzelnen Säulen. Trotz des großen Maßstabs sind die topographischen Details von großer Genauigkeit: so ist die Stadtansicht noch ohne die Befestigungen des Dreißigjährigen Krieges dargestellt.

Als die Stadt Regensburg 1492, nach einigen Jahren der Herrschaft des bayerischen Herzogs, auf Intervention des Kaisers wieder ihre Reichsfreiheit zurückerlangte, wurde der Verlauf der Stadtgrenze neu festgelegt. In den folgenden Jahren wurden entlang der Grenze insgesamt 21 Marksäulen gesetzt. Der Burgfrieden der Stadt wurde immer wieder gezeichnet, Korrekturen im Grenzverlauf eingetragen und notariell beglaubigte Kopien dieses wichtigen Dokuments erstellt.

Bei dem hier gezeigten Plan dürfte es sich um die früheste maßstäbliche Aufnahme des Burgfriedens handeln, wie auf einer aus derselben Hand stammenden Version vermerkt ist: „*nach dem bey gezeichneten Regenspurgischen Werckhschuch abgerissen*" (BayHStA, Plansammlung 2878). Fast unverändert wurde der Plan noch 1765 von Jacob Sebastian Püchler kopiert (BAUER, 855, Nr. 10). P.G.-B.

12. Wirtschaft

Regensburg war im hohen Mittelalter eine bedeutende Fernhandelsstadt zwischen Venedig, Mailand, Prag und Kiew. Die Voraussetzungen zu dieser günstigen Entwicklung sind zum einen in der markanten Lage der Stadt am nördlichsten Punkt der Donau zu sehen. Zum anderen war Regensburg seit dem 7. Jahrhundert das politische und kirchliche Zentrum Bayerns, unter König Ludwig dem Deutschen († 876) auch Hauptstadt des ostfränkischen Reiches. Ludwigs aktive Ostpolitik förderte die Handelsverbindungen nach Böhmen und Mähren erheblich. Bald bestanden selbst mit Kiew, Nowgorod und Byzanz rege wirtschaftliche Kontakte.

Den Handel mit Italien, vor allem mit Venedig, organisierten bis gegen 1200 italienische Kaufleute. Sie hatten ihre Niederlassungen in der Wahlenstraße. Ab dem 12. Jahrhundert wurde der Venedighandel die wichtigste Quelle für den Regensburger Reichtum. Im Fondaco dei Tedeschi, der Niederlassung der deutschen Kaufleute in Venedig, führten die Regensburger den Vorsitz, ehe sie Ende des 15. Jahrhunderts von den Nürnbergern verdrängt wurden. Auch mit Nordfrankreich, Köln und Flandern blühte das Import-Export-Geschäft.

So groß im mittelalterlichen Regensburg die Bedeutung des Handels war, so gering war die des Handwerks. Während das reiche Kaufmannspatriziat Einfluß auf die Politik im Regensburger Rat nahm, gelang dies den Zünften kaum. Die untergeordnete Rolle städtischer Handwerksproduktion führte dazu, daß die Verlagerung der europäischen Handelsrouten im ausgehenden Mittelalter Regensburg besonders schwer treffen mußte. An seine Stelle traten nun Nürnberg, Augsburg, Ulm und andere Städte.   E.T.

Einen speziellen Aspekt der mittelalterlichen Regensburger Wirtschaft stellt die Münzprägung dar. Erstmals ließ der karolingische Kaiser Ludwig der Fromme um 830 Pfennige in Regensburg prägen. Eine kontinuierliche Münzprägung setzte am Ende des 9. Jahrhunderts ein und dauerte bis 1409 an.

In diesem Zeitraum setzte sich der Gebrauch des Geldes in Bayern durch. Zunächst diente es nur für größere Geschäfte; für kleine tägliche Einkäufe war der Wert des Pfennigs zu hoch. Im 14. und 15. Jahrhundert war das Geld bereits bei jedermann in Verwendung.

Im 9. und frühen 10. Jahrhundert lag das Münzrecht in Regensburg beim König bzw. Kaiser. Dann löste ihn der bayerische Herzog ab. In der ersten Hälfte des 11. Jahrhunderts ließen König und Herzog gleichzeitig prägen, in der zweiten Hälfte des Jahrhunderts König und Bischof. Von etwa 1100 bis 1409 besaßen Herzog und Bischof gemeinsam die Regensburger Münzstätte.

Als Nennwerte wurden nur ganze und halbe Pfennige aus Silber geprägt. Das Gewicht der Pfennige sank von anfangs 1,6 Gramm auf zuletzt 0,75 Gramm; sie wurden in den Zähleinheiten Schilling (= 30 Pfennige) und Pfund (= 240 Pfennige) gerechnet. Als Großgeld dienten ausländische Goldmünzen oder Edelmetallbarren.

Nach einem Ruhen der Münzprägung ab 1409 setzte die neuzeitliche Münzprägung in Regensburg 1510 im Namen der Stadt und 1523 im Namen des Hochstifts ein. Geprägt wurde nun ein breites Nominalsystem von Gold- und Silbermünzen vom Goldgulden bis zum Heller. Seine Münzen waren für große wie für kleine Geschäfte geeignet.   H.E.

12.1

Münzreihe

(Alle außer Nr. 28–30: Münzstätte Regensburg)

12.1.1

Kaiser Ludwig der Fromme (814–840)
Pfennig um 830
Vs.: Kreuz, Umschrift: *HLVDOVVICVS IMP*; Rs.: In drei Zeilen: *REGA/NESB/VRG*. HAHN 1. (Vs. Orig., Rs. Galvano)

12.1.2

Bayern, Herzog Heinrich I. der Zänker (948–955) oder Heinrich II. (955–976)
Pfennig (948–967). HAHN 10 m 2 und 10 m 7. (Vs. und Rs. Orig.)

12.1.3

Pfalzgraf Arnulf († 954)
Obol = 1/2 Pfennig. HAHN 14 a 1. (Vs. Orig., Rs. Galvano)

12.1.4

Bayern, Herzog Otto I. (976–982)
Pfennig. Vs.: Kreuz mit Kugeln, Umschrift: *OTTO DVX*; Rs.: Letternkirche mit Münzmeistername *ELLN* (bzw. *ECC*), Umschrift: *REGINA CIVITAS* (etwas entstellt). HAHN 17 c 1 und 17 d 1 (Vs. und Rs. Orig.)

12.1.5

König Heinrich II. (1002–1014)
Pfennig (1002–1009?). HAHN 27 c 1. (Vs. und Rs. Orig.)

12.1.6

König/Kaiser Heinrich II. (1002/1014–1024)
Pfennig (1009–1017?). Vs.: Büste des Königs im Profil nach rechts, daneben Königstitel: *HEINRICVS REX*; Rs.: Kreuz, in den Winkeln Ringel, Keil und zweimal drei Kugeln; rückläufige Umschrift: *INCISVECCHO* (entstellt aus: *Regina civitas* und Münzmeistername *ECCHO*). HAHN 29 b 3 (Vs. und Rs. Orig.)

12.1.7

Bayern, Herzog Heinrich V. (2. Regierung, 1018–1026)
Pfennig. Hahn 31 e 1 und 31 f 1. (Vs. und Rs. Orig.)

12.1.8

König Heinrich III. (1039–1046)
Pfennig. HAHN 44. (Vs. und Rs. Orig.)

12.1.9

Herzoglicher Pfennig, um 1120–1130. EMMERIG 55. (Vs.)

12.1.10

Bischöflicher Pfennig, um 1120–1130. EMMERIG 57. (Vs.)

12.1.11

Bischöflicher Pfennig, 1. Hälfte des 12. Jahrhunderts. Vs.: Brustbild eines Bischofs frontal, die Rechte den Krummstab schulternd, die Linke ein Buch haltend, im Feld zwei Sterne, unverständliche Umschrift; Rs.: Mauerring mit Tor und drei Türmen mit Spitzdach, links im Feld ein Kreuz, Trugschrift. EMMERIG 34. (Rs.?)

12.1.12

Königlicher Pfennig? Um 1130–1140. EMMERIG 65. (Vs.)

12.1.13

Herzoglicher Pfennig, um 1130–1140. EMMERIG 71. (Vs.)

12.1.14

Herzoglicher oder bischöflicher Pfennig, um 1130–1140. EMMERIG 62 a+g. (Vs.)

12.1.15

Bischöflicher Pfennig, um 1160–1170. EMMERIG 105. (Rs.)

12.1.16

Bischöflicher Pfennig, um 1210, sog. Brückenpfennig. EMMERIG 168 und 170. (Vs. und Rs. Orig.)

12.1.17

Bischöflicher Pfennig, um 1210–1220. EMMERIG 183. (Vs. und Rs. Orig.)

12.1.18

Herzoglicher Pfennig, um 1220. EMMERIG 200 b (Vs. und Rs. Orig.)

12.1.19

Herzoglicher Pfennig, um 1220. EMMERIG 202 b+c und 202 b+d (Vs. und Rs. Orig.)

12.1.20

Herzoglicher Pfennig, um 1230–1240. Vs.: Löwe mit Adlerkopf läuft nach links; Rs.: Sitzender Kaiser (?) mit Fahne und Vogel. EMMERIG 223 a u. b (Vs. und Rs. Orig.)

12.1.21

Bischöflicher Pfennig, um 1230–1240. Vs. Adler mit ausgebreiteten Flügeln, statt des Kopfes ein Kreuz; Rs.: Sitzender Kaiser (?) mit Fahne und Vogel. EMMERIG 224 a. (Vs. und Rs. Orig.)

12.1.22

Herzog Heinrich XIII. (1253–1290). Pfennig, um 1270–1290. EMMERIG 238. (Vs. und Rs. Orig.)

12.1.23

Bischöflicher Pfennig, um 1270–1290. EMMERIG 239. (Vs. und Rs. Orig.)

12.2.24

Herzoglicher Pfennig, 1315–1374 (oder länger?), sog. HO-Pfennig. EMMERIG 246. (Vs. und Rs. Orig.)

12.1.25

Bischöflicher Pfennig, 1315–1374 (oder länger?). EMMERIG 248. (Vs. und Rs. Orig.)

12.1.26

Herzoglicher Pfennig, 1392–1409. Vs.: Brustbild des Herzogs mit Schwert und Fahne; Rs.: Wappenschild mit zwei gekreuzten Schlüsseln in Dreipaß. EMMERIG 249. (Vs. und Rs. Orig.)

12. Wirtschaft

| 12.1.9 | 12.1.10 | 12.1.16 | 12.1.17 | 12.1.18 | 12.1.19 |

| 12.1.20 | 12.2.22 | 12.1.24 | 12.1.25 | 12.1.26 | 12.1.27 |

12.1.27
Bischöflicher Pfennig, 1392–1409.
Vs.: Brustbild des Bischofs mit Mitra und Krummstab; Rs.: Wappenschild mit zwei gekreuzten Schlüsseln in Dreipaß. EMMERIG 250. (Vs. und Rs. Orig.)

12.1.28
Böhmen, König Wenzel III. (1378–1418), Prager Groschen, mit Gegenstempel der Stadt Regensburg auf der Löwenseite.

12.1.29
Prager Groschen wie vorher, mit Gegenstempel der Stadt Regensburg auf der Kronenseite.

12.1.30
Prager Groschen wie vorher, mit Gegenstempel der Stadt Amberg.

12.1.31
Stadt Regensburg. Goldgulden 1512. BEKKENBAUER 103 u. 104. (Vs. und Rs. Orig.)

12.1.32
Stadt Regensburg. 10 Kreuzer 1528. BECKENBAUER 1102. (Wappenseite)

12.1.33
Stadt Regensburg. 4 Kreuzer = Batzen 1523. BECKENBAUER 1208. (Hl. Wolfgang)

12.1.34
Stadt Regensburg. 2 Kreuzer = Halbbatzen 1512. BECKENBAUER 1304. (Hl. Wolfgang)

12.1.35
Stadt Regensburg. Regensburger Pfennig 1509. BECKENBAUER 1402.

12.1.36
Stadt Regensburg. Heller ohne Jahr. BECKENBAUER 1502. (Wappen)

12.1.37
Hochstift Regensburg, Administrator Johann III. (1507–1538). 10 Kreuzer 1527. (Wappenseite)

12.1.38
Hochstift Regensburg, Administrator Johann III. (1507–1538). 4 Kreuzer = Batzen 1523. (Hl. Petrus)

12.1.39
Hochstift Regensburg, Administrator Johann III. (1507–1538). 2 Kreuzer = Halbbatzen 1525. (Hl. Petrus)

12.1.40

Hochstift Regensburg, Administrator Johann III. (1507–1538). Regensburger Pfennig 1525. (Buchstabe I)

12.1.41

Hochstift Regensburg, Administrator Johann III. (1507–1538). Heller ohne Jahreszahl. (Wappenseite)

H.E.

12.2

Der Münzfund von Barbing

Verborgen 2. Hälfte 14. Jh.,
entdeckt 1926
Hauptteil des Fundes
a. Regensburger Pfennige, ca. 1315–1374.
EMMERIG Nr. 246 u. 248
Silber; Dm. ca. 18 mm, Durchschnittsgewicht ca. 0,79 g
Im Fund ca. 820 herzogliche und ca. 950 bischöfliche Pfennige enthalten
b. Amberger Pfennige, Ruprecht I. und Ruprecht II. (1353–1390), geprägt ab 1366. STEINHILBER, Nr. 137; GÖTZ, Nr. 10
Silber; Dm. ca. 17 mm, Durchschnittsgewicht ca. 0,65 g
Im Fund ca. 400 enthalten
(Ohne Abb.)

Der Landwirt Martin Binzer jun. (1899–1985) fand am 12. Oktober 1926 in Barbing (Lkr. Regensburg) vor seinem Haus in der Kirchstraße ein Tongefäß, das 2175 Münzen enthielt. Der Fund kam zur Bearbeitung in die Staatliche Münzsammlung in München, die daraus 120 Münzen erwarb; der Hauptteil des Fundes wurde für die Sammlung des Historischen Vereins in Regensburg erworben. Vom Fundgefäß scheint nichts erhalten zu sein. Das Haus Martin Binzers wurde 1966 abgebrochen.

Der Fund enthielt etwa 1775 Pfennige der Münzstätte Regensburg und etwa 400 sog. Pfennige Regensburger Schlages aus der Münzstätte Amberg (für Oberpfalz). Eingestreut waren außerdem zwei Pfennige gleichen Typs aus der neuböhmischen Münzstätte Lauf, geprägt unter Karl IV., und ein Salzburger Pfennig. Die Regensburger Pfennige waren fast ausschließlich vom Typ der herzoglichen HO-Pfennige und ihres bischöflichen Gegenstücks, geprägt zwischen etwa 1315 und 1374; die Amberger Pfennige des gleichen Typs mit den Buchstaben *R* und *A* für Pfalzgraf Ruprecht und die Münzstätte Amberg wurden ab 1366 geprägt. Da die ab 1392 geprägten Regensburger Schlüsselpfennige noch nicht im Fund enthalten sind, ist dieser nach 1366 und vor 1392 verborgen worden.

Der Fund von Barbing zeigt den Kleingeldumlauf in der Regensburger Gegend in der 2. Hälfte des 14. Jahrhunderts. Er belegt, welch große Rolle die Nachahmungen der Regensburger Pfennige – neben diesen selbst – nahe Regensburg spielten. Gleichzeitige Prägungen anderer bayerischer Münzstätten wie Landshut, Ingolstadt oder München waren in ihm nicht enthalten.

Um 1380 entsprach der Barbinger Fund in Goldmünzen etwa einem Betrag von 34 Goldgulden. Der Handlungsdiener der Runtinger, Ulrich Fürtter, wohl ein sehr qualifizierter Mitarbeiter, erhielt als Lohn 20 Gulden im halben Jahr.

Lit.: BUCHENAU 1927; EMMERIG 1993, 291, Nr. 195 (mit weiterer Lit.)

H.E.

12.3

Ein Regensburger Goldguldenfund

Verborgen um 1445, entdeckt 1936
47 Goldgulden
Dm. ca. 23 mm, Gewicht ca. 3,5 g
(Ohne Abb.)

Beim Abbruch des Hauses Obere Bachgasse 24 (Lit. C 133) wurde 1936 ein Fund von 47 Goldgulden gemacht, die in einer Wand im ersten Stock in einem Lederbeutel eingemauert waren. Nach einer Bestimmung der Münzen in der Staatlichen Münzsammlung in München erwarb die Stadt Regensburg den Fund vom Besitzer, der Evangelischen Wohltätigkeitsstiftung.

Die 47 Goldgulden des frühen 15. Jahrhunderts entstammen verschiedenen Regionen und Münzstätten. Die stärkste Gruppe stellen die Goldgulden des Kurrheinischen Münzvereins, der mit seinen Mitgliedern Köln (15), Mainz (5), Trier (6), Kurpfalz (5) und Jülich (1), insgesamt also mit 32 Gulden, vertreten ist. 12 Goldgulden entstammen den Münzstätten des Reiches Basel (2), Frankfurt am Main (6) und Nürnberg (4). Drei Einzelstücke schließlich kommen aus der Stadt Nürnberg, dem Hochstift Utrecht und dem Königreich Ungarn. Schlußjahr des Fundes ist das Jahr 1444, kurz darauf wird er in der Wand versteckt worden sein. Damit stammt er aus der Zeit der Erbauung dieses Hauses, das als Bruderhaus im Jahr 1445 von Hans Kastenmayer gestiftet wurde.

Der Goldgulden stellte die oberste Ebene des spätmittelalterlichen Geldumlaufs in Bayern dar, der von auswärtigen Goldmünzen beherrscht war. Im 14. Jahrhundert waren das Goldgulden aus Böhmen und Ungarn; im 15. Jahrhundert lösten sie die Gulden des Rheinischen Münzvereins ab – eine Phase, die dieser Fund dokumentiert.

Die 47 Goldgulden entsprachen nach den Dombaurechnungen von 1459 in Silbermünze einem Betrag von 42 Pfund 2 Schilling und 12 Pfennig. Ein Meister in den Steinbrüchen bei Bad Abbach mit einem Tageslohn von 6 Pfennig konnte damit 1692 Tage lang bezahlt werden.

Quelle: Fundakten in der Staatlichen Münzsammlung München.

H.E.

12.4

Ein mittelalterlicher Silberbarren aus Regensburg

Runder flacher Gußkuchen
Silber; Dm. 14 cm, größte Dicke 2 cm, Gewicht 1925 g
Kopie nach dem Original im Münzkabinett der Staatlichen Museen – Preußischer Kulturbesitz, Berlin
(Ohne Abb.)

Im Gasthaus zur Roten Lilie in Regensburg, Roter-Lilien-Winkel 2 (Lit. C 153), wurde im Jahr 1898 ein Schatzfund gemacht; Anlaß war wohl der Abbruch oder ein Umbau des Gebäudes. Nach der Auffindung kam es zu Streitigkeiten über den Fund; die Staatsanwaltschaft händigte ihn nach einer Untersuchung dem Besitzer des Hauses, dem Gastwirt Clemens Fischer aus.

12. Wirtschaft

Der Fund enthielt einen Silberbarren und 2004 (oder mehr?) Münzen von drei Sorten; das Berliner Münzkabinett erwarb von Fischer den Barren und je ein Stück der drei Münzsorten (Acc. 102–105/1899). Der Verbleib der anderen Münzen ist unbekannt.

Die Münzsorten erlauben eine Datierung: Es waren 1981 böhmische Groschen König Johanns (1310–1346), 14 französische Tournosgroschen König Philipps VI. (1327–1350) und 9 ungarische Groschen von Karl Robert (1308–1342). Somit dürfte der Fund im 2. Viertel des 14. Jahrhunderts verborgen worden sein.

Edelmetallbarren waren im Mittelalter als Großgeld in Verwendung; sie sind nur in geringer Zahl erhalten. Der flache Regensburger Gußkuchen ist eines der wenigen süddeutschen Beispiele. Groschenmünzen stellten im 14. Jahrhundert die mittlere Geldstufe zwischen dem einheimischen Pfenniggeld und den Goldmünzen dar. Da solche Stücke in Bayern nicht geprägt wurden, liefen fremde Groschen um. Der Regensburger Fund ist dafür ein früher Beleg.

Die 2004 Groschen entsprachen etwa 8000 Regensburger Pfennigen oder 33,4 Pfund Regensburger Pfennige; in Goldmünzen waren sie etwa 125 Florenen, Goldgulden aus Florenz, wert. Mit gesamt etwa 8,7 kg Feinsilber stellte dieser Fund einen beträchtlichen Wert dar. Der Betrag reichte für die Anschaffung von etwa drei bis acht Pferden, je nach deren Qualität.

Lit.: MENADIER/DRESSEL 1899, Sp. LIX; N. BAUER 1929, 99f.; LOEHR 1931, 106 – Für Auskünfte aus den Erwerbungsakten und Accessionskatalogen des Berliner Münzkabinetts danke ich Herrn Prof. Dr. Bernd Kluge.

H.E.

12.5

12.5

Das Runtingerbuch

Regensburg, 1383–1407
Papier, Umschlag Schweinsleder;
aufgeschlagen 30 × 21 cm
558 S.
StAR

Das Geschäftsbuch der Regensburger Kaufmannsfamilie Runtinger enthält auf 416 eng beschriebenen Seiten Eintragungen über Lohnzahlungen, Geldgeschäfte, Ein- und Verkäufe, Handelsrouten, Zölle usw. Im Laufe seiner Verwendung wurde der Titel von *rechenpuch* in *chaufmanschaft und wechselpuch* geändert.

Das Runtingerbuch gehört zu den inhaltlich reichsten deutschen Kaufmannsbüchern des Mittelalters und gibt interessante kulturhistorische Einblicke, etwa zur Geschichte des Venedigwarenhandels mit Prag, wo die Runtinger eine Filiale besaßen. Ihren Sitz in Regensburg hatten sie in dem auf das frühe 13. Jahrhundert zurückgehenden Anwesen Keplerstraße 1.

Lit.: EBNER 1893; BASTIAN 1944/45; EIKENBERG 1976; KRAUS/PFEIFFER 1986, Nr. 141f.

E.T.

13. Handwerk und Zünfte

Die frühesten Erwähnungen von einzelnen Gewerben finden sich in Regensburg im 11. Jahrhundert u.a. in den Urkundenbüchern des Klosters St. Emmeram.

Die Organisation der Gewerbetreibenden in Zünften wird in Regensburg um die Mitte des 13. Jahrhunderts urkundlich nachweisbar. Für die Frühzeit des Zunftwesens besonders aufschlußreich sind Nachrichten über das Weberhandwerk vom 12. bis zum 14. Jahrhundert: Hier wurden bereits einzelne Bereiche der Tuchherstellung von verschiedenen Gewerben betrieben, so dem Weber, Scherer, Schwarzfärber, Blaufärber, Wollschläger und Wollwirker. Aus einer Verordnung des Jahres 1259 zur Tuchherstellung ist diese weit fortgeschrittene Spezialisierung zu ersehen.

Beim „Handwerk" – in Regensburg wurden die Zünfte im Mittelalter im allgemeinen so bezeichnet – handelte es sich um den Zusammenschluß der einzelnen Mitglieder eines Gewerbes. Handwerksordnungen, die die gewerbliche Tätigkeit innerhalb der Zünfte regeln, sind in Regensburg seit der Mitte des 14. Jahrhunderts erhalten, in größerer Zahl dann aus dem 15. und dem frühen 16. Jahrhundert. In diesen Ordnungen sind neben den Aufnahmebedingungen zum Meister u.a. die Qualitätsanforderungen an die Produkte sowie die Abgrenzung gegen andere Gewerbe formuliert. Dabei war es durchaus möglich, daß sich unterschiedliche Berufe zu einer Zunft vereinigten: so erhielten in Regensburg die Schmiede und Wagner 1514 eine gemeinsame Ordnung.

Auch wenn im Mittelalter kein allgemeiner Zunftzwang bestand, so war die Zugehörigkeit zu einem „Handwerk" für den einzelnen Gewerbetreibenden sehr wichtig, um in den Genuß der vertraglich gesicherten Rechte zu kommen und sich der Unterstützung durch den Verband zu versichern.

Die Handwerker-„Bruderschaft" dagegen wirkte meist weit über das Handwerk hinaus auf das tägliche und auf das religiöse Leben der Mitglieder ein. In der Ordnung einer Bruderschaft konnte z. B. die Pflicht zur Teilnahme an gemeinschaftlichen Gottesdiensten festgehalten sein, die Betreuung der eigenen Bruderschaftskapelle sowie die Organisation von Begräbnissen verstorbener Mitglieder. Längst nicht alle Zünfte bildeten eine eigene Bruderschaft, häufig schlossen sich ganz verschiedene Handwerke zu einer Bruderschaft zusammen.

Im Gegensatz zu einer Stadt wie Köln, in der die Zünfte am Stadtregiment beteiligt waren, gelang dies in Regensburg den Handwerkern bis zur Mitte des 14. Jahrhunderts nur in Einzelfällen. Erst in der Folge des sogenannten Aueraufstands der Jahre 1330–34, an dem die Handwerker beteiligt waren, wurde erreicht, daß ein Rat von 52 Meistern, der sich aus den Zunftvorstehern zusammensetzte, künftig an den großen Beschlüssen der Gemeinde mitwirken konnte.

Die Verschlechterung der wirtschaftlichen Situation in Regensburg gegen Ende des 15. Jahrhunderts brachte politische Unruhen mit sich, an denen die Handwerker maßgeblich beteiligt waren. Der Aufstand des Jahres 1513 wurde niedergeschlagen und die Anführer drakonisch bestraft. Im Jahr 1514 erließ eine kaiserliche Kommission für alle Zünfte einheitliche neue Ordnungen, die die alten Freiheiten stark einschränkten. Von da an war das Handwerk bzw. die Bruderschaft der Kontrolle durch das Hansgericht der Stadt und damit dem Rat direkt unterstellt. Es wurde Wert darauf gelegt, daß sich das Handwerk nicht ohne Wissen des Kämmerers versammelte und daß ein vom Rat bestelltes Aufsichtsorgan bei den Versammlungen zugegen war. Auch wenn diese Vorschriften in den nächsten Jahren wieder gelockert wurden, so war dies zugleich das Ende der mittelalterlichen Handwerksbruderschaften und der Beginn der neuzeitlichen Zunftorganisation.

P.G.-B.

13. Handwerk und Zünfte

13.1

13.1
Goldschmiedeordnung von 1396

Regensburg
Buchdeckel Buche, mit rotem, geprägtem Leder bezogen, Abdrücke von jetzt fehlenden Zierknöpfen; Pergament, 15 Bll.;
23,5 × 16 cm
AB 312

Die Ordnung gliedert sich in einen ersten Teil, der die Regeln der Bruderschaft enthält, und einen zweiten, der die eigentliche Handwerksordnung umfaßt. Der um 1396 verfaßte Kern der Handschrift beginnt mit einer reich gestalteten Initiale, die den hl. Eligius, den Patron der Goldschmiede, zeigt. Mit einer weiteren, ornamental gestalteten Initiale beginnt der Teil mit den Handwerksregeln. Ein Zusatz aus den Jahren 1431/32 nennt den Namen des Schreibers, Hans Poloner (Johannes Slesita), der zum Dank für seine Arbeit in die Bruderschaft aufgenommen wurde, und berichtet, daß fünf Tage vor dem Fest der Erhebung des hl. Eligius, am 20. Juni 1396 (in der lateinischen Version: 25. Juni), *„wir werchgenossen goltsmid tzu Regenspurg unser pruderschaft angefange(n)"* haben. Dieser Zusatz berichtet auch von den Ereignissen des Jahres 1431: dem Hussitenkrieg sowie einem extrem harten Winter mit einem schweren Eisstoß. Bei dieser Ordnung handelt es sich um die früheste, ausführlichste und am reichsten gestaltete Handschrift einer Bruderschafts- und Handwerksordnung in Regensburg.

Lit.: ANGERER 1987, 72, Anm. 9 (Lit.), Abb. 2; R. SUCKALE in Kat. Regensburg 1987, Nr. 81 (das Datum der Aufzeichnung der Ordnung unzutreffend wiedergegeben), Taf. 151

P.G.-B.

13.2 a

13.2 a–c
Die Meisterstücke der Regensburger Goldschmiede

Die Goldschmiedeordnung von 1396 führt erstmals die drei geforderten Meisterstücke auf: *„Auch sulln wir kayn in uns(er) pruderschaft nemen er hab dan gemacht drew stuck ...Daz erst ist ey(n) werchleicher k e l c h. Daz and(er) ist ey(n) I n s i g e l mit schild und helm ..., Daz dritt, daz er ey(n) e d e l n s t a i n also v (e r) s e t z ..."*, als drittes also die Anfertigung eines Ringes.

a. Kelch

Regensburg, 1448
Bz Regensburg
Silber getrieben und gegossen, vergoldet;
H. 19,2 cm

Auf der Fußunterseite eingeritzt: *fr. ioh(ann)es rath 1.4.4.8 letare/ xlv lot* sowie eine spätere Gewichtsangabe und *No. 13*
Prov.: Aus der Dominikanerkirche
Leihgabe der Kirchenstiftung von St. Oswald

Der Sechspaßfuß des Kelches besitzt eine hohe Zarge mit durchbrochenem Maßwerkfries. Die Flächen des Fußes tragen Fassungen mit Medaillons: zwei Reliefmedaillons mit dem Agnus Dei und einem Christuskopf, einem Medaillon ist ein gegossenes Kruzifix aufgesetzt, zwei weitere sind graviert mit den Halbfiguren der Madonna, des hl. Johannes des Täufers und eines Ordensheiligen mit Buch. Den Nodus gliedern zungenförmige Maßwerkfelder, den runden Zapfen sind Reliefmedaillons aufgesetzt mit den Evangelistensymbolen, einem betenden Engel und einem heiligen Bischof in Segensgestus. Den Boden der Cuppa faßt ein getriebener Blattkelch ein.

Im Gegensatz zu den etwas unbeholfen gravierten Medaillons des Fußes sind die getriebenen figürlichen Darstellungen von ausgewogener Komposition. Sie gehören stilistisch der zweiten Hälfte des 14. Jahrhunderts an und zeigen, daß in den Goldschmiedewerkstätten manche Formen sehr lange Verwendung fanden.

Da der Kelch vermutlich aus der Dominikanerkirche stammt, kann der Heilige in Ordenstracht wohl mit dem Ordensgründer, dem hl. Dominikus, identifiziert werden.

Lit.: M. ANGERER in Kat. Regensburg 1992/93, 258f. (Nr. 47).

b. Siegel des Friedreich Tollinger

Urkunde vom 5. 1. 1405
Abguß; Durchmesser 25 mm
Bayerisches Hauptstaatsarchiv
(Ohne Abb.)

Das Wappen zeigt einen Strauß mit Hufeisen im Schnabel. Die Helmzier besteht aus zwei mit Federn besteckten Büffelhörnern. Friedreich II. Tollinger ist als Siegler von 1385 bis 1409 nachweisbar. Das Ministerialengeschlecht der Tollinger, später Dollinger genannt, ist seit dem 11. Jahrhundert nachweisbar, vom 14. bis zum 16. Jahrhundert in Regensburg.

Das Siegel stellte im Mittelalter ein wichtiges Rechtsdokument dar. So legten auch Ratserlasse der Stadt Regensburg fest, daß die Goldschmiede keinem unmündigen Bürger ein Siegel schneiden durften.

Lit.: URBANEK 1988, 233f.

13.2 c

c. Ring (Liebesring)

Deutschland, 13./14. Jh.
Gold, Saphir
Inschrift: *FRAVE MI / N.ICH PIN DIN.*
KN 1990/47

Der ungeschliffene Stein sitzt in einem sich nach unten zu stark verjüngenden Kasten von unregelmäßig fünfeckiger Grundform. Der schmale, scharfkantige Reif endet in zwei Drachenköpfen, auf der Innenseite vereinigen sich zwei rechte Hände als Sinnbild der Unzertrennlichkeit der Liebenden. Der Reif trägt die Inschrift. Der Ring zählt in seiner filigranen Ausführung und ausgewogenen Form zu den Meisterleistungen gotischer Goldschmiedekunst.

P.G.-B.

13.3

Zunfttruhe der Kramerinnung

Regensburg, 1491
Eiche, eisenbeschlagen;
32 × 59,5 × 37,5 cm
Grün gefaßt
Auf der Unterseite des Deckels eingeschnitzt: *1491*
KN 1995/18
(Ohne Abb.)

Der massive, auf Kugelfüßen stehende Kasten ist mit Eisenbändern beschlagen, die in Spitzblättern enden. Die einzige Zier der Zunftlade bildet das Schloß. Es besitzt eine doppelte Sperrung, die übereinander angeordneten Schlüsselfänge laufen in getriebenen Blättern aus. Der Maßwerkfries als oberer Abschluß der Schloßdecke ist noch in Umrissen erkennbar.

P.G.-B.

13.4

Zunfttruhe der Kürschner

Regensburg, Ende 15. Jh.
Eiche, eisenbeschlagen;
23,5 × 57 × 36,5 cm
Fassung an Innenseite und Beschlägen mennigerot, an Deckel und Außenseite grün
Inschrift im Deckel: *verneurt Im 1595 / Disser Zeitt waren die vier Maister / Sewastian Haine: Veicht Bernhart / Dionnisy Häberl: Hanns Heinisch*
KN 1995/19
(Ohne Abb.)

Der Kasten ist mit unverzierten Eisenbändern beschlagen, an den Seiten sind Tragegriffe angebracht. Die Front zieren drei Schlösser, von denen zwei von derselben Hand stammen, eines etwas feiner gearbeitet ist. Die Schlösser besitzen jeweils eine doppelte Sperrung. Die Schlüsselfänge enden in langen, V-förmig geschlitzten Blättern mit gelappten Rändern.

Das 1585 aufgemalte Zunftwappen zeigt zwei Löwen, die einen Hermelinpelz halten, davor zwei gekreuzte Klingen.

In der Truhe sind zwei Zunftbücher des Kürschnergewerbes ausgestellt: das 1635 begonnene Namensverzeichnis und das 1632 begonnene Rechnungsbuch, gebunden in Fragmente mittelalterlicher Handschriften.

P.G.-B.

13.5

Zunftordnungen des Jahres 1514

Regensburg
Pergament, Einband Buche, geprägtes Leder; 28–29,5 × 20,5–22 cm
Aufschrift des Deckels:
a. *Kuoffer (Küfer) Ordnung 1539*
b. *Poitler (Beutler) und Nestler*
c. *Ordn. der Seyler*
d. *Messersmid Ordnung*
StAR, Pol. II Fasz. 4 K 16 (a), Pol. II Fasz. 2 P 15 (b), Pol. II Fasz. 8 S 8 (c), Pol. II Fasz. 6 M 9 (d)
(Ohne Abb.)

Als Reaktion auf die politischen Unruhen des Jahres 1513 und die Beteiligung der Handwerker am Sturz des Stadtregiments erließen die kaiserlichen Kommissare neue Ordnungen für alle Zünfte, die zwar eine Differenzierung in gewerblichen Belangen erbrachten, die über Jahrhunderte erlangten Freiheiten aber stark einschränkten.

Die Ordnungen sind meist einheitlich gebunden und tragen im Buchdeckel die Namen des Hansgrafen und der Beisitzer des Hansgerichts, des städtischen „Gewerbeaufsichtsamtes". Der Anfang der Ordnung lautet: *„Aus Bevelh der Remischenn Kayserlichenn Mayestat Unnsers allergenadigstenn Herrenn alhere verordent Räte Unnd Comissarienn habenn wir Haubtmann Camrer Und Rate mitsambt denen In der Hanns derr Stat Regenspurg dem Erbernn Hanntwerch der (Khuoffer) von newem dise hernach geschibne Ordnung gesatzt unnd gegeben"* (a). Die traditionelle Handwerkerbruderschaft war von nun an der Kontrolle durch das Hansgericht der Stadt und damit dem Rat direkt unterstellt. Es wurde festgelegt, daß sich das Handwerk nicht ohne Wissen des Kämmerers versammeln dürfe und daß ein vom Rat bestelltes Aufsichtsorgan bei den Versammlungen zugegen sein müsse. Die Zunftordnungen von 1514 bedeuten zugleich das Ende der mittelalterlichen Handwerksbruderschaften und den Beginn der neuzeitlichen Zunftorganisation.

Lit.: HAUPTMANN 1952

P.G.-B.

13.6

Zwei Tafeln vom Altar der Regensburger Goldschmiede

Michael Ostendorfer (?), 1520
a. Der hl. Eligius heilt einen Blinden
b. Heilung einer Frau durch das Öl am Grab des hl. Eligius
Mischtechnik auf Nadelholz,
je 72 × 53 cm
Bez.: *I*; eine Tafel datiert *1520*
Prov.: St. Rupert bei St. Emmeram, Galerie des Klosters St. Emmeram, Sammlung Hamminger (Regensburg), Sammlung Löhle (München), 1907 vom Germanischen Nationalmuseum erworben
Leihgabe des Germanischen Nationalmuseums Nürnberg (Gm 320, 324)

13. Handwerk und Zünfte

13.6 a+b

Die acht Tafeln des Altars der Regensburger Goldschmiede, ehemals zwei Flügel eines größeren Altars in St. Rupert, sind im Nachlaß des Emmeramer Fürstabts Steiglehner 1819 unter den Nummern 1439 bis 1442 aufgeführt. Abt Coelestin Vogel erwähnte ihn bereits 1661 in seinem *Mausoleum ... St. Emmerami*: *„In vorbemeltem 1520sten Jahr haben die noch Catholische Goldschmid allhie in unsers Closters Pfarrkirchen ad S. Rupertum einen Altar mahlen und setzen lassen. Ist ein künstliches Gemähl und darff sich gegen allen in der Stadt wohl sehen lassen. Der Meister hat sein Nahmen in folgenden Buchstaben beygesetzt: MO."* Mit diesem Monogramm signierte Michael Ostendorfer, der vermutlich in der Werkstatt Albrecht Altdorfers gelernt hat und über dessen Frühwerk nur sehr wenig bekannt ist, seine Werke.

Es ist das Verdienst Wolfgang Pfeiffers, daß wir nun mit diesem dem hl. Eligius, dem Patron der Goldschmiede, geweihten Altar dem Œuvre Ostendorfers eine bedeutende Bilderfolge hinzufügen können. Obwohl zwei Tafeln nicht mit dem bei Vogel erwähnten Monogramm, sondern mit *I* signiert sind, konnte Pfeiffer überzeugend auf die Darstellung des Schweißtuches der Veronika als Teil der ehemals zugehörigen Predella verweisen. Diese im Museum der Stadt verwahrte Tafel (Leihgabe der Bayerischen Staatsgemäldesammlungen, Inv.-Nr. 10737) ist, wie im *Mausoleum* angegeben, mit *MO* bezeichnet und *1520* datiert.

Lit.: Versteigerungskatalog Helbing, Sammlung Löhle, München 1907, Nr. 79; Kat. Nürnberg 1936, Nr. 318–321; ZIMMERMANN 1932/33, 119 ff.; Kat. München 1938, 686–693; WYNEN 1961, 267, Nr. 1; PFEIFFER 1965, 20f.; Kat. St. Florian 1965, 89, Nr. 206f.; STANGE 1960 II, 92

M.A.

13.7

Produkte des zünftigen Regensburger Handwerks

Im Spätmittelalter entwickelte sich eine immer stärkere Spezialisierung des Handwerks. Welche Produkte ein Handwerker herstellen durfte, war durch die Zunftordnungen genau geregelt, wobei vor allem die Abgrenzung zu verwandten Berufen wichtig war.

Für die Handwerksgeschichte des 15. und frühen 16. Jahrhunderts ist das Hausbuch der Mendel'schen Zwölfbrüderstiftung Nürnberg eine einmalige Quelle. Die Stiftung nahm jeweils zwölf kranke Männer auf, *„getreue, harte Arbeiter, die sich mit ihrer harten Arbeit genährt haben und jetzt arm und krank sind"*. Jedem der Brüder ist in dem Buch eine Miniatur gewidmet, die ihn bei der Arbeit zeigt und somit mittelalterliche Produktionsweise und Produkte exemplarisch darstellt. Es ist daher legitim, die Nürnberger Miniaturen in der Ausstellung auch zur Illustration der mittelalterlichen Handwerke Regensburgs zu verwenden.

Ein Teil der in Regensburg für das 15. Jahrhundert dokumentarisch nachgewiesenen Handwerke ist auch durch Produkte belegbar. Neben wenigen künstlerisch wertvollen Gegenständen, die aufbewahrt und so überliefert wurden, entstammt der Großteil der erhaltenen Gebrauchsgegenstände Bodenfunden. S.H.

13.7.1

13.7.1
Eisenverarbeitung. Der Schlosser

a. Truhenschloß

Um 1500
Eisen; 30 × 28,5 cm
K 1934/18

Die drei Spitzen an der Unterseite der Scheibe und Teile des Schließmechanismus sind zum Schlangenkopf ausgeformt.

b. Schlüssel

14./15. Jh.
Eisen; L. 15,3 cm, Dm. Griff 5,2 cm
K 1931/45a

Der leicht querovale Griff ist mit einer kleinen, kreisförmigen Bekrönung versehen und umschließt ein Andreaskreuz aus schmalen Stegen.

c. Schlüssel

14./15. Jh.
Eisen; L. 18,5 cm, Dm. Griff 6,9 cm
KN 1994/90

Der Schlüssel besitzt einen rautenförmigen Griff. Die seitlichen Spitzen sind zu Knöpfen zusammengedrückt, die obere Spitze endet in einem um 90° gedrehten Ring.

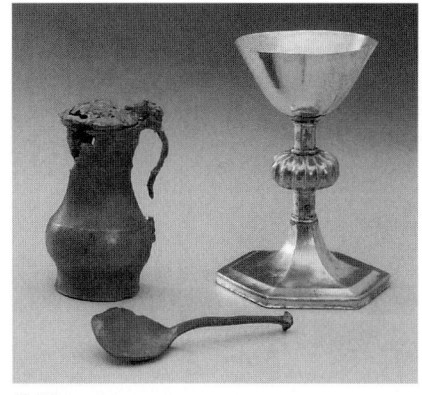

13.7.2

13.7.2
Edel- und Weichmetallverarbeitung: Goldschmied und Zinngießer

a. Deckelkrug

15. Jh.
Zinn; H. 14,5 cm
FO: Regensburg, Onophriuskapelle an der Minoritenkirche
Stark von Zinnpest zerfressen
K 1933/48

Der birnenförmige Deckelkrug mit geschwungenem Bandhenkel wurde möglicherweise als Meßkännchen verwendet.

b. Löffel

15./16. Jh.
Zinn; 14,7 × 5,6 cm
K 1935/130

Der Löffel besitzt eine spitzovale Laffe und einen vierkantigen Stiel, dessen Ende ein wenig verbreitert ist und mit einer paßförmigen Platte abschließt.

c. Kelch

2. Hälfte 15. Jh.
Cuppa Silber, Fuß und Nodus Kupfer, getrieben und vergoldet; H. 13,8 cm
K 1951/39

Der Kelch besitzt einen nur schwach abgetreppten, sechseckigen Fuß, der ein eingraviertes Kreuz trägt. Der gedrückte, vertikal gerifte Nodus wird von glatten, sechseckigen Zwischenringen eingefaßt. Die fast konisch zulaufende Wandung der kleinen Cuppa ist nur leicht gerundet.

Dieses seltene Beispiel eines einfacheren gotischen Kelches zeigt in der Kombination von Kupfer und Silber, daß die Tätigkeit des mittelalterlichen Goldschmieds keineswegs auf die Verarbeitung von Edelmetall beschränkt war. Um kostbares Edelmetall zu sparen, wurden die weniger wichtigen Teile häufig aus Kupfer getrieben und anschließend vergoldet.

Lit.: Kat. Regensburg 1979, Nr.84, Abb. 3

13.7.3
Holzverarbeitung: Böttcher und Drechsler

a. Daubenschüssel

14. Jh.
Nadelholz, Weidenband; H. 10,4 cm, Dm. unten 14,7 cm, Dm. oben 19,7 cm
K 1976/10.4

Der Boden dieser Schüssel ist auffallend hoch in die Wandung eingesetzt.

b. Daubenbecher

14./15. Jh.
Holz, Weidenband; H. 6,5 cm, Dm. unten 7 cm, Dm. oben 11 cm
KN 1995/28

Die Daubengefäße sind Produkte des Küfnergewerbes. Sie wurden meist aus langsam wachsenden Holzarten gefertigt, damit sie auch bei Schwund möglichst dicht blieben.

13.7.3

c. Schale

Regensburg, 13.–15. Jh.
FO: Regensburg, Kreissparkasse
Lindenholz; H. 5,3 cm, Dm. Fuß ca. 6,6 cm, Dm. oben 13,5 cm
1976/10.2

Gedrechselte, flach ausladende Holzschale mit Fuß.

Lit.: HUNDSBICHLER 1984, 211, Abb. 265

13. Handwerk und Zünfte

d. Leuchter

15. Jh.
Buchenholz, Eisen; H. mit Dorn 25,2 cm,
Dm. unten 9 cm, Dm. oben 8,5 cm
K 1966/64

Der gedrechselte Leuchter mit starkem Eisendorn wurde wahrscheinlich als Altarleuchter verwendet.

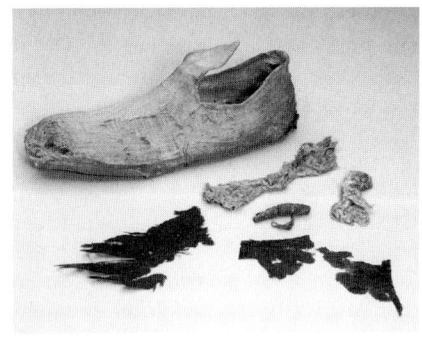

13.7.4

13.7.4
Textilgewerbe

a. Innenschuh

15. Jh.
Leinen; 27 × 8 cm
FO: Regensburg, Altes Rathaus
K 1978/48

Innenschuh aus Leinen mit einer spitzen, langen Zunge. Die obere Kante ist gerollt und angeheftet. Zahlreiche Flicken weisen auf häufige Reparaturen hin.

b. Gewebefragment

14./15. Jh.
Wolle; 12 × 15,5 cm (Köperbindung)
FO: Regensburg, Vor der Grieb
Gewebe Nr. 34

Fragment eines hellbraunen Wollgewebes, gefunden in einer Latrine Vor der Grieb.

c. Gewebefragmente

14./15. Jh.
Seide; 6,5 × 6 cm; 7,5 × 7,5 cm
(Leinwandbindung)
FO: Regensburg, Vor der Grieb
Gewebe Nr. 23

Fragmente eines hellbraunen Seidengewebes mit einfachem Schmuckelement aus je zwei parallel laufenden dickeren Fäden.

d. Seidendöckchen

14./15. Jh.
Seide; 16 × 4,7 cm, 8 × 3,5 cm
FO: Regensburg, Vor der Grieb
1984/603

Die Döckchen aus ungesponnener Seide dokumentieren eine Zwischenstufe bei der Seidenverarbeitung.

e. Seidenspule

14./15. Jh.
B. 5,6 cm; Dm. 0,7–1,3 cm
FO: Regensburg, Vor der Grieb
1984/604

Seidenspule mit stark verklebten Fäden.

13.7.5
**Lederverarbeitung:
Schuster und Flickschuster**

a. Lederschuh

15. Jh.
Leder; 14 × 24 × 10 cm
FO: Regensburg, Altes Rathaus
KN 1969/32

Halbhoher, leicht spitzer Stiefel, vorne mit Schnürverschluß, der noch in Resten zu erkennen ist. Das Oberleder ist aus einem Stück gefertigt und durch eine verdeckte Naht mit der Sohle verbunden. Am oberen Rand und der Verschlußöffnung sind noch Reste einer Ziernaht zu erkennen.

13.7.5

b. Lederschuh

15. Jh.
Leder; 24 × 14 × 10 cm
FO: Regensburg, Altes Rathaus
KN 1969/33

Halbschuh ohne Verschluß mit Resten einer querlaufenden Verzierung auf dem Rist. Das Oberleder ist aus zwei Teilen gefertigt, die seitlich und an der Ferse mit einer Naht verbunden sind. Der Schuh ist an Sohle und Spitze sowie im Fersenbereich mehrfach geflickt.

c. Holztrippen

14./15. Jh.
Holz, Leder; 24,5 × 11,2 × 2 cm,
18 × 9,2 × 4,1 cm
FO: Regensburg, Vor der Grieb
1984/605

Vorderer bzw. hinterer Teil zweier Holztrippen. Beide Stücke zeigen noch Reste der Lederriemen, das hintere Teilstück zudem die typischen Holzblöcke an der Sohle. Man trug die Trippen über den Schuhen, um diese vor Schmutz zu schützen.

13.7.6

13.7.6
Keramikproduktion: Hafner

a. Kochtopf

Prebrunn, Ende 14. Jh.
Ton; H. 10 cm, Dm. Boden 6,5 cm,
Dm. Rand 10,5 cm
K 1936/220 qu

b. Kochtopf

Prebrunn, Ende 14. Jh.
H. 21,5 cm, Dm. Boden 10 cm,
Dm. Rand 19,3 cm
K 1936/220 a

Die Kochtöpfe dienten der Zubereitung von Speisen auf der offenen Feuerstelle. Sie gehörten zur Grundausstattung des Haushalts, da die mittelalterliche Ernährung zu einem großen Teil aus Grützen, Suppen, Mus und Breispeisen bestand. Keramiktöpfe waren billiger als die haltbareren Metalltöpfe, die bei Unbrauchbarkeit meist eingeschmolzen und weiterverarbeitet wurden.

c. Krug

Prebrunn, Ende 14. Jh.
Ton; 18,1 cm, Dm. Boden 9,5 cm,
Dm. Rand 8,1 cm
HV 1295

Der Krug ist an Hals und Bauch mit Linien aus rötlich-brauner Engobe dekoriert.

d. Öllämpchen

Prebrunn, Ende 14. Jh.
Ton; H. 1,8 cm, Dm. Boden 7,5 cm,
Dm. Rand 10,7 cm
KN 1995/33

Zahlreiche Fundstücke dieser Art mit Rußspuren weisen auf die Verwendung als Öllämpchen hin. Die Schale wurde mit Öl gefüllt und der Docht in die Durchbohrung eingeführt. Die leichte Erhebung in der Schalenmitte sorgte für das Zusammenlaufen kleiner Ölmengen.

S.H.

13.8

Irdenware aus Prebrunner Produktion

Aus dem Areal der mittelalterlichen Hafnersiedlung Prebrunn stammt dort produzierte Keramik (Prebrunner Ware) von zwei Fundstellen, an denen hauptsächlich Werkstattbruch zutage kam. Aufgrund von Vergleichen stilistischer, formaler und technologischer Art sowie unter Berücksichtigung der historischen Quellen und der stratigraphischen Abfolge übereinander gelagerter Fundschichten konnte das Material chronologisch näher eingeordnet werden. Die daraus resultierenden ungefähren Datierungen der Prebrunner Bodenfunde beziehen sich auf die Objekte in ihrem Fundzusammenhang, also auf den Zeitpunkt, zu dem die Komplexe in den Boden gelangten. Gleichartige Stücke sind in der Regel allerdings über einen sehr viel längeren Zeitraum hergestellt und benützt worden. Somit geben die Datierungen der Funde aus Prebrunn keine Aussagen hinsichtlich der gesamten Laufzeit der Typen ab.

Allgemeiner gefaßt sind die chronologischen Einordnungen der Keramik aus anderen Regensburger Fundstellen, wenn sie im Rahmen des Ensembles nicht konkret datiert sind. Es versteht sich, daß die hauptsächlich für den Regensburger Markt hergestellte Prebrunner Ware auch von etlichen innerstädtischen Fundpunkten bekannt ist. Darunter finden sich Formen, die zwar im Spektrum der beiden Fundstellen in Prebrunn fehlen, aber sicherlich aus Prebrunner Werkstätten stammen. Schließlich können die zufällig gemachten Funde aus Prebrunn selbst nicht die ganze Bandbreite der dortigen Produktion abdecken, zumal diese der historischen Überlieferung zufolge sogar bis ins 12. Jahrhundert zurückreicht, der in Prebrunn bislang geborgene Fundstoff aber nicht vor das späte 14. Jahrhundert zu datieren ist.

A.B.

13.8.1

Große Schüssel

2. Hälfte 14./15. Jh.
H. 15,7 cm, Dm. Rand 46,3 cm
FO: Regensburg, Vor der Grieb
1984/586

Die als Fragment erhaltene Schüssel gehört einem im Spätmittelalter gängigen weitmundigen Typ an, doch stellt sie eine außergewöhnlich große Vertreterin dieser Form dar.

13.8.2

Topfkacheln

14./15. Jh.
FO: Regensburg, Prebrunn
(Westendstr. 9a) (2 Stück); Schäffnerstr. 1; Neues Rathaus (2 Stück)
H. 13,0 cm, Dm. Rand 17,5 cm
H. 11,5 cm; Dm. Rand 12,6 bzw. 15,0 cm
H. 14,5 cm, Dm. Rand 11,7 cm
H. 5,6 cm, Dm. Rand 12,8 cm
H. 6,0 cm, Dm. Rand 9,1 cm
K 1980/37.74; K 1980/37.230;
K 1935/19 c; K 1936/224 a u. 222 c

Die fünf Topfkacheln zeigen die Variationsbreite dieser spätmittelalterlichen Kachelform. Großen, weitmundigen Exemplaren, wie den beiden Prebrunner Fundstücken – im Bild hinten links und in der Mitte (dieses Stück beim Brennvorgang verzogen) – steht der hohe, schlanke Typ – rechts – von der Schäffnerstraße gegenüber. Ihn kann man auch als Becherkachel bezeichnen. Die beiden flachen Formen vorne rechts und links, die beim Bau des Neuen Rathauses aus dem Boden kamen, repräsentieren tassenförmige bzw. fast schalenartige Varianten. Gefäßförmige Kachelarten sind durchweg an den mehr oder minder stark ausgeprägten Haftrillen kenntlich, mit denen eine sichere Fixierung im Gesamtgefüge des Ofens erreicht werden sollte.

Lit.: ENDRES/LOERS 1981, 36f. mit Abb. 25, 86f., Taf. 9

A.B.

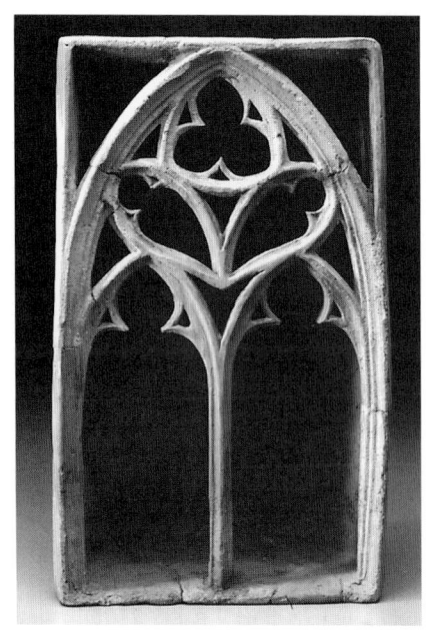

13. Handwerk und Zünfte

13.8.3
Maßwerkkachel

15. Jh.
FO: Regensburg, Runtingerhaus (Keplerstr. 1)
H. 37,2 cm, B. 23,0 cm, T. 13,9 cm
K 1973/9

Die Halbzylinderkachel ist mit einem Spitzbogen samt spätgotischem Maßwerk versehen. Dieses besteht aus zwei Spitzbögen, darüber Fischblasen- und Dreipaßgitter. Gefüge und Machart entsprechen Prebrunner Ware. Da die Herstellung von Ofenkacheln durch Hafner aus Prebrunn historisch überliefert ist, dürften auch solch aufwendige Kacheln am Ort produziert worden sein, zumal Fragmente prunkvoller Exemplare durchaus im Prebrunner Fundmaterial vorkommen. A.B.

13.8.4

13.8.4
Schüsselkacheln

14./1. Hälfte 15. Jh.
FO: Regensburg, Prebrunn (Donauufer)
(2 Stück); Vor der Grieb
Seiten-L. 20,5 cm, T. 7,7 cm;
Seiten-L. 15,6 cm, T. 7,0 cm;
max. Seiten-L. 19,0 cm, T. 11,0 cm
K 1980/38.155 u. 156; 1984/587

Die drei Schüsselkacheln repräsentieren zwei offenbar auch zeitlich zu differenzierende Varianten. Während die Schüsselkachel aus der Grabung „Vor der Grieb" – im Bild rechts – gewölbte Seitenränder besitzt, weisen die beiden Prebrunner Stücke geradlinige Ränder auf, die vor dem Brand mit dem Messer beschnitten wurden. Dieser Typ kommt noch nicht im älteren Prebrunner Fundkomplex des ausgehenden 14. Jahrhunderts vor, so daß man auf eine Ablösung der Kacheln mit gewölbten Rändern durch Kacheln mit beschnittenen Rändern im frühen 15. Jahrhundert schließen kann.

Lit.: ENDRES/LOERS 1981, 50 mit Abb. 42, 68, 92 Nr. 155f., Taf. 21

A.B.

13.8.5 u. 13.8.6

13.8.5
Töpfe aus Prebrunner Fundstellen

Ende 14. und 15. Jh.
FO: Regensburg, Prebrunn (Westendstr. 9a und Donauufer)
H. 34,3 cm, Dm. Rand 23,6 cm
H. 23,2 cm, Dm. Rand 17,0 cm
H. 11,6 cm, Dm. Rand 18,5 cm
H. 18,6 cm, Dm. Rand 14,9 cm
H. 20,7 cm, Dm. Rand 21,5 cm
H. 13,6 cm, Dm. Rand 11,4 cm
H. 13,2 cm, Dm. Rand 10,9 cm
H. 11,7 cm, Dm. Rand 10,1 cm
H. 13,7 cm, Dm. Rand 11,7 cm
K 1980/38.121; K 1980/37.9;
K 1980/38.144; K 1980/38.146;
K 1980/38.140; K 1980/37.129;
K 1980/37.231; K 1980/37.4;
K 1980/38.147

Die Zusammenstellung zeigt die Variationsbreite einfacher Töpfe aus Prebrunner Produktion. Neben den sehr unterschiedlichen Größen und Mündungsdurchmessern sowie den differierenden Randbildungen (Kragen-, Kremp-, Komposit- und Dreiecksrand), Engobebemalungen, Verzierungen (Furchenbänder und vereinzelte gefurchte Wellenlinien) und Tonmagerungen sind vor allem die verschiedenen Färbungen von hellem Weiß und Hellgrau über leichtes Rosa und Gelb bis zu markantem gelblichen Rot auffällig. Sie erklären sich in diesen Fällen nicht durch sekundäre Verfärbung bei Benutzung auf dem Herd. Statt dessen sind hierfür uneinheitliche Brennatmosphären und -temperaturen ausschlaggebend. Kräftiges Graubraun kennzeichnet völlige Fehlbrände mit deutlichen Verfärbungen, Verformungen und Rissen (Topf ganz links).

Lit.: ENDRES/LOERS 1981, 19 mit Abb. 6, 25–28 mit Abb. 13, 43f. mit Abb. 35, 83f. Nr. 4, 9, 17 u. 29, 90f. Nr. 121, 140, 144, 146 u. 147, Taf. 1–3, 29, 16, 19, 20; ENDRES 1995 mit Farbtafel 6

A.B.

13.8.6
Henkeltopf

2. Hälfte 15. Jh.
FO: Regensburg, Prebrunn (Donauufer)
H. 18,8 cm, Dm. Rand 15,3 cm
K 1980/38.130

Der mit einem umlaufenden Engobestreifen verzierte Henkeltopf mit Dreiecksrand (im Bild hinten rechts) unterscheidet sich in der Form nicht von den üblichen Prebrunner Töpfen. Unter den zahlreichen Objekten der beiden Prebrunner Fundkomplexe sind Henkeltöpfe (stets mit randständigem Henkel) vergleichsweise selten.

Lit.: ENDRES/LOERS 1981, 41 mit Abb. 30, 91 Nr. 130, Taf. 18

A.B.

13.8.7
Verschiedenartige Topfdeckel

Ende 14. und 15. Jh.
FO: Regensburg-Prebrunn (Westendstr. 9a und Donauufer) (4 Deckel); Vor der Grieb
Dm. 28,8 cm; Dm. 18,0 cm; Dm. 18,7 cm; H. 8,4 cm, Dm. 16,5 cm; Dm. 11,8 cm
K 1980/37.49; K 1980/37.40; K 1980/38.151; K 1980/38.149; 1984/588

13.8.7

Die Zusammenstellung zeigt in Größe, Form, Griffgestaltung, Farbe und Verzierung differierende Deckel. Der außergewöhnlich große Flachdeckel mit Ösenhenkel im Bildhintergrund weist auf der Oberseite eine flüchtig eingefurchte Verzierung in Form einer konzentrischen Wellenlinie auf. Ihm gegenüberzustellen ist ein kleiner, unverzierter und durch Gebrauch rußgeschwärzter Deckel mit Ösenhenkel aus dem Komplex „Vor der Grieb 3". Ebenfalls der Gruppe der Flachdeckel gehören die Exemplare im Bild links und vorne an, allerdings mit rundem bzw. „Dreispitz"-förmigem Deckelknopf versehen. Als Verzierungen zeigen sie auf der Oberseite konzentrische Ringe, zum einen in Form einer Doppelfurche, zum anderen mittels Druckmulden. Alle Flachdeckel besitzen aufgestellte Ränder. Dagegen ist der Rand des unverzierten Glockendeckels (im Bild rechts) wie ein Kragenrand ausgebildet.

Lit.: ENDRES/LOERS 1981, 43f. mit Abb. 36, 85 Nr. 40 u. 49, 92 Nr. 149 u. 151, Taf. 7 u. 20f.

A.B.

13.8.8
Kannen mit dreieckiger Mündung

Um 1400
FO: Regensburg, Evangelisches Krankenhaus (Latrine 8)

13.8.8 u. 13.8.9

H. 10,6 cm, Dm. max. 11,2 cm
H. 11,0 cm, Dm. max. 9,6 cm
1991/9.204 u. 216

Die beiden kleinen Schenkkannen mit dreieckiger Mündung und randständigem Henkel repräsentieren eine Sonderform, die in Regensburg bisher nur an zwei Fundstellen zutage kam. Gleichwohl stellen sie sehr unterschiedliche Varianten dar. Während das linke Stück die gängige Bauchform mit Furchenbandzier aufweist, ist das rechte Exemplar kräftig tailliert.

Lit.: BUNDSZUS 1994

A.B.

13.8.9
Gießer mit Henkel

14./15. Jh.
FO: Regensburg, wohl Altmannsches Haus
H. 9,8 cm, Dm. Rand 7,8 cm
K 1968/6 b

Das Gießgefäß mit Ausgußrohr und randständigem, seitlich angebrachten Henkel (Bildmitte) stellt eine Variante formal entsprechender, aber henkelloser Gießer geringerer Größe *(Kat. 13.8.10)* dar.

Lit.: PLETZER 1974, 97 Nr. N 12

A.B.

13.8.10
Gießer

Ende 14. und 1. Hälfte 15. Jh.
FO: Regensburg, Prebrunn (Donauufer u. Westendstr. 9a)
K 1979/38.159 u. 38.161; K 1979/37.89
H. 7,1 cm, Dm. Rand 5,3 cm
H. 7,1 cm, Dm. Rand 5,3 cm
H. 7,5 cm, Dm. Rand 4,8 cm

Die drei kleinen Gießgefäße mit Ausgußrohr auf der Schulter und Furchenband im Bauchbereich sind in Form und Größe sehr einheitlich. Die partielle intensive Blaufärbung des linken Stücks ist auf eine unbeabsichtigte Veränderung der Brennatmosphäre (offenbar kurzfristig reduzierender Brand) zurückzuführen.

Die spezielle Datierung ergibt sich aus dem Fundzusammenhang, doch kommt die gleiche Form bereits im 13. Jahrhundert vor.

Lit.: ENDRES/LOERS 1981, 44–47 mit Abb. 38, 88 Nr. 89, 92 Nr. 159 u. 161, Taf. 12 u. 21

A.B.

13.8.10 bis 13.8.12

13. Handwerk und Zünfte

13.8.11
Sparbüchse

Ende 14. Jh.
FO: Regensburg, Prebrunn
(Westendstr. 9a)
H. 5,9 cm, Dm. max. 6,4 cm
1979/37.72

Die kleine, dünnwandige Spardose mit deckelknopfartigem Abschluß ist im Bereich des einstigen Einwurfschlitzes ausgebrochen. Herstellungstechnisch ähneln solche Sparbüchsen geringer Größe, die sich gut zur Aufnahme der dünnen mittelalterlichen Silbermünzen eigneten, den kleinen Gießern *(Kat. 13.8.10)*.

Lit.: ENDRES/LOERS 1981, 35f. mit Abb. 24, 86 Nr. 72, Taf. 9; ENDRES 1995

A.B.

13.8.12
Öllampe

Ende 14. Jh.
FO: Regensburg, Prebrunn
(Westendstr. 9a)
Dm. Rand 13,0 cm
K 1979/37.90.94

Bei dieser im Spätmittelalter gängigen Öllampenform wurde der Docht durch eine Bohrung geführt, die einen dem Schalenrand aufsitzenden Zipfel durchstößt.

Lit.: ENDRES/LOERS 1981, 33 mit Abb. 21, 88 Nr. 93, Taf. 12; ENDRES 1995

A.B.

13.8.13
Bügelkanne

Ende 14. Jh.
FO: Regensburg-Prebrunn (Westendstr. 9a)
H. 39,5 cm, Dm. Rand 11,5 cm
K 1979/38.99

Die große Kanne ist mit einem kurzen Ausgußrohr und einem kräftigen Querbügel mit Trocknungseinschnitten versehen, die eine gleichmäßige Trocknung der an dieser Stelle besonders großen Menge Tons gewährleisten sollten. Bauch- und Schulterzone weisen ein sorgfältig gearbeitetes Furchenband auf.

13.8.13 u. 13.8.14

Dieser Kannentyp, der sich besonders zum Wassertragen eignete, scheint während der 1. Hälfte des 15. Jahrhundert von der „Schnauzenkanne" *(Kat. 13.8.14)* abgelöst worden zu sein. Auf jene Entwicklung weist neben typologischen Tendenzen die Häufigkeit der Bügelkannen im älteren Komplex „Westendstraße" gegenüber ihrem seltenen Auftreten im jüngeren Komplex „Donauufer" zusammen mit einer Reihe von Henkelkannen mit Mündungsschnauze.

Lit.: ENDRES/LOERS 1981, 22 Abb. 7, 30f., 47f. mit Abb. 40, 86 Nr. 99, Taf. 13; ENDRES 1995

A.B.

13.8.14
Kanne

1. Hälfte 15. Jh.
FO: Regensburg, Prebrunn (Donauufer)
H. 35,0 cm, Dm. Rand 12,4 cm
K 1979/38.168

Die hohe Kanne mit randständigem Bandhenkel weist einen Kompositrand mit gezogener Schnauze auf. Die wegen der Mündung als „Schnauzenkanne" bezeichnete Form löst offenbar in der ersten Hälfte des 15. Jahrhunderts die Bügelkanne *(Kat. 13.8.13)* ab, deren Ausgußtülle wesentlich bruchgefährdeter gewesen sein muß.

Lit.: ENDRES/LOERS 1981, 31f. mit Abb. 20, 47 mit Abb. 39, 93 Nr. 168, Taf. 22; ENDRES 1995

A.B.

13.8.15
Kannenfragment

Ende 14. Jh.
FO: Regensburg-Prebrunn (Westendstr. 9a)
H. noch 20,0 cm, Dm. Rand 6,6 cm
K 1979/38.102
(Ohne Abb.)

Die Henkelkanne mit enger Mündung und engobebemalter Halspartie repräsentiert einen zweiten Typ der „Schnauzenkanne". Ihre gegenüber der weitmundigen Variante *(Kat. 13.8.14)* elegantere Formgebung weist sie zusammen mit technischen Feinheiten als Schenkkanne aus *(vgl. Kat. 13.8.19)*. So besitzt dieses Exemplar eine zum Henkelansatz um ca. 120° gedrehte Schnauze, um leichtes Einschenken – etwa aus der Hand der stehenden Kellnerin in den Becher des Gastes am Tisch – zu gewährleisten.

Lit.: ENDRES/LOERS 1981, 31, 89 Nr. 102, Taf. 14; ENDRES 1995

A.B.

13.8.16 u. 13.8.17

13.8.16
Vierpaßbecher

15. Jh.
FO: Regensburg, Vor der Grieb
H. 14,0 cm, Dm. Rand 10,3 cm
H. 11,0 cm, Dm. Rand 9,2 cm
1984/589 u. 590

Die zwei dünnwandigen Becher bzw. Kannen weisen eine wie ein Vierpaß geformte Mündung auf. Sie dürften den vielgestaltigen Schenkgefäßen zuzurechnen sein.

Lit.: LOERS 1996

A.B.

13.8.17
Siebenpaßbecher

15. Jh.
FO: Regensburg, Karmelitenkloster
H. 14,5 cm, Dm. Rand 12,3 cm
HV 1291

Eine besonders ausgefallene Sonderform stellt der Siebenpaßbecher dar. Als Trinkgefäß wegen der schmalen, kräftig geschwungenen Faltung der Mündung denkbar schlecht geeignet, legt er eine Nutzung als Schenkgefäß nahe.

Lit.: PLETZER 1974, 98 Nr. N16

A.B.

13.8.18
Kannen mit ausgezogener Schnauze

15. Jh.
FO: Regensburg, Neupfarrplatz
H. 21,4 cm, Dm. Rand 8,0 cm
H. 18,4 cm, Dm. Rand 10,0 cm
KN 1995/26 u. 27

Die beiden engobeverzierten Henkelkannen mit Schnauzenmündung unterscheiden sich in einigen Details. Während die eleganter geformte Kanne, im Bild links, eine schlankere Gestalt mit geschweifter Mündung und schmalem

13.8.18 bis 13.8.19

Bandhenkel aufweist, besitzt die etwas plumpere Kanne, rechts, einen wulstigen Henkel mit Trocknungseinschnitten.

A.B.

13.8.19
Kanne mit Kleeblattmündung

15. Jh.
FO: Regensburg-Graß
H. 30,5 cm, Dm. Rand 8,6 cm
K 1938/23

Die Schenkkanne weist als Charakteristikum eine kleeblattförmige Mündung auf. In der Halskehlung findet sich Engobebemalung. Formal gehört sie wie das Fragment 13.8.15 zu den Enghalskannen.

Lit.: PLETZER 1974, 101 Nr. W7

A.B.

14. Städtische Wohnkultur

Eine hochmittelalterliche Großstadt wie Regensburg war, verglichen mit dem heute sichtbaren spätmittelalterlichen Bestand, zumindest in den Randbereichen noch nicht so dicht bebaut. Hausnummern waren unbekannt. Stattdessen ermöglichten Familienwappen, Heiligenfiguren oder andere Wahrzeichen eine Identifizierung der Häuser. Oft ging auch der Name des Besitzers auf das Haus über.

Der Wohnbereich innerhalb des Hauses war meist noch nicht nach Funktionen getrennt. Die Unterscheidung in Schlaf-, Wohn-, Koch- und Arbeitsräume wurde erst im Laufe des Mittelalters zu einem Merkmal gehobenen Lebensstils.

Wohnbau und Wohnkultur des wohlhabenden Bürgertums richteten sich nach dem Vorbild des Adels. Dies zeigt sich gerade in Regensburg an den Türmen der Patrizier*burgen*.

Die Häuser der reichen Bürger besaßen häufig einen architektonisch aufwendig gestalteten Saal zu Repräsentationszwecken *(vgl. Kat. 7)* und eine eigene Kapelle. Diese lag meist im Erd- oder ersten Obergeschoß des Turms.

Als rein privater Raumtyp entwickelte sich in den Häusern der Patrizier und des Klerus – ausgehend von Südtiroler Vorbildern – auch nördlich der Alpen ab 1200 die Stube. Dies war der gemütliche Aufenthaltsraum, der (von außen) mit einem Ofen beheizbar war. Aus Gründen der Behaglichkeit war die Stube selbst bei in Stein gebauten vornehmen Häusern durchwegs in Holz gezimmert. In Regensburger Bürgerhäusern sind Stuben ab 1300, in Bauten des Klerus ab 1320 nachgewiesen. Spezielle Weiterentwicklungen der Stube sind die Arbeits- und die Badestube.

Gerade am Beispiel einer Fernhandelsstadt wie Regensburg zeigt sich, daß das Warenangebot im Mittelalter keineswegs beschränkt war. Erlesene, aus fernen Ländern bezogene Gewürze etwa waren durchaus – freilich als Luxusgüter – in Verwendung *(Kat. 14.15)*. Neben dem allgemein üblichen Holzgeschirr gab es in den vornehmen Regensburger Haushalten edle, meist aus Venedig importierte Gläser. Die beliebten Messingbecken *(14.25, 14.26)* und anderes Messinggerät bezog man früher vornehmlich aus Dinant, nach dessen Zerstörung im Jahre 1466 zumeist aus Nürnberg. E.T.

14.1

Seite von einer rechteckigen Blende umgeben, die zum Einsetzen eines Verschlusses diente.

In der Sammlung befinden sich noch drei gleichartige, ebenfalls aus St. Emmeram stammende hölzerne Fensterstöcke.

Lit.: DIEPOLDER 1953, 4; STROBEL 1981, 26, 128 (F 158b)   E.T.

14.2
Zwillingsfenster

Regensburg, 11./12. Jh.
Kalkstein; 77 × 50 × 16 cm
Prov.: 1965 in der Ruine des 1945 zerstörten Hauses Kalmünzergasse 3 („Löwe im Gitter") aufgefunden
K 1965/62

Das aus einem Block gearbeitete Fenster besitzt zwei schlanke rundbogige Öffnungen mit stark abgeschrägtem Außengewände. Der Mittelpfosten ist vorn zu einer Viertelsäule abgearbeitet; dieser dient eine Halbrosette als „Basis", eine ganze, achtblättrige Rosette als „Kapitell".

Da das Fenster in Fußbodenhöhe des zweiten Obergeschosses vermauert war, dürfte es sich um eine Zweitverwendung gehandelt haben. Dafür spricht auch die altertümliche Form des Fensters, die sich mit der Erbauungszeit des Hauses (um 1300) kaum mehr in Einklang bringen läßt.

Lit.: STROBEL 1981, 23, 115 (F 119) (fälschlich Kalmünzergasse 1)   E.T.

14.3
Zwei Werkstücke mit dem Wappen der Zant

Regensburg, 14. Jh.
Grünsandstein; 53,5 × 83 × 16 cm, 54 × 60,8 × 16 cm
Prov.: Anläßlich der Renovierung der Kirche des Katharinenspitals (1858–69) dem Historischen Verein übergeben
HVE 65

Die zwei fragmentierten Werkstücke mit liegenden Wappenschilden der Regensburger Patrizierfamilie Zant sind von floralem Ornament bzw. – am kleineren Fragment – von einem Akolythenengel neben einer Eckfiale begleitet. Die sorgfältig bearbeiteten Rückseiten zeigen einen breiten umlaufenden Rand, einen Mittelpfosten mit Dübellöchern an Ober- und Unterseite und Ausarbeitungen für rechtwinklig ansetzende Anschlußstücke. Da die beiden mit Stand- und Auflageflächen versehenen Platten etwa dieselben Ausmaße aufweisen und das an den Flanken erhaltene Blendmaßwerk auf Anschlußstücken weitergeführt werden sollte, handelt es sich wohl um die Schmalseiten eines kastenartigen Aufbaus. Wappenschilde und vor allem der Akolythenengel sind gebräuchliche Dekorationselemente von Grabtumben.

Ein weiteres Wappen der Zant findet sich an einem Strebepfeiler der westlich an die Kirche des Katharinenspitals angebauten, 1287 von Heinrich Zant gestifteten Allerheiligenkapelle.

14.2

14.1
Rundbogenfenster

Regensburg, 12. Jh.
Eichenholz; 84 × 35 × 10 cm
Zwei eiserne Angeln, eiserner Riegel
Prov.: Aus St. Emmeram
HV 1356a

Das aus einer einzigen Eichenbohle gearbeitete Fenster besitzt eine schmale Rundbogenöffnung. Diese ist auf einer

14.3

14. Städtische Wohnkultur

14.3

Lit.: ZIRNGIBL 1815, 111; WALDERDORFF 1896, 583, Anm. 1; ENDRES 1920, 16, Nr. 65; BUSCH 1932, 101f.; KDB Regensburg III, 133–142; DIRMEIER/MORSBACH 1994, 14–19

M.H.

14.4
Truhe

Salzburg, 3. Viertel 15. Jh.
Corpus Nadelholz, Schnitzereien Linde, Intarsien Laubhölzer (u.a. Mooreiche); 60 × 185,5 × 70 cm
Sockelfront original, aber nicht zum Truhenkasten gehörig, Sockelseiten ergänzt. Brandstempel am Sockel: *Kön(iglich) Bayr...*; auf der Rückseite Aufkleber der italienischen Zollbehörden und der Ausstellung *Pittura Ferrarese del Rinascimento*, Ferrara (1933)
Leihgabe aus Bundesbesitz Nr. 5264

Die Front der Truhe ist in vier große geschnitzte Maßwerkfelder geteilt, die wie die Maßwerkfelder der Schmalseiten in eine profilierte Rahmenkonstruktion eingefügt sind. Die beiden mittleren Füllungen der Front zeigen ein großes, in einen Kreis eingefügtes Lilienmotiv, die übrigen ornamental aufgefaßtes Maßwerk, das an der Front vertikal gegliedert ist, an den Seiten kreisförmig. Die Rahmung der Vorderseite ist mit geometrischen Intarsien überzogen: am mittleren vertikalen Fries sind achteckige Blüten vor dunklem Grund aneinandergereiht, an zwei weiteren ein Muster aus achtzackigen Sternen, seitlich und oben umlaufend ein Fries aus räumlich gesehenen Gebälkstücken, der an den Seiten in die Vertikale gekippt ist. Auch die Griffleiste des Deckels ist intarsiert, die Maßwerkfelder der Seiten faßt ein schmales Intarsienband ein.

Der wohl um die Mitte des 19. Jahrhunderts ergänzte Sockel besitzt eine originale Front, die in der Mitte zusammengesetzt ist. In den Seitenfeldern sind Maßwerkfenster aneinandergereiht, der Mittelfries ist in reich variierte Rosetten gegliedert. Die Sockelseiten sind unter Verwendung von altem Holz mit treffend nachempfundenem Maßwerkornament verziert.

Die Truhe gehört zu einer Gruppe von sehr reich gestalteten spätgotischen Möbeln, deren Werkstatt nördlich der Alpen, wohl in Salzburg, zu suchen ist, die sich aber in Form und Dekor eng an italienische Vorbilder anlehnen (WINDISCH-GRAETZ 1982, 130–134). Die Kunst der Intarsie gehörte zwar spätestens seit der Mitte des 15. Jahrhunderts auch nördlich der Alpen zu den Fertigkeiten des Tischlers, so dominierend trat sie aber erstmals bei dieser Möbelgruppe auf. Dabei übernahm sie die Muster und die Technik der italienischen Toppointarsie, die vorgefertigte Intarsienkompartimente aneinandersetzt; nur die Formen sind großteiliger als bei den Vorbildern.

P.G.-B.

14.5
Schrank

Südwestdeutschland, 3. Viertel 15. Jh.
Corpus Nadelholz, Front mit Riegelahorn furniert; geschnitzte Teile Ahorn und Buche; Intarsien Mooreiche, Eibe, Laubholz; 227 × 178 × 57 cm
Geringfügige Ergänzungen
Prov.: Siehe Beschreibung
L 1981/4

Der zweigeschossige Schrank setzt sich aus zwei Kästen, deren Seiten ornamentierte Rahmen aufgelegt sind (die seitlichen Tragegriffe entfernt), sowie Sockel, Gürtel und Kranz zusammen, die auf drei Seiten ornamentiert sind. Die Front des Sockels ist seitlich durch Maßwerkfenster gegliedert, sein Mittelstück sowie die Front des Kranzes mit Maßwerkrosetten durchbrochen. Im übrigen breitet sich die sehr fein gearbeitete, kleinteilige Ornamentierung wie ein textiles Muster über die Flächen, ihre Tiefen sind rot, grün und schwarz gefaßt. Der in Flachschnittechnik ausgeführte Dekor besteht hauptsächlich aus Maßwerkformen, in die kleine, weiß gefaßte Blüten eingestreut sind. Neben Fischblasenformen mit eingesetzten Dreiblättern begegnen stilisierte Blattranken; nur an zwei Stellen sind Tierdarstellungen in den Ranken versteckt. In den Gürtel sind Fächer eingearbeitet, deren Fronten seitlich verschiebbar sind, die Zwischenstücke sind mit Flechtwerkknoten intarsiert.

Dieses in seltener Originalität erhaltene Prunkmöbel stammt aus altem Adelsbesitz, aus Schloß Riedenburg bei Bregenz. Daher ist eine Entstehung im südwestdeutschen Raum wahr-

14.4

14.5

scheinlich. Die Form der Maßwerkflachschnitzerei war in der Spätgotik sehr weit verbreitet: Fast identische Motive findet man zum Beispiel in St-Ursanne in der Schweiz, in Bad Tölz, in Nordungarn und Siebenbürgen oder an einem 1445 datierten Sakristeischrank aus dem Dom von Breslau.

Lit.: HIMMELHEBER 1967, 107, Abb. 12; GERMANN-BAUER 1981, Nr. 431

P.G.-B.

14.6
Kastentisch

Süddeutschland (?), Mitte 16. Jh.
Nadelholz, Eiche; Platte: Laubholz;
74 × 101 × 96 cm
Die unteren Füllungsbretter der Wangen fehlen.
Prov.: Aus der Slg. M. von Nemes
K 1933/36

Das Gestell des Tisches besteht aus zwei Wangen mit breitem Verbindungsstück. Die Wangen sind durch zwei verkeilte Stege miteinander verbunden. Zwischen den Wangen ist unter der verschiebbaren Platte ein Kasten eingesetzt, darin beidseitig eine Ablage mit zwei kleinen Schubladen. Unter dem Kasten ist eine Schublade eingehängt. Die Zier des Tisches beschränkt sich auf bandförmige Intarsien auf den Außenseiten der Wangen

14.6

(auf einer Seite ausgebrochen) und auf parallel angeordnete Einkerbungen an den Schmalseiten der Füße und den Außenseiten der Stege.

Das Innere dieser meist als Zahl- oder Schreibtische verwendeten Möbel ist entweder durch Hochklappen oder Verschieben der Platte zugänglich. Tische dieser Art, die den wohlhabenden Schichten vorbehalten blieben, waren – in unterschiedlich reicher Ausgestaltung – in der ersten Hälfte des 16. Jahrhunderts von der Schweiz bis Siebenbürgen zu finden.

P.G.-B.

14.7
Scherenstuhl

Norditalien (?), 2. Viertel 16. Jh.
Nußbaum; 92,5 × 68 × 55,5 cm
Zweimal Brandzeichen *R* in Kreis
Prov.: Siehe Beschreibung
K 1940/38

Die Schenkel der siebenfachen Scherenkonstruktion ruhen auf Standrie-

14.7

14. Städtische Wohnkultur

geln, die an der Vorderseite tatzenförmig ausgebildet sind. Die Armlehnen besitzen vorne kräftige, gedrechselte Knäufe, ihre Oberseite ist punziert. Die hochklappbare Rückenlehne ist geschweift, an ihrer Vorderseite sind die Umrisse eines Wappenschildes eingetieft.

Die überlieferte Herkunft des Stuhles aus einem Frauenkloster bei Passau konnte bisher durch keine Vergleichsstücke aus dieser Region unterstützt werden. Die Verwendung von Nußbaumholz läßt vermuten, daß der Stuhl in Norditalien angefertigt wurde, wo Stühle dieser Art in großer Zahl erhalten sind. Die Form des Scherenstuhls fand, mit oder ohne Armlehnen konstruiert, seit der italienischen Frührenaissance auch nördlich der Alpen weite Verbreitung.
P.G.-B.

14.8

14.8
Daubenkanne

Bayerischer Wald (?), 1. Hälfte 16. Jh.
Dauben Fichte, Boden Lärche, Deckel Nadelholz, Ausguß Apfelbaum, Bänder Weide; H. 17 cm, Dm. unten 21,5 cm, Dm. oben 16 cm
FO: Regensburg, Gesandtenstraße / Rote-Hahnen-Gasse
K 1957/57

Das aus einzelnen Dauben zusammengesetzte, mit einem Deckel versehene Gefäß besitzt einen Ausguß. Dabei wurde ein angewachsener Astansatz ausgenützt, der durchbohrt und in der Breite der Dauben eingefügt ist. Rote Farbspuren am Boden lassen darauf schließen, daß die Daubenkanne im Bayerischen Wald hergestellt wurde, da Archivalien belegen, daß Regensburg um 1465 Hauptniederlage für rot gefärbtes oder gefirnißtes „Waldgeschirr" war.

Das als Bodenfund geborgene Gefäß wird aufgrund der Fundsituation in die erste Hälfte des 16. Jahrhunderts datiert. Die Vergänglichkeit des Materials macht gut erhaltene Funde dieser Art zu einer Seltenheit, obwohl im Mittelalter der weitaus überwiegende Teil des Geschirrs aus Holz gefertigt war.

Lit.: P. GERMANN-BAUER in Kat. Zürich 1991, 237, Abb. Nr. 95
P.G.-B.

14.9 u. 14.10

14.9
Löffelhalter (mit Löffeln)

Oberösterreich, 15./16. Jh.
Laubholz; H. 24,5 cm
K 1963/45 (Löffel: K 1955/30, K 1984/9, K 1985/76)

Der Löffelhalter bietet Einsteckmöglichkeit für drei Löffel. Die Löffel haben einen kurzen Griff, der mit allen Fingern umfaßt wurde, und eine breite Laffe.

Lit.: HUNDSBICHLER 1984, 211, Abb. 265.
S.H.

14.10
Löffel

Passau, 1. Hälfte 16. Jh.
Buchsbaum (?), Silber; L. 17,5 cm
K 1952/69

Der relativ lange Löffel ist am Stielende mit einer kleinen Petrusfigur mit Schlüssel verziert.
S.H.

14.11
Becher

Regensburg, 15./16. Jh.
Nußbaum; H. 13 cm, Dm. Boden 9,5 cm, Dm. oben 13,3 cm
FO: Regensburg, Neupfarrplatz
HV 1225 a

Die konische Form des Bechers ist typisch für das Spätmittelalter. Der Boden ist nach außen gewölbt. Es kann deshalb angenommen werden, daß der Becher zum Umtrunk bestimmt war und, nachdem er in einem Zug geleert worden war, auf den Mundrand gestellt werden mußte. Da die Bodenwölbung einen kleinen Rand aufweist, wurde der Becher möglicherweise auch auf einem Fuß oder Holzring abgestellt.

Lit.: GEBHARD 1961, 285
S.H.

14.12
Kopfl

Regensburg, 15. Jh.
Nußbaum; H. 6,1 cm, Dm. unten 6,8 cm, Dm. max. 13,9 cm
FO: Regensburg, Ecke Gesandtenstraße / Rote-Hahnen-Gasse
Henkel verloren
K 1961/8 a

Dieses auch „Scheuer" genannte Trinkgefäß war auch in anderen Materialien – wie Glas oder Metall – Teil der bürgerlichen Wohnkultur.

Lit.: GEBHARD 1961, 285
S.H.

14.13
Daubengefäß

Regensburg, 13./14. Jh. (?)
Nadelholz; H. 7,8 cm, Dm. oben 1–12 cm, Dm. Boden 7 cm

14.11 bis 14.13

FO: Regensburg, Altes Rathaus
K 1977/42 a

Kleines Daubengefäß mit zum Teil noch erhaltener Weidenbindung.   S.H.

14.14

14.14
Kopfl

Süddeutschland, 14./15. Jh.
Holz; H. 13 cm, Dm. Boden 9,5–11,9 cm,
Dm. Rand 10,3–11 cm
KN 1995/35

Das Trinkgefäß hatte ursprünglich eine wahrscheinlich silberne Montierung am Rand und möglicherweise auch einen Deckel.

Lit.: HUNDSBICHLER 1984, 211, Abb. 265
S.H.

14.15
Gewürzkästchen

Süddeutschland, 15./16. Jh.
Zirbelkiefer; 8,4 × 12 × 11,5 cm
K 1963/45

14.15

Das Gewürzkästchen bot durch vier Fächer Aufbewahrungsmöglichkeit für viererlei Gewürze. Ein Viertel des drehbaren Deckels ist als Schiebetäfelchen konstruiert, so daß immer ein Gewürz gewählt und entnommen werden konnte. In seiner Form erscheint das Kästchen als Miniatur einer Truhe, zumal es Andeutungen von Truhenschloß und Beschlägen an der Vorder- bzw. an der Rückseite aufweist. Die aufwendige Verzierung des Kästchens weist auf den hohen Wert hin, den Gewürze, vor allem solche aus fernen Ländern, im Mittelalter hatten.   P.G.-B./S.H.

14.16

14.16
Kästchen

Süddeutschland, Ende 14. Jh.
Laubholz lederbezogen, Eisenbeschläge;
16,5 × 24 × 14 cm
K 1962/51

Das Kästchen besitzt einen hohen Deckel in Form eines Walmdachs. Die gesamte Außenseite ist mit rot gefärbtem Leder bezogen. Über Deckel und Seiten sind Zierbänder mit getriebenen Rosetten und Dreiblattenden gelegt, die Kanten schützen Zierbleche. Die Unterseite ist in Lederschnitt verziert: ein großes Spitzoval füllen Ranken. Die Innenseite ist mit einem Manuskript des 14. Jahrhunderts beklebt, das den Namen „*fridel sneid(er) vo(n) Dietenhaim..*" enthält.

Lederbezogene Laden mit dachförmigem Deckel waren vor allem im 14. Jahrhundert sehr häufig. Sofern ihre Bestimmung aus der Zier erschlossen werden kann, dienten sie meist als Minnekästchen, im übrigen zur Aufbewahrung von Wertgegenständen.

Lit.: M. ANGERER in Kat. Verona 1986, Nr. 65
P.G.-B.

14.17

14.17
Minnekästchen

Schweiz, Anfang 15. Jh.
Laubholz, Boden Buche;
9,5 × 19,5 × 14,5 cm
Bänder erneuert
L 1984/11.29

Den Deckel des Kästchens füllt ein Bildfeld mit einem nach links schreitenden Fabelwesen mit Vogelkopf, Halskrause und langem Schweif. Die Vegetation der Hügellandschaft ist durch kleine Einkerbungen angegeben, in der linken Bildhälfte ein Gewächs mit zwei palmwedelförmigen Blättern. Vor dem gerauteten Hintergrund heben sich oben zwei Kronen ab. Die an Front und Schmalseiten vor gerautetem Grund stehenden, aus Bändern geformten Minuskeln ergeben keinen Sinn *(or/vmcit/om)*. Die Rückseite ist in Kerbschnitt verziert.

Das Kästchen gehört zu einer großen, zwischen Elsaß, Oberrhein und der Schweiz verbreiteten Gruppe von Laden, die sich durch reichen figürlichen Reliefschmuck, vorwiegend mit Darstellungen von Tieren und Fabelwesen, auszeichnet. Häufig begegnet dabei der gegitterte Grund, Schriftzeichen stellen eine Besonderheit dar. Als Provenienz der Lade gilt der Kanton Unterwalden.   P.G.-B.

14.18
Brautkästchen

Norditalien, 1. Hälfte 15. Jh.
Art der Embriachi
Corpus Weichholz, mit Bein verkleidet, das Innere mit rotem Seidenbrokat ausgekleidet; 18 × 23,5 × 14,5 cm
L 1984/11.99

14. Städtische Wohnkultur

Die Seiten des Kästchens umzieht ein Fries von aneinandergereihten Reliefs mit Paaren, die zum Tanz schreiten. Die Darstellungen sind schematisch, die Kostüme nur leicht variiert. Die Mittelreliefs an den Längsseiten des Deckels zeigen in Paaren angeordnete Halbfiguren mit Nimben, an den Schmalseiten je eine Halbfigur.

In Norditalien wurden zu Anfang des 15. Jahrhunderts in großer Anzahl Hausaltäre, Kästchen und Spiegelrahmen hergestellt, für die die Verbindung von glänzenden weißen Beinreliefs und kleinteiliger, feiner Intarsie bezeichnend ist und die über ganz Europa Verbreitung fanden. Die bedeutendste Werkstatt war die des Baldassare Embriachi in Venedig, deren Hauptwerk der Altar der Kartause bei Pavia ist. Bei dem Regensburger Kästchen fehlt die Verbindung mit der Intarsie, ebenso sind die Halbfiguren von Heiligen bei der ohnehin höchst seltenen religiösen Thematik der Beinreliefs bisher ohne Vergleichsstücke (MERLINI 1988).

P.G.-B.

14.18

14.19
Brautkästchen

Norditalien, 1. Hälfte 15. Jh.
Corpus Weichholz, Profile Bein, Intarsien Bein (z. T. gefärbt), Horn, Zinn, Holz;
9,5 × 20,5 × 14,5 cm
Alte gedruckte Inventarnummer:
H.G. 1408
Schloß und Bänder erneuert
L 1984/11.98
(Farbtafel 57)

Deckel und Seiten des Kästchens sind in Certosina-Technik intarsiert: an den Seiten unten umlaufend ein Fries aus perspektivisch gesehenen Gebälkstücken, darüber ein geometrisches Ornament aus zwei verschlungenen Zickzackbändern. Am Deckel dominiert ein zarter perspektivischer Würfelfries. Im Innern sind Reste von roter Bemalung auf blauem Grund erhalten.

Technik, Material und Ornament stimmen überein mit den Arbeiten norditalienischer Werkstätten, wie der des Baldassare Embriachi in der Kartause (Certosa) bei Pavia, die auch den Namen der Technik prägten. Lediglich die Verwendung von Zinn ist dort seltener zu beobachten. P.G.-B.

14.20

14.20
Sitzender Löwe

Nürnberg (?), 15. Jh.
Messing, gegossen; H. 9,5 cm
L 1984/11.26

Der auf den Hinterläufen sitzende Löwe hat das Maul weit aufgerissen. Augen, Nase und Mähne sind eingraviert, der Schweif ist in stilisierter Zierform gestaltet. Die längliche Öffnung am Hinterkopf und das Loch am Bauch deuten darauf hin, daß der Löwe als Zierfigur an einem Kronleuchter gedient haben könnte, wie dies z. B. auf einem Verkündigungsbild des Rogier van der Weyden (um 1435; Paris, Louvre) überliefert ist. D.G.

14.21
Kerzenträger

Deutschland, 13./14. Jh. (?)
Gelbguß; H. 12,8 cm
L 1984/11.11

14.21

Der Kniende trägt ein langes, mit eingravierten Streifen und Zacken verziertes Gewand. Sein Kopf ist leicht nach rechts gewandt, das lockige Haar zum Stirnkranz angeordnet. Die linke Hand ist auf das linke Knie gestützt, der rechte Arm vom Körper weggestreckt.

Wahrscheinlich hielt das Figürchen mit der – heute verlorenen – Rechten eine Kerzentülle, wie sie ein ehemals in der Sammlung Jubinal de St-Aubin befindliches Vergleichsstück aufweist (FALKE/MEYER, Abb. 212). D.G.

14.22
Scheibenleuchter

Deutschland, Anfang 16. Jh.
Messing gegossen, Eisendorn
H. 28,5 cm, Dm. Fuß 11,5 cm
L 1984/11.63
(Ohne Abb.)

Ein profilierter, abgetreppter Fuß trägt den runden Schaft mit drei flachen Scheiben. Die abgestufte, profilierte Tropfschale ist innen mit einer vernieteten Eisenplatte versehen, auf die der Dorn aufgelötet ist.

Die von funktionalen Gesichtspunkten bestimmte, schlichte Form des Leuchters repräsentiert den Grundtypus gotischer Altar- und Hausleuchter, wie er in wohlhabenden bürgerlichen Haushalten des Mittelalters benutzt wurde. Möglicherweise ist er in Nürnberg hergestellt worden, wo sich nach der Zerstörung des flämischen Messingzentrums Dinant 1466 die süddeutsche Massenproduktion von Gelbgußwaren konzentrierte (STAHLSCHMIDT). D.G.

14.23

Scheibenleuchter

Deutschland, Anfang 16. Jh.
Messing, gegossen
H. 49,7 cm, Dm. Fuß 19,2 cm
L 1984/11.100

Ein profilierter Fuß trägt über schmalem Wulst den runden Schaft mit drei flachen Scheiben und schmalen Ringen. Die Tropfschale ist abgestuft und profiliert. Die Größe und das Gewicht des Leuchters lassen auch eine Verwendung als stationärer Altarleuchter möglich erscheinen. D.G.

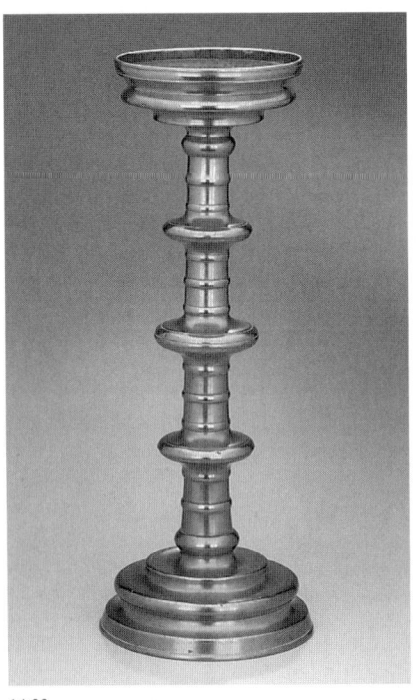

14.23

14.24

Zweiarmiger Leuchter

Deutschland, um 1500
Messing gegossen, Eisendorn
H. 25 cm, Dm. Fuß 12,5 cm
L 1984/11.127

Die profilierte, leicht eingezogene Wandung der runden Basis besteht aus Fußrand und Rand der Tropfschale.

14.24

Der sich über der hochgezogenen Sockelmitte verjüngende Schaft besitzt einen profilierten Nodus. An den Seiten der runden Tülle mit Eisendorn sind zwei sechskantige Kerzenhalter mit Rundöffnungen an der Unterseite angegegossen.

Der Leuchter ist ein Beispiel für die um 1500 entwickelte Form von sicheren Aufsatzleuchtern. Der Brandgefahr durch herabfließendes Wachs wurde durch Unterfangen der zusätzlichen Kerzenhalter mit der Tropfschale begegnet. Ein identischer Leuchter befindet sich im Frankfurter Museum für Kunsthandwerk (Inv.Nr. X/25752). D.G.

14.25

Messingbecken mit Darstellung der Verkündigung

Nürnberg, Ende 15. Jh.
Messing; H. 6 cm, Dm. 38 cm
Ausbesserungen in Kupfer
K 1948/1

Das runde Becken mit hoher Wandung und um einen Draht gebogenem, mit einem wiederholten Blattmotiv verziertem, schmalem Rand weist am leicht konvexen Boden eine Darstellung der Verkündigung auf. Diese ist von zwei Schriftbändern und einem Band mit aufgepunzten Blättern umgeben. Die äußere, kleinere Majuskelschrift wiederholt sechsmal den Segenswunsch *GELUCK(AR)T AL ZEIT*, das breitere, innere Schriftband mit gestanzter gotischer Minuskelschrift ist nicht zu entziffern.

Die Verkündigungsszene folgt kompositionell dem von Rogier van der Weyden entwickelten flämischen Bildtypus: neben der am Betpult knienden Maria der stehende Engel, darüber die Taube. Die Schüssel dürfte von den bis nach Spanien exportierenden Nürnberger Beckenschlägern mit Stempeln in Serie produziert worden sein. Sie diente als Auffangbecken einer Waschgarnitur oder, prachtvoll poliert, als Schauschüssel für den bürgerlichen Haushalt. Im kirchlichen Bereich fanden derartige Schüsseln häufig als Almosenbecken Verwendung, nach der Reformation oft auch als Taufschüsseln, so z.B. in Ensdorf (KDB Amberg, 52f.).

Lit.: H. WENTZEL: Artikel Becken in RDK II, Sp. 151–163; STAHLSCHMIDT 1970; G. GOULA in Kat. Innsbruck 1992, 190f. (Nr. 5)
D.G.

14.25

14.26

Messingbecken mit Darstellung des Sündenfalls

Nürnberg, Ende 15. Jh.
Messing; H. 8 cm, Dm. 28 cm
HV 1218b

Der schmale Rand des hochwandigen Beckens ist mit einem sechszackigen, aufgepunzten Blütenmotiv verziert. Im

14. Städtische Wohnkultur

14.26

Beckenboden ist, umschlossen von einem schmalen Blattkranz und einem Profilring, der Sündenfall dargestellt. Adam und Eva stehen zu seiten des Baumes der Erkenntnis, um den sich die Schlange windet. Im Hintergrund links ist das Tor zum Paradies zu sehen.

Der Sündenfall wurde, wie die Verkündigung, häufig am Boden von Messingschüsseln dargestellt. (Zu deren Verwendung s. Kat. 14.25.) D.G.

14.27

14.27
Mörser

Süddeutschland, Anfang 15. Jh.
Messing, gegossen; H. 15,4 cm, Dm. unten 10,5 cm, Dm. oben 13,7 cm
K 1949/61b

Der einhenkelige Mörser besitzt einen becherförmigen, nach unten und oben leicht ausschwingenden Körper und eine deutlich abgesetzte, abgewinkelte Lippe. Die Wandung ist mit drei kordelartigen Leisten verstärkt, die von bärtigen Männerköpfen aufsteigen und in heraldische Lilien auslaufen. Der Henkel ist im Querschnitt sechseckig.

Mörser gehörten zum wertvollsten Arbeitsgerät im mittelalterlichen Haushalt. Mit dem Pistill wurden in ihnen Substanzen zerstoßen, zerrieben und vermischt. Nicht allein der Apotheker benötigte sie: In der Küche wurden sie täglich benutzt; Malern waren sie zur Herstellung der Farben, Tischlern zum Zubereiten des Leims unentbehrlich.

Hier handelt es sich um ein typisches Beispiel des spätmittelalterlichen süddeutschen Mörsertyps, dessen Stabilität auf der ausschwingenden Basis beruht. Zentrum der seriellen Herstellung solcher Mörser war im späten Mittelalter Nürnberg (LAUNERT 1990).
D.G.

14.28 a–c
Türzieher

Großformatige Türzieher in Form von Löwenköpfen gehen auf antike Vorbilder zurück und wurden von der karolingischen Kunst mit ihrer herrscherlichen Ikonographie an der Tür der Aachener Pfalzkapelle adaptiert. Bei den in der Folge nördlich der Alpen entstandenen Türen mit Löwenköpfen wurden meist zwei besonders große Masken, welche ganze Türfelder füllten, symmetrisch zum Mittelbalken angebracht. Dagegen weisen in Italien aufgestellte Türen byzantinischer Herkunft in Reihen angeordnete Gruppen sehr kleiner Löwenmasken mit Ringen auf, die zwischen – häufig figürlich gestalteten – Feldern befestigt sind (vgl. Tür der Grottenkirche S. Michele Arcangelo, Monte S. Angelo, 1076). In stilisierten romanischen Formen wurden großformatige Türzieher in Löwenhauptform in Deutschland noch im späten Mittelalter u. a. in Nürnberg gegossen. Zu dieser Zeit hatten sie bereits im profanen Bereich Einzug gehalten. Der ursprüngliche Anbringungsort der drei kleinen Regensburger Exemplare ist unbekannt.

a. Türzieher in Form eines Löwenkopfes

Tirol, 2. Hälfte 14. Jh. (?)
Messing; Dm. 5,5 cm
L 1984/11.22

Der stark stilisierte Löwenkopf besitzt eine mächtige Schnauze und tiefliegende, mandelförmige Augen, in denen große Pupillen eingepunzt sind. Auf der Stirn verlaufen drei Furchen. Zwei Löcher, links und rechts des Mauls, dürften zum Befestigen eines Ringes gedient haben. Auf dem umlaufenden Randstreifen sind Mähnenlinien eingeritzt und drei Befestigungslöcher angebracht.

b. Türzieher in Form eines Löwenkopfes

Österreich, 2. Hälfte 14. Jh.
Messing; H. 4,6 cm, B. 4,1 cm
L 1984/11.23

Ovale Löwenkopfmaske mit geschlossenem Maul, stark hervortretender Nase mit herzförmigem Spiegel und

14.28 a–c

gepunkteten Drüsenpolstern, tiefliegenden Augen und mit drei Kerben gefurchter Stirn. Zu Seiten des Mauls zwei Bohrungen, durch die ein ovaler Ring geführt ist. Mit eingeritzten Strichen ist am schmalen Randstreifen, auf dem drei Befestigungslöcher verteilt sind, eine Mähne angedeutet.

c. Stilisierter Löwe in Vorderansicht
Deutschland, 12./13. Jh.
Rotguß; H. 5,4 cm, B. 3,7 cm
L 1984/11.21

Nach Art eines Türziehers gestaltete Vorderansicht eines Löwen mit plastisch hervortretendem Haupt und flachen Vorderläufen ohne Binnenzeichnung. Durch das Maul ist ein in Ansätzen noch vorhandener Ring geführt. Das Haupt ist eingerahmt von einem Mähnenkranz mit stilisierten Zotteln und aufgerollten Ohren. In die Stirn sind zwei Furchen eingegraben, in das Drüsenpolster nach außen weisende Ritzlinien. Der Oberkiefer weist eine geschlossene, gleichmäßige Zahnreihe auf, der Unterkiefer ist abgeflacht.

D.G.

14.29
Schlaufenfadenbecher
Deutschland (?), 13./14. Jh.
Farbloses und blaues Glas; H. 8,2 cm, Dm. Fuß 8,5 cm, Dm. Lippe 8,7 cm
FO: Regensburg, Vor der Grieb 3
1984/616

Von dem zylinderförmigen, leicht verwitterten Becher ist der eingestochene Boden fast komplett erhalten. Der Boden bildet einen gleichmäßigen, flachen Kegel und ist von einem angesetzten, gekniffenen Fußring umgeben. Die Wandung, die teilweise ergänzt ist, gliedern sechs senkrechte Fäden aus blauem und farblosem Glas. Jeder Faden ist doppelt gelegt, die obere Lage ist in kleinen Schlaufen ausgeführt. Ein farbloser Faden bildet den oberen Rand der Zylinderform. Darüber befindet sich eine Bruchkante, die zeigt, daß der Becher ursprünglich höher war. Bei anderen, besser erhaltenen Beispielen dieses Typs öffnet sich der Becher trichterförmig nach oben.

14.29

Das Glas gehört zu einer Gruppe, die vornehmlich in West-, Südwestdeutschland und der Schweiz nachgewiesen wurde, wo auch ihr Entstehungsgebiet vermutet wird. Die Gläser ähneln sich sehr, etwa in der Anordnung von sechs farblosen und blauen Schlaufenfäden; nur die Proportionen sind unterschiedlich. Der Regensburger Becher hat hier im Vergleich einen besonders großen Radius.

Lit.: LOERS 1984, 170; LOERS 1985; Kat. Bonn 1988, 185–187

14.30
Emailbemalter Becher (Fragment)
Venedig (?), 2. Hälfte 13. Jh./
frühes 14. Jh.
Farbloses Glas mit Emailmalerei auf der Außen- und Innenwandung; H. 11 cm, Dm. Boden 7,4 cm (rekonstr.),
Dm. Lippe 10,3 cm (rekonstr.)
Inschrift unter dem Lippenrand: *[AVE MA]RIA:GRACI[A PLENA]*
FO: Regensburg, Schäffnerstraße 1, 1934
K 1966/91
(Farbtafel 55)

Die zehn Scherben mit z. T. matter Oberfläche sind auf einen konkaven Kunstharzzylinder geklebt, welcher der inneren Form des Bechers folgt. Die Farben sind durch Korrosion verändert. Von außen sind Weiß, Gelb und Grün aufgetragen, von innen Rot, Blau, z. T. auch Grün. Oberhalb des angesetzten, glatten Fußrings ist ein horizontales, ehemals rot-gelb-rotes Linienband gezogen. Oben, zur Lippe hin, fassen zwei identische Linienbänder die nur fragmentarisch erhaltene Inschrift ein.

Vom mittleren Bereich ist der Teil eines Wappens mit weiß-rot umrandetem Schild, blauem Haupt mit zwei (ehemals drei) weißen Sternen und darunter einer sechsfachen Schrägteilung in Gelb und Rot erhalten. Seitlich des Wappens befinden sich in weißem Kontur gezeichnete Blumen mit roten Blüten und gelben, blauen oder roten Blättern.

Der Becher gehört zur Gruppe der emailbemalten Gläser aus der Zeit um 1300, die durch Ausgrabungen immer umfangreicher wird. Sie sind nicht, wie früher angenommen wurde, in Syrien entstanden, sondern in Europa, wohl in Venedig, vielleicht aber auch nördlich der Alpen, da dort die Funde besonders häufig sind (Kat. Bonn 1988, 126). Der Regensburger Becher ähnelt im Dekor einem wappengezierten Becher, der durch seine Inschrift einem Magister Aldrevandin zugeschrieben wird und in Vendig entstanden sein könnte (Kat. Bonn 1988, 148).

Lit.: PFEIFFER 1966 I; DERS. 1970; Kat. Regensburg 1977, 62; Kat. Landshut 1980, Bd.I/2, 59; Kat. Verona 1986, 123–125; Kat. Bonn 1988, 126–128, 150

W.H.

14.31

14.31
Blauer Krug mit Henkel
Deutschland, 14./15.Jh. (?)
Blaues Glas; H. 16,8 cm, Dm. Fuß 8,9 cm, Dm. Lippe 7 cm
Mit Kunstharz ergänzt
FO Regensburg, Vor der Grieb 3
1984/617

14. Städtische Wohnkultur 115

Einige Scherben des unvollständig erhaltenen Kruges zeigen das ursprüngliche Blau, andere sind irisiert und schimmern in mehreren Farbtönen, an wieder anderen hat sich die Oberfläche in eine undurchsichtige, goldschimmernde Schicht verändert, die z. T. abgeplatzt ist.

Der zu etwa zwei Dritteln originale Boden ist eingestochen und der Fuß zu einem Wulstring eingeschnürt. Der unterschiedlich stark ausgewölbte Bauch ist nur knapp zur Hälfte original. Das Glas hat Diagonalrippen, die am Bauch flach auseinandergezogen sind, am Hals aber deutlich erscheinen. Den Hals umzieht ein in Wellen gelegter Faden und ein zweiter, einfacher, markiert den Übergang zur ausgebogenen Lippe mit Ausguß. Seitlich ist ein überwiegend originaler Henkel mit einer Verdickung am Bauch befestigt und flach zum Hals geführt.

Die Datierung dieses Kruges fällt schwer, da kaum Vergleichbares publiziert ist. Ein in Nordrhein-Westfalen gefundener, um 1300 datierter Krug (Kat. Bonn 1988, 280) mit Diagonalrippen hat einen Fußwulst und einen sehr ähnlichen Henkel. Ein Glas des 14./15. Jahrhunderts weist einen ähnlichen Wellenfaden am Fuß auf (ebd. 303). Die Diagonalrippen kommen an Flaschen und Kuttrolfen des 15. Jahrhunderts vor (ebd. 323–327). Zwar kein Wellenfaden, aber ein gekniffener Faden ist am Hals von Flaschen des 13./14. Jahrhunderts bekannt (ebd. 276). Die ausgebogene Lippe, die ein aufgelegter Faden markiert, ist ein Merkmal an Bechern des Schaffhausertyps des 13./14. Jahrhunderts. Diese Belege begründen eine Datierung ins 14./15. Jahrhundert.　W.H.

14.32
Ampel

Deutschland (?), 15. Jh.
Grünes Glas; H. 12,2 cm,
Dm. Fuß 3,15 cm, Dm. Lippe 12,5 cm
Geringfügige Ergänzungen
Prov.: Im Kunsthandel erworben
K 1986/8

Der untere, trichterförmige Gefäßteil nimmt etwa die halbe Höhe ein. Er geht mit zwei deutlichen Biegungen in den

14.32

oberen, schalenförmigen Teil über, dessen Wandung leicht konkav ist.

In den Schaft wurde Wasser gegossen und darauf in die Schale das Öl, in das der Docht gesetzt wurde. Stehende oder hängende Metallgestelle dienten zur Aufstellung der Lampen, sie konnten aber auch in der Hand getragen werden, wie Darstellungen der klugen und törichten Jungfrauen zeigen.

Diese Lampenform war schon in der Spätantike bekannt. Im Mittelalter ist sie spätestens ab dem 12. Jahrhundert nachweisbar.

Lit.: RADEMACHER 1963, 75–86; Kat. Bonn 1988, 436
　W.H.

14.33 a–f
Sechs Apothekerfläschchen

Deutschland, 15./16. Jh. (?)

Bei einfachem Gebrauchsglas wie diesen Fläschchen läßt sich anhand der Form eine genauere Datierung nicht vornehmen, denn sie waren lange Zeit gebräuchlich. Einzig die Fundzusammenhänge können Hinweise auf die Entstehungszeit geben. Leider sind sie bei diesen Gläsern nicht weiter dokumentiert. Deshalb ist ihre Datierung ins 15./16. Jahrhundert mit einem Fragezeichen versehen.

a. Fast farbloses Glas; H. 4,8 cm, Grundfläche 2,1 × 2,1 cm, Dm. Lippe 1,4 cm
FO: Regensburg, Herzogshof, 1938
KN 1995/36

Das unterschiedlich stark irisierte Fläschchen hat einen eingestochenen Boden, der durch eine Bruchkante vom Fußwulst abgesetzt ist. Die Glasmasse ist in eine unregelmäßige, viereckige Form gebracht und geht oben in eine runde Einschnürung über. Der kurze Hals endet in einer schräg abgeschliffenen Lippe.

b. Leicht gelblich-grünes Glas; H. 6 cm, Dm. Fuß 3,1 cm, Dm. Lippe 1,7 cm
FO: Regensburg
K 1947/9 a

Das Fläschchen aus wenig irisiertem Glas hat einen eingestochenen Boden und einen halbkugeligen Körper, von dem etwas schräg der röhrenförmige Hals aufsteigt. Er endet in einer ausgebogenen, nach innen geschlagenen Lippe.

c. Leicht olivgrünes Glas; H. 6,4 cm, Dm. Fuß 3,7 cm, Dm. Lippe 2,1 cm
FO: Regensburg
K 1947/9 b

Das irisierte Glas hat einen hoch eingestochenen Boden, der einen Großteil des Volumens des halbkugeligen Körpers ausfüllt. Der röhrenförmige Hals hat eine ausgebogene, schräg geformte Lippe.

d. Fast farbloses Glas, H. 6,1 cm, Dm. Fuß 2,8 cm, Dm. Lippe 2 cm
FO: Regensburg
K 1947/9 c

14.33 a–f

Das etwas irisierte Glas hat einen am Rand umgeschlagenen Boden. Der tropfenförmige Körper geht in einen röhrenförmigen Hals über, der in einer unregelmäßig gestalteten Lippe endet.

e. Fast farbloses Glas; H. 8,3 cm, Dm. Fuß 3,4 cm, Dm. Lippe 2,3 cm
FO: Regensburg, Schwarze-Bären-Straße 1
K 1976/111 a

Das irisierte Glas hat einen eingestochenen Boden, der am Rand umgeschlagen ist. Auf dem tropfenförmigen Körper sitzt ein Röhrenhals mit ausgebogener Lippe. Im Innern befinden sich Reste einer verrotteten Substanz.

f. Leicht grünes Glas; H. 7,7 cm,
Dm. Fuß 2,3 cm, Dm. Lippe 1,6 cm
FO: Regensburg, Schwarze-Bären-Straße 1
K 1976/111 b

Das irisierte Glas hat einen wenig eingestochenen Boden und einen zylindrischen Körper, der über der unteren Kante leicht verengt und nach oben etwas erweitert ist. Über einem nur angedeuteten Schulterring verengt sich das Gefäß zu der asymmetrisch gezogenen Lippe, deren Rand abgeschliffen ist.

Lit.: RADEMACHER 1963, 55; DEXEL 1983, Abb. 251–253; Kat. Bonn 1988, 418

W.H.

14.34

14.34
Kuttrolf

Deutschland, 16.Jh.
Grünes Glas; H. 21 cm, Dm. Fuß 9,5 cm,
Dm. Lippe 6,6 cm
Hals und Lippe vollständig erhalten,
Gefäßkörper ergänzt
Prov.: Im Kunsthandel erworben
K 1986/9

Der Boden des Glases ist eingestochen, vom Fußring sind etwa zwei Drittel ergänzt. Das Glas hat optisch geblasene, nur schwach sichtbare und leicht gedrehte Vertikal-Rippen am halbkugeligen Körper. Der Hals besteht aus zwei sich umwindenden Röhren und endet in einer hohen, trichterförmigen Lippe.

Der Name *Kuttrolf* wird von lat. *gutta* (= Tropfen) abgeleitet. Welche Gefäßform im Mittelalter damit benannt wurde, ist nicht mehr bekannt. Heute werden mit diesem Namen Flaschen bezeichnet, die aus einem kugeligen oder halbkugeligen Körper bestehen, der gerippt sein kann, und deren Hals zu mehreren Röhren zusammengekniffen ist oder auch nur aus einer Röhre besteht.

W.H.

14.35

14.35
Kuttrolf

Deutschland, 16.Jahrhundert
Grünlich-blaues Glas; H: 17,9 cm,
Dm. Fuß 8,5 cm, Dm. Lippe 4,4 cm
Mit Kunstharz ergänzt
FO: Regensburg, Vor der Grieb 3
1984/618

Das Glas wurde optisch in Vertikalrippen geblasen und dann leicht tordiert. Der eingestochene, kegelförmige Boden ist ganz erhalten. Am halbkugeligen, zu weniger als 50% erhaltenen Gefäßkörper sind die Rippen weit auseinandergezogen und abgeflacht. Der Hals, von dem nur der Ansatz fehlt, ist eine in sich gedrehte, zur Lippe hin erweiterte Röhre. Seine feinen Rippen sind deutlich gegeneinander abgesetzt.

Kuttrolfe mit einröhrigen, in sich gedrehten und gebogenen Hälsen werden ins frühe 16. Jahrhundert datiert (RADEMACHER ²1963, 68).

Lit: Kat. Bonn 1988, 421

W.H.

14.36 a–e
Gläser mit Nuppen

Gläser mit Nuppen gehören seit dem 13. Jahrhundert zum festen Bestandteil der Glastypen und sind in zahlreichen Variationen bekannt. Die hier gezeigten Gläser stellen Entwicklungsformen dar, die um 1500 und später verbreitet waren.

14.36 a
Krautstrunk

Deutschland, um 1500
Blaugrünes Glas; H. 8,4 cm,
Dm. Fuß 4,5 cm, Dm. Lippe 6 cm
FO: Regensburg, Metgebergasse 3
K 1971/30

Der Boden ist eingestoßen, der Fußrand geknifft. Auf die bauchige Wandung sind zwei Reihen von je fünf Nuppen aufgelegt. Die Lippe ist gebogen.

Lit.: Kat. Regensburg 1977, 25 (Nr. 29)

14.36 a

14.36 b
Nuppenbecher

Deutschland, 1. Hälfte 16. Jh.
Grünes Glas; H. 8,6 cm, Dm. Fuß 6,8 cm,
Dm. Lippe 7,3 cm
K 1960/51

Der Nuppenbecher hat eine leicht konische Wandung. Um den eingestochenen Boden ist ein gekniffener Fußring gelegt. Zwei horizontale Reihen mit je sieben Nuppen, deren Spitzen nach

14. Städtische Wohnkultur

14.36 b–d

oben weisen, sind versetzt übereinander angeordnet. Darüber folgt ein aufgelegter Faden.

Diese Becherform steht in der Entwicklung zwischen zwei Glasformen: dem im 15. entstandenen Krautstrunk einerseits, einem tonnenförmigen Glas mit Nuppen und einer Einschnürung unterhalb der Lippe (a), und dem Berkemeyer des 16. Jahrhunderts andererseits, einem Glas mit zylindrischem oder konischem, nuppenbesetztem Unterteil und einem durch einen Faden abgesetzten, schalenförmigen Oberteil.

Lit.: Kat. Regensburg 1977, 25 (Nr. 30)

14.36 c
Stangenglas mit Deckel

Deutschland, 2. Viertel 16. Jh.
Grünes Glas, irisiert; H. 22,3 cm
Dm. Fuß 10,3 cm, Dm. Lippe 8,4 cm
Deckel H. 6,1 cm, Dm. 9,5 cm
Geringfügige Ergänzungen
FO: Regensburg, Karthaus-Prüll
HV 1299

Der Fuß ist neunfach gesponnen und der Boden hochgestochen. Am leicht konvex geformten Becher sind übereinander in acht unregelmäßigen Reihen je 11–14 Nuppen angebracht. Diese Zone ist oben durch einen nur schwach hervortretenden Faden abgeschlossen. Der Deckel, mit Hefteisenabriß auf der Unterseite, zeigt im Querschnitt einen nach unten gebogenen Rand, gefolgt von einer leichten Vertiefung und einer konvexen Wölbung in der Mitte. Im Mittelpunkt sitzt der massive Knauf, den zwei leicht gestauchte, durch einen kurzen Schaft verbundene Kugeln bilden.

Stangengläser mit Nuppen waren ab dem 14. Jahrhundert in verschiedenen Varianten gebräuchlich. Dieser Becher wird aufgrund des ohne gekniffenen Faden angesetzten, gesponnenen Fußes in das zweite Viertel des 16. Jahrhunderts datiert. Selten sind Becher mit zugehörigem Deckel erhalten, und es ist in diesem Fall nicht mit Sicherheit zu sagen, ob beides zusammengehört, da der Deckel relativ weit übersteht.

Lit.: RADEMACHER 1963, 114f.; Kat. Regensburg 1977, 23 (Nr. 25); Kat. Bonn 1988, 398

14.36 d
Stangenglas

Deutschland, 16. Jh.
Grünes Glas; H. 16,8 cm,
Dm. Boden 8,4 cm, Lippe 6,1 cm
Größere Ergänzungen
FO: Regensburg, Runtingerhaus
K 1967/51

Das Glas, dessen Höhe rekonstruiert ist, hat einen elffach gesponnenen Fuß, einen eingestochenen Boden und eine leicht konische Wandung, die sich zur Lippe hin erweitert. Übereinander sind fünf Reihen mit je 11–14 Nuppen angebracht, ein aufgelegter Faden schließt die Reihen nach oben ab. Der gesponnene Fuß spricht für eine Entstehung nach 1550.

Lit.: Kat. Regensburg 1977, 24 (Nr. 27)

14.36 e
Nuppenbecher

Deutschland, 1. Hälfte 16. Jh.
Grünes Glas; H. 7,5 cm, Dm. Fuß 5 cm,
Dm. Lippe 7,4 cm
Boden geringfügig ergänzt
FO: Regensburg
K 1976/117

Das Glas hat einen nach außen gewölbten Boden, in dessen Mitte sich die Abbruchstelle des Hefteisens oder eines Stiels befindet. Ein umgelegter Fußring bildet die Kante zwischen Boden und Wandung. Der konischen, schwach gewölbten Wandung ist im unteren Teil eine Reihe von 5 Nuppen aufgelegt, über die ein horizontaler Faden gelegt ist. Unterhalb der Lippe ist das Glas fast unmerklich eingeschnürt.

Die Form des Bodens spricht dafür, daß dieses Glas ursprünglich mit einem Stiel verbunden war, wie es von anderen Nuppengläsern aus der ersten Hälfte des 16. Jahrhunderts bekannt ist. Die Form der Cuppa wurde einfach vom Krautstrunk oder Berkemeyer übernommen und um einen Stiel ergänzt.

Lit.: Kat. Regensburg 1977, 26 (Nr. 31; als Sturzbecher)

W.H.

14.36 e

14.37
Grüner Pokal

Deutschland, 2.Viertel 16. Jh.
Dunkelgrünes Glas; H. 20,7 cm,
Dm. Fuß 11,1 cm, Dm. Lippe 12,6 cm
Cuppa zu einem Drittel ergänzt
FO: Regensburg, Vor der Grieb 3
1984/619
(Farbtafel 56)

Der breite Fuß ist durch einen achtfach gesponnenen Faden geformt. Ein Girlandenfaden schließt ihn an den Stiel an, den zwei ungleichmäßige Glastropfen bilden, die durch einen Ring mit siebenfach gekniffenem Faden verbunden sind. Die hochovale Cuppa endet oben in einer senkrechten Wandung. Im unteren Teil sind vier eingekerbte Fäden waagerecht aufgelegt. Zwischen die beiden oberen ist eine Reihe von 16 querovalen Nuppen eingefügt. Auf den oberen Teil der Wandung ist ein dreifach gewundener Faden gelegt.

Der Girlandenfaden als Verbindung zwischen Fuß und Stiel spricht für eine Entstehung nach 1500. In der gewölbten Form der Cuppa ist schon das Formgefühl der Renaissance spürbar.

Eine noch genauere zeitliche Einordnung ins zweite Viertel des 16. Jahrhunderts erlaubt der breite, vielfach gesponnene Fuß (Kat. Bonn 1988, 410). Für diese Datierung spricht auch der Fundzusammenhang.

Lit.: LOERS 1984; Kat. Bonn 1988, 410
W.H.

14.38 a + b

14.38 a,b

Zwei Spielsteine

a. 11. Jh.
Hirschgeweih; Dm. 3,2 cm, H. 0,5 cm
Fundort unbekannt
K 1952/132
b. 12. Jh.
Bein; Dm. 3 cm, T. 0,1 cm
Fundort unbekannt
KN 1994/159

Der linke Spielstein (a) zeigt auf beiden Seiten groteske Tierdarstellungen, umrahmt von einem glatten Rand. Bei einem der Fabeltiere handelt es sich um eine Art Drachen mit zwei hufartigen Füßen, buschigem Schwanz und langer, aufgerissener Schnauze, beim anderen um ein vogelartiges Wesen, das mit seinem weit geöffneten Rachen den hoch getragenen Schwanz berührt.

Der rechte, hellere Spielstein (b) ist nur auf einer Seite reliefiert, die Rückseite ist glatt. Auch dieser Stein zeigt – jedoch in realistischerer Weise – ein Tier: einen Hund, der den Kopf über den Körper zurückwendet. Der Rand ist als umlaufendes Doppelband gestaltet, das in regelmäßigen Abständen mit zwei Kugeln besetzt ist.

In wohlhabenden Haushalten des 11. und 12. Jahrhunderts gehörten Brettspiele mit geschnitzten Spielsteinen zum gängigen Besitzstand. Wie die Skulpturen in und an Kirchen, spiegeln die Spielsteine die romanische Bildwelt *en miniature* wider. Eines der beliebtesten Spiele war Trictrac. Nard, Puff und Backgammon sind andere Bezeichnungen für dieses in vielen Variationen bekannte Spiel, zu dem auch die vorgestellten Steine gehörten. Üblicherweise bestand ein Trictrac-Spiel aus 30 Steinen. Aus zahlreichen Funden in ganz Europa nördlich der Alpen geht hervor, daß sich innerhalb eines Spiels die Motive normalerweise nicht wiederholten. Zu den bevorzugten Bildthemen zählten reale und phantastische Tiere, aber auch biblische Darstellungen.

Lit.: Kat. Güssing 1990, 288 (Nr. 127) (a)
N.L.

14.39

Schachfigur (Läufer)

Regensburg (?), 2. Viertel 15. Jh.
Gips; 9,8 × 6,3 × 4,5 cm
Kopie eines Fundes aus Donaustauf, der 1909 als Geschenk an das Bodemuseum, Berlin, gegeben wurde.
KN 1990/67

Die Schachfigur zeigt einen reitenden Bischof im Ornat. Um das geschmückte Pferd dicht gedrängt sind 12 kleinere Figuren angeordnet: acht Bogenschützen und, vor der Brust des Pferdes, vier Mönche.

Im Mittelalter trug der Läufer auch die Bezeichnung „Bischof", wie es im Englischen heute noch der Fall ist. Daher ist der Läufer nicht selten als Bischof gewandet. Das Aufbauschema der Figur ist typisch für die Zeit: Die kleinen Bogenschützen stellen die Gefolgsleute der Hauptfigur dar. Zusammen bilden sie die kleinste Kampfeinheit des Feudalheeres, die sog. Lanze oder Gleve.

Das Schachspiel verdeutlicht den ständischen Aufbau der spätmittelalterlichen Gesellschaft. Die tragenden Reichsstände wurden durch Bischof (Läufer) und Ritter (Springer) repräsentiert. Schach wurde im Mittelalter vornehmlich von der wohlhabenden Gesellschaftsschicht gespielt. Die Spieler dieses taktischen Spiels galten als gebildet und privilegiert. N.L.

14.40 a–c

Docken

a. Nürnberg, 1. Hälfte 15. Jh.
Hellgelber Pfeifenton; H. 5 cm
Fragment
FO: Acker bei Sinzing
KN 1995/26 a
b. Nürnberg (?), um 1480
Weißer Pfeifenton; H. 5,3 cm
FO: Regensburg (?)
K 1954/42
c. Nürnberg, 1.Hälfte 15.Jh.
Weißer Pfeifenton; H. 10,5 cm
Reste von Bemalung
FO: Regensburg (?)
K 1955/20
d. Nürnberg (?), 1. Hälfte 15. Jh.
Gelblich-weißer Pfeifenton; H. 6 cm
Fragment
FO: Regensburg, Königswesen
KN 1990/50
e. Nürnberg, 1. Hälfte 15. Jh.
Gelblich-weißer Pfeifenton; H. 3 cm
Fragment
FO: Regensburg, Weinweg
K 1962/62 a
(Farbtafel 58)

Bereits für die erste Hälfte des 15. Jahrhunderts existieren Quellen über die Puppenhersteller (sog. Dockenmacher) in Nürnberg. Die Püppchen a, c und e weisen die typische Nürnberger Form auf: die Docke in vornehmer Tracht hat die Hände über dem Körper zusam-

14.39

14. Städtische Wohnkultur

mengelegt. Das Gesicht ist von Rise und Haube mit „Kruseler" umgeben. Das in der Taille gegürtete Gewand ist mit der ebenfalls gekräuselten Gugel und kreisförmigen Zierscheiben geschmückt. Um als Massenartikel in Formen gedrückt und gebrannt werden zu können, sind die Püppchen schlicht und ohne zerbrechliches Beiwerk gestaltet. Das Dockenfragment d zeigt neben dem üppigen Kopfschmuck auf der Brust eine kreisförmige Vertiefung, die wahrscheinlich zur Aufnahme eines Geldstückes diente. So könnte dieses Püppchen einmal das Geschenk eines Paten an seinen Täufling gewesen sein und in der Vertiefung den Patenpfennig geborgen haben. Schlichter und wohl auch älter ist das Püppchen b.

Lit.: B. ANGERER in Kat. Verona 1986, 117 (Nr. 42 [c], 43 [b])

N.L.

14.41 a + b

14.41 a, b
Ritterfiguren

a. Nürnberg (?), 14. Jh.
Weißer Pfeifenton; H. 9,2 cm
FO: Nürnberger Altstadt
L 1984/12
b. Regensburg (?), 13./14. Jh.
Weißer Pfeifenton; H. 11,5 cm
FO: Regensburg, Ev. Krankenhaus
1991/9.183

Die beiden Figuren stellen jeweils einen Ritter zu Pferd mit über den Kopf gezogener, hoher, spitzer Kapuze dar. Der ganz erhaltene Ritter (b) läßt den Schluß zu, daß die andere Figur (a), die den rechten Arm in ähnlicher Weise vor den Körper gebogen hat, ursprünglich auch einen runden Schild in der linken Hand getragen haben könnte.

Durch Bildquellen ist belegt, daß diese Tonfiguren zur Nachahmung von Ritterspielen verwendet wurden.

Lit.: B. ANGERER in Kat. Verona 1986, 118 (Nr. 44) WEINLICH 1993, 72f., Nr. 1; MAIER 1994, 21, 34, 71, Taf. 28

N.L.

14.42 u. 14.43

14.42
Wasserpfeife in Eulenform

Regensburg; 16. Jh. (?)
Ton; H. 6,8 cm
FO: Regensburg, Dechbettener Straße 1
K 1932/97 b

Der hochovale Körper der Eule steht auf einer kleinen Standplatte. Augen, Augenbrauen und Hakenschnabel sind dem flachen, scheibenartigen Kopf aufgelegt. Auf der Rückseite befindet sich eine größere Öffnung, in der die – heute fehlende – Anblasvorrichtung steckte.

Lit.: ENDRES 1981

N.L.

14.43
Rassel in Schweineform

Regensburg, 15. Jh. (?)
Weißer Pfeifenton; 5,5 × 9 × 4,5 cm
FO: Regensburg, Vor der Grieb
1984/620

Trotz der groben Modellierung ist das Tier als Schwein zu identifizieren. Die bestimmenden Merkmale wie die typische Nase und die im Verhältnis zum massigen Kopf kleinen, spitzen Ohren sind eindeutig zu erkennen. Der Rücken ist als Grat ausgebildet, wie dies bei Hausschweinen im Mittelalter der Fall war. Im Inneren des Schweins befindet sich ein Hohlraum mit einer Kugel, die beim Schütteln das rasselnde Geräusch hervorruft. Die Rassel war wohl das erste Spielzeug, das das Neugeborene, als Glückssymbol für das ganze Leben, geschenkt bekam.

N.L.

14.44
Notiztäfelchen

Regensburg, 15. Jh.
Buchenholz, Wachs; 4,2 × 7,2 cm
FO: Regensburg, Maximilianstraße
HV 1269
(Ohne Abb.)

Das querrechteckige Täfelchen wurde 1834 beim Graben eines Kellers in der Maximilianstraße gefunden. Es ist innerhalb eines durch geritzte Linien markierten Randes beidseitig mit schwarzem Wachs überzogen. Auf einer Seite ist in lateinischer Kursivschrift zu lesen: *XII d. letare est lauda.*

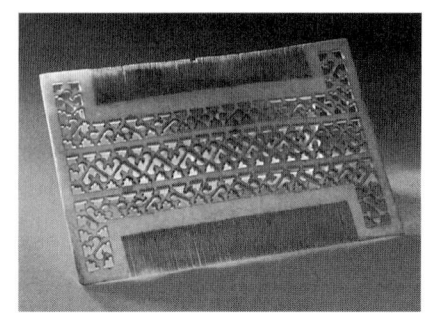

E.T.

14.45

14.45
Kamm

Frankreich (?), 15. Jh.
Elfenbein; 12 × 8,4 cm
L 1984/11.24

Der symmetrisch gearbeitete Kamm ist eine ausgesprochen filigrane Arbeit und zeigt die hohe Kunstfertigkeit des Mittelalters. Auf eine rechteckige Grundform gebracht, befindet sich an jeder Längsseite eine sehr feine Zähnung. Der Zwischenraum ist von einem Gitterornament durchbrochen, das im Mittelstreifen kleine Herzen bildet.

N.L.

14.46
Kästchen

Deutschland, 1. Drittel 15. Jh.
Zedernholz, Saffianleder punziert, Kupfer vergoldet; 5,5 × 10,7 × 7,5 cm
L 1984/11.27

14.46

Das rechteckige Holzkästchen ist kostbar ausgestattet. Es ist mit Saffianleder bezogen und mit vergoldeten Kupferbeschlägen an den Kanten und als Flächengliederung verziert. Die Beschläge weisen drei unterschiedliche, filigrane Zierformen auf. Die Verschlußlasche sowie die Deckelgriffe sind als Drachen gestaltet. Auf der Vorderseite befindet sich ein Kastenschloß in der Form eines eingebuchteten Rechtecks mit Eckblättern. Selbst die Unterseite ist mit einem gerauteten Metallüberzug geschmückt, an dem die acht Knäufe in Blütenform befestigt sind. Innen ist das Kästchen mit Atlasgewebe ausgelegt, durch das Metallfäden gezogen sind. Die gotischen Minuskeln *d*, *e* und *t* auf den sechs Zierknöpfen des flachen Deckels können als Initialen verstanden werden und deuten darauf hin, daß das Kästchen für sehr persönliche Zwecke genutzt wurde. Eventuell diente es als Schmuckschatulle oder als Minnekästchen. N.L.

14.47 a, b
Zwei Ringe

a. Oberitalien, 14. Jh. (?)
Silber mit Glaspaste und Niello;
Dm. 2,6 cm
L 1984/11.6
b. Süddeutschland, 12/13. Jh. (?)
Silber; Dm. 2,5 cm
In den Kreisfeldern: *A*(lpha) u. *O*(mega)
L 1984/11.114

Der linke Ring (a) ist zart gearbeitet. Der schmale Reif ist zur Mitte hin mit gotischen Ornamenten verziert und trägt in einer glockenförmigen Fassung die helle, würfelartige Glaspaste. Reste von Vergoldung und Niello deuten darauf hin, daß der Ring auch farblich aufwendig gestaltet war. Aufgrund

14.47 a + b

seiner Zartheit dürfte der Ring einer Dame gehört haben.

Ringe dienten jedoch nicht nur als Schmuckstücke, sondern hatten als Herrschaftszeichen oder Liebesbekenntnis auch symbolische Bedeutung, wie der rechte Ring (b) verdeutlicht. Die Enden des halbrunden, unbeholfen geformten Reifs sind an der Oberseite durch einen geraden Steg verbunden, der zwei ineinandergelegte Hände zwischen zwei Kreisfeldern mit den Buchstaben A(lpha) und O(mega) zeigt. Daher muß es sich um einen Verlobungs- oder Ehering handeln, der den Rechtsakt der *dextrarum iunctio* (das Reichen der rechten Hände) in einen christlichen Zusammenhang stellt. Dieser ergibt sich aus den Buchstaben *A* und *O*, dem Anfangs- und dem Endbuchstaben des griechischen Alphabets, die als Zeichen für die Unendlichkeit Gottes verstanden wurden. N.L.

14.48 a + b

14.48 a, b
Zwei Ringe

a. Deutschland (?), 13. Jh. (?)
Silber; Dm. 2 cm
Stein in Fassung
KN 1990/48
b. Deutschland, um 1500
Silber; Dm. 2,8 cm
KN 1995/31

Beide Schmuckstücke fallen schon allein durch ihre Größe auf. Der linke Ring (a) ist in der Mitte mit einem runden, flach geschliffenen, rot-schwarzen Stein verziert. Die Fassung ist unregelmäßig, folgt jedoch dem runden Stein. Im Verhältnis zum Stein wirkt der Reif filigran. Er besteht aus drei schmalen Ringen, die durch querliegende Rauten und reliefierte Stäbe zusammengehalten werden.

Die aufwendige Flechttechnik des rechten Ringes (b) verrät eine Entstehung um 1500. Dabei wurden aus dem Reif acht Stränge gezogen und miteinander verflochten. N.L.

14.49

14.49
Kette mit Bisamapfel

Deutschland, 15./16. Jh.
Silber, L. 56 cm
L 1989/5

Der sechsseitige Bisamapfel ist schlicht gestaltet und durch Ösen an einer Kette aus Silberdraht befestigt. Er diente als Schmuckgehäuse zur Aufnahme von Bisam (Moschus), dem kostbarsten Riechstoff des Mittelalters, der auch gegen die Pest wirken sollte. Der Moschusduft konnte als Paste oder in flüssiger Form verwendet werden. Der Apfel besitzt ein winziges Loch, durch welches der Duftstoff eingefüllt werden konnte. N.L.

14.50
Hoch- und spätmittelalterliche Keramik

Die Zusammenstellung umfaßt Gefäße und Ofenkacheln aus der Zeit vom

14. Städtische Wohnkultur

10./11. bis zum frühen 16. Jahrhundert. Die Auswahl soll vor allem die Vielgestaltigkeit der Keramik verdeutlichen. Irdene Haushaltsware und Ofenkeramik bilden den Großteil des mittelalterlichen keramischen Fundstoffs und verkörpern alltägliche Wohnkultur neben Architektur und Mobiliar sicherlich am treffendsten. Dies gilt nicht für andere, hier ausgesparte Gruppen der Keramik, wie die als Kirchenschmuck eingesetzten Wandplatten *(Kat. 21.8)* und verzierten Bodenfliesen oder die im Metallhandwerk verwendeten Schmelztiegel. Die für das spätmittelalterliche Regensburg des 14. und 15. Jahrhunderts so bestimmende, nach dem Hafnervort Prebrunn bezeichnete Irdenware vertreten nur wenige Stücke, da ihr im Bereich „Handwerk und Zünfte" eine eigene Vitrine gewidmet ist *(Kat. 13.8)*.

A.B.

14.50.1
Schüsselkachel

14. Jh.
FO: Regensburg, Vor der Grieb 3
L. max. 18 cm, T. 11,1 cm
1984/591

Die einfache, mit gewölbten Seitenrändern versehene Schüsselkachel aus Prebrunner Produktion repräsentiert einen Standardtyp von Ofenkacheln *(vgl. Kat. 13.8.4)*. Die Häufigkeit vor allem schlichter, unglasierter Kacheln in spätmittelalterlichen Fundkomplexen verdeutlicht die große Bedeutung der Kachelöfen für die bürgerliche Wohnkultur.

Lit.: LOERS 1996
A.B.

14.50.2
Schüsselkachel mit Vierpaß

2. Hälfte 14./Anfang 15. Jh.
FO: Regensburg, Vor der Grieb 3
L. max. 16,7 cm, T. 10,5 cm
1984/592

Die grünglasierte Schüsselkachel besitzt einen vorgeblendeten Vierpaß, dessen Ecken selbst mit Vierpässen verziert sind. Sie stellt die schlichteste Form der kunstvollen Maßwerkkacheln dar.

14.50.1 u. 14.50.2

Lit.: LOERS 1985, 170f., Abb. 122; LOERS 1996
A.B.

14.50.3
Halbzylinderkacheln mit Maßwerk

15. Jh.
FO: Regensburg, Runtingerhaus
27,3 × 15,7 × 8,3 cm
39,0 × 16,6 × 10,2 cm
36,1 × 17,8 × 10,2 cm
K 1973/13, K 1973/8, K 1973/7

Die drei Halbzylinderkacheln weisen ein vorgeblendetes spätgotisches Maßwerk auf und stammen von Kachelöfen aus dem Haus des bedeutenden Patriziergeschlechts Runtinger. Die einfachere Kachel links zeigt bereits die grüne Bleiglasur, wie sie für die prunkvollen Renaissancekacheln üblich wird. Die beiden größeren Kacheln sind mit sehr diffizilem Maßwerk verziert, aber unglasiert und entsprechen nach Gefüge und Machart der Prebrunner Ware *(s. Kat. 13.8)*. Die Grundform solcher Halbzylinderkacheln wurde durch senkrechte Halbierung eines gedrehten hohlen Tonzylinders in noch ungebranntem Zustand hergestellt.

Lit.: PLETZER 1974, 102 Nr. Y8 u. Y10
A.B.

14.50.3

14.50.4
Nischenkachel mit Blattmaske

2. Hälfte 15. Jh.
FO: Regensburg, Runtingerhaus
21,2 × 18,5 × 8,6 cm
K 1973/12

Die grünglasierte Nischenkachel mit profiliertem Rahmen weist auf der Innenwand eine Blattmaske inmitten von Blattwerk auf. Sie stammt wie die Maßwerkkacheln aus dem Runtingerhaus und verdeutlicht die gehobene Wohnkultur der Patrizier.

Lit.: PLETZER 1974, 102 Nr. Y13
A.B.

14.50.4 u. 14.50.5

14.50.5
Nischenkachel mit Stadtwappen

2. Hälfte 15. Jh.
FO: Regensburg, Altes Rathaus
23,7 × 20,5 × 9,3 cm
K 1969/30

Die grünglasierte Nischenkachel zeigt auf der Innenwand einen als Leiste ausgeführten Vierpaß, der dunkelocker glasiert ist. In seiner Mitte steht das Regensburger Stadtwappen. Die beiden gekreuzten Schlüssel sind durch hellgrüne Glasur hervorgehoben.

Ausgrabungen im ungarischen Königspalast von Buda brachten gleichartige Kacheln zutage. Sie wurden mit Sicherheit in Regensburg gefertigt. Der Ofen selbst dürfte zwischen 1487 und 1490 in Buda aufgebaut worden sein.

Bezeichnenderweise wurde das Regensburger Stück bei Aushubarbeiten im Alten Rathaus entdeckt.

Lit.: HOLL 1980, bes. 42f. u. 34 (Abb. 10)
A.B.

14.50.6

14.50.6

Reiteraquamanile

14./15. Jh.
FO: Regensburg, Ecke Gesandtenstraße/
Rote-Hahnen-Gasse (Schwäbelhaus)
H. 23,9 cm, L. 25,8 cm
K 1957/30

An den scheibengedrehten Rumpf des Pferdes, dessen Kopf abgebrochen ist, sind kräftige Stümpfe (teilweise ergänzt) als Füße angesetzt. Vorne am Hals ist die Ausgußtülle angebracht, während sich die Einfüllöffnung im Kopf des Reiters befindet. Aufgesetzte Leisten mit Einstichdekor sollen das Zaumzeug darstellen. In gleicher Weise ist der Helm des Reiters verziert. Dessen Gesicht wird dominiert von der geraden Nase und den aufgesetzten Augen. In der linken Hand trägt der Reiter einen kleinen dreieckigen Schild. Der Griff setzt oberhalb des Sattels am Rücken des Reiters an.

Der feingemagerte Ton ist reduzierend hart gebrannt und weist den fast metallisch glänzenden Überzug der Schwarzhafnerware auf.

Lit.: PFEIFFER 1969, 84 mit Taf. 38,2

E.W.

14.50.7

Hirschaquamanile

Um 1400
FO: Niederachdorf, Lkr. Straubing
L. 26,6 cm, H. 21,1 cm
K 1934/306

An den eingezogenen, scheibengedrehten Rumpf sind kurze, kräftige Beinstümpfe angesetzt. Der auf kräftigem Hals sitzende Kopf besitzt ein tüllenartig geformtes Maul als Ausguß. An ihn waren die Geweihstangen angesetzt. Der kleine nackte Reiter, in dessen Kopf die Einfüllöffnung liegt, sitzt ganz hinten auf dem Rücken des Hirsches. Die Augen von Reiter und Hirsch sind durch aufgelegte Scheiben gebildet. Vor dem Mann setzt der Griff an und führt zum Hals des Tieres. Der Hirschkörper und der Rücken des Mannes weisen runde Kreuzstempel auf; zudem ist das Aquamanile mit roten Engobestreifen verziert.

Lit.: PFEIFFER 1969, 86 mit Taf. 39,2

E.W.

14.50.8

Tierkopfaquamanile

1. Hälfte 15. Jh.
FO: Geiselhöring, Lkr. Straubing
L. 20,7 cm, H. 16,6 cm
HV 1282

Dem scheibengedrehten bauchigen Corpus ist auf einer Seite ein Tierkopf mit konischem Maul und spitzen Ohren als Ausguß und auf der anderen Seite eine Einfülltülle mit verstärktem Rand angesetzt. Über der konisch zulaufenden Spitze des Gefäßes ist zwischen den beiden Öffnungen der Griff angebracht. Die obere Hälfte des hellgrauen Aquamaniles ist mit roter Engobebemalung verziert.

Dieses Gießgefäß gehört nur im weitesten Sinn zu den tiergestaltigen Aquamanilien. Ton, Herstellung, Verzierung und Form des Tierkopfes mit eingestochenen Scheiben als Augen sprechen für eine Datierung in die erste Hälfte des 15. Jahrhudnerts.

Lit.: PFEIFFER 1969, 87 m. Taf. 40,1

E.W.

14.50.9

14.50.9

Spardose

2. Hälfte 14./Anfang 15. Jh.
FO: Regensburg, Vor der Grieb 3
H. 7,3 cm, Dm. 6,9 cm
1984/593

14.50.7 u. 14.50.8

14. Städtische Wohnkultur

Die kleine, grünglasierte Spardose *(vgl. Kat. 13.8.11)* besitzt eine spitzen Abschlußknauf. Am engen Einwurfschlitz ist ein Stück ausgebrochen. A.B.

14.50.10 bis 14.50.12

14.50.10
Urnenbecher

Rheinland, 13. Jh.
FO: Regensburg, Seminar Alte Kapelle
Manganviolettes Faststeinzeug; H. 9,9 cm,
Dm. Rand 5,6 cm
KN 1995/37

Der sogenannte Urnenbecher mit Sichelrand, Ausguß und Wellenfuß stellt einen Vertreter rheinischen Trinkgeschirrs dar, der vor allem im 13. Jahrhundert gebräuchlich war. E.W./M.W.

14.50.11
Trinkbecher

Waldenburg; 14./15. Jh.
FO: Regensburg, Neupfarrplatz
Waldenburger Steinzeug; H. 14,5 cm,
Dm. Rand 6,5 cm
KN 1995/38

Der Becher mit Trichterrand stellt einen typischen Steinzeugbecher des ausgehenden Mittelalters dar.
E.W./M.W.

14.50.12
Trinkbecher

15./16. Jh.
FO: Regensburg, Neupfarrplatz
Ton; H. 10,7 cm, Dm. Rand 10 cm
KN 1995/39

Die reduzierend klingend hart gebrannte Keramik zeichnet sich durch ihre fast metallisch glänzende Oberfläche aus. Sie kam im 15. Jahrhundert in Mode und wurde auch im 16. Jahrhundert noch produziert. E.W./M.W.

14.50.13 u. 14.50.14

14.50.13
Topf

14. Jh.
FO: Regensburg, Kreissparkasse
Ton; H. 20 cm, Dm. Rand 15 cm
KN 1995/40

Der Topf mit Kragenrand weist im Bauchbereich ein breites Furchenband auf. Er repräsentiert die gängige Haushaltsware, die beim Kochen und in der Vorratshaltung Verwendung fand. A.B.

14.50.14
Topf

Ende 14./Anfang 15. Jh.
FO: Regensburg, Vor der Grieb 3
Ton; H. 14,3 cm, Dm. Rand 22,5 cm
1984/595

Der weitmundige Topf mit Dreiecksrand stellt einen besonders häufigen Gefäßtyp des fortgeschrittenen Spätmittelalters dar. Das Exemplar ist durch Gebrauch auf dem Herd vollständig rußgeschwärzt. A.B.

14.50.15 u. 14.50.16

14.50.15
Topfdeckel

14./Anfang 15. Jh.
FO: Regensburg, Vor der Grieb 3
H. 7,4 cm, Dm. 17,6 cm;
H. 1,9 cm, Dm. 8,9 cm
1984/596

Der große, nicht mehr vollständige Glockendeckel (Bildmitte) und der Flachdeckel mit Knopfgriff (links) repräsentieren gängige spätmittelalterliche Deckelformen. A.B.

14.50.16
Öllampe

14./15. Jh.
FO: Regensburg, Neupfarrplatz
Dm. 7 cm
KN 1995/41

Die kleine Öllampe besitzt am Rand eine flache Mulde, in die der Docht eingelegt wurde. Die Schale zur Aufnahme des Brennstoffs ist, wie bei spätmittelalterlichen Öllampen üblich, sehr flach gehalten. A.B.

14.50.17

14.50.17
Henkeltöpfe

15. Jahrhundert
FO: Regensburg, Vor der Grieb 3
H. 14,5 cm, Dm. Rand 13,1 cm
H. 21,9 cm, Dm. Rand 18,2 cm
H. 13,9 cm, Dm. Rand 12,7 cm
1984/597–599

Die drei Henkeltöpfe weisen unterschiedliche Herstellungstechniken auf. Die Exemplare links und in Bildmitte sind reduzierend gebrannt. Dabei konnte unter bestimmten Voraussetzungen, wie bei dem mittleren Stück, eine schwarze, metallisch glänzende Oberfläche erzielt werden. Das Gefäß rechts ist dagegen oxidierend gebrannt und auf der Innenseite grün glasiert. Diese Bleiglasur verhindert das Eindringen von Flüssigkeit in die Poren und fand ab dem 15. Jahrhundert auch für die Haushaltsware häufig Anwendung, obwohl die Benützung für Speisen und Getränke – wie man heute weiß – zu Vergiftungen führt. A.B.

14.50.18

Doppelhenkeltopf mit Gesichtsapplikation

14./15. Jh.
FO: Regensburg
H. 13,5 cm, Dm. Rand 14 cm
K 1976/36

Der gedrungene, frei gedrehte Topf mit leicht unterschnittenem Lippenrand besitzt zwei unsymmetrisch angebrachte, randständige Henkel, zwischen denen auf der Gefäßschulter plastisch die Maske eines bärtigen Mannes angebracht ist.

14.50.18

Formal und nach der Tonbeschaffenheit kann der Topf dem späten Mittelalter zugewiesen werden. Plastische Applikationen kommen häufiger auf spätmittelalterlichen Gefäßen in Regensburg vor; besonders aus dem Fundkomplex Kramwinkel/Neupfarrplatz, also aus dem mittelalterlichen Judenghetto, stammen derartige Funde. Es kann jedoch nicht generell von einer Verbindung zwischen Applikationen und jüdischem Kulturgut ausgegegangen werden.

Lit.: PLETZER 1990, 100 (Kat.-Nr. V5)

E.W.

14.50.19

Löwenaquamanile

13. Jh.
FO: Regensburg, Pfarrergasse 6
H. noch 14,4 cm, L. 28 cm
K 1936/36a

Das handgefertigte Stück, dem die Beine fehlen, besitzt einen schlanken

14.50.19

Rumpf und einen grob modellierten Kopf, dessen Gesicht von einem gratigen Wulst eingefaßt ist. Die Augen werden durch eingetiefte Ringe gebildet. Der Ausguß im Mund besteht aus einer kleinen Tülle; das Einfülloch liegt an der Rückseite des Kopfes. Der Schwanz ist als Griff über den Rücken zum Hinterkopf geführt.

Das Löwenaquamanile schließt sich durch seine Herstellungstechnik und Tonbeschaffenheit an die Keramik des 13. Jahrhunderts an. Damit liegt in dem Regensburger Fundstück eines der frühesten bekannten mittelalterlichen Tonaquamanilien vor.

Lit.: PFEIFFER 1969, 83 mit Taf. 38,1; Kat. Landshut 1980, 60 (Kat.-Nr. 66e)

E.W./M.W.

14.50.20

Topf mit Radmarke

12. Jh.
FO: Regensburg
H. 12,9 cm, Dm. Rand 11,2 cm
K 1935/62a

14.50.20

Der kleine Topf ist nachgedreht und oxydierend bis reduzierend gebrannt. Er weist als Besonderheit eine Radmarke auf.

Lit.: PLETZER 1990, 55, 91 Nr. B12

A.B.

14.50.21

14.50.21

Goldglimmerkeramik

10.–12. Jh.
FO: Regensburg, Neupfarrplatz, Thon-Dittmer-Palais, Erhardihaus
H. 16,0 cm, Dm. Rand 10,3 cm
H. 19,9 cm, Dm. Rand 11,6 cm
H. 22,0 cm, Dm. Rand 12,7 cm
KN 1995/42, K 1953/6, K 1976/57

Die beiden eiförmigen Töpfe und die Kanne mit Ausgußtülle sind aus vergleichsweise grob gemagertem Ton, der neben Quarz und Feldspat als Magerungszuschlag goldfarbenen Glimmer aufweist. Sie sind handgefertigt und anschließend partiell nachgedreht. Ihre orange bis braune Farbe erhielten sie in wechselnder Brennatmosphäre.

Auffallend ist, daß das Schankgefäß mit Röhrenausguß keinen Henkel zur Handhabung besitzt. Der Boden des großen Gefäßes weist einen Achsabdruck auf, der allgemein als Hinweis auf slawische Herkunft angesehen wird. Ton und Herstellung des Gefäßes unterscheiden sich aber nicht von den beiden anderen Gefäßen.

Derartige Töpfe stellen einen in Ostbayern häufig und über längere Zeit vertretenen Gefäßtypus dar. In Ermangelung gut stratifizierter Fundkomplexe ist bisher eine feinere chronologische Einordnung der Gefäße kaum möglich.

Lit.: PLETZER 1990, 90f. (B4, B9); M. WINTERGERST 1995

E.W./M.W.

14. Städtische Wohnkultur

14.50.22

14.50.22
Reduzierend gebrannte Keramik

10.–12. Jh.
FO: Regensburg, Dachauplatz, Ägidienplatz, Neubau Kreissparkasse
H. 12,6 cm, Dm. Rand 11,3 cm
H. 8,6 cm, Dm. Rand 7,0 cm
H. 10,4 cm, Dm. Rand 9,4 cm
H. 8,7 cm, Dm. Rand 10,3 cm
KN 1995/43; 1971/119; K 1955/3

Die vier Gefäße sind charakterisiert durch den scharfen Gefäßumbruch, der fast einem Knick gleichkommt. Die handgefertigten, partiell nachgedrehten Töpfe sind mit vergleichsweise wenig Goldglimmer gemagert. Die dunkle, teilweise fast schwarze Färbung der Gefäße läßt auf überwiegend reduzierende Brennatmosphäre schließen. Die kleine Kanne mit Ausgußtülle besitzt keinen Henkel und ist auf der Schulter mit einer Wellenlinie verziert.

Die reduzierend gebrannten Gefäße mit scharfem Gefäßumbruch treten häufig gemeinsam mit der partiell nachgedrehten Goldglimmerkeramik mit einfachen Randbildungen auf und sind – wie diese – feinchronologisch bislang nicht näher zu fassen.

Lit.: PLETZER 1990, 92 (C1, C2, C5);
M. WINTERGERST 1995

E.W./M.W.

14.50.23
Goldglimmerkeramiktöpfe mit markierter Gefäßschulter

2. Hälfte 12./Anfang 13. Jh.
FO: Regensburg, Schäffnerstr. 1, Altes Rathaus (2 Töpfe)

14.50.23

H. 10,0 cm, Dm. Rand 8,6 cm
H. 17,8 cm, Dm. Rand 15,1 cm
H. 15,0 cm, Dm. Rand 12,5 cm
K 1935/19g, K 1976/72, K 1976/74

Die drei hochschultrigen Töpfe, darunter ein kleiner Henkeltopf, besitzen eine breite Riefenzone im Bereich der Gefäßschulter. Auch sie sind überwiegend mit Goldglimmer gemagert und in wechselnder Brennatmosphäre gebrannt. Die Gefäße sind noch handgefertigt, jedoch partiell bis vollständig nachgedreht.

Die verdickten, umgeschlagenen Randformen und die Wandungszier sprechen für einen Zeitansatz zwischen der zweiten Hälfte des 12. und dem Anfang des 13. Jahrhunderts.

Lit.: PLETZER 1990, 91 (B10);
M. WINTERGERST 1995

E.W./M.W.

14.50.24
Frei gedrehte Töpfe mit Kragenrand

Ende 13. Jh.
FO: Regensburg, Maximilianstraße (Südostecke der Stadtmauer)
H. 14,0 cm, Dm. Rand 11,7 cm
H. 17,8 cm, Dm. Rand 13,0 cm

14.50.24

H. 15,5 cm, Dm. Rand 14,3 cm
1955/125–449,1–3

Die drei schlanken Töpfe mit einfachen Kragenrändern sind auf der schnellrotierenden Drehscheibe gefertigt. Durch den Fundzusammenhang sind sie eindeutig kurz vor 1300 zu datieren, da sie vor dem Neubau der Stadtmauer in den Boden gelangt sein müssen.

Lit.: DANNHEIMER 1973, 39f. mit Taf. 3,12.25, Taf. 4,9; 54f.;
M. WINTERGERST 1995

E.W./M.W.

14.50.25

14.50.25
Flasche mit Deckel

Wohl 14./15. Jh.
FO: Regensburg, St.Emmeram (Konventsbau)
H. 18,5 cm, Dm. Bauch 20 cm,
Dm. Rand 3 cm
K 1954/20b

Die bauchige unverzierte Flasche ist aufgrund ihrer außergewöhnliche Form nur schwer zu datieren. Ton und Färbung erinnern an Prebrunner Ware, nicht aber die Oberflächenbeschaffenheit. Die Einordnung ins Spätmittelalter ist daher nur unter Vorbehalt möglich. Auch der kleine, teilweise ergänzte Deckel besitzt in Regensburg keine Parallelen.

A.B.

entspricht formal dem etwas größeren Exemplar 13.8.13. Derartige Bügelkannen wurden in Regensburg während der ersten Hälfte des 15. Jahrhunderts von den Henkelkannen abgelöst.

Lit.: ENDRES/LOERS 1981   A.B.

14.50.29 u. 14.50.30

14.50.30
Weitmundiger Henkeltopf

2. Hälfte 15./16. Jh.
FO: Regensburg, Grasgasse
H. 12,5 cm, Dm. Rand 18,1 cm
1979/331

Der innen grünglasierte weitmundige Topf mit plumpem Henkel entspricht bereits Gefäßtypen, die in der frühen Neuzeit üblich wurden.   A.B.

Lit.: ENDRES 1984, 76–78 mit Abb. 32

14.50.26

14.50.26
Kanne

Um 1400
FO: Regensburg, Vor der Grieb 3
H. 22,5 cm, Dm. Rand 8,2 cm
1984/600

Über Gefäßhals und -bauch verlaufen horizontal drei gerade und ein wellenförmiger Engobestreifen; der Henkel weist Trocknungeinschnitte auf. Vom Henkelansatz verläuft ein Wulst knapp unterhalb der Mündung um den Hals. Der Bauch weist stellenweise Rußschwärzung auf. Das Gefäß ist der Prebrunner Ware zuzurechnen.

Lit.: LOERS 1996

A.B.

14.50.27
Bügelkanne

Ende 14. Jh.
FO: Regensburg, Prebrunn
H. 28,2 cm, Dm. Rand 10,0 cm
HK 1979/38.121
(Ohne Abb.)

Die Kanne besitzt einen kurzes Ausgußrohr und einen kräftigen Querbügel mit Trocknungseinschnitten. Das Gefäß zählt zur Prebrunner Ware und stammt auch von diesem Fundort. Sie

14.50.28

14.50.28
Kanne

14. Jh.
FO: Regensburg, Vor der Grieb 3
H. Rand 25,2 cm, Dm. Rand 10,5 cm
1984/601

Die außen grünglasierte Kanne weist einen Überhenkel auf, der – da nur ansatzweise erhalten – ergänzt ist. Bei dem qualitätvollen Gefäß handelt es sich um ein in Regensburg bisher einzigartiges Exemplar.

Lit.: LOERS 1996   A.B.

14.50.29
Topf

15. Jh.
FO: Regensburg, Vor der Grieb 3
H. 24,9 cm, Dm. Rand 20,5 cm
1984/602

Der auf der Innenseite braunglasierte Topf weist einen Kompositrand auf. Über den ganzen Gefäßkörper ist ein Furchenband gezogen.   A.B.

14.50.31

14.50.31
Topf

15. Jh.
FO: Burglengenfeld
H. 34,1 cm, Dm. Rand 25,5 cm
K 1952/95

Das reduzierend gebrannte Gefäß mit Dreiecksrand ist außergewöhnlich groß und diente sicherlich der Vorratshaltung.   A.B.

15. Die jüdische Gemeinde

Die älteste schriftliche Nachricht über die Anwesenheit eines Juden in Regensburg befindet sich in einer Urkunde Kaiser Ottos II. aus dem Jahr 981. Zwischen 1006 und 1020 werden Höfe in Regensburg erwähnt, die „*prope Judaeorum habitacula*" (nahe bei den Wohnungen der Juden) lagen. Dennoch kann bereits ab dem 6./7. Jahrhundert mit der Anwesenheit von Juden in Regensburg gerechnet werden, lag doch das jüdische Viertel der Stadt mit seinem Zentrum, dem heutigen Neupfarrplatz, innerhalb des ehemaligen Römerlagers, also in einem Teil der Stadt, der bei der Landnahme der Bajuwaren bevorzugt besiedelt worden sein dürfte.

Die ab dem 13. Jahrhundert genauer rekonstruierbare, ca. 150 × 150 Meter große jüdische Siedlung mit ihren 500 bis 600 Einwohnern verfügte über eine Synagoge, eine Jeschiwa (Talmudschule – hier lehrte u. a. von 1195 bis 1217 Rabbi Jehuda He-Chasid, einer der bedeutendsten Rabbiner des Mittelalters und Führer der Chaside Aschkenas), ein rabbinisches Gericht (Bet Din), ein Hospital, eine Mikwe (Ritualbad), ein Gemeindehaus und einen Friedhof. Anders als im Jahr 1096, als die jüdischen Einwohner Regensburgs von fanatischen Kreuzfahrern zur Taufe gezwungen wurden – ein Privileg Kaiser Heinrichs IV. gestattete den Juden bereits ein Jahr später die Rückkehr zu ihrem angestammten Glauben –, blieb die Gemeinde von den Verfolgungswellen der Jahre 1298, 1338 und 1348/49 weitgehend verschont. Und 1391, bei der Vertreibung der Juden aus der Oberpfalz, wurde auf Intervention des Stadtrats ebenfalls Schlimmeres verhindert. Die jüdische Gemeinde Regensburgs, die ein eigenes Siegel führte und deren Mitglieder das „mindere Bürgerrecht" in der Stadt besaßen, konnte ihre Existenz aufrechterhalten.

Ab der Mitte des 15. Jahrhunderts kam es auch in Regensburg zu ersten wirtschaftlichen und gesellschaftlichen Boykottmaßnahmen gegen Juden. Beim großen Ritualmordprozeß von 1476 bis 1480 wurden 17 Juden im Rathaus inhaftiert, gefoltert und zu widersprüchlichen Aussagen gezwungen, ehe Kaiser Friedrich III. die Freilassung der Unschuldigen durchsetzen konnte. Vor allem der Domprediger Balthasar Huebmaier setzte ab 1516 alles daran, um eine Ausweisung der Juden aus der von wirtschaftlichem Niedergang gezeichneten Reichsstadt zu erwirken. Als im Januar 1519 Kaiser Maximilian I., wie seine Vorgänger Schutzherr der Regensburger Juden, in Wels verstarb, hatte Huebmaier sein Ziel erreicht. Nach kurzer Beratung beschloß der Rat der Stadt in einer Sitzung am 21. Februar 1519 die Vertreibung, welche in den folgenden Tagen ohne Erbarmen erfolgte. Die Ghettohäuser, der Friedhof mit seinen 4200 Grabsteinen und die Synagoge wurden zerstört. An der Stelle des abgerissenen jüdischen Gotteshauses errichtete die Stadt die Wallfahrtskirche zur „Schönen Maria", um jegliche Rückkehr der Juden unmöglich zu machen.   S.Sch.

15.1

Jüdische Grabsteine

Vom 16. bis 20. März 1519, drei Wochen, nachdem der Regensburger Rat seinen Vertreibungsbeschluß gegen die Juden gefaßt hatte, zerstörte eine Menschenmenge – nach Christian Gottlieb Gumpelzhaimer bestand sie aus Landvolk, Frauen und Jungfrauen – den Friedhof der jüdischen Gemeinde. Dieser war ab 1210 an der sogenannten „Emmeramer Breite" angelegt worden, am heutigen Park des fürstlichen Schlosses, nördlich des Hauptbahnhofs, und diente als Begräbnisplatz für die Juden in Altbayern. Zum Zeitpunkt seiner Zerstörung hatte er ca. 4200 Grabsteine.

Der Mob, der auch nicht davor zurückschreckte, die Leichen auszugraben, umherzuschleifen und zu schänden, warf die Grabsteine um, zerstörte und verschleppte sie. Viele fanden als Baumaterial und Trophäen Ver-

15.1 a

wendung und wurden in Wohnhäusern und Kirchen in und um Regensburg eingemauert. Die ausgestellten Grabsteine stammen – mit Ausnahme des Vor der Grieb gefundenen, 1973 vom Landbauamt überstellten Steins b – aus der Sammlung des 1830 gegründeten Historischen Vereins für Oberpfalz und Regensburg, durch dessen Engagement zumindest 41 Steine und Steinfragmente gesichert werden konnten.

Lit.: BAUER 1988, 449; A. ANGERSTORFER in Kat. Regensburg 1989/90, 72–80

15.1 b

a. Grabstein des David bar Joseph

Regensburg, 1217/18
Kalkstein; H. 67 cm, B. 38 cm
Rand stark verwittert und abgeschlagen
Sockel fehlt
Mitte der 3. Schriftzeile beschädigt
Sechszeilige Inschrift in hebräischen Schriftzeichen:
[Gedenk-]Zeichen für David bar Joseph der in seine Welt einging [...] im [Jahr] 4978 der Zählung [= 1217/18]
HVE 255

15.1 d

Der oben abgerundete, hochrechteckige Grabstein besitzt eine leicht vertiefte Schrifttafel, der Rand ist links und oben profiliert. Die Inschrift ist primitiv eingemeißelt.

b. Grabstein der Frau Pluma

Regensburg, 1253
Kalkstein; H. 57 cm, B. 41 cm
Inschrifttafel schwarz bemalt
Rechte untere Ecke abgestoßen
Eingeriefte, siebenzeilige Inschrift in hebräischen Buchstaben:
Es starb Frau Pluma [Blume] Tochter des R. Josef am zweiten Wochentag [Sonntag], elften Tag des Monats Kislev [Nov./Dez.] des Jahres 13 des sechsten Jahrtausends [= 1253]. Ihre Seele sei eingebunden in den Bund des Lebens. A[men] A[men] S[ela] S[ela]
K 1973/125

Rundbogiger Stein mit leicht konischer Laibung und vertiefter Inschrifttafel.

15.1 e

c. Grabstein des Rabbi Schne'ur

Regensburg, 2. Hälfte 13. Jh. (?)
Kalkstein; H. 104 cm, B. 70 cm
Unten in Beton ergänzt, rechte obere Ecke abgeschlagen
Auf dem linken Rand Schriftzeichen
Dies ist der Grabstein des Rabbi Schne'ur Sohn des Rabbi Jizchak, am Schabbat und Neumond Ijar [...]
HVE 259
(Ohne Abbildung)

Der fragmentierte, rechteckige Grabstein besitzt eine leicht vertiefte, rundbogige Schrifttafel.

d. Grabstein des Rabbi Jizchak

Regensburg, 1344
Kalkstein; H. 110 cm, B. 69 cm
Oberer Abschluß fehlt,
seitlich teilweise abgeschlagen
Siebenzeilige, eingetiefte Inschrift in
hebräischen Buchstaben:
*[...] der liebenswürdige Rabbi Jizchak
Sohn des Rabbi Nissim der in seine Welt
einging am Montag dem 14. des Monats
Tebet des Jahres 5105 des sechsten Tausends [= 20. Dez. 1344] Seine Seele sei
eingebunden in das Bündel des Lebens.
Amen. Amen. Amen. Sela.*
HVE 257

Rechteckiger Grabstein mit erhabenem
Rand und vertiefter Schrift.

e. Grabstein des Knaben Menachem

Regensburg, 1349
Kalkstein; H. 44 cm, B. 38 cm
Linke untere Ecke beschädigt
Rand stark verwittert
Inschrift in hebräischen Buchstaben:
*Dies ist der Grabstein für meinen Knaben
Menachem, Sohn des Rabbi Jakob, der
[...], der verstarb am Freitag [?], dem
21. Ijar des Jahres 5109 [= 10. Mai 1349]
seine Seele sei eingebunden in den Bund
des Lebens*
HVE 263

Annähernd quadratischer Grabstein
mit vertiefter Schrifttafel.

15.1 f

15.1 g

f. Grabstein des Sohns von Rabbi Abraham

Regensburg, 1445
Kalkstein; H. 95 cm, B. 33 cm
Oberer rechter Rand abgeschlagen,
Schrift zum Teil verstümmelt
Basis vorn beschädigt
Inschrift in hebräischen Buchstaben:
*Hier ist begraben [...] Sohn des Rabbi
Abraham am Mittwoch dem Neumond des
Marcheschwan im Jahre 5206 [= 1445]
A[men] S[ela]*
HV 1346

Der hochrechteckige Stein besitzt abgeschrägte obere Ecken und eine vertiefte Schrifttafel. Das Fundament ist etwas breiter und roh bearbeitet.

g. Grabstein des Rabbi Mosche

Regensburg, 1504
Kalkstein; H. 57 cm, B. 42 cm
Großteil der linken Hälfte und Fundament
fehlen
Sechszeilige, vertiefte Inschrift in
hebräischen Buchstaben:
*Hier ist begraben der Greis Rabbi Mosche
Sohn des Rabbi Schne'ur der in seine Welt
einging am Schabbat [...] des Monats Aw
5264 [?] [=1504] [...]*
HV 1350

Von diesem Fragment eines Doppelgrabsteins in Form der Gesetzestafeln Mose ist nur die rechte Inschrift erhalten. Die Schrifttafel ist vertieft.

S.Sch.

zu 15.2

15.2

Säule und Bogenfragment vom Almemor der 1519 zerstörten Synagoge

Regensburg, 2. Hälfte 13. Jh.
a. Säule Kalkstein; H. 107 cm
b. Bogenfragment Kalkstein;
38 × 70 × 23 cm
FO: Regensburg, Neupfarrplatz
K 1940/27

Die beiden Spolien lassen sich anhand einer Radierung, die Albrecht Altdorfer im Februar 1519 unmittelbar vor der Zerstörung der Synagoge vom Innenraum des Gotteshauses angefertigt hat (Abb.), als Überreste der Brüstung des Almemors identifizieren. Der Bau der Synagoge, deren architektonische Formen den Übergang von der Spätromanik zur Frühgotik ankündigen, wird in die zweite Hälfte des 13. Jahrhunderts datiert.

Der Almemor, der abgesonderte, umgrenzte Platz, auf dem die Tora verlesen wurde, bildete den Mittelpunkt der Synagoge und besaß vorne rechts drei Stufen als Aufgang.

Lit.: A. ANGERSTORFER in Kat. Regensburg 1989/90, 24–35; Kat. Landshut 1980 I/2, 63 (Nr. 69).

S.Sch.

15.2 a

15.2 b

15.3
Siegel der jüdischen Gemeinde Regensburgs

8. Juni 1356
Wachs (Abguß); Dm. 4,5 cm
Bayerisches Hauptstaatsarchiv München

Umlaufende hebräische Legende (in Übertragung): *chotam q^{e}hal rignshpirq*, Siegel der Gemeinde *Regenschpirk*. Als Worttrenner gebraucht die Legende zwei Punkte und einen fünfzackigen Asterisk. Als Siegelbild dienen ein sechszackiger Stern und, danebenstehend, ein Halbmond, jeweils mit erhabenen Mittellinien. Die Siegelankündigung in der Urkunde lautet: *„... mit unserem der Juden in Regenschpurk gemein Siegel ..."*

15.3

Die verwendeten Symbole finden sich sowohl auf christlichen wie auf jüdischen Siegeln wieder. Ob die Symbolik dieses „offiziellen" Siegels der jüdischen Gemeinde von christlicher Seite „zugewiesen" bzw. „oktroyiert" wurde, wie in der Literatur zu lesen ist, muß dahingestellt bleiben. Die Verwendung von Siegeln war jüdischerseits nicht ganz unumstritten. Sie galt einigen Gelehrten als „Nachahmung nichtjüdischer Praktiken". So sind keine Menschendarstellungen zu finden. Die zahlreichen aus dem 14. Jahrhundert erhaltenen Siegel zeigen die Bedeutung einzelner Gemeinden und Individuen.

Lit.: Kat. Regensburg. 1989/90, 46f. (mit Lit.)

H.W.

15.4

15.4
Keramik aus dem mittelalterlichen Ghetto

Regensburg, 1. Hälfte 14. Jh.
FO: Regensburg, Neupfarrplatz 6a
1990/3

Diese Auswahl beinhaltet auffällig verzierte Flachdeckel und Topfränder, die bei einer Grabung 1990/91 geborgen wurden. Die Keramikobjekte, die zusammen mit sehr viel Bauschutt in eine Latrine im Bereich des mittelalterlichen jüdischen Ghettos geworfen worden waren, gleichen hinsichtlich des Materials dem einheimischen Geschirr, das in Regensburg-Prebrunn hergestellt wurde. Für die Applikationen jedoch, die in Form von Nuppen, Armen, geschwungenen Leisten und – auf den Deckeln – in teilweise rätselhafter Ausführung angebracht wurden, gibt es in Regensburg nur vereinzelt Vergleichsstücke. Bei den ausgestellten Deckelknäufen (ein Tierkopf und ein stilisierter menschlicher Kopf) handelt es sich um Unikate.

Trotz des spektakulären Fundortes konnte bisher kein Zusammenhang zwischen den Applikationen und jüdischen Gebräuchen hergestellt werden. Starke Rußspuren und dicke Kalkschichten an vielen Töpfen mit Applikationsdekor belegen immerhin eine Nutzung als Wasser- oder auch Eierkochtopf.

Lit.: A. ANGERSTORFER in Kat. Regensburg 1992/93, 231f. (Nr. 12; mit Lit.)

K.O.

15.5
Lavabo

Regensburg, 15. Jh.
FO: Regensburg, Neupfarrplatz
H. 24,8 cm
KN 1995/34

Das Hängelavabo spendete, ähnlich wie die abstellbaren Aquamanilien, Wasser zum Händewaschen, wobei es in jüdischem Gebrauch regelhaft rituell benutzt wurde. Das bauchige Gefäß besitzt zwei gegenständige Ausgußtüllen und wird oben durch einen spitz zulaufenden Hals mit Öse abgeschlossen. Ein angarnierter Kragenkranz läuft oberhalb der Ausgüsse um den Gefäßkörper und bildet so eine Rille, in der zwei gegenüberliegende Reihen aus je drei Löchern die Flüssigkeit zum Nachfüllen ins Innere leiten. Die Öse diente zur Aufhängung. Eine Engobeverzierung in Form einer Wellenlinie zwischen zwei horizontalen Streifen umzieht das Gefäß in Höhe der Tüllenansätze. Nach Gefüge und Machart ist das Lavabo der Prebrunner Ware zuzurechnen.

Lit.: A. ANGERSDORFER in: Kat. Regensburg 1989/90, 43f., Abb. 8; PLETZER 1990, 70, 101 (Nr. W 15)

A.B.

15.5

15.6
Kanne

Regensburg, 15. Jh.
FO: Regensburg, Neupfarrplatz
H. 23,8 cm
HV 1289
(Ohne Abb.)

Die dünnwandige Schnauzenkanne mit Bandhenkel ist im Bestreben, eine schwarze, metallisch glänzende Oberfläche zu erzielen, reduzierend gebrannt und poliert. Die elegante Form verdeutlicht die Nachahmung von Zinnkannen.

Lit.: KASPAREK 1959, 214, Abb. 16,9; PLETZER 1990, 68, 101 (Nr. W 8)

A.B.

15.7

Figürchen eines jüdischen Priesters (Aharon)

Regensburg (?); wohl 15./Anf. 16. Jh.
Bronze; H. 13,2 cm
Attribut in der Tülle der rechten Hand fehlt, ein Stück des Gewandsaums ist ausgebrochen.
Prov.: 1861 aus dem Schutt der Grundaushebung für den Westchor der Neupfarrkirche geborgen
HV 1252

Die vollrunde, hohle Figur wurde der Länge nach aus zwei Teilen zusammengelötet. Das Haupt der Statuette, die von einem größeren Gegenstand abgebrochen sein muß, weist langes Haar, einen Bart und Schläfenlocken (Pajjot) auf. Bekleidet ist die Figur mit einer langen, von einem Gürtel mit zwei Quastenenden gebundenen Albe sowie einem Ephod, dem Prachtgewand des jüdischen Hohenpriesters, das als Schultermantel ausgeführt ist und in Dreiecken endet. Auf dem Haupt trägt sie eine Spitzmütze. Mit dem übergroßen Zeigefinger der linken Hand weist die Statuette nach oben, während die rechte Hand waagrecht eine becherförmige, eingeschraubte Tülle hält.

Durch Pajjot und Gewandung ist das Figürchen als Darstellung eines jüdischen Hohenpriesters identifizierbar. Dies und die Fundumstände lassen es denkbar erscheinen, daß es sich bei der Statuette um den Überrest einer jüdischen Metallarbeit handelt. Sie wäre dann das vermutlich einzige erhaltene (spät-)mittelalterliche figürliche Produkt einer jüdischen Werkstatt.

Möglich ist aber auch, daß die Hohepriesterfigur von einem christlichen Kultgegenstand, zum Beispiel von einem Reliquienschrein, abgebrochen ist. Die Darstellung und Beschreibung von Szenen des Alten Testament war auch im Mittelalter und der Frühen Neuzeit nicht auf das Judentum beschränkt.

Lit.: A. ANGERSTORFER in Kat. Regensburg 1989/90, 38–42; DERS. in Kat. Regensburg 1992/93, 230 (Nr. 11).

S.Sch.

16. Das Rathaus

Das mittelalterliche Regensburger Rathaus, das sogenannte Alte Rathaus, gehört zum Bautyp der zweigeschossigen Ratsgebäude, der im Italien des 11./12. Jahrhunderts entstanden ist. Als Vorbilder dienten dort antike Versammlungsräume mit rechteckigem Grundriß und ansteigenden Sitzreihen.

In der Regel lag das Rathaus am zentralen Marktplatz und beherrschte diesen durch seinen repräsentativen Charakter. Meist befand sich über einer offenen Erdgeschoßhalle ein Fest- und Tanzsaal; seitlich war häufig ein Turm angebaut. Die anfänglichen Saalbauten, in Italien noch häufig erhalten, wurden nördlich der Alpen schon während des Mittelalters von Gruppenbauten abgelöst. So fügte man auch beim Regensburger Rathaus an den Kernbau im Laufe der Jahre unregelmäßig gruppierte Gebäudeteile an.

Der Urbau geht vermutlich noch auf das 11. Jahrhundert zurück, da der Regensburger Marktplatz bereits 1002 erstmals urkundlich erwähnt ist. Nach einem Brand 1360 erfolgte ein Neubau. Dieser wurde wegen Raummangel bis ins 18. Jahrhundert immer wieder erweitert. Heute besteht er aus vier Gebäudeteilen.

Politisch bedeutsam wurde das Regensburger Rathaus, als Kaiser Friedrich II. im Jahre 1245 den Bürgern das Recht verlieh, Bürgermeister und Rat zu wählen. Dadurch befreite er die Stadt von den Herrschaftsansprüchen des Bischofs und des bayerischen Herzogs.

Wegen der wachsenden Bedeutung der Freien Reichsstadt ließ der Rat den Festsaal im ersten Stock ab 1408 als Tagungsort für Reichsversammlungen umgestalten. Diese Umbaumaßnahmen machten sich bezahlt, als Regensburg 1663 Sitz des Immerwährenden Reichstags wurde. Der Rat der Stadt zog damals aus Platzgründen in das ab 1659 errichtete „Neue Rathaus" um und überließ das „Alte Rathaus" mit dem Reichssaal den Reichsständen (Kurfürsten, Fürsten, Reichsstädte) für ihre Versammlungen und Beratungen. E.T.

16.1

Teppich mit dem Kampf der Tugenden und Laster

Regensburg, um 1400
Wirkerei; Leinenkette, Schuß aus bunter Wolle; 126–129 × 968 cm
Aus drei Teilen wieder zusammengesetzt; an mehreren Stellen, vor allem unten, ergänzt
AB 3
(Farbtafel 51)

Auf der linken Seite versuchen Ungerechtigkeit, Gefräßigkeit, Krankheit (Schwäche) und Torheit die Burg der Kardinaltugenden Gerechtigkeit, Mäßigkeit, Stärke und Weisheit zu stürmen. Dann reiten sieben Laster mit geschlossenem Visier auf die sieben ihnen entgegenstehenden Tugenden zu. Die grün gekleidete Hoffart, auf einem Pferd, hält eine Fahne mit Adler und einen Schild mit steigendem Löwen; auf ihrem aus drei Kronreifen gebildeten Helm hockt ein Pfau. Zu der blau gekleideten Demut fliegt ihr Engel mit Spruchband *„dimutigkeit"*; auf ihrem Schild kämpft der hl. Michael mit dem Drachen, auf der Fahne steht das Christuskind mit Kreuzstab; den Helm zieren rote Blüten. – Das gefleckte Pferd des Geizes beißt sich in das eigene Bein; er führt im Schild eine Kröte, auf der Fahne ein Eichhörnchen; ein Hahn steht auf dem als Fischreuse gebildeten Helm. – Die Milde trägt einen mit Hermelin gefütterten Mantel; ihr Engel spielt auf einer Fidel; der Schild zeigt einen Panther, auf der Fahne zerfleischt sich der Pelikan für seine Jungen; der Vogel auf dem Helm mag der sagenhafte Charadrius sein. – Die Unkeuschheit reitet auf einem Bären und schießt aus ihrem Bogen mit drei verschiedenen Pfeilen; auf ihrem Schild hat sie einen Eber, auf der Fahne einen Finken, als Helmzier einen Basilisk, dessen Anblick töten soll. – Die zarte Keuschheit hält in der Linken einen Lilienzweig; ihr Engel stützt ihren Schild mit einem weiteren Engel darauf; auf der Fahne flüchtet sich das Einhorn in den Schoß einer reinen Jungfrau; der Vogel auf dem mit Blüten besteckten Helm mag eine Lerche sein. Auf den von hier an erhaltenen Schriftbändern: *„ich schevsz in deines hertzen zil/ vnd meinen leip ich zieren wil"* bzw. *„in unke-*
wscheit ich dich vinden/ mit kewscheit ich dich vberwinden". – Der auf einem Wildschwein reitende Zorn führt einen Igel auf der Fahne, einen Affen auf dem Schild, als Helmzier eine Dornenkrone mit Eule. Zur Geduld gehört ein Engel mit Laute; auf ihrem Schild findet sich ein Lamm, auf der Fahne ein Geier, als Helmzier ein anderer Vogel in einem Blütenkranz. Auf den Spruchbändern: *„in mir ist zorn vnd streiten vil/ alle dinck ich verstoren wil"* bzw. *„mit meinen gedvltigen leiden/ mag ich wol deinen streit vertreiben"*. – Die Gefräßigkeit hockt auf einem Fuchs, der eine Gans im Maul hält, auf dem Schild neigt sich ein Rabe, auf der Fahne wird ein Braten am Spieß gehalten, als Helmzier erhebt sich ein Adler auf einem Doppelkopf (Deckelpokal). Die Mäßigkeit beugt sich über ihren Schild mit einem aus Flammen entsteigenden Lamm; auf der Fahne findet sich ein Fisch als Fastenspeise, als Helmzier in einem Rosenkranz ein Vogel, vielleicht Gantalea, der sich allein von Luft ernähren soll. Auf den Spruchbändern: *„ich sorge allez avf diser erden/ wie ich vol mvge werden"* bzw. *„ich mit wol begnvgen lan/ da vmb mvstv mir sein vnder(tan)"*. – Die Trägheit reitet auf einem Esel; der Vogel Strauß auf ihrem Schild hält ein Hufeisen, ein Krebs zeichnet ihre Fahne aus; auf dem Helm steht ein Affe mit Liebesknoten. Auf dem Schild der Stetigkeit springt ein Hirsch, auf ihrer Fahne, deren Stange der Engel stützt, steigt der Phoenix aus dem Feuer empor; auf dem Helm sitzt eine Nachtigall im Blütennest. Auf den Spruchbändern: *„tre(g ist aller) mein gedanck/ zv gvten werken pin ich kranck"* bzw. *„alle dinck fvgen sich zv dem pesten/ vnd pin gdvltig mild vnd feste"*. – Der Haß reitet auf einem Drachen; seinen Schild ziert ein Skorpion, auf der Fahne zwei gekreuzte Nattern; als Helmzier steigt aus einer Dornenkrone eine Fledermaus auf. Zu der gekrönten Liebe fliegt ihr Engel mit einer Lichtschale herbei; auf der Fahne hat sie den Baum Peridixion, in dem die Tauben wohnen, auf dem Schild einen Löwen, der durch Anhauchen seine Jungen zum Leben erweckt. Auf den Spruchbändern: *„mir tvt ander lewt gvt/ pein vnd posen mvt"* bzw. *„ich gan yeder man wol/ waz er gvtez haben*
schol". – Die Burg auf der rechten Seite verteidigen die drei theologischen Tugenden Glaube, Liebe, Hoffnung gegen Unglauben, Haß und Verzweiflung.

Die im frühen 14. Jahrhundert verfaßte *Etymachia* führte die verschiedenen, die Tugenden und Laster kennzeichnenden Attribute ein, die seitdem bei deren bildlichen Darstellungen – mit kleinen Varianten – eingesetzt worden sind. Allerdings sind die Tugenden ebenso zumeist beritten; wenn stehend, doch nur hier durch eine ihnen entsprechende Gestalt charakterisiert. Als einen Regensburger kennzeichnen den Teppich die aktionslosen Konfrontationen seiner Protagonisten von würdevoller, schlichter Monumentalität.

Lit.: VON DER LEYEN/SPAMER, 105–118; VON BAYERN, 27–29, Taf. 2; KURTH 1926, 169 f., 259 f., Taf. 244–246; GOEBEL III/1., 143; KDB Regensburg III, 103 f., Abb. 78; HEINZ, 151; V. WILCKENS 1973, 57–64, Abb. 1; V. WILCKENS 1980, 16–23; V. WILCKENS 1991, 301, Abb. 334

L.v.W.

16.2

Teppich mit Wilden Leuten

Elsaß (?), vor Mitte 15. Jh.
Wirkerei; Leinenkette, 6 Fäden/cm; Schuß aus bunter Wolle; in zwölf Stücke zerschnitten und wieder zusammengesetzt; 82/83 × 987–997 cm
AB 4
(Farbtafel 52)

Die 15 Szenen mit Wilden Leuten werden von Bäumen getrennt; dabei gehen von jedem zweiten lange Blütenranken aus. Szene 1 bis 4: auf der Jagd. Horn blasender Wilder Mann mit Hund; einen Hirsch mit Spieß angehend; auf einem Esel reitend, den die Frau an der Leine hält; wehklagend von der Frau davongetragen. Szene 5: Wilde Frauen erstürmen eine Burg. Szene 6 bis 9: überlegene Frauen. Zu dritt beim Quintaine-Spiel; Wilder Mann hockt mit Spieß vor einem Wildschwein, das die Frau herbeitreibt; er bringt ihr und dem Kind einen Strauß; er reitet auf einem Hirsch, gefolgt von der Frau. Szene 10 bis 13: Spiel und Speise. Während ein Mann eine Frau füttert, die ihm einen

Apfel zusteckt, zieht ein anderer dem Hirsch das Fell ab; zwei Männer und zwei Frauen spielen Dritten-Abschlagen; die schmausende Frau wird von zwei Männern bedient; zwei weitere tragen Fisch und andere Beute hinzu. Szene 14 und 15: Zwei reitende Wilde Männer parodieren das Turnier der Ritter; ein Paar mit Spruchband „wir wildlyt p... en ditz grvt" vor einer Frau, die ihr Kind laust und hinter der der Mann beschützend steht.

Wie noch auf der Rückseite zu sehen, waren die vorn ausgeblichenen und ineinander gewachsenen Farben vielfach variiert. Dadurch lassen sich einzelne Wildleute, die hier alle nicht mehr das ihnen zukommende Fellkleid tragen, mit Hilfe ihrer unterschiedlich bunt gestreiften Kleider identifizieren. Im 15. Jahrhundert hatten die Wilden Leute ihre einstige ungezähmte Wildheit verloren und konnten als – oft ironische – Spiegelbilder der Menschen auftreten. Leider haben bisher die vier Wappen auf den seitlichen Bordüren – der schwäbischen Ritter von Wemding und Stein von Rechtenstein – nicht bei der Suche nach der Herkunft und dem Weg des Teppichs nach Regensburg helfen können.

Lit.: VON DER LEYEN/SPAMER, 78–104; KURTH 1926, 124 f., 231 f., Taf. 110–112; GOEBEL III/1, 92 f., Abb. 64 a; KDB Regensburg III, 108, Abb. 79; HEINZ, 144; v. WILCKENS 1980, 32 – 43; v. WILCKENS 1991, 323 f., Abb. 363

L.v.W.

16.3
Bank

Regensburg, Mitte 15. Jh.
Nadelholz, Eisenbeschläge;
82 × 227 × 50 cm
Prov.: Aus dem Alten Rathaus
AB 293

Die Wangen der wuchtigen Bank schließen in Höhe des Rückenbretts gerade ab. Über der Höhe des Sitzbretts sind in die Wangen an Innen- und Außenseite Medaillons eingekerbt, die Tierbilder zeigen: ein stehender Esel und, jeweils auf einem Hügel sitzend, ein Hund mit Schlappohren, ein Hase und eine drachenähnliche Bestie mit aufgerissenem Rachen. In das Rücken-

16.3

brett ist im oberen Teil ein flachgeschnitzter Fries eingetieft. In dessen Mitte treten aus dem Maul einer Bestie Ranken hervor, die in Wellen nach außen laufen; von ihren Stielen teilen sich große, akanthusähnliche Blätter mit gezackten Rändern.

Sowohl der Ornamentfries als auch die Medaillons mit den Tierdarstellungen sind vergleichbar und etwa zeitgleich mit Deckenbalken in Schwäbisch Hall, die 1443 datiert sind. Die Bank ist ohne die dem Schreiner geläufigen Holzverbindungen zusammengesetzt und wird von Eisenbändern gehalten. In der Form ist dieses wohl für das Alte Rathaus geschaffene Möbel ohne Parallelen.

Lit.: HUPP 1910, 34, 38 (Abb.); GERMANN-BAUER 1981, Nr. 436.3

P.G.-B.

16.4
Archivschrank

Regensburg, um 1560/70
Corpus Kiefer; Profile, Pilaster und Schnitzereien Eiche; Furnier ungarische Wellenesche, Nußbaum, Mooreiche sowie mehrere Laubhölzer; 198 × 186,5 × 76 cm; der ergänzte Sockel 41 cm
Bez. AD (ligiert) für Adam Doctor
Prov.: Aus dem Alten Rathaus
KN 1995/23

Der Archivschrank besteht aus einem Schubladensockel, dem zweitürigen Mittelteil und einem Oberteil mit aufklappbarem Deckel. Die Front ist ausgewogen gegliedert mit kannellierten Pilastern, die seitlich gedoppelt sind. Der Reliefschmuck von Sockel und Kapitell kontrastiert mit den intarsierten Flächen. In den Reliefs dominieren Blattmasken, einzeln gesetzt oder von feinstem Rankenwerk umspielt. Front

und rechte Seite des Schranks sind furniert: die Rahmenflächen mit ungarischer Wellenesche furniert, die Felder mit Arabesken intarsiert, die bei den Türen und an der rechten Seite von Beschlagwerk gerahmt werden. Das Innere des Schranks ist mit quer zur Maserung des Holzes verlaufenden eingedrückten Streifen verziert. Der Schmuck der linken Schrankseite beschränkt sich auf eine perspektivisch gesehene Bogenarchitektur, die in das Nadelholz des Corpus intarsiert ist.

Die Motive der Schnitzereien, insbesondere die Blattmaske mit Krone, ähneln Vorlageblättern von Hans Sebald Beham um 1545, die Arabesken finden sich auf Blättern von Hans Manuel Deutsch oder Virgil Solis um 1550 (BERLINER: Vorlageblätter, Taf. 175.1–3, 92 u. 146.2), das rahmende Beschlagwerkornament erlebte in der Möbelkunst um 1560/70 seine Blütezeit.

Der Eintrag im Bürgerbuch der Stadt Regensburg berichtet über den Verfertiger des Schranks: „Adam Doctor von Neuhauß in Pehaim (Böhmen) ein Schreinergesell hat sich alhie verehelicht und Pflicht than den 26 Maij (1553)." Wo der Schreiner seine überragenden Fähigkeiten erworben hat, die er mit der im Bereich der zeitgenössischen Möbelkunst sehr seltenen Signatur unterstreicht, ist nicht bekannt.

Lit.: KDB Regensburg III, 100, Abb. 73

P.G.-B.

16.4

16.5

16.5
Kronleuchter

Maasgebiet, Anfang 15. Jahrhundert
Gelbguß; H. ca. 113 cm, Dm. ca. 100 cm
Getriebene Rosette unter der Aufhängung ergänzt
Prov.: Aus dem Alten Rathaus
AB 204

Das Mittelteil des Kronleuchters ist in Form eines sechsseitigen Tabernakels mit hohem Spitzdach gestaltet, der von Strebepfeilern flankiert wird. Unter dem Tabernakel befindet sich eine Statuette der Madonna mit Kind und Szepter. Die acht Arme haben die Form flacher, gebogener Bänder, an deren Unterkante ein Bogenfries verläuft; oben flankieren gegenständig angeordnete Drachen einen Sockel. Auf den Sockeln erheben sich abwechselnd ein Hornbläser, eine Lanze haltend, und ein sitzender Hirsch. Die Traufschalen tragen Maßwerktüllen. Der Griffring an der Unterseite des Leuchters wird von einem Löwenkopf gehalten.

Der Leuchter zählt zu einer Gruppe von Tabernakelkronleuchtern des Maasgebiets, die in Details – wie der Figur des Hornbläsers oder den Armen mit gegenständigen Drachen – teilweise exakt übereinstimmen. Sie fanden sowohl im kirchlichen wie auch im profanen Bereich Verwendung.

Lit.: KDB Regensburg III, 99, Abb. 72; MEYER 1961, Abb. 11, 17, 18; KRAUS/PFEIFFER, Abb. 119

P.G.-B.

16.6
Sogenannte Ratsherrenkanne

Regensburg, 1453
Zinn; H. 58 cm
Bz Regensburg, Mz des Conrad Has in Form eines Hasen, Marke mit Jahreszahl (14)53
K 1987/11

Die außerordentlich hohe, schlanke Kanne ist ausgewogen proportioniert: mit den starken Ausladungen von Standteller, Bauch und Lippe kontrastieren die durch Schaftringe gegliederten Einziehungen von Fuß und Hals. Der Vorderseite des Bauches ist ein Wappenschild mit Mittelgrat appliziert, den Deckel bekrönt eine vegetabile Form, die dem Architekturelement der Kreuzblume ähnelt. Am dreipaßförmigen unteren Henkelansatz winden sich ein einzelner und zwei paarig angeordnete Drachenköpfe.

Bei der Kanne handelt es sich um das früheste und zugleich eines der schönsten Beispiele eines Typus repräsentativer Schenkkannen, der bis ins

16.6

16. Das Rathaus 137

16.7 a

späte 17. Jahrhundert in nur leicht veränderter Form hergestellt wurde. Neben einer Benutzung dieser Kannen bei zeremoniellen Anlässen des Rates ist auch eine Verwendung im Rahmen des Zunftlebens denkbar.

Die Kanne ist die einzige in Regensburg gemarktete Arbeit in Zinn, die aus dem 15. Jahrhundert erhalten ist. Der Meister Conrad oder Cuntz Has erwarb im Jahr 1449 das Bürgerrecht und war noch im Jahr 1500 als Glockengießer tätig. Aus seiner Werkstatt sind insgesamt 14 Glocken nachweisbar, bei denen anstelle des Namens oder neben dem Namen „has" auch die Figur eines Hasen stehen kann.

Lit.: KOHLHAUSSEN 1955, 248, Abb. 212; HAEDICKE 1963, 123f., Abb. 81; PFEIFFER 1988, 156–158; vgl. auch den Beitrag von P. GERMANN-BAUER in Bd. I, Abb. 166

P.G.-B.

16.7 a–e

Fassadenentwürfe für Rathaus und Marktturm

Hans und Melchior Bocksberger, 1573/74
Feder und Pinsel in Deckfarben auf Papier, auf Leinwand aufgezogen

Hans Bocksberger d. J. wurde in Salzburg um 1530/35 geboren und starb nach 1583 in Wien. Berühmt wurde er vor allem durch seine Fassadenmalereien in Augsburg (Fuggerhaus), Salzburg, München und Regensburg (Rathaus). Als sein Hauptwerk aber gelten die Vorzeichnungen zu drei Holzschnittwerken von Jost Amman. Oft irrtümlich mit ihm gleichgesetzt, war der etwa gleichaltrige, ebenfalls in Salzburg geborene Melchior wahrscheinlich sein Onkel oder Vetter. Seit 1559 Zunftmitglied in München, erhielt Melchior u. a. mehrere Hofaufträge (Fresken in Isareck bei Landshut 1570, in Dachau 1572). 1573/74 dekorierte er die Regensburger Rathausfassaden sowie den Markt- und Ungeltturm. 1581 gab er das Münchner Bürgerrecht auf und arbeitete ab 1585 wieder in Regensburg, wo er 1587 starb. Wie Hans war Melchior Bocksberger vor allem für seine dekorativen Wandgestaltungen bekannt. In Regensburg schuf er Wandbilder im Kreuzgang von St. Emmeram, Fassadenmalereien am Goliathhaus und am Altmannschen Haus sowie die Malereien der Trinkstube in der Neuen Waag (1587) und im Bischofshof.

Die fünf Entwürfe gehören zu den seltenen Dokumenten für die oft nur in Nachzeichnungen und Stichen überlieferten Fassadendekorationen der Renaissance in Süddeutschland, die stark von Italien beeinflußt waren. Die Entwürfe zeigen die Handschrift beider Bocksberger, auch wenn nach Urkunden der Regensburger Bauamtschronik nur Melchior Bocksberger die Bemalung 1573/74 oblag. Art und Umfang der Ausführung sind umstritten, da die Malereien auf einem Stich Merians von 1644 bereits nur noch am Marktturm in stark veränderter Form zu sehen sind.

a. Fassadenentwurf für den älteren Teil des Rathauses

Hans Bocksberger d. J.
73 × 189 cm
AB 289

Figürliche Friese und Medaillons nehmen hier auf die Stadtregierung, ihre Rechtsordnung und Macht Bezug. Unter der Allegorie der Stadt Regensburg als Patrona mit Pax, Justitia und Liberalitas verweist eine Ratsszene in Höhe der Ratsstube im ersten Obergeschoß auf die Sitzungen des Inneren Rates. Als Garanten des Rechts wachen Mose und Aaron mit den Gesetzestafeln am Portalbau, während direkt über dem Eingang Mose vor dem brennenden Dornbusch Ehrfurcht vor „heiligem Boden" gebietet. Den oberen Teil des Reichssaalgebäudes schmücken Szenen aus dem Exodus (Quellwunder, Vernichtung der Ägypter, Mannawunder, Amalekiterschlacht), während unten die Zerstörung Jerusalems und Szenen aus der Geschichte Simsons (?) vor den Folgen von Gesetz- und Gottlosigkeit warnen. Der Bogen zum Neuen Testament ist bei der Bemalung des ehemaligen Stadtschreiberhauses von der Auffindung des Mose zum aufgeschlagenen Buch zwischen den vier Evangelisten gespannt. Kriegerfiguren, Löwen, Herkules, Simson und der alles

138 16. Das Rathaus

16.7 b

16.7 c 16.7 d 16.7 e

16. Das Rathaus 139

überragende Reichsadler demonstrieren die Stärke und Bedeutung der Stadt.

b. Fassadenentwurf für den neueren Teil des Rathauses

Melchior und Hans Bocksberger d. J.
49 × 138 cm
AB 288

Der Entwurf für die Front des Gebäudes zeigt in Kartuschen und Medaillons Szenen zum Triumph der Frau über den Mann aus dem Alten Testament (Simson und Dalila, Salomon wird von seinen Nebenfrauen zum Götzendienst verführt, Aristoteles und Phyllis, Judith mit dem Haupt des Holofernes, Jael tötet den Sissera) und aus der Mythologie (Dido, Lucretia, Cloelia). Unten sind sechs Tugenden zu sehen.

Der graphisch-illustrative Charakter, Bezüge zu Jost Ammans Holzschnittwerk und die flächig additiv angeordneten Szenen sprechen für ein Werk von Hans Bocksberger d. J. Sie wurden offenbar von Melchior in einem Neuentwurf überarbeitet und um eine Seitenansicht ergänzt, deren großzügig angelegter malerischer Illusionismus stark verändernd auf den Architektureindruck wirkt. Links von einem vorgetäuschten Balkon ist Herkules zu sehen, rechts der Sturz des Marcus Curtius, rechts unten die Romulus und Remus säugende Wölfin.

c. Fassadenentwurf für die Südseite des Marktturms

Melchior Bocksberger
200 × 40 cm
AB 287

Der Entwurf für die Bemalung des Marktturms setzt Melchior Bocksbergers Akzentverschiebung auf antik-mythologische Themen zur Betonung der städtischen Obrigkeit fort. Über der von zwei Elefanten getragenen Sonnenuhr und einer Szene mit Flußgöttern umrahmen zwei Krieger das von Putti und weiblichen Genien gehaltene Uhrzifferblatt. Es folgen rechts das Regensburger Wappen und links der Reichsadler, darüber jeweils ein thronender Herrscher. Den Abschluß bilden Architekturornamentik, Putti und Früchtegirlanden.

Eine spätere Nachzeichnung aus dem Bayerischen Nationalmuseum München zeigt die gleichen Veränderungen dieses Entwurfs wie der Merianstich von 1644.

d. Fassadenentwurf für die Ostseite des Marktturms

Melchior Bocksberger
146 × 40 cm
AB 285

Im Entwurf für die Ostansicht des Marktturms erhebt sich über dem Sockelgeschoß des Turms ein illusionistischer Torbogen, der zugleich die Tiberbrücke für den Kampf des Horatius Cocles abgibt. Darüber trägt Atlas eine Sonnenuhr mit Windgöttern. Es folgt Venus auf dem Schwanenwagen, darüber links die Personifizierung der Justitia (Gerechtigkeit) und rechts der Fortitudo (Stärke). Ganz oben ist ein Flußgott (Donau?) zwischen Greifen dargestellt.

e. Fassadenentwurf für die Nordseite des Marktturms

Melchior Bocksberger
145 × 42 cm
AB 286

Über mehrere Geschosse der Nordseite des Marktturms zieht sich ein Titanensturz. Darüber ist Leda mit dem Schwan (Jupiter) zu sehen. Thematisch damit verbunden ist die Geburt der Dioskuren Kastor und Pollux aus dem Schwanenei der Leda ganz oben zwischen Scheinarchitektur und Ornamentschmuck. Unterbrochen werden die Abschnitte durch den die Säulen des Tempels einreißenden Simson auf der rechten und Herkules' Kampf mit Erytion auf der linken Seite.

Lit.: GOERING 1930, 227–239; GEISSLER 1979/80, I, 130f. (zu d,e); SCHÄDLER-SAUB in Kat. Regensburg 1984, 47 ff.

J.B.

17. Krankheit und Tod

Die Betreuung der Kranken und Sterbenden ist Bestandteil der christlichen Nächstenliebe, der *caritas*, und war somit primär Aufgabe der Kirche.

Die Klöster, aufgrund der Ordensregeln zur Nächstenliebe und zum Dienst an den Kranken verpflichtet, richteten neben den Infirmerien für die Klosterangehörigen Spitäler für Kranke, Arme und Behinderte ein. Auch Reisende und Pilger wurden dort aufgenommen. Frühe Spitäler in Regensburg waren das Domspital und die Klosterspitäler von St. Emmeram, St. Jakob, Prüfening und Prüll.

Seit der Wende vom 12. zum 13. Jahrhundert kam es zu einer zunehmenden Verbürgerlichung der Spitäler. Sie zeigte sich durch den wachsenden Einfluß der Stadt auf die Verwaltung und die fortschreitende Verpfründung, also die Gewährung von Altersvorsorge gegen Entgelt, wobei der Erwerb einer Pfründe an das Bürgerrecht gebunden war.

Zur Erlangung eigenen Seelenheils stifteten reiche Bürger gut ausgestattete Spitäler. Anfang des 13. Jahrhunderts entstand durch Verlegung des Domspitals auf das nördliche Donauufer das paritätisch von Geistlichen und Bürgern verwaltete Katharinenspital. Das Spital wurde durch Stiftungen und Ablässe finanziert und durch Privilegien rechtlich abgesichert. Anfangs wurden vor allem Kreuzzugspilger versorgt, aber auch Arme und Kranke aus allen Ländern. Im Spätmittelalter beschränkte sich der Personenkreis immer mehr auf bedürftige Personen aus Regensburg.

Für Aussätzige, die „Sondersiechen", wurden wegen der Ansteckungsgefahr eigene Spitäler außerhalb der Stadtmauern eingerichtet. Diese Lage zeigt auch ihre Rolle als gesellschaftliche Außenseiter. Die Leprosenhäuser St. Niklas im Stadtosten und St. Lazarus im heutigen Stadtpark wurden im 12. bzw. 13. Jahrhundert als Stiftungen errichtet. Sie nahmen Leprose auf, die nach ihrem Tod auf dem dazugehörigen Friedhof bestattet wurden.

In zahlreichen „Seelhäusern", die seit dem 14. Jahrhundert nachweisbar sind, lebten „Seelfrauen" oder „Beginen" in klosterähnlichen Gemeinschaften. Sie widmeten sich karitativen Aufgaben wie der ambulanten Krankenpflege und der Sterbebegleitung.

Vermittler des medizinischen Wissens waren zunächst die Klöster. In Regensburg nahm St. Emmeram als Ausbildungsort von „Klerikerärzten" und medizinischem Hilfspersonal die bedeutendste Rolle ein. Im Laufe des Mittelalters übernahmen die universitär ausgebildeten „Buchärzte" die medizinische Versorgung der Oberschicht. Für die breite Bevölkerung waren die handwerklich ausgebildeten Wundärzte zuständig sowie die zahlreichen Bader, Barbiere, Zahnärzte und sicher auch manche Wunderheiler und Quacksalber.

Im 14. Jahrhundert entstand der Beruf des Apothekers durch Ordnungen, wie die Regensburger Apothekerordnung von 1397. Diese verlangten die Trennung von Arzt- und Apothekerberuf, reglementierten die Berufsausbildung durch Festsetzung der Lehrzeit und Prüfung, ordneten die behördliche Überwachung der Arzneimittelherstellung an und setzten Kosten für die Heilmittel fest.

Sterben und Bestattung waren im Mittelalter ein öffentliches Ereignis und weniger als heute in die private Sphäre abgedrängt. Der Tod war Teil des mittelalterlichen Alltags, er war hörbar durch die Totenglocken und das Klagen der oft professionellen Klageweiber und geschah sichtbar durch die von vielen Personen begleiteten Versehgänge des Priesters zu den Sterbenden sowie die Bestattungszüge, die den Toten von seinem Haus in die Kirche und auf den Friedhof begleiteten.

Die Bestattung war auch Gradmesser der sozialen Stellung des Toten zu Lebzeiten: je nach Wohlstand unterschieden sich Särge, Bahrtuch, die Zahl der Geistlichen und der Kerzen und das Ausmaß des Geläutes. So war ein wesentlicher Zweck der sich seit etwa 1300 bildenden Bruderschaften und Zünfte, seinen Mitgliedern das Leichengeleit und eine Totenfeier in Würde zu ermöglichen.

Grundsätzlich stand jedem Christen ein Begräbnis zu, es sei denn, er hatte sein Recht darauf verwirkt. So wurden neben Nichtchristen auch Ungetaufte, Häretiker und Gebannte sowie Selbstmörder nicht begraben. Straftäter, die gerädert, geviertteilt oder gehängt worden waren, wurden zur Abschreckung und zur Demonstration ihrer irdischen Verfehlung am Hinrichtungsort belassen und nicht beerdigt.

Bestattet wurde auf geweihtem Boden innerhalb und außerhalb der Stadtmauern, in Kirchen und auf Kirchhöfen, in Klosterkirchen und Kreuzgängen, auf den Friedhöfen der Spitäler und Sondersiechenhäuser.

Die Friedhöfe des Mittelalters lagen als „Kirchhof" direkt um die Kirchen und waren von einer Einfriedung umgeben. Durch seine besondere Rechtsstellung bot der Kirchhof Asyl und wurde für die Schlichtung von Streitigkeiten und Gerichtsverhandlungen genutzt. Aber auch Märkte und Feste fanden auf dem Friedhof statt, wobei die Kirche immer versuchte, diese weltlichen Funktionen des Friedhofs einzuschränken.

Der genaue Platz des Grabes zeigte die soziale Stellung des Toten an. Ein Begräbnis in der Kirche war hochgestellten geistlichen und weltlichen Personen vorbehalten. Ersten Rang hatten hier Begräbnisplätze nahe den Reliquien der Heiligen sowie im Hauptchor der Kirchen.

Außerhalb des Kirchenraumes galt der Bereich vor dem Hauptportal als Platz von herausragender Bedeutung, da jeder Kirchenbesucher ihn passierte und der dort Bestatteten gedachte. Arme und Ortsfremde wurden in weniger frequentierten Bereichen, oft direkt an den Friedhofsmauern, bestattet.

Die Grabstätten wurden aufgrund der Enge des Raumes häufig neu belegt. Die Überreste der Toten wurden in den Beinhäusern, den Karnern, aufgeschichtet und so weiterhin

17. Krankheit und Tod

im Bereich des Friedhofs aufbewahrt. Nur die Juden, die eigene Friedhöfe hatten, strebten für ihre Toten die „ewige Grabruhe" in der ersten Grablege an.

Im mittelalterlichen Regensburg befand sich zunächst ein Gemeindefriedhof auf dem die Angehörigen der Dompfarrei, die das gesamte Stadtgebiet umfaßte, bestattet wurden. Wahrscheinlich im 15. Jahrhundert wurde der westliche Teil von der Dompfarrei abgetrennt und als „Obere Pfarre" der Klosterpfarrei von St. Emmeram zugeordnet.

Darüber hinaus verfügten die Klöster über eigene Friedhöfe, auf denen in erster Linie die Ordensmitglieder und die Bediensteten begraben wurden. Einige Klöster aber, wie etwa das Schottenkloster St. Jakob, konnten ihr Bestattungsrecht auf die Hörigen und Eigenleute des Klosters und deren Familien ausweiten, was zusätzliche Einnahmen durch die Begräbnisgebühren brachte. Konkurrierend dazu warben auch die Bettelorden um Begräbnisse. Für das reichere Regensburger Bürgertum gab es die Möglichkeit, sich über eine größere Stiftung einen Grabplatz zu erwerben oder sogar eine Grabkapelle in einer der Kirchen zu errichten. Vor allem die Kirchen der Bettelorden, die so zu einigem Wohlstand kamen, waren aufgrund ihrer umfassenden Seelsorge als Grabkirchen äußerst beliebt. Noch heute befinden sich an der Minoritenkirche die Grabkapellen der Geschlechter der Paulsdorffer und der Weintinger.

Die Juden verfügten über eigene Friedhöfe, die traditionell außerhalb der Stadtmauern lagen. Bis Anfang des 13. Jahrhunderts begruben die Juden Regensburgs ihre Toten auf Friedhöfen bei Sallern und bei Abbach. 1210 erwarben sie vom Kloster St. Emmeram die „Emmeramer Breiten" südlich der Stadt. Bis 1519, dem Jahr der Vertreibung der Juden und der Schleifung des Friedhofs wurden hier Juden aus Regensburg und ganz Bayern begraben.

Außerhalb der Stadtmauer befanden sich neben dem Judenfriedhof auch die Friedhöfe der Sondersiechenhäuser.

S.H.

18. Wasserversorgung

Namentlich die Versorgung mit Wasser war für die befestigte Stadt eine Lebensnotwendigkeit. Schon Arbeo von Freising betonte im 8. Jahrhundert, daß die damalige Stadt „mit hochragenden Türmen und mit Brunnen reichlich versehen" war. Da die Nahversorgung aus Brunnen in Friedens- und insbesondere in Krisenzeiten gewährleistet sein mußte, darf man annehmen, daß auch schon zur Zeit des römischen Legionslagers eine Vielzahl von Grundwasserbrunnen bestand.

Für das Mittelalter ist in Regensburg vielfach der Hausbrunnen als klassische Form der Wasserversorgung nachgewiesen. Er konnte frei im Hofbereich stehen oder im Inneren des Gebäudes angelegt sein. Oft befand er sich im Keller, wo die Wasserentnahme möglich war; auch im Erdgeschoß war meist durch Aufmauerung eines Schachtes das Schöpfen möglich. Es erfolgte in der Regel über einen einfachen Mechanismus mit umgelenktem Seil und Eimer.

Öffentliche Brunnen als systematische Anlagen zur kommunalen Wasserversorgung wurden in Regensburg erst ab Mitte des 16. Jahrhunderts nach der Erstellung der ersten städtischen Wasserleitung im Jahr 1551 erbaut. Einige Jahrhunderte vorher hatten allerdings die großen Regensburger Benediktinerklöster Prüfening, Prüll, St. Emmeram und St. Jakob eigene Wasserversorgungssysteme eingerichtet, deren Überreste dies in eindrucksvoller Weise belegen. Erst vor wenigen Jahren wurde in Neuprüll nahe der Vitusstraße eine Brunnstube im Bezirk einer römischen *villa rustica* (Gutshof) entdeckt.

Möglicherweise wurde diese gemauerte Quellfassung bereits im 11. Jahrhundert angelegt und die in eine Steinbettung mit Tonpackung gelegte bleierne Rohrleitung in das Klosterareal geleitet. Eine jüngere, mit Ziegelsteinen gemauerte Leitung wurde vom gleichen Brunnenhaus weggeführt.

Noch eindrucksvoller ist die vom Emmeramer Abt Peringer II. um 1200 geschaffene ca. 3 km lange Wasserleitung von einer Brunnstube in Dechbetten zum Kloster. Im Schloß St. Emmeram der Fürsten von Thurn und Taxis haben sich eine Steinbettung sowie Reste von Bleirohren erhalten. Weitere Teile der Leitung sind in das Museum der Stadt gelangt.

Die durch Abt Ambrosius Mayerhofer 1580 und im 20. Jahrhundert erneuerte Druckrohrleitung speist noch heute die Brunnen im fürstlichen Schloßpark. Die Bleirohre lagen in einer aus Kalkstein gehauenen Halbschale von 150 cm Länge und 50 cm Breite, wo sie in eine Tonpackung gebettet und mit einer Steinplatte aus dem gleichen Material abgedeckt waren. Wasserentnahmestellen gab es in verschiedenen Abschnitten der Leitung und natürlich im Kloster selbst. Ein sehr sorgfältig gegossener Bronzewechsel für die Wasserentnahme aus der Zeit der Erneuerung durch Abt Ambrosius im Jahre 1580 hat sich erhalten.

Für das Schottenkloster St. Jakob im Westen der Stadt gibt es in den Quellen einen Beleg für eine mittelalterliche Wasserleitung. Das noch heute erhaltene spätromanische Brunnenhaus am ehemaligen Südflügel des Kreuzganges ist dafür ein zusätzlicher Hinweis. Woher die Schottenmönche das Wasser bezogen, ist noch ungeklärt. Möglich wäre eine eigene Leitung von Dechbetten entlang der Prüfeninger Straße, auf deren Trasse dann im 16. Jahrhundert die Reichsstadt ihre eigene Leitung gelegt haben könnte, oder eine Versorgungsleitung aus dem Bewässerungssystem des Klosters Prüll im Süden.

Wenig Probleme mit der Wasserversorgung hatte das 1109 vom Bamberger Bischof Otto gegründete Benediktinerkloster St. Georg in Prüfening, das auf einem quellreichen Hang im großen Donaubogen westlich der Stadt gegründet worden ist. Im Bereich des Klosterareals wurde bereits im 12. Jahrhundert ein architektonisch qualitätvoll gestaltetes, kleines Brunnenhaus errichtet, das mit seinem Blendarkadenfries und dem kleinen Satteldach sicherlich zu den schönsten Vertretern seiner Gattung gehört. In der kleinen Brunnstube werden die unterirdischen Wasseradern im Klosterbereich gesammelt und für den Gebrauch im Kloster weitergeleitet.

Durch die neueren archäologischen Entdeckungen in Prüll kann für das mittelalterliche Regensburg eine hochentwickelte Wasserversorgung festgestellt werden, zu der neben den zahllosen Schöpfbrunnen auch mindestens drei aufwendige Quellwasserleitungen gehören. M.-L.D./H.R.

18. Wasserversorgung

18.1
Wasserbecken

Regensburg, 11./12. Jh.
Kalkstein; 58 × 119,5 × 93 cm
Prov.: Aus St. Emmeram
HVE 196

Das querrechteckige Wasserbecken besitzt an der Vorderseite zwei wenig vertiefte Felder, die jeweils mit einem gleichschenkligen Kreuz mit verbreiterten Balkenenden geschmückt sind. Die Flanken zeigen jeweils nur ein querrechteckiges Feld mit eingetieftem Kreuz. Da die Rückseite des Beckens nur grob abgespitzt ist, scheint es an einer Wand aufgestellt gewesen zu sein.

18.1

Das Innere ist sorgfältig geglättet. Am Boden befindet sich in der Mitte, nahe der Vorderwand, ein rundes, mit Holzpfropfen verschlossenes Spundloch. Darüber, am oberen Rand der Vorderwand, ist ein Überlauf eingearbeitet. Dort und an anderen Stellen des Randes sind Dübellöcher und ein Haken erhalten. Auf dem Rand der Rückseite ist eine schwach erkennbare Nut eingearbeitet.

Lit.: DE WAAL 1894, 148; ENDRES 1920, 23, Nr. 196

M.H.

18.2
Brunnenlöwe

Regensburg, 2. Hälfte 12. Jh.
Kalkstein; 57,5 × 33 × 68,5 cm
Höhlung: 43,5 × 16,3 × 15,5 cm
Prov.: 1899 aus Karthaus Prüll in die Sammlungen des Historischen Vereins gelangt
HVE 7

Der auf einer rechteckigen Platte liegende Brunnenlöwe reckt Hals und Kopf weit nach oben und fletscht tri-

18.2

umphierend die Zähne. Zwischen den Pranken hält er einen kahlen, rundlichen Menschenschädel mit hervorquellenden Augen. Dieser ist unterhalb der Oberlippe zerstört. Dort befand sich ehemals der Auslauf für das in eine Höhlung in der giebelförmigen Standplatte der Skulptur geleitete Wasser. Der Rand um die rechteckige, sich nach oben verjüngende Ausarbeitung ist sorgfältig geglättet, um einen paßgenauen Anschluß an die – wohl ummauerte – Wasserzuleitung zu ermöglichen.

Der Löwe diente als Brunnenfigur, vielleicht an dem im Kloster Prüll entspringenden Vitusbach oder am Ende einer Wasserleitung der Art, wie sie Abt Peringer (1177–1201) für St. Emmeram hatte einrichten lassen. Möglicherweise handelte es sich auch um eine Brunnenbekrönung, wie sie das spätromanische Wandgemälde auf der Empore der ehemaligen Klosterkirche von Karthaus-Prüll zeigt (KDB Regensburg II, Fig. 123). Ein weiterer, sehr ähnlicher Brunnenlöwe befindet sich im Kloster Prüfening (KDB Stadtamhof, Fig. 162).

Lit.: VHVOR 51 (1899), 355; ENDRES 1917/18, 40; ENDRES 1920, 13, Nr. 7

M.H.

18.3
Greif

Regensburg, um 1200
Kalkstein; 44 × 36 × 70 cm
Höhlung: 45 × 21 × max. 22 cm
Prov.: Siehe Beschreibung
HVE 6

Der Greif mit Löwenkörper lagert auf einer flachen, rechteckigen Platte. Zwischen den Vorderläufen hält er den Oberkörper eines bärtigen Mannes, der mit seinen Händen die Pranken des Tieres umfaßt. Den Kopf seines Opfers bearbeitet das Fabeltier mit dem Schnabel.

Sowohl die Platte als auch die Skulptur sind auf der Unterseite durch eine große ovale Höhlung unregelmäßig ausgearbeitet. Eine derzeit verschlossene Öffnung unterhalb der Unterlippe des Bärtigen diente als Auslauföffnung für das in die Skulptur geleitete Wasser. Schon Gumpelzhaimer vermutete, daß die Ausarbeitung erst in späterer Zeit erfolgte. Seine Hypothese scheint sich beim Vergleich mit der Unterseite des Brunnenlöwen von Karthaus-Prüll *(Kat. 18.2)* zu bestätigen. Denn dort ist die untere Auflagefläche ungleich sorgfältiger geglättet und die

18.3

Ausarbeitung in etwa den Maßen der Platte angepaßt. Da der Greif 1850, nach seiner wohl sekundären Aufstellung im Garten des katholischen Bruderhauses (Weitoldstr. 16–18), in die Sammlungen des Historischen Vereins gelangte, ist der ursprüngliche Aufstellungsort nicht zu rekonstruieren.

Lit.: DAHLEM 1882, 6; WAGNER 1918, 115f.; ENDRES 1917/18, 40; ENDRES 1920, 126; GUMPELZHAIMER 1853, 245–247; KARLINGER 1924, 50

M.H.

18.4
Teile der ehemaligen Wasserleitung von St. Emmeram

Steinbettung und Steinbedachung, um 1200
Bleirohre mit Wechsel (Hahn), um 1580
Prov.: Geschenk S.D. des Fürsten Albert

18.4 a

von Thurn und Taxis 1905 an den Historischen Verein
HVE 189 a–c

Die mit Muffen versehenen Bleirohre mit einem Durchmesser von 6,3 cm innen und 8,7 cm außen sind in Gußtechnik erstellt. Sie waren auf einem Kalkstein, in den man sorgfältig eine Rinne gemeißelt hatte, in eine Tonpackung eingebettet. Diese Halbschale von ca. 150 cm Länge und 50 cm Breite war mit einer Steinplatte gleichen Materials abgedeckt. So war die Rohrleitung vor Beschädigungen geschützt. Der gegossene Bronzewechsel trägt einen dreipaßförmigen Griff mit nierenförmiger und rundbogiger Druchbrechung. Der an einer Entnahmevorrichtung der Wasserleitung montierte Hahn dürfte 1580 entstanden sein, als Abt Ambrosius Mayerhofer die Rohre auswechseln ließ.

Lit: VHVOR 57 (1905), 347; Thurn und Taxis-Studien 1 (1961), 114, und 15 (1986), 133 ff., 248 ff.; GREWE IV 1991, 41–44

H.R.

18.5
Wasserspeier vom Haus Heuport

Regensburg, 1310/20
Kalkstein; 78 × 40 × 53 cm
HVE 163

18.4 b

Unterhalb einer unten stumpfwinklig abschließenden Wasserrinne „hängt" die Figur eines Mannes, der sich an zwei neben den Schultern skulptierten Ringen festhält. Erhalten ist nur der Oberkörper bis zur Hüfte, der übrige Teil ist, wie auch die Wasserrinne, abgespitzt. Grob stilisierte Haare, die sich am unteren Ende einrollen, rahmen das Gesicht. Die Züge sind scharfkantig herausgearbeitet. Gratige Brauenbögen, leicht vorstehende, mit dünnen Lidern gerahmte Augen und der gespitzte, scharfkantig geschnittene Mund charakterisieren das Antlitz. Auf dem Kopf trägt die in der älteren Literatur meist als Steinmetz gedeutete Figur eine Kappe mit Quaste. Bekleidet ist sie mit einem Rock, dessen Ärmel unterhalb der Ellenbogen eng anliegen. Das lang herabhängende Ende des schmalen Ledergürtels ist neben der Gürtelschnalle übergeschlagen.

Der Wasserspeier stammt vom ehemaligen Wohnturm des Hauses Heuport (Kramgasse 12) und gelangte 1860 in die Sammlung des Historischen Vereins. Die Zuschreibung der Skulptur an einen Meister der Dombauhütte, die schon Strobel vorschlug, findet ihre Bestätigung beim Vergleich mit einer der Kopfkonsolen, die als Auflager für die Oktogondienste des geplanten Vierungsturms dienen sollten (ZAHN 1929, Abb. 39). Diese Kopfkonsolen sind vor 1320 entstanden. Zur gleichen Zeit fanden auch umfangreiche Umbaumaßnahmen am nahegelegenen Haus Heuport statt, bei denen der Hauskomplex aus mehreren älteren Anwesen zusammengefaßt wurde.

Lit.: VHVOR 19 (1860), 393–394; MAYER 1862/63, 24; DAHLEM, 1882, 9; ENDRES 1920, 22, Nr. 163; STROBEL 1976, 88; BAP X, 96; HUBEL/SCHULLER 1995, 50, Abb. 50

M.H.

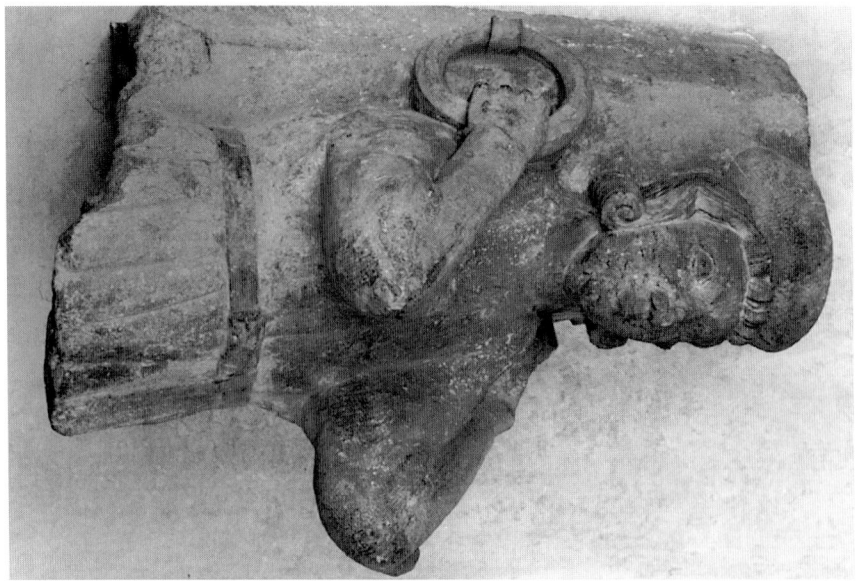

18.5

19. Entsorgung

Die Abfall- und vor allem Fäkalienentsorgung erfolgte in der mittelalterlichen Stadt nicht so ungeordnet, wie manchmal angenommen wird. Viele Bürgerhäuser besaßen ein eigenes „heimliches Gemach". Die Latrinenschächte werden heute mit archäologischen Mitteln ausgegraben und können zur Erforschung des mittelalterlichen Alltags wichtige Beiträge liefern. Diese Versitzgruben konnten allerdings wegen ihrer oftmaligen Nähe zum Hausbrunnen enorme hygienische Mißstände durch Verseuchung des Trinkwassers verursachen. Eine Alternative stellte die Fäkalienentsorgung aus sogenannten Aborterkern dar, die etwa in einen Stadtbach oder Stadtgraben entwässerten. Aber auch die Entsorgung durch Nachttöpfe zur Straße, in einen Stadtbach oder Abzugsgraben stellte eine gängige Lösung dar.

Auch die Abfallbeseitigung war hauptsächlich Privatsache. Meist stellten einfache Gruben, oft aber auch die Latrinen auf den einzelnen Grundstücken die Standardlösung zur Entsorgung des Mülls dar, der noch zu einem hohen Anteil aus organischem Material bestand und verrotten konnte. Daneben wurde aber auch die Möglichkeit genutzt, großvolumigen Abfall, z. B. Bauschutt, auf Flächen außerhalb der Stadtmauern zu deponieren. L.-M.D.

19.1

Latrinenfunde

Die Erforschung von Latrinen bringt wichtige Zeugnisse des Alltagslebens im Mittelalter zutage. Das Nutzungsspektrum einer Latrine umfaßte im allgemeinen nicht nur Abortfunktion, sondern auch die Entsorgung von Teilen des Küchenabfalls oder des Hausrats. Als regelrechte „Fundgruben" gewähren sie uns nicht nur Einblicke in die alltägliche Sachkultur, sondern können mit Hilfe spezieller Untersuchungen beispielsweise die Ernährungsgewohnheiten zeigen, aber auch über Krankheiten oder Parasitenbefall Auskunft geben.

Die im Jahre 1990 ausgegrabene Latrine im Deggingerhaus war erst die dritte wissenschaftlich untersuchte Anlage dieser Art. Mittlerweile gehört die Erforschung der Aborte als relativ neue Quellenkategorie zum allgemeinen Standard der Mittelalterarchäologie. Die Latrine im Deggingerhaus besaß einen fast 5 m tiefen, quadratischen Schacht aus Bruchsteinmauerwerk. Seitlich eingelassene Holzbalken dienten bei der gelegentlichen Entleerung als Abstiegshilfe. Die originale Füllung lag noch teilweise unter einer Versiegelung aus Kalk und enthielt eine Reihe von Glas- und Keramikobjekten, so z. B. die in der Ausstellung gezeigten Funde aus dem 15./16. Jahrhundert: Gläserner Nuppenbecher („Krautstrunk"); Gläserner Nuppenbecher („Krautstrunk"), fragmentiert; Teile eines Kelchglases venezianischer Art; Passauer Topf (Obernzeller Ware) mit Töpferstempel; Trichterbecher aus Steinzeug, Siegburger Art.

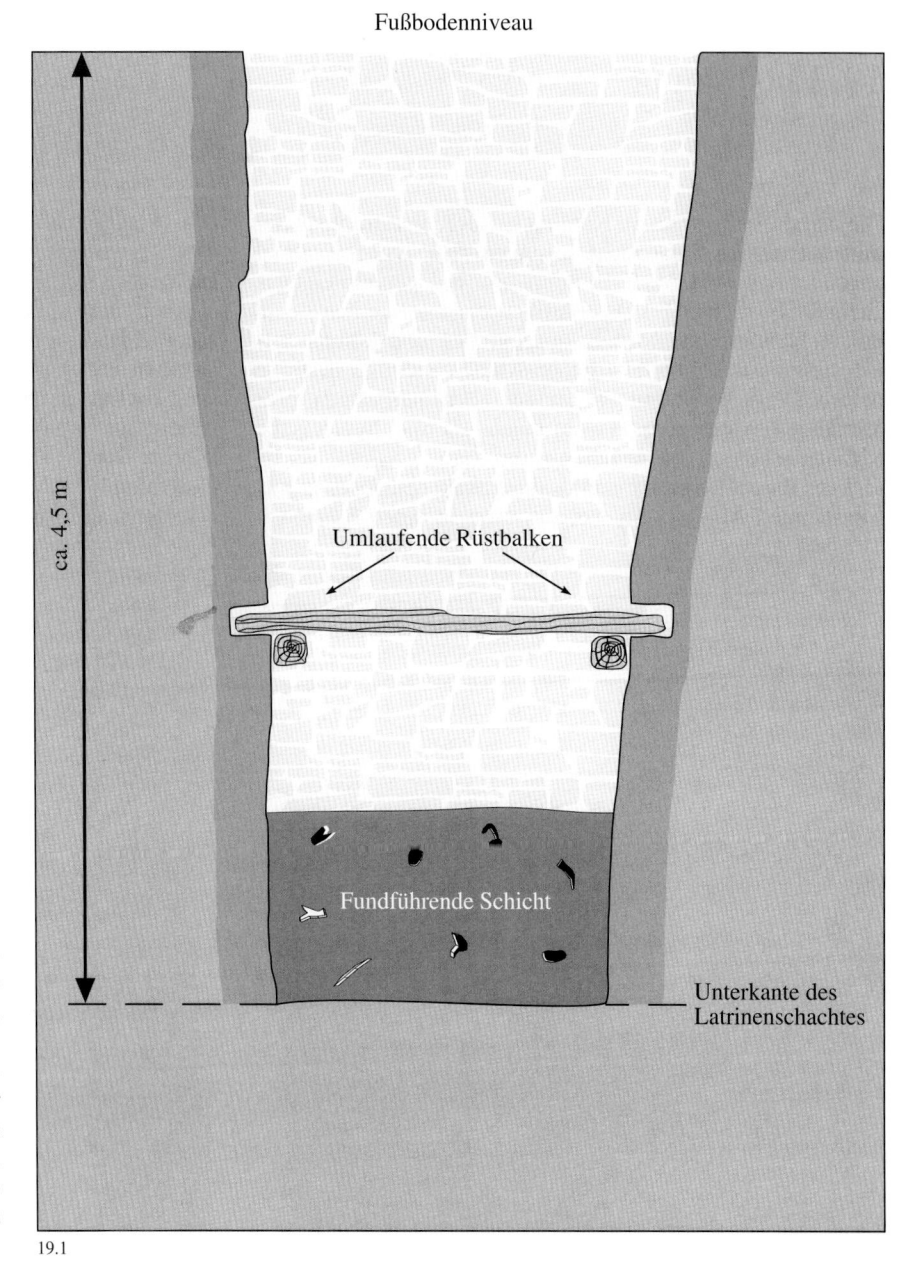

19.1

20. Die mittelalterlichen Bildteppiche aus dem Alten Rathaus

Die erste erhaltene Nachricht von den Bildteppichen im Regensburger Rathaus stammt aus dem Jahr 1846; mögliche ältere Verzeichnisse dürften Anfang des 19. Jahrhunderts, wie viele andere Regensburger Akten auch, vernichtet worden sein. Von den drei einheimischen Behängen – um 1390 bzw. im frühen 15. Jahrhundert entstanden – kann nur der Teppich mit den Kämpfen der Tugenden und Laster vielleicht für den Raum bestimmt gewesen sein, in dem der Rat tagte und wo noch 1536 an der Stirnseite das Bild des Jüngsten Gerichts als ständige Mahnung hing *(Kat. 16.1)*. Die Thematik dieses Teppichs steht in einer langen Tradition. Die hier verwendeten Attribute der berittenen Laster und der diesen aufrecht gegenüberstehenden Tugenden hatte im frühen 14. Jahrhundert die Etymachia festgelegt.

Dagegen kann man sich den gestickten Medaillonteppich mit 24 Darstellungen von Minneallegorien *(Kat. 20.1)*, den gewirkten Behang mit der thronenden Frau Minne *(Kat. 20.2)*, und den mit Wilden Leuten geschmückten Teppich *(Kat. 16.2)* im Tanz- und Festsaal des Obergeschosses vorstellen, der in Regensburg, wie in anderen Rathäusern, für die Feiern und Vergnügungen der Patrizier nicht fehlte. Der Medaillonteppich zeigt in eindringlichen schlichten Bildern die lange meist nur schriftlich festgehaltenen Vorstellungen und Allegorien von Minne, erzählend für die bürgerlich werdende Welt veranschaulicht, der es um Verdinglichung, um Einbindung und Vergegenwärtigung in den Bereich der eigenen Lebenswelt ging. In sechs Reihen werden jeweils vier Minneszenen unter einen gemeinsamen Leitgedanken gestellt. Dabei spielen, wie auch bei dem Teppich mit der thronenden Minnekönigin, die Minnefarben eine leitende Rolle.

Als man im 14. Jahrhundert begann, sich bei Festlichkeiten und Umzügen als Wilde Leute zu verkleiden (im 15. Jahrhundert traten dann auch die Tugenden und Laster bei solchen Veranstaltungen auf), konnten, wie auf dem Teppich in Regensburg, die Wilden Leute zu Spiegelbildern menschlichen Wesens, auch menschlicher Schwächen, zum Abbild menschlicher Tätigkeiten und Vergnügungen werden.

Die beiden leider fragmentierten und später ergänzten Jagdteppiche (Südliche Niederlande, Mitte 15. Jahrhundert) gehören zu den zahlreichen Behängen dieses Themas, die seit dem 14. Jahrhundert in den Sammlungen großer Herren in Frankreich, Burgund und England beliebt waren und auch in Rathäusern und anderen öffentlichen Gebäuden die Blicke auf sich zogen. Aus Platzgründen kann vorerst nur das kleinere Exemplar ausgestellt werden *(Kat. 20.3)*. L.v.W.

20.1

Medaillonteppich

Regensburg, um 1390
Stickerei mit bunten Wollfäden auf Leinengrund; Klosterstich; zahlreiche Nachstickungen in versetztem Flachstich und Stielstich; 335 × 275 cm
Prov.: Aus dem Alten Rathaus
AB 1
(Farbtafel 49)

Im rotgrundigen Mittelfeld sind in sechs Reihen jeweils vier Medaillons unter einen Leitgedanken gestellt; die Medaillonrahmen enthalten diesbezügliche Inschriften. – 1. Liebesflehen: Sich gegenübersitzend, faßt ein Paar gemeinsam einen Becher; „*amor trink lieb duroter munt der wein ist dree(drunten)*". Stehend halten sie sich an den Händen; „*ich wer gern stet (treu) der mit nach tet mit gere*". Wieder sitzend, reden sie aufeinander ein; „*senen und gedenken tut sere krenekn siherleiche (sicherlich)*". Stehend, sprechen sie miteinander; „*lieb belieb an bank (blieb ohnen Wanken) das fast meine hertz dan(k)*". – 2. Liebeswerben: Zwei Mädchen halten einen Jüngling, hinter dem die geflügelte Frau Minne steht; „*schunerflachs zir (ich auft in umb dir)*". Die unkeusche Liebe, eine gekrönte Frau, möchte einen Mann verführen; „*liep ich wil mit diser tocken unserzeiselein locken*". Das Mädchen bringt einem Mann einen Blumenzweig; „*ach ließ mein mue(t) dich: verdrießt dich) (di)z rosen pewmelein*". Zwei Paare spielen Schinkenklopfen; „*amor wir spilen der untrewe die wirt alta (alle Tage) newe (neu)*". – 3. Liebesfreude: Ein Jüngling reicht einem Mädchen einen Rosenkranz; „*ach lieb mein nim das rosen krentzlein in renten*". Beide halten zusammen eine Krone; „*liep mein die trewe sol gekronet sein in die frewde dein*". Einer wird durch Schmeichelei verführt; „*ich pin meine liebes (Tor) sie zeu(cht) mir daz helmellein vor*". Ein Mädchen führt einen gefesselten Wilden Mann hinter sich; „*ich fwr eine(n) wilde(n) man got wer er mir zam*". – 4. Liebesqual: Die Minnekönigin hat einen Pfeil auf einen im Schoß der Geliebten liegenden Jüngling abgeschossen; „*ich han gen(ossen) daz (der) minne stral hat gescho(ssen)*".

Ein Jüngling hält ein geflügeltes Herz, das die Minnekönigin mit ihrem Pfeil trifft; „*mein hertz leit qual hebet nu(n) vo(n) der liebe stral*". Ein Jüngling hält den Falken, ein Mädchen das Falkenluder, mit dem dieser gelockt wird; „*frawen mit (?) federspil warten ... zu vil ane (ohne) zil*". Tristan und Isolde erscheint der ihre Liebe beobachtende König Marke im Spiegel; „*ich sich in des prune(n) schei(n) auf de(m) paum de(n) herre(n) mein*". – 5. Liebesscherz, liebende Narrheit; drei Beschriftungen sind verloren: Ein Jüngling sitzt zwischen zwei Mädchen, die ihm einen Federhut (Narrenhut) aufsetzen. Ein Paar faßt ein Schriftband mit „*hilf got*". Ein Mädchen hält eine Waage, mit der zwei Herzen gewogen werden, ein junger Mann schaut zu. Er ist so von Liebe vernarrt, daß er wie ein Kind am Laufrad geht; „*ich pin meines liep tierlein ich ge an dem radele(in)*". – 6. Liebesgewißheit: Ein Paar hält über einem Altar ein geflügeltes Herz; „*amor wes(sen) (her)ze daz lebt in frewden es swebt*". Ein Paar umarmt sich, daneben sitzen ein Mädchen und ein Jüngling als Aufpasser; „*halsen und kussen war uns paiden wol gehut vor*". Ein Paar reitet auf die Jagd; „*wir welen niht peiten (warten) wollen nach de(m) wilt reiten*". Als Abschluß die Szene aus den sogenannten Weiberlisten oder Minnesklaven, wie der weise Aristoteles seiner Frau als Reittier dient; „*hie reit ein tumes weip eines weisen manes leip*". Weitere Bilder mit jungen Paaren zeigen die Rahmungen auf allen vier Seiten.

Der doppeltgeschwänzte Löwe und der Adler in den Rahmenecken sowie der gekrönte Löwe im Zentrum des Mittelfeldes könnten sich auf Kaiser Wenzel I. und vielleicht auf dessen zweite Eheschließung im Jahr 1389 mit Sophie von Bayern beziehen. Der Regensburger Dialekt der Inschriften bestätigt den Medaillonteppich als einheimische Stickerei. Als mit vielfachen Varianten einmalig erhaltenes Zeugnis veranschaulicht er die in zahlreichen Hand- und Druckschriften überlieferten ‚Minnereden', deren Wiedergabe sonst nur vereinzelt – in Marginalien der Buchmalerei, in Skulptur und Kleinkunst – auf uns gekommen ist. Der Medaillonteppich könnte für den Tanz- und Festsaal des Regensburger Rathauses bestimmt gewesen sein.

Lit.: VON DER LEYEN/SPAMER, 74–83; KDB Regensburg III, 102f., Abb. 77, Tf. X; SCHUETTE/MÜLLER-CHRISTENSEN, 40, Abb. 229, Tf. XII; v. WILCKENS 1973, 58f., Abb. 2, Anm. 7; v. WILCKENS 1980, 8–13; v. WILCKENS 1991, 220, Abb. 250

L.v.W.

20.2

Teppich mit der thronenden Minnekönigin

Regensburg, um 1410/20
Wirkerei; Leinenkette, 6–7 Fäden/cm; Schuß aus bunter Wolle;
ca. 180 × 250 cm; unteres Teilstück 140 × 70 cm; ursprüngliche Höhe ca. 350 cm
Prov.: Aus dem Alten Rathaus
AB 2
(Farbtafel 50)

Vor dunkelblauem Grund thront im Zentrum die Minnekönigin auf zwei Adlern, unter ihren Füßen kauern zwei Löwen. Ihre langen, hoch geschwungenen und – wie das Kleid roten Flügel umfaßt ein Schriftband: „*lieben diener v(nd) dinerinne pfleget mit trewen steter minne*". Von links unten naht ein bärtiger junger Mann in rotem, modischem Gewand, auf seinem Schriftband: „*(fra)w ich pin ein helt vnd dein vnd volt evch steter minne pflegen(d sein)*". Ihm steht ein Zwerg mit geschultertem Sack gegenüber: „*fraw ich pin nit ein edelman seht mein pfennig an*". Rechts und links begleiten die Hauptgruppe vier Paare in zwei Reihen, deren erklärende Sprüche nur teilweise erhalten sind. Links oben heißt es bei dem Paar in grünen modischen Kleidern: „*grvn ist ein anfank*"; in der mittelalterlichen Minneallegorie bedeutete Grün die erste, noch unerfahrene Liebe. Das Weiß des Paares gegenüber weist auf Unschuld und Liebeshoffnung. Das Rot des links unten nur fragmentarisch erhaltenen Paares ist das Zeichen der brennenden Liebe, während die blauen Kleider gegenüber Treue anzeigen, aber: „*plow farb gelogen hat vnd vnstet sie begraben hat*".

Auf dem abgesonderten, hochrechteckigen Abschnitt sitzt oben ein Paar beim Kartenspiel, grau gekleidet: „*graw varb d(er) vbet si gvt vnd tregt*

20. Die mittelalterlichen Bildteppiche aus dem Alten Rathaus

hohe(n mut)"; Grau bedeutet Liebesdienst und hohen Mut. Darunter tritt ein Jüngling in blau-rot gestreiftem modischen Gewand zu einem unter einem Hausdach sitzenden Alten: *„got grvs dich vater eckhart...dv mir zv diser vart"*. Den noch vorhandenen Resten zufolge dürfte hier in mehreren Bildern der Wanderer durch das Reich der Minne dargestellt gewesen sein, dem der Vater Eckhart als Führer diente. Möglicherweise waren neben den Kartenspielern noch Paare in den Minnefarben Gelb (Liebesgewährung) und Schwarz (Zorn) zu sehen. Die mit Pflanzen, Blumen und Bäumen angedeutete Landschaft wird durch Hasen und anderes Wild belebt. Die Farben sind heute stark ausgebleicht und die Zerstörung des Behangs ist weit fortgeschritten, so daß die allegorische Vielfalt und die ehemals leuchtende dekorative Pracht kaum noch erahnt werden können. Die Minnekönigin steht in der ikonographischen Tradition der Geliebten aus dem Hohen Lied des Alten Testaments. Von Amor übernahm sie die Flügel, um hier, vor dem Hintergrund der spätmittelalterlichen Minnedichtung, anschauliche Gestalt zu gewinnen. Der Teppich könnte für den Tanz- und Festsaal des Regensburger Rathauses bestimmt gewesen sein.

Lit.: VON DER LEYEN/SPAMER, 83–88; VON BAYERN, 32f., Taf. 8; KURTH 1926, 172, 261, Tf. 250f.; KDB Regensburg, 104f., 108; GOEBEL III/1, 144f., Abb. 110; HEINZ, 151; V. WILCKENS 1973, 64–66, Abb. 11f.; V. WILCKENS 1980, 24–31; V. WILCKENS 1991, 301f., Abb. 335

L.v.W.

20.3

**20.3
Kleiner Jagdteppich**

Südliche Niederlande, um 1450/60
Wirkerei; Wollkette, Wollschuß;
234 × 311 cm; fragmentiert
Prov.: Aus dem Alten Rathaus
AB 6

Wahrscheinlich bildete der – stark verkürzte – Teppich ursprünglich das Gegenstück zum Großen Jagdteppich *(Bd. I, Abb. 159)*. Erhalten sind hier nur die vor einem Landschaftsgrund aus stilisierten Laubbäumen und vereinzelten Architekturen reitenden Damen und Herren sowie die Köpfe der darunter stehenden Personen.

Die Datierung des Teppichs wird durch die modische Kleidung bestimmt. Von einst beträchtlicher Größe, zeugt er von der Beliebtheit, derer sich das Thema der Jagd während des ganzen 15. Jahrhunderts bei anspruchsvollen Sammlern erfreute.

Lit.: KURTH 1917, 88, Abb. 18f. und auf S. 110; KURTH 1923, XI, Abb. 27f.; GOEBEL I, 271, Abb. 206; KDB Regensburg III, 108, Abb. 80; Kat. Hamburg 1953, 19–21, Nr. 7f.; WEIGERT, 79; Kat. Tournai 1970, Nr. 18; DIGBY, 40f., 91, Abb. 26f.; v. WILCKENS 1980, 44–49; v. WILCKENS 1991, 227

L.v.W.

21. Kirche, Kunst und Kultur

Das mittelalterliche Kunstwerk diente fast ausschließlich religiösen und sakralen Zwecken. Nie entstand es allein um der schönen Form willen. Dementsprechend galt sein Schöpfer nicht als Künstler im modernen Sinn, sondern als Handwerker.

Seit dem frühen Mittelalter unterschied man zwischen den sieben freien Künsten *(artes liberales)* und den mechanischen Künsten *(artes mechanicae)*. Die freien Künste waren – mit Ausnahme der Musik – nach heutigem Verständnis Wissenschaften. Die mechanischen Künste dagegen umfaßten alle praktisch ausgeübten Tätigkeiten vom Ackerbau bis zu Malerei und Plastik. Lediglich die Architektur stand zwischen den Kategorien der freien und der mechanischen Künste, da sie auf einer freien Kunst, der Geometrie, beruht.

Nach Albertus Magnus, der auch in Regensburg lehrte und von 1260 bis 1262 hier Bischof war, stehen diejenigen Künste der Weisheit näher, die auf die übersinnlichen, höheren Ursachen gerichtet sind, so wie die Architektur der Weisheit ähnlicher sei als die anderen Künste.

Der Dominikaner Albertus Magnus kann stellvertretend für viele gelehrte Theologen stehen. Die Klöster waren zugleich Bildungsstätten, an denen das Wissen der Antike überliefert und mit christlichem Denken in Einklang gebracht wurde. Wissenschaft und Theologie waren eine Einheit. Ein monumentales Zeugnis dieses geistigen Klimas ist das astronomische Lehrgerät des Emmeramer Mönchs Wilhelm, des späteren Reformabts von Hirsau *(Kat. 21.1)*. Als Kunstwerk gehört es zu den frühesten Beispielen vollplastischer romanischer Monumentalskulptur. Daß es sich bei der bekrönenden Figur um den antiken, d.h. heidnischen Astronomen Aratos handelt, ist kein Widerspruch, erfolgte doch gerade in den Klöstern eine intensive Auseinandersetzung mit der antiken Überlieferung.

Das Bildwerk als Gegenstand religiöser Verehrung wurde von der Kirche lange Zeit als Zeichen des Götzendienstes verurteilt. Dies hemmte bis weit ins 11. Jahrhundert hinein das Entstehen vollplastischer Skulpturen.

In Regensburg verlief die Entwicklung der romanischen Skulptur in zwei Linien. Die eine geht von der Abtei St. Emmeram aus und umfaßt neben den Reliefs am Nordportal der Klosterkirche das astronomische Lehrgerät des Wilhelm von Hirsau *(Kat. 21.1)* und das Samson-Relief *(Kat. 21.2)*. Auch das „Agnes"-Fragment *(Kat. 21.3)* und der Engel *(Kat. 21.4)* gehören in diesen stilistischen Zusammenhang. Er ist gekennzeichnet durch Figuren, die sich mit einer klaren Tendenz zum Rundplastischen aus dem Reliefgrund zu lösen beginnen.

Die andere, jüngere Entwicklungslinie geht auf die Bauplastik der Schottenkirche St. Jakob zurück. In der ornamentalen Gestaltung von irischen Vorbildern beeinflußt, ist für diese Werke das an den quaderförmigen Steinblock gebundene Relief charakteristisch. Das Volumen des Quaders bleibt als Substanz der Figur erkennbar *(Kat. 21.5)*. In den weiteren stilistischen Umkreis dieser Skulpturen gehören auch die beiden Sitzfiguren von der Steinernen Brücke *(Kat. 6.3, 6.4)*.

Die in der Vitrine gezeigten Werke kirchlicher Goldschmiedekunst sollen helfen, den einstmals sakralen Kontext der gezeigten Skulpturen ins Bewußtsein zu rufen.   E.T.

21. Kirche, Kunst und Kultur

Grünsandstein; 45 × 73 × 73 cm
Prov.: Bis 1811 im Kreuzgarten von
St. Emmeram, mit Blickrichtung der Figur
nach Süden
HVE 3

Das astronomische Gerät wird traditionell, aber nicht korrekt als Astrolabium bezeichnet. Auf seiner Rückseite kniet auf einem polygonalen Säulenschaft mit gedrungenem Kapitell und sehr breitem Rollenkämpfer nach links gerichtet die nahezu vollplastische Figur des Astronomen Aratos aus Soloi in Kilikien. Die Figur ist seitlich hinterfangen von der runden Scheibe des Meßgeräts. Den äußeren Rand der Scheibe entlang verläuft zwischen zwei geritzten Linien die Inschrift + *SYDEREOS MOTVS RADIO. PERCURRIT ARATVS*. Auf der Vorderseite des Instruments befinden sich Parallelkreise mit einer Gradeinteilung. Unter der den Kreis in der Mitte teilenden Waagrechten ist die Inschrift *ORIZON* zu erkennen. Diese Linie wird von parallelen Linien im Winkel von 48° geschnitten, was 48° nördlicher Breite und damit annähernd der Polhöhe von Regensburg entspricht. Im Mittelpunkt der Scheibe und in den oberen Endpunkten der Linien befinden sich Löcher, in denen vermutlich Metallstifte steckten. Die Scheibe ist versehen mit der Umschrift *CLIMA CICLI CARDO CELI LOCVS EXTIMA SIGNI. MULT AD HEC VSVS. PATET HINC SUB ACUMINE VISUS*.

Die nahezu freiplastische Gestaltung der Figur sowie der geringe plastische Grad der Gewandfalten lassen die Abhängigkeit von den Portalfiguren von St. Emmeram deutlich werden.

Lit.: ZINNER 1923; KARLINGER 1938/39; WESENBERG 1960; ZINNER 1965, 167 ff.; STROBEL 1965, 44 ff.; WIESENBACH 1991; GERL 1993

V.G.

21.1

Astronomisches Lehrgerät aus der Regensburger Zeit Wilhelms von Hirsau

Regensburg, vor 1069
Kalkstein; 211 × 41 × 28,5 cm
Dm. der Scheibe 61,5 cm
Sockel um 1230

21.2

Reliefplatte mit Samson, Dalila und Philistern

Regensburg, um 1060
Kalkstein; 117,5 × 81 × 21 cm
Vorderseite der Samsonfigur abgearbeitet, das Suppedaneum sowie die Köpfe Dalilas und der Philister beschädigt,

21.2

Unterarme fehlen
Prov.: Im August 1957 bei Renovierungsarbeiten im Haus Obermünsterplatz 4 gefunden (1. Stock, nordöstl. Ecke neben dem Fenster)
K 1957/25

Das hochrechteckige Relief ist aus zwei querrechteckigen Steinplatten zusammengesetzt. Das Relieffeld ist von einem stark erhabenen Rahmen mit Inschrift umgeben. Diese lautet: *DVLCIVS EN MELLE QVID FORTIVS ESTQVE LEONE SAMSON FERT MANDENS AESVM FORTIS DAT NECTARIS VSVM DALILA*. Die in der Mittelachse befindliche Figur des Samson durchmißt die gesamte Höhe des Bildfeldes, links steht – teilweise vom Rahmen überschnitten – Dalila, rechts sind – ebenfalls in Überschneidung – die Philister zu sehen. Die stilistischen Charakteristika lassen trotz des schlechten Erhaltungszustandes eine Bezugnahme zu den Reliefs des Nordportals von St. Emmeram und auch zum Relief mit Johannes dem Täufer und Assistenzfiguren in der Kirche St. Johannes im fränkischen Großbirkach zu. Eine Datierung des Reliefs nach der Mitte des 11. Jahrhunderts erscheint deshalb möglich.

Lit.: WIRTH 1959; WESENBERG 1960

V.G.

21.3

Die sogenannte Agnes von Poitou

Regensburg, um 1060/70
Kalkstein; 62 × 28 × 15,5 cm
Prov.: 1905 an der nordöstl. Ecke der römischen Stadtmauer als Werkstein verwendet aufgefunden
HVE 2a

Das Fragment ist Teil einer Reliefplatte, die eine stehende weibliche Figur darstellte. Erhalten sind der untere Teil mit den Füßen sowie ein Teil des gerahmten Reliefgrundes an der rechten Seite. Das Fragment ist oben gerade abgearbeitet. Die sorgfältig geglättete Rückseite weist eine Inschrift auf, die an drei Seiten von einer geritzten Linie gerahmt ist. Die Inschrift auf feinen Zeilenstrichen lautet: *AGN / IMP / RATRIX / AUG.*

Die Reliefplatte ist von einem breiten Rahmen umfaßt. Der erhaltene plastische Teil des Reliefs ist als kräftige Schicht vor dem planen Grund gearbeitet. Die Figur steht auf einem nach vorne abgeschrägten Suppedaneum. Die Beine und der Unterkörper sind vorne konvex gewölbt, wobei die Gewandfalten bogenförmig eingeritzt sind. Die Figur hielt einen nicht mehr erkennbaren Gegenstand oder sie war als Orantin mit vor dem Körper erhobenen Händen dargestellt.

Beim sog. Agnes-Relief handelt es sich um eine im 11. Jahrhundert und auch später übliche skulpturale Form: die gerahmte Reliefplatte mit der frontal gezeigten Einzelfigur. Sie wurde an Kirchenfassaden oder auch an Altarschranken, Lettnern etc. verwendet. Vergleichbare Werke befinden sich in Trier, Brauweiler, Münster, Xanten und Regensburg (St. Emmeram).

Lit.: WALDERDORFF 1904, 187; ENDRES 1906; KARLINGER 1924, 6, Taf. 7; SCHRAMM 1928, 129 ff., 207 ff., Taf. 106 a,b; STROBEL 1965, Anm. 275

V.G.

21.4

Engel mit Buch (Symbol des Evangelisten Matthäus?)

Regensburg, um 1150
Kalkstein; 87 × 48 × 36 cm
Spitzen der Flügel abgebrochen
Prov.: Beim evangelischen Bruderhaus aufgefunden
HVE 4

Die Figur ist stark räumlich-plastisch gearbeitet und hält mit beiden Händen ein kastenförmiges Buch vor den Oberkörper. Die ausgebreiteten Flügel sind auf der Rückseite nur grob bearbeitet und lassen den Schluß zu, daß sich die Figur ursprünglich im Mauerverbund befand (den Verwitterungsspuren zufolge möglicherweise in einer Gebäudeecke). Der Körper ist sehr kompakt gearbeitet, wobei die Füße reliefhaft vor ein schräg abfallendes Suppedaneum gebracht sind. Der skulpturale Stil spricht für den Umkreis der Figuren am Nordportal von St. Emmeram und an der Alten Kapelle, doch steht die Figur den Werken von St. Emmeram qualitativ erheblich nach.

Lit.: KARLINGER 1924, 49, Taf. 72

V.G.

21. Kirche, Kunst und Kultur

21.5

Kopf einer Kolossalfigur

Regensburg, um 1160
Kalkstein; 47 × 36 × 36 cm
Jüngere Ergänzungen in Zement
Prov.: 1966 beim Umbau des Priesterseminars St. Jakob vor dem Südflügel des Gebäudes gefunden
K 1966/83

Das Gesicht ist dreiseitig ausgearbeitet, die Rückseite des Kopfes beidseitig abgeschrägt. Die Modellierung des Gesichts, die kordelartig gedrehten Haare über der Stirn und die Zöpfe verraten deutlich die Provenienz aus der Werkstatt des Schottenklosters.   V.G.

21.5

21.6

Samson-Fragment

Regensburg, 2. Hälfte 12. Jh.
Kalkstein; 74 × 46 × 71 cm
Prov.: 1835 beim Grundaushub für den Bau der fürstlichen Reitschule gefunden
HVE 1

Die Figur eines Bärtigen ist in ihrem oberen Teil vollplastisch gearbeitet. Unter den vom Hinterkopf wulstförmig auf den Rücken fallenden fünf Haarsträhnen schließt sich ein fragmentierter Fortsatz mit einer halbkreisförmigen Höhlung an. Diese dürfte der Wasserführung gedient haben, was Endres veranlaßte, die Skulptur als Brunnenfigur zu deuten und mit Samson zu identifizieren. In dieser Funktion begegnet der alttestamentarische Held im Mittel-

21.6

alter häufig. Als Zeichen der Stärke war er, ebenso wie der Löwe *(vgl. Kat. 18.2)*, ein Symbol der lebensspendenden Kraft des Wassers. Samsons Stärke gründete nach dem Buch Richter 16 in seinem Haar. Auf dessen plastische Gestaltung legte der Schöpfer der Figur großen Wert: vorne lockig, ist es hinten zu kräftigen Strähnen geformt.

Lit.: GUMPELZHAIMER 1837; WALDERDORFF 1896, 369; ENDRES 1917/18; Kat. Regensburg 1953, 12
   E.T.

21.7

Trutzfigur

Regensburg, 12. Jh. (?)
Kalkstein; 105 × 56 × 44 cm
Prov.: Bis 1839 als Spolie am Emmeramer Tor eingemauert
HVE 2

Die archaisch wirkende Kniefigur hält in der Linken einen mandelförmigen Schild und in der Rechten einen Streitkolben. Die plastische Behandlung der Skulptur ist auf ein Minimum beschränkt, so daß das ursprüngliche Volumen des dreiseitig bearbeiteten Blocks noch klar erkennbar ist.
   Einer alten Tradition gemäß wird die Figur mit dem Baiernherzog Arnulf († 937) identifiziert.

Lit.: wie Kat. 21.6
   E.T.

21.7

21.8

Tontafeln einer Wandverkleidung

Regensburg, 12. Jh.
Ton; 58–62 × 36,5 × 2 cm
Prov.: Aus der Abtei St. Emmeram
HV 1360 a–d

Die einst farbig gefaßten Tontafeln wurden mit Modeln hergestellt. Jede Tafel weist vier Nagellöcher auf. Ein breiter, aus horizontal und vertikal verschiedenen Ornamentstreifen zusammengesetzter Rahmen umgibt jeweils das zentrale Motiv. Bei diesem handelt es sich um Tierdarstellungen oder symmetrische Muster.
   Die Tafeln stammen – ebenso wie weitere, nicht ausgestellte Stücke gleicher Art – aus der Abtei St. Emmeram.

Lit.: BRANDL 1935/36
   V.G.

21.9

Zwei Rundleuchter

Franken (?), um 1200
Gelbguß; H. 12,5 cm (a), 13,3 cm (b)
L 1984/11.8,9

Die gerundete Fußplatte ruht auf drei hohen, unten abgeknickten Beinen. Auf

21.8

21.9

Die hohe Zarge des sechspassigen Fußes durchbricht ein Maßwerkfries mit eingesetzten Dreipässen. Dem Fuß sind vier tartschenförmige Schilde aufgesetzt mit Wappen in Emailbemalung: viergeteilt mit Eichhörnchen, Eisenhand, Brunnen und Schachfigur; quergeteilt mit einem Wildenmann mit Keule; ein Fisch; drei Hirschgeweihe und zwei Sterne. Den Nodus fassen Zwischenringe ein mit einer Minuskelfolge, die keinen Sinnzusammenhang ergibt. Der Nodus wird gegliedert durch markant herausragende Zapfen mit den Buchstaben *ihecvs* (Jesus), dazwischen füllen Blattranken zungenförmige Felder.

Der Kelch stammt vermutlich aus der Dominikanerkirche, die lange Zeit von den beiden Konfessionen simultan genutzt wurde. Dort befindet sich auch das Grabmal des um 1520 verstorbenen Lukas Lamprechtshauser und seiner Gemahlin Katharina. Lamprechtshauser stammte aus Salzburg und war herzoglich bayerischer Rat und Zollbeamter zu Wasserburg. Das Wappen Lamprechtshausers ist – wie beschrieben –

dem kurzen Schaft mit flachem Nodus sitzt die trichterförmige Traufschale. Die gesamte, innen hohle Form ist in einem Stück gegossen, nur die Beine sind angesetzt. Einfache Ritzornamente zieren Beine und Fußrand des Leuchters a.

Die charakteristische Form der kleinen Rundleuchter ist im 13. Jahrhundert weit verbreitet. P.G.-B.

21.10

Kelch

Süddeutschland (Regensburg ?), 1423
Applizierte Wappen um 1500
Silber getrieben, vergoldet, teilweise emailliert; H. 18,5 cm
Auf der Fußunterseite eingeritzt:
anno domini mccccxxiii
Leihgabe der St. Oswaldkirche

21.10

21. Kirche, Kunst und Kultur

– viergeteilt, das seiner Frau zeigt drei Hirschgeweihe und zwei Sterne. Die Wappen wurden vom Stifter nachträglich auf einen alten Kelch appliziert, der in Regensburg entstanden sein könnte.

Lit.: M. ANGERER in Kat. Regensburg 1992/93, Nr. 46

P.G.-B.

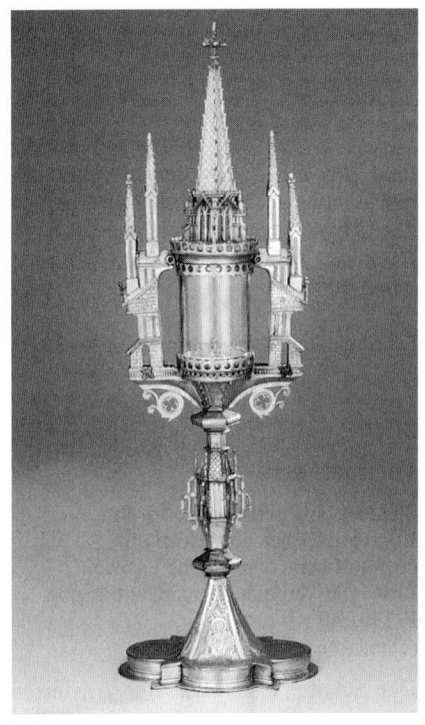

21.11

Monstranz

Süddeutschland (?), um 1430/40
Kupfer und Messing, getrieben und gegossen, vergoldet; H. 59 cm
Prov.: Aus der Sammlung Walter, München
K 1950/5

Der vierpaßförmige Fuß mit ausspringenden Ecken erhebt sich über einer hohen, glatten Zarge. Seine Oberfläche ist ganz mit Gravierung bedeckt: in den Hauptfeldern unter Baldachinarchitektur die Auferstehung Christi, Christus am Ölberg, die Madonna und ein Gnadenstuhl. Die Darstellung des Gnadenstuhls zeigt eine seltene Variante dieses Themas: Gottvater hält in der Rechten die Weltkugel, vor seiner Brust schwebt die Heiliggeisttaube, darunter eine Hostienscheibe mit dem Jesuskind. Die Zwickel zwischen den Bildfeldern füllen drachenähnliche Wesen, von denen drei menschliche Köpfe tragen. Der sechseckige Architekturnodus des Schafts besitzt an den Kanten zarte Strebepfeiler. Die Fassung des Schaugefäßes wird von zwei massiven Strebepfeilern flankiert, die von schlanken Fialen bekrönt werden. Der Aufsatz des Schaugefäßes in Form einer Laterne mit Spitzdach wiederholt die Strebepfeiler in verkleinertem Maßstab.

Die fast modellartige Architektur der Monstranz wird unterstrichen durch die Quaderung der Oberflächenstruktur. Die Gravierung des Fußes ist von hervorragender Qualität und läßt Einflüsse der böhmischen Kunst in der Folge des sogenannten Schönen Stils erkennen.

Lit.: Kat. Regensburg 1979, Nr. 81, Abb. 115

P.G.-B.

21.12

Ciborium

Regensburg, Ende 15. Jh.
Silber getrieben und gegossen, vergoldet;
H. mit Deckel 28,7 cm, ohne Deckel 20,5 cm
Bz Regensburg
Prov.: Aus Obermünster
K 1972/9

Die Form dieses Ciboriums wirkt wie gedrechselt: bis auf den Kreuzaufsatz ist sie aus runden Formen zusammengesetzt. Glatte, glänzende Flächen sind eingefaßt von gerieften Ringen. Der zarte Fries der Zarge zeigt gotische Maßwerkformen, ein Band unterhalb des Nodus reiht schmale hochrechteckige Öffnungen aneinander, der flachkugelige Nodus ist vertikal gerippt. Die Cuppa des Kelchs ist gespiegelt im Halbrund des Deckels, so daß sich eine gedrückte Kugel ergibt. Ein kleines Gabelkreuz aus Astwerk bekrönt den Deckel.

Vergleichsbeispiele zu Form und Dekor dieses Ciboriums finden sich in einer Gruppe von Kelchen der zweiten Hälfte des 15. Jahrhunderts aus Franken (KOHLHAUSSEN 1968, Abb. 322–327).

Lit.: Kat. Regensburg 1979, Nr. 115, Abb. 101

P.G.-B.

21.13

Gefäß für heilige Öle

14./15. Jh.
Gelbguß; 4,7 × 7,4 × 6,1 cm
KN 1995/30

Das Gefäß besitzt einen dreipaßförmigen Grundriß, die drei Behälter sind in einem Stück gegossen. Der Deckel ist mit Scharnier, Schraubverschluß und angegossener Lasche versehen. Seine Unterseite trägt die Initialen *S* und *C* sowie ein Zeichen, das einer Hausmarke oder der Strichzeichnung einer menschlichen Gestalt ähnelt. Diese Zeichen sind nicht zweifelsfrei den drei heiligen Ölen der Kirche, dem Chrisam, dem Katechumenenöl und dem Krankenöl zuzuordnen.

P.G.-B.

21.14
Krümme eines Bischofsstabes

Regensburg, 1502
1582 verändert und ergänzt
Kupfer und Messing vergoldet, getrieben und gegossen, ziseliert und graviert;
H. 68 cm
Inschrift von 1582 entlang der Krümme:
IN.HON.DEI.OMP.B.MAR.VIR.S.IO.BAP.S ./ CATH.S.MAR.MAGDAL.ET.S./ S.OMN.CONSECR.EST.HOC.PASTOR./ PER.R.IN.XPO.P.D.PETR.CRAFT./ RAT.1502. ET.RENOV.PER.IO.BAP./ PI-HELMAIR.SS.TH.DOCT. (Zu Ehren des allmächtigen Gottes, der seligen Jungfrau Maria, des hl. Johannes des Täufers, der hl. Katharina, der hl. Maria Magdalena und aller Heiligen ist dieser Hirtenstab geweiht worden durch ... Peter Craft, Regensburg 1502 – und renoviert durch Joh. Bapt. Pihelmair...)
Zugehöriger Stab nicht erhalten
KN 1991/9

Der architektonisch gestaltete Knauf stammt in seiner jetzigen Form im wesentlichen aus dem Jahr 1582. Die Untersicht trägt in sehr qualitätvollen Gravierungen sechs Figuren, die auf Schriftbändern bezeichnet sind: *S. BARTOLOM(äus) / S. IOAN. BAPT (hl. Johannes d. T.) / S. ANNA (hl. Anna Selbdritt) / S. IOAN. EVAN. (hl. Johannes Ev.) / S. TIBVRTIVS / S. Mar. Madgal. patr. Eccl. Almiren (hl. Maria Magdalena, Patronin der Kirche von Almira)*; Weihbischof Pichelmayr war Titularbischof von Almira). Die Figur der hl. Magdalena hält ein Medaillon mit dem Wappen des Weihbischofs Joh. Bapt. Pichelmayr mit der Datierung 1582. Von den Nischenfiguren des Knaufs ist nur die Statuette der hl. Magdalena erhalten. Sie gehört dem ersten Viertel des 16. Jahrhunderts an. Die eigentliche Krümme zeigt noch ihre ursprüngliche Form: von zurückhaltender Ornamentierung begleitet, beschreibt sie einen fast geschlossenen Kreis, der einen Strahlenkranz einfaßt, vor dem auf der Vorderseite die Figur der Madonna, auf der Rückseite die der hl. Katharina steht. Die Figuren und die applizierten Engelköpfe stammen von der Renovierung des Stabs im Jahr 1582.

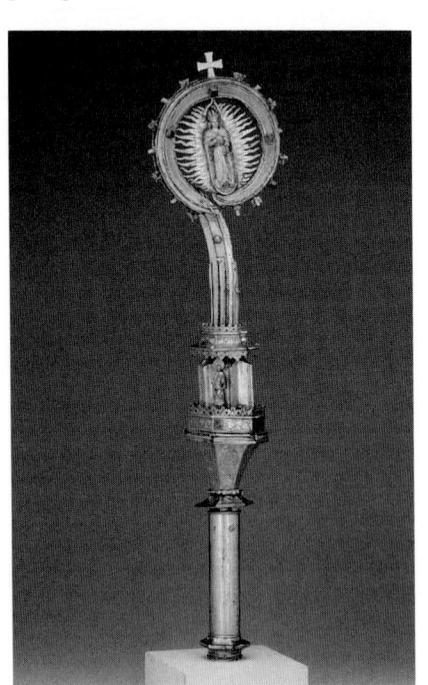

Der Bischofsstab wurde von Weihbischof Dr. Peter Kraft (1501–1530) in Auftrag gegeben und befand sich bis 1862 in der Kollegiatstiftskirche Unserer Lieben Frau zur Alten Kapelle.

Lit.: Kat. Regensburg 1979, Nr. 113, Abb. 188; GLASER 1993, Nr. 37, Abb. 59

P.G.-B.

21.15
Vortragekreuz

Süddeutschland, Ende 15. Jh.
Kupfer, getrieben und versilbert;
32 × 27,5 cm
Prov.: Aus der Sammlung Figdor, Wien
K 1930/272

Von einem schmalen Rand eingefaßt, sind Vorder- und Rückseite des Kreuzes mit Gravierung bedeckt. Auf der Vorderseite sind in den Dreipässen der Balkenenden die vier Evangelisten an Schreibpulten sitzend dargestellt. Die Balken füllt ein Rankenstamm, von langen gelappten Blättern umspielt und in drei großen Blüten endend. Über die Rückseite ist ein Geschlinge von unbeschrifteten Bändern gelegt, eingefaßt von fein punziertem Blattwerk.

Die originellen figürlichen Darstellungen stehen in deutlichem Gegensatz zu der eleganten Ornamentik des Kreuzes. Während diese Form der vegetabilen Blattranke in ornamentalen Vorlagenblättern aus dem letzten Viertel des 15. Jahrhunderts weite Verbreitung fand, war das Motiv des verschlungenen Bandes auch in anderen Bereichen des Kunsthandwerks – besonders in Bayern, Oberösterreich und Kärnten – beliebt.

Lit.: Aukt.kat. Wien-Berlin 1930, Nr. 342

P.G.-B.

21.16
Vortragekreuz

Süddeutschland (?), Mitte 16. Jh.
Kupfer getrieben über Holzkern;
66,5 × 44 cm, Dm. Nodus 17,5 cm
Reste von Vergoldung und Goldfassung
K 1991/49
(Ohne Abb.)

Der Schaft ist gerautet mit gravierten Blättern. Die gedrückte Kugel des Nodus ist zungenförmig gegliedert, auf Ober- und Unterseite liegt ein fein ausgearbeiteter Blütenkranz. Das Astkreuz ist stark stilisiert: an den glatten Kreuzbalken sitzen kurze, glatte Aststummel in gleichmäßiger Anordnung. Der Kreuztitel mit der Gravur *INRI* ist zwischen die Aststummel eingepaßt. Der gegossene Corpus ist wohl zeitgleich, aber nicht zugehörig.

Das Astkreuz ist in seiner Bedeutung gleichzusetzen mit dem Lebensbaum und bringt somit symbolisch zum Ausdruck, daß das Kreuz Christi den Tod überwindet und ein lebenspendender Baum ist. Diese seit dem 11. Jahrhundert verbreitete Kreuzform ist besonders im Kunstgewerbe häufig anzutreffen, z. B. auf Meßgewändern. Für ihr Fortleben bis ins 16. Jahrhundert ist dieses Vortragekreuz ein wichtiger Beleg.

P.G.-B.

22. Plastik des Spätmittelalters

Handelte es sich bei der romanischen Skulptur noch größtenteils um Bauplastik, wuchs ab dem 13. Jahrhundert der Anteil der von der Architektur unabhängigen Bildwerke. So stehen lediglich am Anfang unserer Werkauswahl noch zwei Beispiele frühgotischer Bauskulptur. Sie stammen von der einst im Südwesten des Neupfarrplatzes gelegenen, 1838 abgerissenen Augustinerkirche *(Kat. 22.1, 22.2)*.

Die zeitgleich entstandenen Marienfiguren *(Kat. 22.3, 22.4)* zeugen von dem hohen Niveau, das die von französischen Vorbildern beeinflußte Regensburger Skulptur im Umfeld des Erminoldmeisters im letzten Fünftel des 13. Jahrhunderts erlangt hatte. In thematischer Hinsicht blieben Darstellungen der Gottesmutter auch in der folgenden Zeit äußerst beliebt, wobei sich gegen Ende des 14. Jahrhunderts ein Wandel im Ausdruck vollzieht: Maria nimmt nun zunehmend irdisch-mütterliche Züge an und zeigt dem Betrachter das Kind in gefühlvoller Zuneigung. Formal dieser Empfindsamkeit entsprechend, entwickelte sich um 1400 ein Typus von Marienfiguren mit S-förmig geschwungenem Körper und aufwendig strukturierten Gewandfalten, die sogenannten Schönen Madonnen *(vgl. Kat. 22.11)*.

Einen zweiten thematischen Schwerpunkt bilden Darstellungen des leidenden Christus, die den Betrachter ebenfalls emotional ansprechen sollten *(vgl. Kat. 22.10, 22.14)*. Dieser gefühlsbetonte Stil, in dem die spätmittelalterliche Volksfrömmigkeit ihren künstlerischen Ausdruck fand, wurde erst zu Beginn des 16. Jahrhunderts überwunden, als sich unter dem Einfluß der Renaissance ein neues Idealitätsstreben durchsetzte. Ein schönes, wenn auch nicht regensburgisches Beispiel hierfür ist der geradezu klassisch gebildete Körper des im Umkreis des Veit Stoß entstandenen Gekreuzigten *(Kat. 22.33)*.

Die beiden Vitrinen geben einen Überblick über den Reichtum der religiösen Kleinkunst vom 12. bis ins frühe 16. Jahrhundert. Die darin gezeigten Werke sind – chronologisch geordnet – an den Schluß des Kapitels gestellt *(Kat. 22.21–34)*.

E.T.

22.1

Tympanon mit Deesisgruppe

Regensburg, um 1280/90
Kalkstein; 150 × 240 cm
Prov.: Vom Nordportal der 1838 abgebrochenen Augustinerkirche
HVE 71
(Im Foyer ausgestellt)

Im Spitzbogen ist beinahe vollplastisch die Gruppe der Deesis dargestellt: in der Mitte Christus als Weltenrichter oder Weltenherrscher, zu seinen Seiten Maria und Johannes der Täufer als Fürbitter für die Menschheit.

Der nimbierte Christus thront in streng frontaler Haltung, in der Linken ein Buch, die Rechte – ehemals – segnend erhoben. Die Monumentalität und das Moment des Thronens werden unterstrichen durch die weit gespreizten Beine mit den dazwischengespannten schüsselartigen Gewandfalten. Ebenso sorgfältig und überzeugend stofflich sind Bart- und Haupthaar gearbeitet.

Zur Rechten Christi kniet Maria, ihr gegenüber Johannes, dessen Kopf einer Lithographie zufolge *(Museum der Stadt Regensburg, Graph. Sammlung, Inv.-Nr. HV 362; s. Abb.)* schon vor den Abbrucharbeiten 1838 verlustig gegangen sein muß.

Vor allem nach der 1995 erfolgten, erstmaligen sorgfältigen Reinigung der Oberfläche durch die Restauratorinnen Monika Adolf und Annette Kurella können die Reste der ehemaligen Fassungen erkannt werden: Gold beim Mantel von Christus und Johannes sowie im Haar der Gottesmutter, Rot beim Bucheinband und auf der Innenseite des Mantels Mariä, der – ebenso wie das Gewand des Johannes – ursprünglich blau gefaßt war.

In der Kehlung des jetzigen Sockels, der ehemals den oberen Abschluß des Türstocks bildete, ist in Antiqua eingemeißelt: *SVMPTIBVS HIERONYMI PERISTERII ET BARBARAE CONIVGVM: M DC XII.* Diese Inschrift bezieht sich nicht auf das Portal, sondern auf eine Restaurierung der Kirche im Jahre 1612.

A. Hubel sieht hier, vor allem in der Haarbehandlung, die Handschrift des Bildhauers, der das Tympanonfragment eines segnenden Christus im Regensburger Dominikanerinnenkloster Hl. Kreuz geschaffen hat. Diese hervorragende Arbeit ist jedoch auch als Beleg dafür anzusehen, daß zu dieser Zeit neben dem Erminoldmeister weitere ausgezeichnete, französisch geschulte oder beeinflußte Bildhauer in Regensburg gearbeitet haben.

Lit.: Seyler 1905, 20f.; Karlinger 1924, 48, Abb. S. 70; Hubel 1974, 226; Hemmerle 1967 (mit Abb.)

M.A.

22.2

Tympanon mit Weinstockmotiv

Regensburg, um 1280/90
Kalkstein; 113 × 137 cm,
Prov.: Von der 1838 abgebrochenen Augustinerkirche
HVE 133
(Im Kleinen Kreuzgang eingemauert)

Wurde schon das Tympanon mit der Deesisgruppe *(Kat. 22.1)*, eine der qualitätvollsten Bildhauerarbeiten des letzten Viertels des 13. Jahrhunderts, in der Forschung bisher recht stiefmütterlich behandelt, so gilt dies erst recht für sein Pendant aus der Augustinerkirche. Ein gewisses Interesse ist lediglich 1838, im Jahr des Abbruchs, festzustellen; es

22. Plastik des Spätmittelalters

hat sich in einigen Zeichnungen niedergeschlagen, die in der Graphischen Sammlung des Museums aufbewahrt werden. Solange sich das Tympanon in der Ulrichskirche, dem einstigen Museum des Historischen Vereins, befand, konnte es aufgrund der gedrängten Fülle nicht zur Geltung kommen. Nach der Überführung dieser Kunstsammlung in das Museum der Stadt Regensburg ab 1933 wurde es aus rein dekorativen Überlegungen über dem Zugang vom Kleinen Kreuzgang zur Minoritenkirche eingemauert.

Der sich emporrankende Weinstock gilt als Symbol der Kirche. Bei Johannes 15,1–17 etwa ist die bekannte Rede Jesu zu seinen Jüngern überliefert, in der es heißt: *Ich bin der Weinstock, ihr seid die Reben. Wer in mir bleibt und in wem ich bleibe, der bringt reiche Frucht; denn getrennt von mir könnt ihr nichts vollbringen* (15,5).

Ein vergleichbares Tympanon mit der Darstellung eines Weinstocks, möglicherweise nicht ganz ein halbes Jahrhundert vor dem der Augustinerkirche entstanden, findet sich in Niederaltaich (KARLINGER 1938/39, 16 u. Abb. 1).

Lit.: HEMMERLE 1967 (mit Abb.)

M.A.

22.3
Thronende Madonna

Regensburg, um 1280/90
Kalkstein; H. 95 cm
Reste von Fassung
Prov.: 1961 aus dem Kunsthandel erworben
K 1961/47

Die erstmals 1923 in der Wiener Ausstellung „Mittelalterliche Bildwerke 1200–1440" der Öffentlichkeit vorgestellte thronende Muttergottes stammt möglicherweise aus der Sammlung Zatzka, wo sie als „regensburgisch" bezeichnet wurde. Im gleichen Jahr wurde sie von Franz Kieslinger als „österreichisch um 1260" publiziert (s. hierzu HUBEL 1974, 231).

Für eine mögliche Entstehung in Regensburg in der Zeit um 1280/90 spricht ein Vergleich mit der Madonna aus dem Dominikanerkloster *(Kat. 22.4)* und mit dem Kopf eines Engels

22.3

(Kat. 22.5). Die zu einem Strang gestalteten Haare lassen auch einen Vergleich mit der Deesis-Darstellung im Tympanon der Augustinerkirche zu *(Kat. 22.1)*.

Lit.: KIESLINGER 1923, 11, Taf. 6; HUBEL 1974, 231f., Abb. 81

M.A.

22.4
Dominikaner-Madonna

Regensburg, um 1280/90
Kalkstein; H. 181 cm
Reste unterschiedlicher Fassungen
Prov.: Dominikanerkloster Regensburg, Kreuzgarten des dortigen Lyzeums, Sammlungen des Historischen Vereins
HVE 161

Obwohl die Figur aufgrund der großen Substanzverluste als Fragment zu bezeichnen ist, dokumentiert sie die hohe Qualität der Bildhauerarbeit und läßt die Nähe zum Erminoldmeister erkennen: „Für die Entstehung im Umkreis des Erminoldmeisters sprechen die mächtigen Röhrenfalten, die auf das Kind hinweisen, die scharfkantig übereinander geordneten Schüsselfalten rechts und links hinten bei der Figur,

die Haare, die dicke Schnecken ausbilden und an die Gestaltung bei dem Engelskopf des Regensburger Museums erinnern" (A. Hubel).

Schinnerer beschäftigte sich als erster mit dieser Steinskulptur und datierte sie um 1300; J. A. Endres setzte ihre Entstehungszeit im frühen 14. Jahrhundert an, bis Irene Diepolder dann die Jahre um 1290 vorschlug.

Lit.: SCHINNERER 1918, 30; ENDRES 1920, 21, Nr. 161; DIEPOLDER 1953, 9f.; HUBEL 1974, 230

M.A.

22.4

22.5

Kopf eines Engels

Regensburg, um 1280/90
Kalkstein; H. 42 cm
Geringe Spuren von Fassung an Gesicht, Haaren und Gewand; verwittert
Prov.: An einem Ofen im Anwesen An der Hülling (C 140) eingemauert, 1903 dem Historischen Verein geschenkt
HVE 202 a

Der von Irene Diepolder erstmals publizierte und dem Meister der Dominikaner-Madonna zugeschriebene Engelskopf ist ein weiteres Beispiel für die hohe Qualität der Regensburger Skulptur gegen Ende des 13. Jahrhunderts. Auffallend ist der starke Kontrast zwischen der schmalen Gesichtsform und dem üppigen Kranz des spiralenförmig gelockten Haares. Nach Achim Hubel zeigt neben der Gestaltung der Haare die Form der Augen u. a. die Verwandtschaft mit dem Stil des Erminoldmeisters.

Lit.: VHVOR 55 (1903), 334, III, Nr. 1; DIEPOLDER 1953, 9; HUBEL 1974, 229, Abb. 77

M.A.

22.6

Madonna mit Kind

Regensburg, um 1320
Lindenholz; H. 105 cm
Fassung abgelaugt
Prov.: Aus Schloß Lupburg, 1892 aus dem Kunsthandel erworben
Leihgabe des Bayerischen Nationalmuseums München (MA 3734)

Die Muttergottes sitzt auf einer schmalen, profilierten Bank und hält auf dem rechten Knie das Jesuskind, dem sie sich lächelnd zuwendet. Ihren Kopf rahmen Locken, die zum Großteil durch ein Tuch abgedeckt werden.

Die Zuschreibung an den Regensburger Kunstkreis erfolgte durch die Maria einer Verkündigung aus der Zeit um 1300, die wohl aus Kloster Biburg bei Kelheim oder aus St. Emmeram stammt (Bayerisches Nationalmuseum, Inv.-Nr. 14/134; s. den Beitrag von M. ANGERER in Bd. I, Abb. 131).

Lit.: Kat. BNM 1924, Nr. 83 (mit Abb.)

M.A.

22.7

Hl. Oswald (?)

Regensburg, um 1320–40
Sandstein; H. 113 cm
Fassungsreste der Barockzeit
Prov.: Hof des Hauses E 153 (Neupfarrplatz 12), Sammlungen des Historischen Vereins
HVE 159

Die qualitätvolle, beinahe vollrund gearbeitete Figur entzieht sich einer endgültigen Benennung, da beide Hände mit den Attributen – Szepter und Vogel – wohl im 17. Jahrhundert in Holz ergänzt wurden. Geht man davon aus, daß bei den Ergänzungen die ursprünglichen Attribute bekannt waren, kommen Heinrich der Vogler oder der hl. Oswald in Frage, wobei letzterer in Regensburg auf eine Tradition zurückblicken kann. Der Kult dieses in der Stadt sehr verehrten Heiligen, des Patrons der englischen Könige, dürfte durch die irischen Benediktiner der Abtei St. Jakob gefördert worden sein. Über die Geschichte des Hauses an der Einmündung der Pfarrergasse in den Neupfarrplatz ist zu wenig bekannt, um hiervon eine Aussage ableiten zu können.

Die bisherige Datierung „um 1370" wird wohl aufgegeben werden müssen. Schon Schinnerer sah in dieser Figur „ein Schulwerk der Domwerkstatt" und reihte sie zeitlich zwischen den Figuren am Aufgang des Hauses Heuport und der Predigtsäule ein; Endres datierte sie in seinem Katalog in die erste Hälfte des 14. Jahrhunderts. Stilkritische Vergleiche zeigen Parallelen zu den Skulpturen des hl. Petrus sowie der hl. Petronella, die ehemals im südlichen Seitenschiff des Domes aufgestellt waren und in die Zeit um 1320/30 datiert werden (s. HUBEL/SCHULLER 1995, Abb. 57f.).

Lit.: VHVOR 6 (1841), 366; VHVOR 21 (1862), 245; SCHINNERER 1918, 64; ENDRES 1920, Nr. 159

M.A.

22.8

Kruzifix

Niederbayern, um 1350
Corpus: Lindenholz; 121 × 88,5 cm
Kreuz: Nadelholz; 160 × 100 cm
Corpus und Kreuz farbig gefaßt
Prov.: 1938 aus dem Kunsthandel erworben; nach Angaben des Händlers aus einem Passauer (?) Frauenkloster
K 1938/89

Der gekreuzigte Heiland ist in expressiver Manier als der für die Rettung der Menschheit Verstorbene dargestellt. Am ausgemergelten Körper treten deutlich die Rippen hervor, das Haupt ist auf die rechte Schulter gesunken. Auf das schematisch behandelte Haar ist eine schmale, gedrehte, dornenlose Krone gedrückt. Das Lendentuch fällt in Dreiecksfalten bis auf die Höhe der Knie, das rechte freilassend.

Nach der Entfernung eines dicken Ölfarbanstriches im Jahre 1949 (Otto Zacharias, Regensburg) konnte die originale Fassung freigelegt werden: ein dunkles Braun beim Haar, Spuren von Grün bei der Krone, ein bräunliches Inkarnat mit roten Wangen und Lippen sowie zahlreichen Blutspuren auf dem ganzen Körper; an den Rändern des weißen Lendentuches Spuren von Vergoldung.

Das einfache Lattenkreuz trägt unter der Inschrift *INRI* die Jahreszahl 1574, am unteren Ende das Monogramm *G.A.* und zwei bisher ungedeutete Allianzwappen (nach rechts steigender Bär auf gelbem Fond und Dreipaß mit Stern auf rotem Fond).

M.A.

22.9

Madonna mit Kind

Regensburg (?), um 1400
Lindenholz; H. 80,5 cm
Mehrfach übergangene Fassung
Prov.: unbekannt
Leihgabe des Bayerischen Nationalmuseums München (MA 1103)

Die Muttergottes ist statuarisch in einem sehr ruhigen Duktus dargestellt. Auf dem rechten Arm hält sie das nackte Jesuskind, das seine linke Hand auf ihre Brust legt. Mit der Rechten greift es nach dem Apfel, den Maria ihm reicht.

Auf einen möglichen Regensburger Ursprung können Vergleiche mit zwei Marienfiguren aus der direkten Umgebung, in Mariaort und Adlersberg, beide vom Ende des 14. Jahrhunderts, hinweisen (s. GRÖBER 1924, 8).

Lit.: Kat. BNM 1924, 45, Nr. 183, Taf. 98

M.A.

22.9

22.10

Schmerzensmann

Niederbayern (Metten?), um 1410/20
Lindenholz; 81 × 34 × 24 cm
Spuren der alten Fassung
Prov.: Metten, Krankenhaus; 1976 aus Privatbesitz erworben
K 1977/10

Die aus Metten stammende Skulptur ist eine gute und charakteristische Arbeit der Zeit um 1410/20, wobei Holzbildwerke des sogenannten Schönen Stils in Niederbayern sehr selten anzutreffen sind. Den unteren Abschluß der Dreiviertelfigur bildet ein gekräuseltes Wolkenband, in das die Falten des Lendentuches gleichsam einfließen. Der Kopf mit der Dornenkrone ist nach links geneigt, der Gesichtsausdruck leidend.

Im Darstellungstypus ist die Figur eng verwandt mit dem sogenannten Zahnweh-Christus am Chorhaupt von St. Stephan in Wien und mit dem

22.10

Schmerzensmann am Grabmal Hans Stethaimers von 1432 an St. Martin in Landshut.

Lit.: Vgl. VON DER OSTEN 1935, 68, Abb. 43f.

M.A.

22.11

Madonna mit Kind

Regensburg, um 1410–30
Kalkstein; H. 86 cm (mit Krone)
Farbige Fassung
Prov.: Aus einer Kapelle am Weg von den Winzerer Höhen zum Gut Tremmelhausen; 1934 im Tausch erworben von der Bruderhausstiftung
K 1933/101

Die vollrund gearbeitete Figur Mariens mit dem Jesusknaben auf dem linken Arm wurde in den *Kunstdenkmälern Bayerns* an ihrem alten Standort als „Alabasterfigur" bezeichnet. Daher darf vermutet werden, daß bei der 1933 erfolgten Restaurierung eine spätere, möglicherweise aus dem 18. Jahrhundert stammende, monochrome Fassung entfernt wurde.

Die Skulptur gehört dem Typus der Schönen Madonnen an, einem Phänomen der Zeitspanne vom Ende des 14. bis zur Mitte des 15. Jahrhunderts. Neben stilistischen Merkmalen, wie u. a. dem S-förmigen Schwung, verdeutlicht ein gewandeltes Mutter-Kind-Verhältnis eine eigene Entwicklung im Anschluß an die Kunst der Parlerzeit. Das beinahe stereoetype Lächeln der älteren Muttergottesbilder ist gewichen, der früher in die Ferne gerichtete Blick der Mutter ist nun dem Kind zugewandt. Mit der Darstellung von seelischen Empfindungen entwickelte sich ein hohes Maß an Porträthaftigkeit.

Lit.: KDB, BA Stadtamhof, 283

M.A.

22.12

Hl. Petrus

Regensburg, um 1420/30
Kalkstein, H. 122 cm
Spuren von blauer, roter und grauer Fassung
Prov.: Erworben 1927 aus einer Stiftung zu Ehren des Direktors des Bayerischen Nationalmuseums München, Geh.-Rat Prof. Dr. Philipp Maria Halm, anläßlich seines 60. Geburtstages
Leihgabe des Bayerischen Nationalmuseums München (Inv.-Nr. 27/171)

Die thronende Figur des hl. Petrus hält in ihrer Linken ein aufgeschlagenes Buch; die einst von der Rechten gehaltenen Schlüssel fehlen. Der leicht geneigte Kopf ist sehr fein gearbeitet. Das tiefe viereckige Loch am Hinterkopf diente möglicherweise zum Aufstecken einer Nimbusscheibe. Im Duktus entspricht die Figur dem sogenannten Weichen oder Schönen Stil der ersten Hälfte des 15. Jahrhunderts.

Nach Theodor Müller ist der hl. Petrus nächst verwandt mit den Darstellungen eines Marientodes (um 1420) und eines Ölberges (um 1429) auf Epitaphien der Familie Pfollenkofer (KDB Regensburg I, 252f.) sowie mit den Skulpturen am Hauptportal des Regensburger Domes.

Lit.: Kat. BNM 1959, Nr. 8 (mit Abb.)

M.A.

22.13

Vier Apostel

Oberpfalz, um 1420/30
Lindenholz; H. 45–48 cm
Abgelaugt
Prov.: Aus der Kapelle St. Wolfgang bei Velburg; Geschenk des Freiherrn Franz Emil von Aretin, kgl. Appellationsgerichtsrat in Eichstätt
Leihgabe des Bayerischen Nationalmuseums München (MA 1134–1137)
(ohne Abb.)

Die vier halbrunden Holzskulpturen gehörten ursprünglich zu einer Reihe der zwölf Apostel, die man sich in einer Predella vorstellen kann. Obwohl ihre Oberfläche sehr gelitten hat, lassen sie sich mit den Stifterfiguren in Kastl aus der Zeit um 1400 (GRÖBER 1924, Abb.

S. 7) vergleichen; ihre Ausführung ist allerdings ungleich derber.

Lit.: Kat. BNM, Bd. XIII,1, Große Ausgabe, 46 mit Abb.

M.A.

22.14

Schmerzensmann

Umkreis Hans Multscher, um 1460
Lindenholz; H. 101,5 cm
Farbige Fassung
Prov.: Angeblich aus Landsberg am Lech, dann Kunsthandel in Donauwörth; 1938 aus dem Kunsthandel erworben
K 1938/26
(Farbtafel 45)

Die rückseitig tief ausgehöhlte Wandfigur ist mit dem gekehlten Sockel aus einem Stück gearbeitet. Möglicherweise war sie an einem Pfeiler aufgestellt, denn die blockhaft gebundene Gesamtform mit der erheblichen Verbreiterung im unteren Bereich setzt eine starke Untersicht voraus. Der Mantel in leuchtendem Kirschrot mit blauem Futter kontrastiert mit dem Inkarnat des Körpers und dem gelblichweißen Lendentuch.

Schnellbach begründet seine Zuschreibung an dem Kreis um Hans Multscher vor allem durch Vergleiche mit dessen Ulmer Arbeiten.

Lit.: SCHNELLBACH 1938

M.A.

22.15

Hl. Stephanus

Niederbayern (Passau?), um 1460
Kalkstein; H. 103 cm
Geringe Reste der originalen Fassung
Prov.: 1938 aus dem Kunsthandel erworben
K 1937/142

Der Schwung der Figur läßt noch in letzten Anklängen den vorangegangenen „Weichen Stil" erkennen. Der Heilige ist mit einer Albe bekleidet, die bis auf den Boden fällt und über den Sockel hinausschwingt. Als Obergewand trägt der Märtyrer eine rote, mit Fransen verzierte Dalmatik, die er mit seiner Rechten leicht rafft. Außer dem Palmwedel in der Rechten hält er in der Linken ein aufgeschlagenes Buch mit drei Steinen als Hinweis auf sein Martyrium.

Die Qualität der Arbeit zeigt sich auch in den detailgetreu gearbeiteten Schließen des Buches. Die Ausbildung des Kopfes und die Behandlung des Haares zeigen Parallelen zu einer weiteren Figur des hl. Stephanus im Oberhausmuseum in Passau (Inv.-Nr. 11408); der dortige Dom ist dem hl. Stephanus geweiht.

Lit.: Zur Passauer Figur KDB Passau 1919, 253f., Fig. 448; A. BRUNNER in Kat. Passau 1995, 92, Nr. 196 mit Abb.

M.A.

22.16

Armeseelenaltar

Regensburg, 1488
Holz, gefaßt; Außenseiten bemalt, Mittelteil und Flügelinnenseiten im Relief; 124 × 188 cm
Bez. am Rahmen unten mit Stifterinschrift: *herr. Zigmvnd. graner. Elizabeta. sein. hausfraw. M.cccc.lxxxviii*
Prov.: Kollegiatskirche U.L. Frau zur Alten Kapelle; Sammlungen des Historischen Vereins
HV 1415
(Farbtafel 47)

Nach der Inschrift wurde das Triptychon 1488 von Elisabeth Graner († 1491), der Witwe des 1484 verstorbenen Ratsherrn Sigmund Graner, gestiftet. Der ursprüngliche Aufstellungsort dürfte in der nordöstlichen Ecke des Querschiffs der Kollegiatskirche U.L. Frau zur Alten Kapelle gewesen sein, wo sich noch heute das Familienwappen der Graner am Gewölbe befindet.

Im oberen Teil der Mitteltafel kniet die Stifterin mit ihrem Mann und ihren beiden Töchtern unter der Darstellung des Jüngsten Gerichts. Von ihren Schutzpatronen, den hll. Bartholomäus und Simon, werden sie dem Weltenrichter empfohlen. Die Darstellungen der Patrone mit den Stiftern wiederholen sich in der Malerei der Flügelaußenseiten. Die Bilder auf den Seitenflügeln – Meßopfer, Gebet und Werke der Barmherzigkeit – verdeutlichen die

Hoffnungen der Stifter, nach ihrem Ableben einen gnädigen Richter zu finden und eine Verkürzung der Pein im Fegefeuer zu erhalten. Die Schutzmantelmadonna und der Schmerzensmann vor der *fons vitae*, dem Lebensbrunnen mit dem erlösenden Blut Christi, erfüllen die Funktion der vermittelnden Fürbitter zwischen Gottvater und den Menschen.

Der gesamte Altar ist nach dem Schema einer *Biblia pauperum* aufgebaut, die anhand von Bildern den des Lesens Unkundigen, dem Großteil der Bevölkerung im Mittelalter, die Glaubensinhalte vermitteln konnte. So zeigen die beiden unteren Reliefs in einer belehrenden Gegenüberstellung das Fegefeuer und die Hölle. Aus dem gefängnisartigen Gebäude holen Engel die geläuterten Seelen und überbringen ihnen Almosen, Gebete und Seelenmessen, die die Hinterbliebenen zum Wohl der „armen Seelen" leisteten. Die Hölle, die an mittelalterliche Schmelzöfen erinnert, wird vom Teufel verschlossen, während ein Engel als Vollstrecker des letzten Urteils auftritt.

Auf dem linken oberen Flügelrelief ist der Höhepunkt der Eucharistie veranschaulicht, die Elevation der Hostie als symbolhafte Annahme der für die armen Seelen gestifteten Messe. Im rechten oberen Relief sieht man die Gegenüberstellung des guten und des schlechten Gebetes, wohl nach einem 1460 entstandenen Holzschnitt (SCHREIBER, Nr. 968). Während der links unter dem Kreuz kniende Kleriker ein „gutes Gebet" verrichtet, bleibt der Laie sogar während des Gebetes in Gedanken bei seinen irdischen Gütern und Lastern, die man in den einzelnen Räumen seines Hauses erkennt.

Die darunterliegenden Reliefs zeigen Werke der Barmherzigkeit: Nackte kleiden, Hungrige speisen, Durstige tränken und Fremde beherbergen, Tote begraben (Karner) und Gefangene befreien (Gebäude mit vergitterten Fenstern). Nach Matthäus (25,31–46) wird Christus bei seiner Wiederkunft diejenigen, die im Leben diese Werke erfüllt haben, vor der Verdammnis erretten.

Nach den Erkenntnissen Hartmut Boockmanns handelt es sich nicht um ein Altarretabel, sondern um einen bisher unbekannten Typus des spätmittelalterlichen Tafelbildes, ein belehrendes Triptychon, eine didaktische Tafel.

Lit.: NIEDERMAYER 1857, 147; BOLL 1970, Abb. 16; HALM 1921, 14 ff.; DERS. in RDK I, Sp. 1087f. u. 1463; KDB Regensburg I, 30, Anm. 1; Kat. Regensburg 1964, Nr. 74; HARBISON, 106 ff., Abb. 1f. u. 49 ff.; V. LIEDKE in Ars Bavarica 8 (1977), 14 ff.; D. KOEPPLIN in Kat. Nürnberg 1983, Nr. 443; BOOCKMANN 1994, Nr. 88; DERS. 1994 I, 18, Anm. 89, Abb. 4; F. M. KAMMEL in Kat. Berlin 1989/90, Nr. A 106; M. ANGERER in Kat. Regensburg 1992/93, 229f., Abb. S. 228; P. JEZLER in Kat. Zürich 1994, 190f.

M.A.

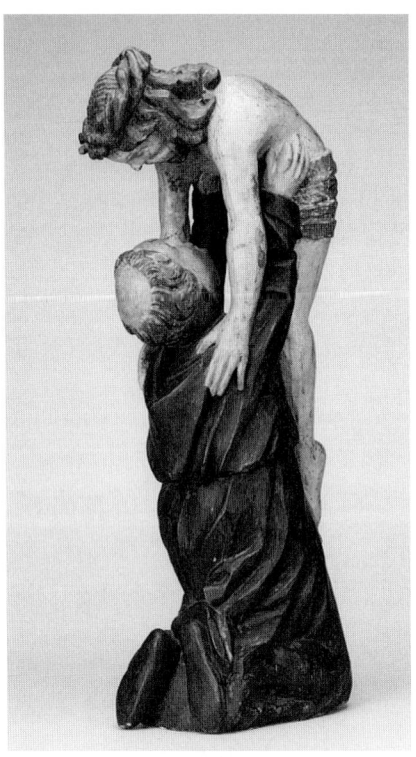

22.17

22.17
Vision des hl. Bernhard

Niederbayern, 2. Hälfte 15. Jh.
Holz; H. 71,5 cm
Farbig gefaßt
Prov.: 1932 aus niederbayerischem Privatbesitz erworben
K 1932/23

Der hl. Bernhard von Clairvaux wurde 1091 in der Burg Fontaines (Burgund) geboren und mit fünf Brüdern und einer Schwester von frommen Eltern erzogen. 1112 trat er in das Kloster von Citeaux bei Dijon ein, drei Jahre später gründete er „mit vielen Brüdern" das Kloster von Clairvaux, wo er bis zu seinem Tode blieb. Er wurde zum Begründer des Zisterzienserordens. Gründeten die Benediktiner ihre Klöster auf Höhen, so ordnete Bernhard sumpfige Täler mit Wäldern an; er betonte den Wert der körperlichen gegenüber der geistigen Arbeit. In Briefen und Kapitelsbeschlüssen wandte er sich besonders gegen jede figürliche Ausgestaltung der Portale, Kapitelle und Kreuzgänge, die den Betrachter von der Gebetsstimmung ablenken könnte. Auch farbig gestaltete Glasfenster lehnte er ab. Bei seinem Tod 1153 hatte er bereits 343 neue Klöster gegründet.

Aus der unendlichen Folge der Legenden, die den hl. Bernhard in seiner nicht nachlassenden asketischen Bemühung um Geduld, um Überwindung von Versuchungen und in innigster Gebetsübung schildern, haben sich einige in Darstellungen manifestiert. Dazu zählt diese Erscheinung, in der der Gekreuzigte sich vom Kreuzesstamm zu Bernhard herabbeugt und ihn umarmt. Das ursprünglich zugehörige Kreuz ist verlorengegangen, erhalten hat sich die kniende Figur des jugendlichen Bernhard in Ordenstracht. M.A.

22.18
Hl. Georg zu Pferd

Steiermark, Ende 15. Jh.
Zirbelholz; H. 56 cm, B. 55 cm
Alte farbige Fassung
Prov.: Kunsthandel
Leihgabe aus Privatbesitz (L 1981/3)
(Farbtafel 46)

In einer prachtvoll vergoldeten Rüstung scheint der hl. Georg über den Drachen hinwegzuspringen, dessen Rachen bereits von einer abgebrochenen Lanzenspitze durchbohrt ist. Dennoch holt der Heilige mit dem Schwert gegen das auf dem Rücken liegende Untier aus. Die kompakte, von einer starken Bewegung durchdrungene Darstellung zeigt den Einfluß der berühmten Reitergruppe der Brüder Klausenburg auf dem Hradschin in Prag.

Auf dem Boden liegt der abgebrochene Lanzenschaft mit einer – noch nicht aufgelösten – Inschrift in ligierten Majuskeln: *PHVMF MEUM FGVP*;

22. Plastik des Spätmittelalters

darunter zwei Wappen, links unter drei gelben Sternen ein laufender Hund, rechts zwei weiße Zinnen auf rotem Fond, daneben die Jahreszahl 1505. „Der Stilcharakter veranlaßt zu überlegen, ob die Gruppe nicht doch wenig älter als die Aufschrift ist" (Theodor Müller).

Lit.: Kat. München 1958, Nr. 70; Kat. München 1980, Nr. 22

M.A.

22.19

22.19
Hl. Petrus

Niederbayern, um 1480/90
Lindenholz; H. 161 cm
Farbfassung z. T. erneuert
Prov.: 1956 aus dem Nachlaß Dr. Sebastian Killermann, Regensburg, erworben; stammt aus einem Bauernhof im Rottal
K 1956/24

Der hl. Petrus, der erste Papst, war im Spätmittelalter ein beliebter Kirchenpatron. Diese halbrund gearbeitete Figur dürfte aufgrund ihrer Größe zur Ausstattung eines Hochaltares, möglicherweise als Zentralfigur, gehört haben.

Die recht qualitätvolle Schnitzerei wird durch die wohl neuere Fassung (z. T. mit künstlichem Craquelé) verschliffen.

M.A.

22.20

22.20
Madonna mit Kind

Regensburg, um 1510/20
Erhard Heydenreich zugeschrieben
Kalkstein; H. 104 cm
Reste alter Fassung
Inschrift auf dem Sockel: *sub virginis praesidia*
Prov.: Zuletzt im Portalgiebel des 1934 abgebrochenen Domherrenhofs (Ecke Drei-Kronen-Gasse/Schäffnerstraße) aufgestellt
K 1934/355

Die Madonna wurde von Lill Heydenreich zugeschrieben. Dieser war von 1514 bis zu seinem Tod im Jahre 1524 als Dombaumeister in Regensburg tätig. Als Bildhauer kann er aber allein mit der (1543 zerstörten) Marienfigur vor der Kapelle zur Schönen Maria in Verbindung gebracht werden, deren Aussehen nur durch einen Holzschnitt Ostendorfers überliefert ist *(Kat. 25.1)*.

Die stehende, gekrönte Madonna hält das Kind mit beiden Händen quer vor ihrer Brust. Während Maria ihren Kopf nach rechts zum Kind wendet, dreht dieses sich nach vorne zum Betrachter. In der linken Hand hält das Jesuskind einen Apfel. Die Inschrift auf dem Schriftband scheint eine Abwandlung des ältesten an die Gottesmutter gerichteten Gebetes *Sub tuum praesidium* darzustellen.

Lit.: LILL 1942, 274

S.W.

22.21 a–c
Drei Kruzifixe

a. Niedersachsen (?), 12. Jh.
Bronze; 12,2 × 13,5 × 2 cm
Leihgabe aus Privatbesitz (L 1984/11.3)
b. Niedersachsen, 2. Hälfte 12. Jh.
Bronze, Reste von Vergoldung;
8,8 × 7,1 × 1,4 cm
Leihgabe aus Privatbesitz (L 1984/11.1)
c. Frankreich (?), 12. Jh.
Bronze; 14,9 × 15,2 × 2 cm
Leihgabe aus Privatbesitz (L 1984/11.2)

Bei allen drei Kruzifixen handelt es sich um in einem Stück gegossene Bronzen mit vertiefter Rückseite. In den Händen befinden sich Löcher, die als Wundmale Christi zu deuten sind und der Befestigung an den (verlorenen) Kreuzen dienten. Die Füße sind ohne Wundmale dargestellt und ruhen auf einem Suppedaneum.

Die drei Exemplare gehören zur Gruppe der im 12. Jahrhundert in weiten Teilen Europas verbreiteten romanischen Bronzekruzifixe. Trotz individueller Unterschiede ist eine regionale Zuordnung meist sehr schwierig. Während der linke und der mittlere Corpus (a, b) niedersächsischen Ursprungs sein dürften, besitzt der rechte (c) Kennzeichen, die nach Frankreich weisen, so die kreisförmig gravierten Brustwarzen und die Gestaltung des Lendentuchs mit seinen doppelt gra-

22.21 a–c

vierten Winkelfalten und dem horizontalen Abschluß mit mittlerem Überhang.

Lit.: BLOCH 1992, Nr. I E 28 (b) u. I E 35 (a)

E.T.

22.22

Vortragekreuz

Rhein-Maas-Gebiet, 2. Hälfte 13. Jh.
Kupfer, vergoldet; 33,3 × 20,6 cm
Leihgabe aus Privatbesitz (L 1984/11.5)

Das flache, beidseitig ziselierte Kreuz mit fünffach gepaßten, lilienförmigen Balkenenden besitzt noch große Reste seiner originalen Feuervergoldung. Die Löcher dienten zur Befestigung des verlorenen Besatzes und des Corpus, dessen Kontur auf der Vorderseite eingraviert ist. Als Einfassung läuft um die Balken ein zweifach konturiertes Band mit aufgestochenem Grund, der an den Lilienenden zugleich als Ornamentgrund dient.

Die Rückseite ist figürlich ausgestaltet: im Mittelkreis vor aufgestochenem Grund Christus mit segnender Rechten und einem Buch in der Linken, an den Lilienenden, wiederum vor aufgestochenem Grund, die Evangelistensymbole, auf den einfach umrandeten Balken ein graviertes Rankenornament.

Das Regensburger Kreuz reiht sich ein in eine Gruppe gleichartiger Exemplare, deren ähnlichstes das sogenannte Gründerkreuz des Klosters Fürstenfeld zu sein scheint.

Lit.: Zum Fürstenfelder Kreuz J. ERICHSEN in Kat. Landshut 1980, 112–115

E.T.

22.23

Pilgerzeichen aus Rocamadour

Rocamadour, um 1300 (?)
Blei; 5 × 2,8 cm
Umschrift: + *SIGILLVM BEATE MARIE DE ROCAMADOR*
Leihgabe aus Privatbesitz (L 1984/11.4)

Das Pilgerzeichen trägt ein Bild der seit dem Ende des 12. Jahrhunderts als wundertätig verehrten Madonna von Rocamadour. Abgesehen von der charakteristischen Form verleiht das Wort *sigillum* (Siegel) dem Zeichen zusätzliche Authentizität. Die Ringe, die einst zur Befestigung an der Kleidung dienten, wurden später abgearbeitet.

Pilgerzeichen dieses Typs waren in dem südwestfranzösischen Wallfahrtsort bis ins 16. Jahrhundert gebräuchlich, was eine Datierung erschwert. Die weite Verbreitung der etwa 50 heute bekannten Exemplare zeugt von der Popularität, derer sich die Wallfahrt nach Rocamadour im Mittelalter erfreute. Die Fundorte liegen – außer in Frankreich – in England, Skandinavien und Estland. In Deutschland sind Schleswig, Großbüllesheim bei Köln und, für dieses Exemplar, Wessobrunn als Fundorte nachgewiesen.

D.B.

22.24

Marienkrönung

Deutschland (?), 14. Jh.
Elfenbein; 8,2 × 4,8 cm
Leihgabe aus Privatbesitz (L 1984/11.15)

Das flache Relief zeigt Christus, der unter einem dreibogigen Maßwerkbaldachin der zu seiner Rechten sitzenden Mutter die Krone aufs Haupt setzt. Darüber sind zwei rauchfaßschwingende Engel zu sehen.

Maria hat ihre Hände zum Gebet gefaltet und thront auf derselben Bank wie Christus. Dieses *Synthronoi*-Motiv war im Mittelalter ein Zeichen für die Teilhabe Marias an der göttlichen Herrschaft. Symbolischen Charakter hat auch das Material des Täfelchens: Elfenbein wurde seit dem 12. Jahrhundert in Bezug zur Jungfräulichkeit der Gottesmutter gesetzt. Adam von St. Viktor spricht vom *weiß glänzenden Elfenbein der Keuschheit* und in der Lauretanischen Litanei wird Maria (ausgehend vom Hohenlied 7,5) als *elfenbeinerner Turm* gepriesen.

E.T.

22.25

Kreuzigung

Frankreich, Mitte 14. Jh.
Elfenbein; 10,5 × 7,6 cm
Reste von Bemalung; links oben Rest eines Scharniers
Holzmontierung neu
Prov.: 1987 aus Privatbesitz erworben
K 1987/3

22. Plastik des Spätmittelalters

Unter einer reich gestalteten Dreierarkatur ist die Kreuzigungsszene im Hochrelief herausgearbeitet. Zur Rechten des in der Mittelachse aufragenden Kreuzes wird die ohnmächtig werdende Maria von den hinter ihr stehenden Frauen (Maria Magdalena und Maria, Frau des Kleophas) gestützt. Dieses *Compassio*-Motiv hat seinen Ursprung u. a. im Hohenlied (5,6): *Mein Geliebter war fort, mir schwanden die Sinne.* Zur Linken des Gekreuzigten stehen, dem symmetrischen Aufbau der Komposition entsprechend, drei Männer: vorn Johannes, dahinter zwei Juden, von denen einer ein entrolltes Schriftband hält.

Zu dem Täfelchen gibt es eine Reihe motivisch und stilistisch eng verwandter Vergleichsstücke (z.B. KOECHLIN, Nr. 570, 585). Wie diese war auch das Regensburger Exemplar ursprünglich Teil eines Diptychons, dessen andere Hälfte vermutlich eine Mariendarstellung trug.

Neben Szenen aus dem Marienleben gehörte die Passion Christi zu den wichtigsten Themen der gotischen Elfenbeinreliefs. Auch hierfür ist das Hohelied (5,14) eine wichtige Quelle: *Sein Leib ist ein Bildwerk aus Elfenbein.* E.T.

22.25

22.26
Madonna

Donauraum, um 1330/40
Lindenholz; H. 30 cm
Reste alter Fassung, 1960 weitgehend ergänzt

22.26

Oberkörper des Kindes, linker Arm und Kronreif der Muttergottes fehlen
Prov.: 1960 aus dem Kunsthandel erworben
K 1960/16

Die vollrund gearbeitete, zaghaft geschwungene Gestalt der Maria wächst aus einem achteckigen, profilierten Sockel hervor. Sie wendet ihr mädchenhaftes Gesicht fast unmerklich dem auf der rechten Hand gehaltenen Kind zu, dessen linker Arm an ihrer Brust liegt. In der vorgestreckten (verlorenen) Linken hielt Maria vermutlich ein Attribut, vielleicht einen Apfel, durch den sie damals häufig als „zweite Eva" gekennzeichnet wurde. E.T

22.27
Pietà

Süddeutschland, um 1420
Alabaster; 22 × 19 × 8 cm
Prov.: Aus Mariaort (?); Slg. des Historischen Vereins
KN 1990/41
(Farbtafel 41)

Die auf einer schmalen Bank sitzende Maria hält ihren toten Sohn diagonal gelagert auf dem Schoß. Der Oberkörper und das Haupt Christi sind nach vorn gedreht, seine Beine sind angewinkelt, so daß die Füße auf dem Boden ruhen. Maria hat ihr Haupt leicht seitwärts geneigt und trägt ein unter der Brust gegürtetes Untergewand sowie einen über die Schultern gelegten Mantel. Dieser fällt in schweren Falten, die, begünstigt durch das weiche Material, tief gehöhlt sind. Dadurch erhält die streng pyramidal komponierte Gruppe eine lebhafte Oberflächenstruktur.

Der bald nach 1300 entstandene Andachtsbild-Typus der Pietà, bei der die Szene der Beweinung Christi auf die Mutter-Sohn-Gruppe reduziert ist, hat hier höchste Eleganz erreicht. Maria erscheint in jugendlicher Schönheit, und auch der Leichnam Christi ist fern von jeder Realistik dargestellt. Damit entspricht dieses Exemplar der im bayerisch-böhmisch-österreichischen Raum zu Beginn des 15. Jahrhunderts verbreiteten Stillage. E.T.

22.28
Hl. Antonius Eremita

Süddeutschland, um 1440
Alabaster, gefaßt; 27 × 10 × 4,5 cm
Prov.: Bis um 1913 in Innviertler Privatsammlung; 1963 aus dem Kunsthandel erworben
K 1963/21
(Farbtafel 42)

Der mit einer schlichten Mönchskutte bekleidete Heilige steht aufrecht, nur das Haupt ist leicht zur Seite geneigt. Der lange Bart betont das hagere Gesicht. In der Rechten hält der Eremit ein T-förmiges Handkreuz, in der Linken einen Einsiedlerstab, an dessen Ende ein Schweinchen emporspringt. Es verweist auf die vor allem im späten Mittelalter lebhafte Verehrung dieses Heiligen als Patron der Haustiere.

Gerade im 15. Jahrhundert war der leicht zu bearbeitende Alabaster als Material kleinformatiger Plastiken überaus beliebt. Auch diese Statuette zeichnet sich durch eine äußerst differenzierte Oberflächenbehandlung aus. Vor allem die winklig umbrechenden, eng gerundeten Faltenrücken sind charakteristisch für den sogenannten Alabasterstil. E.T.

22.29

Ecce homo

Deutschland (?), Ende 15. Jh.
Alabaster; 8 × 6 × 3,5 cm
Prov.: Alter Bestand
KN 1990/40

Der halbfigurig gearbeitete Schmerzensmann trägt den roten Spottmantel um die Schultern. Wie Bohrungen an Stirn und Hinterkopf zeigen, hatte er früher eine Dornenkrone auf dem Haupt. Verloren ist auch das Rohr, das er einst in den gefesselten Händen hielt. Am ganzen Körper, besonders am Hals, sind blutende Wunden zu sehen.

Um die Mitte des 15. Jahrhunderts kam der Andachtsbildtypus des Ecce homo auf, der den mit Spottinsignien als König der Juden verhöhnten Gottessohn zeigt. Grundlegend dafür ist das Matthäus-Evangelium (27, 27–30).
E. T.

22.30

Anhänger mit Maria und den Heiligen Drei Königen

Bayern (?), 1. Hälfte 15. Jh.
Silber; Dm. 3,6 cm
Angearbeitete Öse, darin beweglicher Aufhänger
Leihgabe aus Privatbesitz
(L 1984/11.45)
(Ohne Abb.)

Der von einem kordelartigen Ring eingefaßte Gitterguß zeigt die sitzende Maria mit nimbiertem Haupt, zu ihrer Linken einen knienden und außen, als Verbindung zur Einfassung, je einen stehenden König. Ikonographisch ungewöhnlich ist, daß Maria nicht den Jesusknaben, sondern einen Kelch in Händen hält. Dieser kann nur als Symbol für den bevorstehenden Opfertod Christi gedeutet werden.
E.T.

22.31

Reliquienkreuz

Süddeutschland, um 1500
Silber, vergoldet; 6 × 3,8 × 0,4 cm
Leihgabe aus Privatbesitz
(L 1984/11.61)

Das Kreuz, dessen Balken dreipaßförmig enden, kann mittels eines einfachen Stiftverschlusses geöffnet werden. In seinem Inneren befindet sich eine in Stoff eingenähte Reliquie. Auf der Vorderseite ist in wenigen, recht unbeholfenen Linien die Figur des Gekreuzigten eingraviert, auf der Rückseite ist dem Längsbalken die Gestalt der gekrönten Maria mit dem Kind auf dem Arm eingeschrieben.
E.T.

22.32

Gußform für Pilgerzeichen von St. Emmeram

Regensburg, 1500–1510
Solnhofer Kalkstein; 13 × 10,8 × 4,5 cm
Model: 7,2 × 6,2 cm
Umschrift: + S. WOLFGAN[gus] / S. EMERAMVS / S. DIONISI[us]

Prov.: Slg. Figdor, Wien; Slg. Ruhmann, Wildon/Stmk.
K 1978/38

Das Model diente der Herstellung von durchbrochenen Pilgerzeichen, auf denen die drei in der Regensburger Benediktinerabtei St. Emmeram verehrten Heiligen dargestellt sind: in der Mitte, unter dem Wappen der Reichsabtei, deren Titelheiliger, daneben die hll. Wolfgang und Dionysius. Seitlich des die Rahmung ädikulaartig bekrönenden Giebels ist jeweils das Regensburger Stadtwappen angebracht.

In seinem architektonischen Aufbau ähnelt das Emmeramer Pilgerzeichen dem der Wallfahrt zur Schönen Maria *(Kat. 25.6)*. Bisher sind keine alten Güsse aus dem Model bekannt.

Lit.: KÖSTER 1977
E.T.

22.33

Kruzifix

Umkreis des Veit Stoß, um 1510
Lindenholz, gefaßt; 43,5 × 35,5 cm
Am Kopf innerhalb der Astkrone Reste alter Goldfassung
Originales Kreuz verloren
Prov.: 1952 aus Privatbesitz erworben
K 1952/74
(Farbtafel 48)

1447 (?) in Horb am Neckar geboren, erhielt Veit Stoß seine Ausbildung vermutlich in Straßburg. Nach einem ersten Aufenthalt in Nürnberg geht er 1477 nach Krakau, wo er bis 1489 am Hauptaltar der Marienkirche arbeitet. 1496 kehrt er nach Nürnberg zurück, wo er, wie schon in Krakau, auch als Bausachverständiger tätig ist. Trotz großer künstlerischer Erfolge ist sein Leben von zahlreichen Rechtsstreiten überschattet. 1503 entgeht er nur dank guter Verbindungen der Todesstrafe. Er stirbt im September 1533 in Nürnberg.

Der dornengekrönte Christus ist mit drei Nägeln an das Kreuz geheftet. Der Körper weicht nicht von der Achse des Kreuzstammes ab, nur das Haupt ist im Sterben vor die rechte Schulter geneigt. Die Gesichtszüge lassen kaum Schmerz erkennen. Der von einem zurückhaltend strukturierten Vollbart gerahmte, schmale Mund ist leicht geöffnet. Durch die ruhige, symmetrische Haltung des gestrafften Leibes kommt die in der rechten Brust klaffende Seitenwunde verstärkt zur Geltung. Dem ausgewogenen geometrischen Konzept untergeordnet ist auch die über die rechte Schulter fallende Locke; ihr entspricht der über der linken Hüfte aus dem Körperkontur heraustretende Überhang des Lendentuchs.

Sowohl durch die feinfühlige Durchbildung des geradezu klassischen Körpers als auch durch die Detailgestaltung des Gesichts und der Haare reiht sich der Corpus ein in den engsten Umkreis des Veit Stoß. Zum Vergleich bietet sich insbesondere das zwischen 1505 und 1510 datierte Kruzifix aus dem Nürnberger Heiliggeist-Spital an (seit 1898 im Germanischen Nationalmuseum; dazu U. SCHNEIDER in Kat. Nürnberg 1983, 122–128). E.T.

22.34
Kalvarienberg

Süddeutschland (?), Anfang 16. Jh.
Perlmutt, geschnitten und graviert;
Dm. 10,7 cm
Z. T. mit Metallstreifen hinterlegt,
die Figuren der Gekreuzigten fehlen
Prov.: 1966 im Kunsthandel erworben
K 1967/1

Das in der Mittelachse aufragende Kreuz Christi wird von den T-Kreuzen der Schächer symmetrisch flankiert. Unter dem linken Nebenkreuz steht zwischen der hl. Veronika und dem hl. Johannes die vor Schmerz zusammensinkende Maria *(vgl. Kat. 22.25).* Die weitaus bewegtere Figurengruppe unter dem rechten Kreuz besteht aus drei Schergen und dem aus der Szene frontal herausblickenden Stifter. Dieser trägt eine flache Mütze und bis auf die Schultern fallende Locken, sein Wappen zeigt einen bärtigen Männerkopf in einem Vierpaß. E.T

22.34

23. Niederbayerische Tonplastik

Als Material für Wanddekorationen war Ton, wie die Tafeln aus St. Emmeram zeigen *(Kat. 21.8)*, schon im 12. Jahrhundert gebräuchlich. Innerhalb der figürlichen Plastik des Mittelalters haben Bildwerke aus Ton in Deutschland aber nur einen relativ geringen Anteil. Lediglich vom späten 14. Jahrhundert bis in die zweite Hälfte des 15. Jahrhunderts kann man von einer gewissen Blüte der Tonplastik sprechen. Sie war begründet im Niedergang der großen Bauhütten und dem dadurch bedingten Rückgang in der Produktion großer Steinskulpturen. Ihr baldiges Ende kam, als Künstlerpersönlichkeiten hervortraten, die sich in ihren Werkstätten vor allem mit der Herstellung von Holzskulpturen beschäftigten.

Tonplastik hat für den Künstler den Vorteil, daß das weiche, korrigierbare Material eine feine und exakte Bearbeitung zuläßt. Nur für große Figuren ist die Tonbrandtechnik wegen der Bruchgefahr kaum geeignet.

Das wichtigste süddeutsche Zentrum für die Herstellung von Tonplastik war Niederbayern mit den Schwerpunkten Straubing und vor allem Landshut. Besonderer thematischer Beliebtheit erfreuten sich dort Apostelfolgen *(vgl. Kat. 23.1)* und Ölberggruppen *(vgl. Kat. 23.6,7)*. E.T.

23. Niederbayerische Tonplastik

23.1

23.1
Halbfigur des hl. Petrus

Niederbayern, um 1420
Gebrannter Ton; H. 34 cm,
H. Sockel 10 cm
Spuren alter Fassung
Prov.: Sammlung Maurer, Sammlung Wilm; erworben 1982 aus dem Kunsthandel (Geschenk des Rotary Club Regensburg)
K 1982/1

Der hl. Petrus ist als vollrunde Halbfigur auf einem relativ kräftigen Sockel dargestellt. In seiner angewinkelten Rechten hält er sein Attribut, den Schlüssel (hinterer Teil abgebrochen). Die linke Hand fehlt. Dieses Fehlen zeigt jedoch ein handwerklich-technisches Moment: bei der Tonplastik konnten verschiedene Teile einzeln geformt, gebrannt und dann miteinander verfugt werden. Die Fertigkeit des Bildhauers bestand darin, mittels der Wanddicke der geformten, unterschiedlich großen Teile den Schwund beim Brand vorauszuberechnen, um ein genaues Ineinanderpassen zu gewährleisten.

Das feingefältelte, in der Taille geschnürte, körpernahe Gewand betont die schlanke Silhouette; über den Schultern liegt ein Mantel. Der schmale, vollbärtige, von Locken gerahmte Kopf ist leicht nach links geneigt.

In dieser Arbeit spürt man die kostbare Eleganz des „Internationalen Stiles" der Zeit um 1420. Sie dürfte Teil einer Folge der zwölf Apostel gewesen sein, wie man sie u. a. noch in St. Martin in Landshut findet.

Lit.: BAUM 1954, Abb. 8f. (mit Lit.)
M.A.

23.2
Vesperbild

Regensburg oder Niederbayern, um 1430/40
Gebrannter Ton; 72 × 50 × 22 cm
Farbig gefaßt
Prov.: Aus einer Privatsammlung in Etterzhausen bei Regensburg; erworben aus dem Kunsthandel (Stiftung des Bayerischen Ministerpräsidenten Dr. h.c. Alfons Goppel)
K 1977/64
(Farbtafel 43)

Die Darstellung der Muttergottes mit ihrem toten Sohn auf dem Schoß wird „Vesperbild" oder „Pietà" genannt. Dieses Andachtsbild fand seine stärkste Ausbildung in der deutschen Plastik des 15. Jahrhunderts.

Maria sitzt auf einer nach hinten abgeschrägten Rasenbank, ihren Kopf mit dem sorgfältig drapierten Tuch wendet sie zu Christus, dessen vom Kreuz abgenommener Leichnam auf ihrem Schoß ruht. Ihr hochgegürtetes, in einem gebrochenen Weißton gehaltenes Kleid fällt in reicher Fältelung bis auf den Boden; nur die schwarzen Schuhspitzen schauen hervor.

Bei dieser Tongruppe handelt es sich um ein sehr qualitätvolles Beispiel des „Schönen Stils". M.A.

23.3
Hl. Johannes der Täufer

Niederbayern (Straubing?), Mitte 15. Jh.
Gebrannter Ton; 94,5 × 28 × 22 cm
Reste alter Fassung
Prov.: Angeblich aus Straubing; erworben auf der Auktion Nr. 101 des Auktionshauses Weinmüller, München (Nr. 878); Stiftung von Herrn Juan Rosengold, Regensburg
K 1966/54
(Farbtafel 44)

Der auf einem sechseckigen Sockel stehende Heilige ist als Wandfigur konzipiert. Den leicht S-förmigen Aufbau unterstützt die unterschiedliche Fältelung seiner Kleidung, bestehend aus Unter- und Obergewand sowie einem Mantel. Das schmale Gesicht rahmen fein modelliertes Haupt- und Barthaar. Die fehlenden Hände geben Einblick in die Technik der Tonplastik, da sie eigens geformt und modelliert und erst dann eingefügt wurden *(vgl. Kat. 23.1)*. Ursprünglich dürften sie die Attribute des Täufers, das Lamm und die Kreuzfahne, gehalten haben. M.A.

23.4

23.4
Maria und Johannes

Regensburg (?), Mitte 15. Jh.
Gebrannter Ton; 83 × 58,5 × 32 cm
Geringe Spuren von Fassung
Prov.: 1858 von Ludwig Foltz dem Historischen Verein geschenkt
HVE 156

Die Gruppe mit Maria und Johannes, dem Lieblingsjünger Jesu, gehörte ursprünglich zu einer Darstellung der Kreuzigung. In tiefer Trauer stützt Johannes die Gottesmutter, deren Schmerz sich nur in einer stummen Geste zu äußern vermag.

Gerade wegen der nur spärlichen Reste der Fassung (Rot am Gewand von Johannes, Graublau am Mantel Mariens) läßt sich die Modellierarbeit des Künstlers gut erkennen. Schon Seyler hat auf stilistische Ähnlichkeiten mit der Kreuzigungsdarstellung auf dem Lerchenfelder-Epitaph im Regensburger Domkreuzgang hingewiesen. Die Wappen können als die des Haimeran Lerchenfelder († 1459) gedeutet werden. Dieser stammte aus einem Regensburger Patriziergeschlecht und war zeitweise Kämmerer der Stadt Straubing; seine erste Gemahlin, Ursula Schamböckin, starb 1436, seine zweite Frau, Apollonia Stadldorfferin, 1439.

Der Vermutung Seylers, daß es sich bei dieser „hohlen Thonskulptur ... wahrscheinlich um ein Modell" handle, darf widersprochen werden.

Der Architekt und Bildhauer Ludwig Foltz wurde von König Maximilian II. von Bayern mit der Planung und Gestaltung der Königlichen Villa in Regensburg beauftragt. 1841 bewarb er sich um die Aufnahme als Bürger; in seinem Gesuch wird auch sein Interesse für die Tonplastik festgehalten: „Ich beabsichtige mich als Bildhauer zu beschäftigen, das heißt, ich will jede Art von Bildhauerey, wie Figuren und Ornamente in Stein, Holz und Gips, auch gebrannte Erde fertigen" (Zit. nach BAUER 1988, 326). Möglicherweise hat ihm die Maria-Johannes-Gruppe als Studienmaterial gedient.

Lit.: VHVOR 18 (1858), 428, 460; SEYLER 1905, 106

M.A.

23.5
Kniender Stifter

Niederbayern (Landshut?), um 1460/70
Gebrannter Ton; 63,5 × 34 × 30 cm
Reste alter Fassung
Prov.: 1929 aus dem Münchner Kunsthandel erworben; ehem. Münchner Privatbesitz, möglicherweise aus Schloß Isaregg in Niederbayern
K 1929/72

Der jugendliche Stifter kniet in gerader Haltung, mit erhobenem Kopf und vor der Brust gefalteten Händen auf einem leicht ansteigenden Bodensockel. Er trägt einen modischen, pelzbesetzten Mantel, seine Haare sind in starre Lockenspiralen gelegt, wie man sie häufiger bei der Landshuter Epitaphplastik dieser Zeit antrifft.

Nach dem handschriftlichen Inventareintrag gehörte er ursprünglich zu einer Gruppe von elf Stifterfiguren, die

23.5

alle aus Schloß Isaregg in Niederbayern stammen sollen. Vergleichbar sind zwei weitere Stifterfiguren, die bei Wilm abgebildet und besprochen werden, jedoch unter der wohl falschen Angabe „aus Schloß Langenisarhofen" (WILM 1929, 72, Abb. 132f.). Diese beiden Figuren befinden sich nun im Liebighaus in Frankfurt. Eine Materialanalyse nach dem Thermoluminiszenz-Verfahren ergab eine Entstehung „im 18. oder einem angrenzenden Jahrhundert". Nach Maek-Gérard darf man annehmen, „daß es sich um barocke Ergänzungen für ein – möglicherweise in Teilen zerstörtes – älteres Grabdenkmal handelt" (MAEK-GÉRARD 1985, 149–152, Abb. 66f.).

M.A.

23.6
Christus einer Ölberggruppe

Niederbayern, letztes Viertel 15. Jh.
Gebrannter Ton; 64,5 × 40 × 26 cm
Farbig gefaßt
Prov.: 1931 aus niederbayerischem Kunsthandel erworben; angeblich aus der Nähe von Geiselhöring
K 1931/62

Christus kniet betend mit gefalteten Händen auf einem Felssockel. Sein blauer, goldgesäumter Mantel fällt in

23.6

langen Falten bis auf den Boden; vorne wird er hochgenommen und über den Arm gelegt, wodurch das rote Untergewand sichtbar wird. Der Kopf mit Bart und Haar ist sorgfältig modelliert.

Die Figur stammt aus einer mehrteiligen Gruppe, in der Christus mit seinen Jüngern am Ölberg betet. Diese anschaulichen Inszenierungen finden sich heutzutage noch, meist in einer vergitterten Nische an der Außenwand von Kirchen, z. B. an St. Martin in Landshut.

M.A.

23.7

23.7
Schlafender Jünger einer Ölberggruppe

Niederbayern, letztes Viertel 15. Jh.
Gebrannter Ton; 31 × 57 × 29 cm
Reste der farbigen Fassung
Prov.: 1932 aus niederbayerischem Kunsthandel erworben
K 1932/22

23. Niederbayerische Tonplastik 173

Als Sockel dient dem schlafenden Jünger ein leicht ansteigender Felsengrund. Kopf und Oberkörper wendet er dem Betrachter zu, das linke Bein liegt angewinkelt auf der Erde, das rechte ist aufgestellt. (Ursprünglich nicht zur Christusfigur Kat. 23.6. gehörig) M.A.

23.8
Hl. Sebastian

Niederbayern, um 1500
Gebrannter Ton; 77 × 33 × 13 cm
Reste alter Fassung
Prov.: Straubinger Privatbesitz, 1969 mit Mitteln der Kulturhilfe des Bayerischen Rundfunks aus dem Kunsthandel erworben
K 1969/1

Sebastian, der Anführer der Leibwache Kaiser Diokletians, wurde wegen der den Christen geleisteten Hilfe an einen Baum gebunden und von den Pfeilen kaiserlicher Bogenschützen durchbohrt. Für tot gehalten, wurde er liegengelassen und von der Witwe des Märtyrers Kastulus gesundgepflegt.

Gerade in der Kunst des ausgehenden Mittelalters war die Figur dieses Heiligen neben Adam und Eva sehr beliebt, bot er doch eine legitime Gelegenheit, einen nackten Körper anatomisch gerecht darzustellen. Auch hier ist er nur mit einem Lendentuch, einem über die Schulter gelegten, von einer Agraffe zusammengehaltenen Mantel und einem weichen Filzhut bekleidet. Seine Arme sind – in beinahe spiegelverkehrter Entsprechung – an dem Baum hinter ihm gefesselt, zahlreiche Löcher im Oberkörper weisen auf die (verlorengegangenen) Pfeile seines Martyriums hin. M.A.

23.8

24. Tafelmalerei des Spätmittelalters

Neben der wesentlich älteren Wandmalerei setzte sich im süddeutschen Raum ab der zweiten Hälfte des 14. Jahrhunderts in zunehmendem Maß die Malerei auf Holztafeln durch. Sie diente vor allem zur Gestaltung von Altaraufsätzen, die im Zuge des wachsenden Reliquienkultes immer aufwendiger geschmückt wurden – zumeist mit Szenen aus dem Leben des betreffenden Heiligen oder aus der Heilsgeschichte. Auf den Flügelaußenseiten finden sich in der Regensburger Malerei des 15. Jahrhunderts häufig auch monumentale, formatfüllende Heiligenfiguren, so etwa beim Arme-Seelen-Triptychon des Sigmund Graner *(Kat. 22.16)*, beim Marienaltar in St. Leonhard und schließlich auch bei dem von der Frueauf-Werkstatt gelieferten Passionsaltar *(Kat. 24.10)*.

Der in Regensburg erhaltene Bestand an spätgotischer Tafelmalerei ist – bedingt durch zahlreiche Verkäufe im 19. Jahrhundert – vergleichsweise gering und reicht nicht vor das erste Drittel des 14. Jahrhunderts zurück. Nach der im Dominikanerinnenkloster Hl. Kreuz aufbewahrten Allerheiligen-Tafel und der von Abt Wolfhart Strauß gestifteten Madonna in St. Emmeram gehört die ehemals beidseitig bemalte Tafel mit der Maria im Ährenkleid und der hl. Anna Selbdritt *(Kat. 24.1)* zu den frühesten Beispielen.

Selbst die Werke, für die eine Regensburger Provenienz nachgewiesen oder zumindest wahrscheinlich ist, weisen mehr stilistische Unterschiede als Gemeinsamkeiten auf. Anregungen aus anderen Kunstzentren, aus Nürnberg, aus München, aber auch aus Passau, scheinen bereitwillig aufgenommen worden zu sein. Allein in den Jahren von 1470 bis 1503 erhielten 32 auswärtige Maler das Bürgerrecht von Regensburg. Dennoch scheint es durchaus bezeichnend zu sein, daß man den Auftrag für den großen Passionsaltar an die Passauer Frueauf-Werkstatt gab. Erst mit dem Auftreten Albrecht Altdorfers *(Kat. 26.1 ff.)* stieg Regensburg vorübergehend zu einem schulbildenden Zentrum auf.

E.T.

24.1 a, b
Ehemals beidseitig bemalte Tafel

Prov.: 1869 vom Geistlichen Rat Rektor Dr. Kraus dem Historischen Verein geschenkt
(Farbtafel 5, 6)

a. Maria im Ährenkleid

Regensburg (?), Mitte 15. Jh. (?)
Fichtenholz; 146 × 58,5 cm
Ringsum minimal beschnitten, am Unterrand Reste der Malkante
Abgetrennte Vorderseite von b, auf Tischlerplatte marouflieret
Im unteren Sechstel Inschrift in Fraktur des 17./18. Jhs. (wohl Abschrift eines ehemals aufgeklebten Papier- oder Pergamentstreifens): *Dass erste Zeichen: Es lag einer gefangen in einer Statt bey / Maylandt und Er ward verurtheilt und rüeft in unser lieben Fraüen / Ehren dass Bild an da mecht ihm der Zichtiger nichts thün, alle ward er / ledig und opfert sich dem Bilde in der Ehren unser lieben Frauen. Aüch sein / vor dem Bildt fünf Khindtlein auf einen Tag gesundt worden von grossen / Gebrechen und Kranckheit, die man zu Bildt gebracht hat. Auch / hanget eine weisse Rosen vor dem Bildt, die brach die Herzogin von Maylandt und verschloss die woll in ihrem Pallast, des morgens / was sie an der statt davon man sie gebrochen hat. Auch hat unser / liebe Frau Stummen redend gemacht durch das Bildt und vill und / grosse Zeichen die sie gethan hat, die man allhier nicht beschreiben mag / Anno 1410 sind diese und andere Zeichen mahr / beschehen.*
Auf dem dem Bild aufgelegten Rahmen die links oben beginnende Inschrift: *ES IST ZV WISSEN ALLERMENIGLICHEN, DA(S)/ DIS BILD VNSER LIEBEN FRAVEN BILDNUS IST ALS SIE IN DEM TEMPEL WAR, EHE DAS SIE S. IOSEPH / VERMAHLET WAR, ALSO DIENETEN IHR DIE / ENNGL AUCH IST SIE IN LAMBARDIEN ALSO GEMALT IN EINER STATT HEIST OSANNA, LIGT IN MAYLANDT.*
HV 1242 a

b. Hl. Anna Selbdritt

Regensburg (?), Mitte 15. Jh. (?)
Fichtenholz; 146,3 × 58,6 cm
Ringsum geringfügig beschnitten
Abgetrennte Rückseite von a, auf Tischlerplatte marouflieret
HV 1242 b

Die Vorderseite der 1869, dem Jahr der Schenkung an den Historischen Verein, noch nicht getrennten Tafel zeigt die jugendliche Maria als Tempeljungfrau. Die Darstellung entspricht dem in zahlreichen Gemäldekopien und Holzschnitten verbreiteten Typus des Gnadenbildes von Olana (Osanna) in der Lombardei. Darauf verweist auch die (erneuerte) Rahmeninschrift.

Dem Typus des Gnadenbildes entsprechen das schmale Hochformat, das frontale Standmotiv, die vor der Brust gefalteten Hände, die lang herabfallenden Locken mit Stirnband und die Gewandung. Das ehemals azuritblaue Kleid ist mit goldenen Kornähren besetzt und liegt am Oberkörper und den Armen eng an, während der Rock faltenreich am Boden aufliegt. Der strahlenförmige Besatz am Halsausschnitt und der lange Gürtel sind aus Pergament appliziert und vergoldet. Das Lilienornament im großen, vergoldeten Nimbus ist in Pastigliatechnik gearbeitet. Der rote Hintergrund ist durch Schablonen stilisierter, alternierend goldener und silberner Blütensterne sowie durch eine Bordüre als Teppich definiert, die Standfläche als Blumenwiese. All diese Details haben symbolische Bedeutung. So wird z.B. das Ährenkleid sowohl auf das Hohelied (7,2) als auch auf das biblische Gleichnis vom unbearbeiteten Acker bezogen, der dennoch die schönsten Früchte trägt. „Die Maria im Ährenkleid ist wohl das einzige Gnadenbild, in der die marianische Jungfräulichkeitssymbolik und die eucharistische Brotsymbolik so ideengerecht miteinander verschmolzen sind" (SPERBER, 65f.).

Abgesehen von derartigen Kopien des lombardischen Gnadenbildes konnte der Typus der Ährenmadonna auch freier eingesetzt werden, etwa kombiniert mit Stiftern. In Einzelfällen, vorwiegend nach 1500, konnte das Ährenkleid auch zum allgemeinen Attribut Mariens werden *(vgl. Kat. 24.11)*.

Auf der Rückseite der Tafel befand sich ursprünglich das Gemälde der Anna Selbdritt. Dieses ist ungleich schlechter erhalten, was durch die weniger sorgfältige Malweise auf sehr dünner Kreidegrundierung und durch die (zumindest zeitweise) Anbringung an einer feuchten Wand zu erklären sein wird. Die in ein faltenreiches Gewand gehüllte Heilige füllt nahezu die gesamte Bildfläche. Attributhaft klein ist die Marienfigur in ihrem rechten Arm, die ihrerseits wieder das nackte Jesuskind hält. Mit der Linken präsentiert Anna eine runde Frucht. Der sanftrote, weißlich aufgehellte Kapuzenmantel ist gelblich grün gefüttert und vor dem Körper gerafft. Aus der gerade fallenden Partie links tritt das Spielbein leicht hervor. Auffällig ist der wulstartige Umschlag der Kapuze am Scheitel, der in der Unterzeichnung nicht derart ausgeprägt angelegt zu sein scheint. Möglicherweise wurde hier ein Kostümdetail mißverstanden verarbeitet, da z. B. die steinerne Sitzgruppe der Anna Selbdritt aus der Rastkapelle des Doms (14. Jh.; Diözesanmuseum) ebenfalls eine eigenartig gefaltete Kopfbedeckung aufweist.

Ist bei der Ährenmadonna das Vorbild durch die zahlreichen erhaltenen Repliken des Gnadenbildes eindeutig festzumachen, so scheint auch hier ein bestimmtes Motiv verarbeitet worden zu sein, wirken doch viele Details, als seien sie ins größere Format übertragen worden. Dennoch sind die kräftig akzentuierten Konturlinien routiniert gezogen und lassen an Beispiele der Glas- und Wandmalerei denken. Das vermutete Vorbild könnte auf der Stilstufe der nur noch photographisch dokumentierten Fresken der 1934 abgebrochenen ehemaligen Domschule gestanden haben, die um 1400 zu datieren sind (freundl. Hinweis von A. Kurella; vgl. Bd. I, Abb. 136).

Möglicherweise war die Tafel ursprünglich die Hälfte eines Diptychons, wobei das Gegenstück ein dem Gnadenbild zu verdankendes Wunder gezeigt haben könnte. Die Verwendung als linker Flügel wäre eine Erklärung für die starken Abnützungserscheinungen auf der rechten Seite des Annengemäldes, da die rahmenlose Außenseite beim Bewegen stärkerer Beanspruchung ausgesetzt ist.

Da wenig über die Herkunft der Tafel bekannt ist, ist die ihr bisher in der Literatur eingeräumte Position innerhalb der Regensburger Malerei des frühen 15. Jahrhunderts in Frage zu stellen.

Lit.: VHVOR 26 (1869), 435; STIASSNY 1903, 85; GRAUS 1905, 224; STANGE X 1960, 99; R. SUCKALE in Kat. Regensburg 1987, 102

I.L.

24.2 a, b

Ehemals beidseitig bemalte Flügeltafel

Allgäu oder Seeschwaben, um 1480
Prov.: 1938 aus dem Kunsthandel erworben

a. Beweinung Christi

Nadelholz mit Leinwandüberklebung;
110 × 108,5 cm
Tafelstärke durch Abspalten der Rückseite auf 0,2–0,6 cm reduziert, parkettiert
Ehemals Vorderseite von 24.2 b
K 1938/90 a
(Farbtafel 7)

b. Hl. Barbara und hl. Margaretha

Nadelholz; 109,5 × 107 cm
Tafelstärke durch Abspalten der Rückseite auf 0,2–0,6 cm reduziert, parkettiert
Ehemals Rückseite von 24.2 a
K 1938/90 b
(Farbtafel 8)

Ausgestreckt über die ganze Bildbreite liegt im Vordergrund der vom Kreuz abgenommene tote Christus. Dahinter erheben sich blockhaft die Trauernden Maria und Johannes. Ihre starkfarbigen Gewänder betonen die Leichenblässe Christi auf dem weißen Tuch. Ein fahler Felsen über dem Haupt Christi, die drei Kreuze auf dem grünen Hügel und dazwischen der Fernblick auf eine ummauerte Stadt bilden die sparsame Landschaftskulisse. Wie aus den Spuren des im oberen Teil später ergänzten, gemusterten Goldgrundes ersichtlich, überfing ehemals baldachinartig ein vorgeblendetes Schnitzwerk in doppeltem Kielbogen eng die Szene.

Die heute abgetrennte ehemalige Rückseite zeigt die heiligen Märtyrerinnen Barbara (mit Kelch und Turm) und Margaretha (mit Kreuzstab und Drachen). Die beiden mädchenhaften Gestalten in langen Gewändern stehen ganz im Vordergrund und reichen bis nahe an die Oberkante. Die Landschaft ist ähnlich kürzelhaft geschildert wie auf der Beweinungstafel. Den hier nur gemalten Himmel schmücken in der oberen Zone ornamentale Wolkenbänder. Gold tritt nur in den Nimben und Metallobjekten auf, die wie die Kronen durch Pastiglia-Auflagen plastisch akzentuiert und kräftig schwarz konturiert sind. Der sparsamere Einsatz von Gold erklärt sich aus der weniger feierlichen Position des Gemäldes auf der Außenseite des Flügels. Die Beweinung hingegen war als Innenseite nur zu feierlichen Anlässen sichtbar und ist dementsprechend kostbarer gestaltet: die Inkarnatteile sind sorgsam modelliert und lasiert, Details wie Tränen und Blutstropfen sind präzise ausgearbeitet.

Die beiden Tafelhälften stammen von einem Flügelretabel, von dem noch weitere Gemälde erhalten sind. Stange erkannte bereits die Zugehörigkeit zweier doppelseitig bemalter Flügelteile im Passauer Oberhausmuseum (Heimsuchung, Kindheit Jesu; Florinus und Christophorus, Dorothea und Katharina von Siena). Ludwig Meyer (München) ist die Kenntnis des vierten Flügelfeldes (Abschied Christi auf der Vorder-, hll. Georg und Sebastian auf der Rückseite) zu verdanken, das über den englischen Kunsthandel 1993 in deutschen Privatbesitz gelangte.

Die unterschiedliche Größe der Tafeln (Heimsuchung und Abschied sind ca. 10 cm höher) sowie die Abfolge der Marienszenen erlauben eine Rekonstruktion der Flügel. Geöffnet werden zu seiten des unbekannten Mittelteils auf dem linken Flügel die Heimsuchung über der Kindheit Jesu zu sehen gewesen sein, auf dem rechten der Abschied Christi über der Beweinung. Bei geschlossenen Flügeln ergab sich die Reihe der Heiligen, oben die männlichen, unten die weiblichen.

Die Darstellung des hl. Florinus von Chur, der vor allem im alemannischen Raum verehrt wurde, kann als Lokalisierungshilfe für die Flügelgemälde dienen, die ebenfalls seeschwäbische oder allgäuische Stilelemente zeigen. Die erkennbaren niederländischen Bildmotive wurden vermutlich über mittel- bzw. oberrheinische Werkstätten vermittelt. So ist die starr ausgestreckte Christusgestalt der Beweinung beim Hausbuchmeister oder bei Caspar Isenmann in Colmar ähnlich gebildet. Bei letzterem finden sich auch der herbe Johannestypus und die sparsam eingesetzten Landschaftselemente. Für die Frauentypen war offenbar die Ulmer Kunst der Nachfolge des Meisters der Sterzinger Flügel vorbildhaft. In der provinziellen Ausformung steht der Maler dieser Tafeln auf einer ähnlichen, möglicherweise etwas späteren Stilstufe wie die Werkstatt, die den Füssener Hochaltar lieferte, oder die der Familie Murer in Konstanz.

Lit.: STANGE X 1960, 104, Abb. 161 (Passauer Meister)

I.L.

24.3 a–d

Vier Darstellungen aus einem Armeseelenzyklus

Niederbayern (?), um 1480

a. Heilige Messe

Nadelholz; 113,2 × 64,3 × ca. 0,5 cm
Ringsum gering beschnitten, Grundiergrat erhalten
Rückseite abgespalten und gedünnt, marouflíert
Bayerisches Nationalmuseum (MA 3304)
(Farbtafel 9)

b. Fegefeuer

Nadelholz; 113,6 × 64,3 × 0,3–0,6 cm
Unten und seitlich gering beschnitten, Grundiergrat ringsum erhalten
Rückseite abgespalten und gedünnt, parkettiert
Bayerisches Nationalmuseum (MA 3351)
(Farbtafel 10)

c. Die Seligen an der Paradiespforte

Nadelholz; 115,5 × 63,5 × 1 cm
Grundiergrat ringsum erhalten
Rückseite (original?) nur grob zugerichtet
Prov.: 1913 aus dem Pariser Kunsthandel als „Baldung Grien" erworben
Bayerisches Nationalmuseum (MA 13/284)
(Farbtafel 11)

d. Die Verdammten am Höllenrachen

Nadelholz; 115,2 × 63,5 × 1 cm
Grundiergrat ringsum erhalten
Originale Rückseite partiell erhalten, parkettiert
Prov.: 1918 aus Schloß Mindelheim als „niederdeutsch" erworben
Bayerisches Nationalmuseum (MA 18/203)
(Farbtafel 12)

Die Zusammengehörigkeit der Gemälde ist trotz unterschiedlicher Provenienzen durch die Übereinstimmung der malerischen Handschrift, der Thematik und des Formats gegeben. Zwei Tafeln schildern die beiden Möglichkeiten, die

24. Tafelmalerei des Spätmittelalters

24.2 geschlossen

Mittelteil
unbekannt

24.2 geöffnet

die Auferstandenen beim Jüngsten Gericht erwarten: den Empfang an der Paradiespforte (c) oder den Sturz in den Höllenrachen (d). Auf den beiden anderen wird vorgeführt, wie die Leiden des Fegefeuers (b) durch entsprechende Vorkehrungen wie Seelenmesse, Gebete mit oder ohne Rosenkranz, Lichtopfer, Spenden und Almosen an Bedürftige (a) vermindert werden können.

Auf Tafel a gibt eine Bogenöffnung Einblick in einen Kirchenraum, in dem der Priester vor dem mit einem Verkündigungsgemälde geschmückten Altar zelebriert. Die andächtigen Kirchbesucher beten oder spenden Almosen. Auch vor dem angrenzenden Beinhaus betet ein junger Mann.

Die Auswirkung dieser Gebete und Opfer zugunsten der im Fegefeuer gemarterten Seelen ist auf der nächsten Tafel (b) veranschaulicht. Das Fegefeuer ist hier nicht nur als Flammenzone dargestellt, sondern als Landschaft, in der die Teufel ihre Opfer quälen – oft entsprechend ihrer irdischen Verfehlungen. So wird z. B. dem Geizhals glühendes Geld eingetrichtert. Andere werden in Kesseln gesotten, gepfählt oder fast ertränkt. Doch zwischen den Qualgeistern lindern Engel mit Speise (Hostien) und Trank die Qualen; sie bringen sogar auserwählte Seelen in Sicherheit.

Auf den beiden Gemälden mit den Seligen (c) bzw. den Verdammten (d) sind jene Szenen isoliert, die sonst meist unterhalb des Weltenrichters oder des hl. Michael als Seelenwäger zu sehen sind. Beide spielen in einer der Fegefeuertafel verwandten, sanft hügeligen Landschaft mit hohem Horizont, wobei die Wolken dem jeweiligen Thema angepaßt sind.

Die Paradiespforte ist als ziegelgedeckte Vorhalle in die linke obere Bildecke eingestellt. An der kielbogenförmigen Stirnwand prangt das Schlüsselwappen auf rotem Grund. Es wird wohl auf Regensburg zu beziehen sein, kann aber auch als Benediktinerwappen interpretiert werden. Auf der untersten Stufe der Treppe begrüßt Petrus einen Herankommenden. Weitere Auferstandene werden von Engeln begleitet.

Im Gegensatz zu der in irdischer Manier festgebauten Paradiespforte öffnet sich auf der Tafel mit den Verdammten die ganze Landschaft rechts zum weit aufgerissenen Höllenrachen, in die bizarre Teufelsgestalten die Sünder hineintreiben. Spielbrett, Karten Weinkrug und Geldbeutel bezeichnen die Ursachen ihrer Verdammnis, und – wie auf den Darstellungen von Paradies und Fegefeuer – finden sich auch hier Tonsurträger unter ihnen.

Gemeinsames Thema der vier Tafeln ist das Seelenheil, doch scheint das Programm unvollständig, da die zentrale Weltgerichtsdarstellung fehlt. Daher wurden die Gemälde gelegentlich als Flügel eines Weltgerichtsretabels bezeichnet. Der technische Befund aber stützt eine solche Rekonstruktion nicht, da nur die beiden Tafeln mit den Opferszenen (a) und dem Fegefeuer (b) gespalten sind. Auf der Rückseite von a befand sich eine Schutzmantelmadonna (BNM MA 3303), auf der von b ein hl. Michael als Seelenwäger (BNM MA 3353, Filialgalerie Burghausen).

Zu einem Rekonstruktionsversuch könnten noch vier gleich große und stilistisch eng verwandte Gemälde herangezogen werden. Sie wurden 1940 bei Lempertz in Köln versteigert (Aukt. kat. 408, 26./27. 4. 1940, Nr. 109; Verbleib unbekannt) und zeigen je drei Apostel. Durch den Goldgrund sind sie als Feiertagsseiten ausgewiesen.

Als Ansatz für die Lokalisierung der ausgeprägten Malerpersönlichkeit wurde bislang das Wappen mit den gekreuzten Schlüsseln benutzt. Selbst wenn damit das Regensburger Stadtwappen gemeint sein sollte und nicht das Wappen einer Benediktinerabtei wie St. Peter in Salzburg oder Berchtesgaden, wäre dadurch der Sitz der Werkstatt in Regensburg noch nicht gewährleistet. Die vier Apostelgemälde stammen wohl nicht, wie im Auktionskatalog angegeben, aus der Kirche von Ettelried bei Augsburg, wodurch ihre wenig überzeugende Einordnung in die schwäbische Malerei durch Stange hinfällig wird. Schon Bushart bemerkte ihre Verwandtschaft mit zwei ins Passauer Oberhausmuseum gelangten Tafeln mit der Geburt Christi und der Anbetung der Könige (Zschr. für Kunstgeschichte 22 [1959], 153). Zu diesen gehören eine weitere Tafel mit dem Marientod, die über die Sammlungen Sepp (München) und Dollfuß (Paris) nach Nordamerika kam (Catalogue of a Loan Exhibition of German Primitives, Kleinberger Galleries, New York 1928, Nr. 15 mit Abb.; freundl. Hinweis Ludwig Meyer, München). Die gemeinsamen stilistischen Eigentümlichkeiten, die übereinstimmenden Maße und das identische Brokatmuster im Goldgrund sprechen für einen ehemaligen Retabelzusammenhang.

Die von Buchner vorgeschlagene Lokalisierung des Malers des Seppschen Marientodes nach Niederbayern kann wohl für den gesamten Komplex gelten. Diesem können noch weitere Tafeln im Bayerischen Nationalmuseum zugerechnet werden sowie eine 1490 datierte Darstellung Christi in der Vorhölle, jetzt in Princeton (SPEAR, Abb. 1). Für eine Entstehung im niederbayerisch-oberösterreichischen Grenzgebiet spricht, daß die von Stange (Bd. X, 69) zusammengestellte Gruppe von Gemälden, die noch in Kirchen in der Umgebung von Wasserburg erhaltenen sind, den Stil vergröbernd zu reflektieren scheint.

Lit.: Kat. BNM 1908, 8f. (a, b); HALM 1921; Aukt.kat. München 1918, Nr. 816, Tf. 12 (d); RDK I, Sp. 1085f. mit Abb. (a, b); SPEAR 1962, Abb. 3, 4 (a, c); ZIMMERMANN 1975, 15; Kat. Nürnberg 1983, Nr. 41 mit Abb. (a, b); ZAPALAC 1990, Abb. 42 (c); Kat. Zürich 1994, Abb. 30 (a, b)

I.L.

24.4
Radwunder der hl. Katharina

Oberbayern (München?), um 1475
Nadelholz; 63,9 × 35,1 × 0,6–0,9 cm
Malgrat rundum erhalten
Rückseitenbemalung: Verkündigungsengel; im Gewölbeansatz gelber Wappenschild mit dunkelblauen, gekreuzten Haken
Prov.: 1803 aus Kloster Tegernsee in Staatsbesitz überführt; bis 1910 in der Augsburger Filialgalerie (Nr. 24), dann in Schleißheim (Nr. 2034)
Bayerische Staatsgemäldesammlungen (5300)
(Farbtafel 13)

Die hl. Katharina, als Königstochter von Zypern reich gekleidet und mit einer Perlenkrone geschmückt, kniet vor dem für ihr Martyrium bestimmten Räderwerk, das auf ihr Gebet hin vom Blitz zerstört wird. Von den Trümmern

24. Tafelmalerei des Spätmittelalters

Erschlagene füllen die linke untere Ecke, während rechts hinter Katharina Kaiser Maxentius und zwei Begleiter unbehelligt der Szene beiwohnen. Ergrimmt weist der kaiserliche Widersacher mit seinem Szepter auf die Kniende, die Enthauptung ankündigend. Hinter Bäumchen und kulissenartig gestaffelten grünen Hügeln öffnet sich der Fernblick auf eine ummauerte, turmreiche Stadt und eine bergige Seenlandschaft. Ganz oben ist die zerstörerische Gewitterwolke zu sehen.

Mit besonderer Sorgfalt sind die kleinteiligen Faltengeschiebe des purpurnen Gewandes der Heiligen geschildert; desgleichen das Brokatgewand des Kaisers. Detailreich und bunt ist auch die Landschaft, ganz im Gegensatz zu der weniger aufwendigen Gestaltung der Erschlagenen im Vordergrund, wo z. T. die Lasuren direkt auf die Unterzeichnung aufgetragen sind.

Wieder anders ist die Bemalung der Rückseite ausgeführt, wo groß der Engel der Verkündigung in einen engen, gotisch gewölbten Raum eingepaßt wurde. Die weniger sorgfältige Malweise läßt darin die Außenseite eines Klappflügels erkennen. In seiner Linkswendung bezieht sich der Engel auf die Jungfrau Maria auf dem nebenstehenden Flügel. Dessen abgespaltene Außenseite mit der Verkündigungsmaria befindet sich in Privatbesitz, die ehemalige Innenseite mit dem Pfeilmartyrium des hl. Sebastian im Kunsthandel. Der Verbleib des zu ergänzenden Mittelteils ist unbekannt.

Das Triptychon dürfte aufgrund seiner geringen Größe eher der privaten Andacht als dem kirchlichen Gebrauch gedient haben. Leider konnte das Wappen, das auf beiden Außenseiten unter dem Gewölbeansatz angebracht ist, noch nicht bestimmt werden.

Das Kloster Tegernsee beschäftigte im 15. Jahrhundert nachweislich vorwiegend Münchner Künstler: Gabriel Mälesskircher stattete in den 1470er Jahren die Klosterkirche mit 13 Altaraufsätzen aus, und im Umkreis Mälesskirchers werden die beiden Flügel wohl auch entstanden sein. Weniger zierlich und beweglich als dieser, ist unser Maler dafür kräftiger im Kolorit und enger fränkischen Vorbildern verpflichtet. In einem Gutachten schreibt ihm Ernst Buchner auch die 1468 datierte, inzwischen in der Warschauer Galerie befindliche Tafel mit der Madonna zwischen den hll. Stephanus und Leonhard zu (DOBRZENIECKI Nr. 123). In der Tat stimmen viele Details frappierend überein, wenngleich die Bildanlage der Warschauer Tafel etwas unsicherer wirkt. Nicht nachvollziehbar ist Stanges Verbindung der beiden Tafeln zu dem 1477 datierten Triptychon in der Münchner Peterskirche.

Lit.: Kat. Schleißheim 1914, 13; STANGE X, 79; ZIMMERMANN 1975, 15

I.L.

24.4 geschlossen

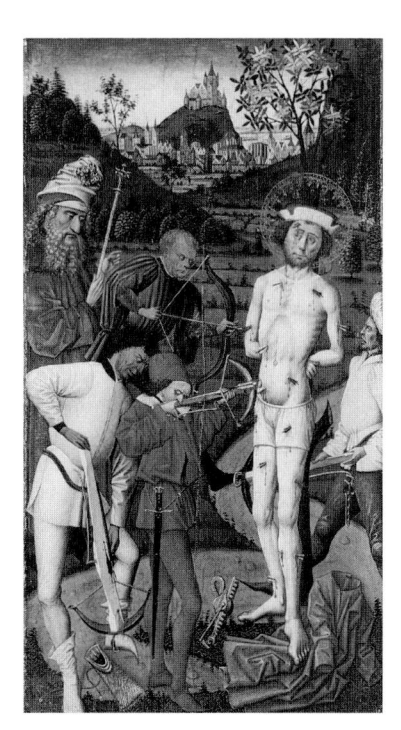

Mittelteil
unbekannt

24.4 geöffnet

24.5 a–d

Die vier Kirchenväter

Werkstatt des Michael Wolgemut, um 1490
Einzeln in nicht erhaltenen Rahmen gemalt (Spuren von Vergoldung an den Kanten)
Übermalungen in den (lange Zeit verdeckten) Bildecken, in den Nimben dicke Goldretuschen, die Gesichter alle verputzt
Neue Rahmung von 1938/39
Prov.: Aus St. Jakob in Straubing; 1938 aus dem Kunsthandel erworben
(Farbtafel 21)

Der wohl 1437 geborene Michael Wolgemut konnte erst nach langjähriger Gesellenwanderung in Nürnberg Fuß fassen, indem er 1472 die Witwe Hans Pleydenwurffs heiratete und somit die wichtigste Malerwerkstatt der Stadt bis zu seinem Tod weiterführte. Unter seiner Leitung enstanden bedeutende Altarwerke, so etwa 1479 der Hauptaltar der Zwickauer Marienkirche und gegen 1490 der Marienaltar der Nürnberger Augustiner-Eremitenkirche, der 1590 nach Straubing verkauft wurde. Ab dem Ende der achtziger Jahre arbeitete er mit dem Drucker und Verleger Anton Koberger zusammen, indem er Vorzeichnungen für Holzschnitte lieferte. Herausragendstes Werk sind die Illustrationen der 1493 erschienenen Weltchronik des Hartmann Schedel. Um 1490 erwarb sich der junge Dürer seine Grundkenntnisse in dieser vielseitigen Werkstatt. Die andauernde Wertschätzung belegt das Porträt Wolgemuts, das Dürer 1516 malte und auf dem er nachträglich dessen Todesjahr 1519 notierte.

a. Hl. Augustinus

Nadelholz; 65,1 × 31,6 cm
Nachträglich auf 0,5–0,7 cm gedünnt
Seitlich und unten wohl geringfügig beschnitten
K 1937/162 a

b. Hl. Ambrosius

Nadelholz; 65 × 32,1 cm
Nachträglich auf ca. 0,6 cm gedünnt
K 1937/162 b

c. Hl. Hieronymus

Nadelholz; 65 × 32,2 cm
Nachträglich auf ca. 0,8 cm gedünnt
Links bis auf teilweisen Verlust des Malgrats beschnitten
K 1937/162 c

d. Hl. Gregor

Nadelholz; 65,3 × 32,2 cm
Nachträglich auf ca. 0,7 cm gedünnt
An beiden Seiten bis an den Malgrat beschnitten
K 1937/162 d

Die schmalen Hochformate locker füllend, sind die Halbfiguren der Heiligen vor rotbraunen Grund gesetzt, auf den sie leichte Schatten werfen. Am unteren Rand dienen schmale Steinbrüstungen mehr als Auflage der Draperien als zur Distanzierung des Betrachters. Die Zusammenstellung der vier geistlichen Würdenträger (Papst, Kardinal, zwei Bischöfe) erlaubt die Identifizierung mit den als Kirchenväter verehrten Heiligen Augustinus und Ambrosius (Bischöfe), Hieronymus (Kardinal) und Gregor (Papst). Die sonst üblichen Attribute, wie sie z. B. auf Pachers Kirchenväteraltar zu sehen sind, fehlen. Nur die Bücher verweisen auf ihre auf den Schriften beruhende Autorität.

Größe und Format der urprünglich zusammengehörigen Tafeln legen eine Anbringung in der Predellenzone eines repräsentativen Altarwerks nahe. Der asketische Gesichtstypus, die routinierte Behandlung der Draperien, die warme Farbigkeit mit der reichlichen Verwendung von Rot, Grün und Weiß und Akzenten von Blau und Gelb erlauben eine stilistische Einordnung in die Nürnberger Malerei des ausgehenden 15. Jahrhunderts, speziell in die Werkstatt Michael Wolgemuts. Dafür spricht auch die Provenienz aus dem Pfarrhof der Straubinger Jakobskirche. An diese wurde 1590 jenes Altarwerk verkauft, das Michael Wolgemut um 1490 für die Augustinerkirche St. Veit in Nürnberg geschaffen hatte.

Vergleicht man die vier mutmaßlichen Predellentafeln mit den in Straubing erhaltenen Flügelgemälden (STRIEDER, Nr. 58), fällt die weniger kostbare Malweise auf. Die Malerei wirkt viel sparsamer und verzichtet auf kompliziert aufgebaute Stoffmuster, Gewandborten etc. Die Abweichungen sind jedoch nicht als Hindernis für eine ursprüngliche Zusammengehörigkeit der Predellengemälde mit den Flügelgemälden zu sehen, da sich gerade bei Altären der Wolgemutwerkstatt zahlreiche Beispiele für vergleichbar unterschiedliche Zusammenstellungen nachweisen lassen.

Lit.: KDB Straubing 1921, 95, Fig. 62; STANGE 1978, Nr. 135; BENNER 1985, 215 (Farbabb.); STRIEDER 1993, 206, Abb. 327

I.L.

24.6

Aussendung des Heiligen Geistes

Regensburg, um 1490
Nadelholz; 105,2 × 68,3 × ca. 1 cm
Grundiergrat ringsum erhalten, seitlich minimal beschnitten
Im unteren Bereich großflächige Retuschen, stark verputzte Malschicht
Rückseite oben und unten leicht abgeschrägt
Prov.: Angeblich aus dem Dom; 1858 von Bischof Valentin von Riedel aus Privatbesitz erworben; 1860 aus dem Nachlaß des Bischofs an den Historischen Verein
KN 1990/69
(Farbtafel 23)

Die Taube des Heiligen Geistes schwebt, goldene Strahlen aussendend, über der inmitten der Apostel thronenden Gottesmutter. Rote Feuerzungen in den Nimben veranschaulichen die wunderbare Einwirkung. Die Apostel verteilen sich symmetrisch entlang der seitlichen Bildränder. Johannes und Petrus sind ganzfigurig hervorgehoben, die übrigen sitzen hintereinandergestaffelt auf einer niedrigen Steinbank, wobei die vordersten das in kleinerem Maßstab gegebene Stifterpaar beschirmen und fast an dem Ereignis teilnehmen zu lassen scheinen. Das rotgekleidete Söhnchen kniet zwischen den Eltern genau in der Mittelachse. In den unteren Ecken die – noch nicht aufgelösten – Wappen, links hinter dem in eine pelzverbrämte Schaube gehüllten Mann ein weißer Schild mit Hausmarke, rechts hinter der rotgekleideten Frau ein rot-weiß geschachteter Schild.

Die Darstellung des Raumes wird durch den dunklen Vorhang hinter Maria verunklärt. Die Fenster wirken fast wie Pendants zu den Wappen; räumlich wirksam ist nur der in perspektivischer Verkürzung gegebene Kachelboden, der die Distanz zwischen den Stiftern und der Gottesmutter anschaulich macht.

Schon 1858 wurde betont, daß diese Votivtafel zu den ganz wenigen erhaltenen gotischen Gemälden aus dem

24. Tafelmalerei des Spätmittelalters

Regensburger Dom gehört. Der trotz seiner koloristischen Begabung eher handwerklich orientierte Meister steht auf einer ähnlichen Stilstufe wie jener Maler, der die Außenseiten des 1488 von der Familie Graner gestifteten Arme-Seelen-Triptychons geschaffen hat *(Kat. 22.16).*

Lit.: VHVOR 18 (1858), 142–144 (kostbarer Rahmen erwähnt); VHVOR 19 (1860), 384; ZIMMERMANN 1975, 16, 125

I.L.

24.7
Verkündigung

Regensburg (?), um 1490
Nadelholz; 67,1 × 36,5 cm
2 vertikal verleimte Bretter, nachträglich auf ca. 1,2 cm Stärke gedünnt
Grundiergrat seitlich erhalten, oben und unten durch Beschneidung verloren
Die gedünnte Rückseite grundiert und blau gestrichen
Ausführliche Unterzeichnung vor allem in den hellen Gewandpartien erkennbar
Inschrift auf dem Schriftband des Engels: AV/GRAC/PLENA o [M]
Prov.: Aus den Beständen des Historischen Vereins
KN 1991/1
(Farbtafel 14)

Auf den von links hereinschwebenden Engel reagiert die im Vordergrund dem Betrachter zugewandte Maria, indem sie den Kopf von ihrem Buch abwendet. Die Faltenformationen des über dem blauen Kleid getragenen weißen Mantels verunklären das Motiv des Knies der Jungfrau, wodurch auch sie nahezu schwebend wirkt. Die beiden Gestalten sind ohne Überschneidungen eng aneinandergeschoben. Dazu kontrastiert die durch den Fliesenboden, die Balkendecke, das Betpult und den Fernblick in die Landschaft präzisierte Raumdarstellung.

Wie Zimmermann erkannt hat, stimmen sämtliche Details akribisch mit der Verkündigungsdarstellung auf der Außenseite des Hochaltars von Tiefenbronn überein. Dieser ist von Hans Schüchlin aus Ulm signiert und 1469 datiert. Der Maler der Regensburger Tafel hatte allerdings ein schmaleres Format zur Verfügung, weswegen er den Abstand zwischen Maria und dem Engel verringern und die Lilienvase so wie die Kissen auf der Fensterbank weglassen mußte. Die ausschwingenden Draperien sind stärker geknittert, die Landschaft ist vereinfacht. Verändert wurden auch die Gesichter, die hier einem mehr puppenhaft-liebenswürdigen Typus entsprechen, der eine gewisse Verwandtschaft mit den beiden Hostienfreveltafeln im Germanischen Nationalmuseum *(Bd. I, Farbtafel 25, 26)*, aber auch mit den gegen 1480 entstandenen Miniaturen Furtmeyrs hat. Obwohl wie bei Schüchlin der farbliche Hauptakzent auf den weißen Gewändern liegt, scheint dem Maler die aparte Farbigkeit des Tiefenbronner Bildes nicht präsent gewesen zu sein. Ob er eine Zeichnung nach Schüchlin oder eine gemeinsame graphische Vorlage verwendet hat, kann heute nicht mehr festgestellt werden.

Lit.: ZIMMERMANN 1975, 69

I.L.

24.8
Geburt Christi

Oberschwaben, gegen 1500
Nadelholz; 148,9 × 63,4 × ca. 1 cm
Grundiergrat rundum erhalten
Rückseitig Fragment einer Verkündigung
Prov.: 1979 aus dem Kunsthandel erworben
K 1979/26
(Farbtafel 22)

Mit auf der Brust gekreuzten Händen kniet Maria vor dem in ein Körbchen gebetteten Kind. Mehr über als hinter ihr plaziert, variiert der hl. Joseph das Anbetungsmotiv. Das nackte Neugeborene ist von einem Strahlenkranz umgeben – ein Motiv aus den *Revelationes* der hl. Brigitta, wo die Geburt Christi als Lichtereignis geschildert wird. Eingeschobene Mauerfragmente stehen für den Stall, dessen Giebelkonstruktion nicht näher definiert und durch die davor schwebenden Engelchen verdeckt ist. Von Ochs und Esel haben seitlich nur die Köpfe Platz gefunden. Durch die goldenen Nimben und den – allerdings nur kleinteilig zur Wirkung kommenden – punzierten Goldgrund werden die kräftigen Farben der Gewänder gesteigert.

Die etwas unstabile Komposition erklärt sich durch die ursprüngliche Funktion des Gemäldes als Teil eines Flügelretabels, von dem jedoch keine weiteren Teile bekannt sind. Sicher bildete die Geburtsdarstellung die Innenseite des linken Flügels, der dann zugeklappt die Verkündigung zeigte. Dementsprechend ist die Geburt durch die Vergoldungen und die sorgfältige, gut erhaltene Malerei als Feiertagsseite ausgezeichnet.

Die von Stange vorgeschlagene Einordnung dieses Flügels in das Werk jenes Meisters, der die Evangelistendarstellungen auf den Flügeln des Hochaltars in St. Wolfgang bei Velburg gemalt hat, überzeugt nicht. Dort sitzen die Evangelisten in geräumigen Interieurs mit akribisch geschilderten Möbeln, perspektivisch verkürzte Bodenfliesen betonen die Räumlichkeit. Hier hingegen füllen die Figuren allein in dichtem Muster die Bildfläche.

Erwägenswerter ist die im Versteigerungskatalog 1953 genannte Zuweisung an den „Meister von Dinkelscherben". Obwohl dieser Maler nicht näher zu fassen ist, scheint die Lokalisierung ins Oberschwäbische naheliegend.

Lit.: Aukt.kat. Weinmüller, München, 17. 12. 1953; STANGE X 1960, 109, Abb. 175

I.L.

24.9
Hl. Benedikt

Passau, Werkstatt des Rueland Frueauf d. Ä., um 1500
Nadelholz; 70 × 48 cm
Brettstärke auf ca. 0,3 cm gedünnt
Grundiergrat oben, unten und rechts erhalten, links vermutlich entlang des Grundiergrats beschnitten, parkettiert
Prov.: Aus Kloster Fürstenzell 1803 in die Münchner Salvatorkirche, 1860–1911 in der Georgskapelle der Frauenkirche, dann in der Schleißheimer Galerie Bayerische Staatsgemäldesammlungen (1363)
(Farbtafel 15)

Der Maler wurde vermutlich zwischen 1440 und 1450 geboren, möglicherweise in Obernberg am Inn. Seit 1470 ist er in Salzburg erwähnt, 1478 ausdrücklich als Salzburger Bürger. Wohl 1477 wurde er zur Ausführung der monumentalen Fresken im Rathaus und am sog. Scheiblingturm nach Passau berufen. Der Rat der Stadt Salzburg fragte ihn 1484 nach seiner Meinung bezüglich des Altarprojekts, das an Michael Pacher vergeben wurde. Die großen Flügelgemälde, die aus einer Salzburger Kirche in die Österreichische Galerie in Wien gekommen sind, tragen die Jahreszahlen 1490 bzw. 1491. 1499 ist sein (nur fragmentarisch erhaltenes) Retabel in der Wallfahrtskirche von Großgmain datiert. Unmittelbar danach dürfte das Retabel entstanden sein, dessen Flügelteile ins Regensburger Museum gelangten. In der Werkstatt waren nebeneinander mehrere eigenständige Maler beschäftigt, die Frueaufs Stil weiterentwickelten, darunter der sog. Meister von Großgmain und der Maler der Regensburger Passionsszenen. Frueauf d. Ä. starb 1507 in Passau, wo sich anscheinend inzwischen sein Sohn mit einer eigenen Werkstatt niedergelassen hatte.

Der durch Tonsur, Mönchskutte, Buch und Abtstab mit ziemlicher Wahrscheinlichkeit als hl. Benedikt zu identifizierende Heilige sitzt nach links gewandt auf einer schlichten Steinbank. Die durch den diagonal gehaltenen Stab betonte Ausrichtung nach links wird durch die bildparallele Führung des Ehrentuchs stabilisiert. Diese grün in grün gemusterte Stoffbahn ist hinter dem Heiligen bis zum oberen Rand gespannt und, gewissermaßen als Thronersatz, über die Sitzbank gelegt. Auch farblich hebt das frische Grün der Stoffläche die Plastizität der lilabraunen Gewanddraperien. Andere Farben kommen nur sparsam zum Einsatz. Für den ursprünglichen Farbklang entscheidend waren die seitlichen Flächen: heute fast schwarz überstrichen, waren sie, wie Spuren erkennen lassen, ehemals wohl blau und mit Preßbrokat ornamentiert.

Figurentypus und Bildaufbau verankern das Gemälde, wie stets erkannt, fest in der Frueaufwerkstatt. Als Vergleichsstücke bieten sich die annähernd gleichgroßen Tafeln des Meisters von Großgmain in Wien (zwei Bischöfe; BAUM 1971, Nr. 67f.) und Madrid (hl. Hieronymus; Slg. Thyssen) an, die ebenfalls sitzende Heilige zeigen und 1498 datiert sind. Da hier die Komposition weniger raffiniert und der Faltenaufbau weniger logisch gebildet ist, wird der Maler nicht der Meister von Großgmain, sondern ein anderes Mitglied der Frueaufwerkstatt gewesen sein. Von ihm stammen wohl, wie Zimmermann vorschlägt, auch die auf verschiedene Museen (Budapest, Cambridge/USA, Venedig, St. Florian, Stift Herzogenburg) verstreuten Tafeln eines Marienaltars. Nach den Abmessungen zu schließen, ist aber wohl kein direkter Zusammenhang der Benediktsdarstellung mit den Marienszenen zu konstruieren. Die Wendung des Heiligen könnte sich auf ein Pendant beziehen. Ob die Tafel allerdings von einem Flügelretabel stammt, kann ohne die Kenntnis weiterer zugehöriger Teile nicht mit Sicherheit gesagt werden.

Lit.: VISCHER 1886, 471, Taf. XVIII b; STIASSNY 1903, 80; FISCHER 1908, 101; Kat. Schleißheim 1914, Nr. 99; BALDASS 1946, 72; DUBLER 1953 (Abb. 137); ZIMMERMANN 1975, 194, 196; Kat. Slg. Thyssen 1991, 313 (Abb.)

I.L.

24.10 a–e

Flügelteile eines Retabels

Passau, Werkstatt des Rueland Frueauf d. Ä., kurz nach 1500
(Farbtafel 17, 18)

a. Salvator Mundi

Fichtenholz; 260 × 77,5 cm
1934 abgespaltene Rückseite von c
HV 1432 a

b. Maria

Fichtenholz; 260 × 77,5 cm
1934 abgespaltene Rückseite von d
HV 1432 b

c. Drei Passionsszenen (Fußwaschung, Christus vor Pilatus, Rast vor der Kreuzigung)

Fichtenholz; 260 × 77,5 cm
1934 abgespaltene Vorderseite von a
HV 1432 c

d. Drei Passionsszenen (Christus vor Kaiphas, Kreuztragung, Auferstehung)

Fichtenholz; 260 × 77,5 cm
1934 abgespaltene Vorderseite von b
HV 1432 c

e. Sechs Passionsszenen (Ölberg, Gefangennahme, Geißelung, Dornenkrönung, Kreuzigung, Grablegung)

Fichtenholz; je 76 × 77,5 cm
Im 19. Jh. gemeinsam gerahmt
HV 1432 c

Zur Biographie Frueaufs s. Kat. 24.9.
Die beiden hohen Flügelfelder der Außenseiten des äußeren Flügelpaares, die im geschlossenen Zustand des Retabels nebeneinander zu sehen waren, sind über die gesamte Bildfläche mit großen Standfiguren bemalt (a, b). Links wendet sich Christus als Salvator mit der Weltkugel in der Hand segnend der rechts stehenden Maria zu, die ein Buch hält. Beide stehen auf hellbraunen Bodenflächen und werden von Maßwerkbögen überwölbt. Die Hintergrundsflächen sind, wie auch die Nimbenscheiben, spätere Übermalungen. Wie im Streiflicht zu erkennen ist, hinterfing ursprünglich ein Vorhang aus Preßbrokat die Figuren bis in Schulterhöhe. Von den Körpern der monumentalen, großzügig drapierten Gewandfiguren treten nur die Köpfe und Hände sowie die Füße Christi als plastisch modellierte Elemente zeichenhaft aus den Verhüllungen hervor.

Bei Maria wirkt der Kopfkontur seltsam vergößert, und erst bei genauem Hinsehen ist zu erkennen, daß sie über dem dünnen Gesichtsschleier eine dunkle, wulstartige Haube trägt, die von dem kapuzenartigen Umhang fast ganz bedeckt wird. Dieses Kostümdetail entspricht keineswegs einer zeitgenössischen Mode, sondern läßt sich auf das byzantinische Gnadenbild von S. Maria del Popolo zurückführen. Dieses muß am Ende des 15. Jahrhunderts auch in Süddeutschland verehrt worden sein, hat doch Holbein d. Ä. eine freie Wiederholung geschaffen (heute in Hindelang). Holbeins Auseinandersetzung mit diesem ikonographischen Typus belegen außerdem Zeichnungen in der Albertina, wo Maria im Habitus des Gnadenbildes, aber in ganzer Figur dem segnenden Salvator gegenübergestellt ist. Es liegt nahe, beim Maler der Flügelgemälde die Kenntnis der Zeichnung Holbeins vorauszusetzen. Das würde nicht nur die ungewöhnliche Zusammenstellung Salvator – Maria erklären, sondern auch die sonderbare Handhaltung der Gottesmutter, die direkt das Gnadenbild zitiert; auch einige Faltenmotive stimmen überein. Lediglich das Christuskind hat der Maler hier, das ikonographische Programm sinnvoll modifizierend, weggelassen und durch das Buch ersetzt.

Bestimmten die überlebensgroßen Gestalten in ikonenhafter Monumentalität die Werktagsseite, so bot sich beim Öffnen des äußeren Flügelpaares dem Betrachter die bunte und goldglänzende Vielfalt der kleinteiligen Passionsszenen. Die nun nebeneinanderstehenden vier Flügelfelder (die Innenseiten des äußeren und die Außenseiten des inneren Flügelpaares) sind jeweils dreigeteilt, so daß eine Bilderwand aus zwölf fast quadratischen Tafeln entsteht. Die museale Rekonstruktion vermittelt annähernd den originalen Eindruck, nur dürfen die mittleren Szenen nicht fest montiert, sondern als zu öffnende Flügel gedacht werden, um eine nochmalige Wandlung zu ermöglichen. Keine Erklärung gibt es bisher für die originalen Anstückungen und späteren Ergänzungen auf den Tafeln mit der Gefangennahme (links oben), der Geißelung (links unten), der Dornenkrönung (rechts unten) und der Grablegung (rechts unten).

Kostbar gemusterter Goldgrund hinterfängt die einzelnen Szenen, in denen lebhaft bis drastisch die Passion von der Fußwaschung bis zur Auferstehung geschildert wird. Buntgekleidete Figuren agieren beweglich auf ansteigenden Bodenflächen, die in den Innenräumen unvermittelt an den Goldgrund grenzen. Räumliche Darstellung beschränkt sich auf die für die Handlung unentbehrlichen Versatzstücke wie die Geißelsäule und die Thronarchitekturen sowie auf stilisierte Landschaftselemente. Christus ist stets der Kristallisationspunkt der Komposition, auch wenn er im unteren und oberen Bildfeld ganz links jeweils in die untere Ecke gerückt wurde.

Für die ungewöhnliche Anordnung der Szenen – zwar in Leserichtung von links nach rechts, aber in der untersten Zeile beginnend – finden sich Vergleichsbeispiele in unterschiedlichen Kunstkreisen. So wird etwa Koerbeckes Passionszyklus des Marienfelder Altares von 1456 ebenso rekonstruiert.

Wie schon Waagen vermutete, kann mit Schnitzwerk im Schrein und auf den Flügelinnenseiten gerechnet werden, dessen Programm und Verbleib unbekannt ist. Möglicherweise sind auch noch Standflügel zu ergänzen. Nähere Aussagen über das ursprüngliche Gesamtprogramm ergäben sich wohl aus dem originalen Standort, aber auch dafür gibt es keine stichhaltigen Hinweise.

Die von Stiassny 1903 publizierte Zuordnung der Flügelgemälde zum Werk Rueland Frueaufs ließ sich bestätigen. Figurentypen, Draperie- und Landschaftsmotive entsprechen denen auf den signierten und 1490/91 datierten großen Tafeln in Wien. Die Unterschiede zwischen den kleinteiligen, expressiven Passionsszenen und den voluminösen Gewandfiguren der Wiener Flügelgemälde versuchte man zu erklären, indem man die Regensburger Gemälde als Frühwerke schon um 1470/80 ansetzte und in Schulzusammenhang mit dem Salzburger Meister der Barmherzigkeiten brachte. Die erheblichen Schwierigkeiten, die dadurch für das Œuvre Frueaufs entstanden, konnte Zimmermann durch die einleuchtendere These ausräumen, die Regensburger Gemälde erst nach 1500 zu datieren und verschiedenen, aus dem Frueauf'schen Werkstattbetrieb zu isolierenden Malern zuzuschreiben. Zur Bestätigung gelang ihr der Nachweis, daß die Ikonographie der Flügelaußenseiten mit der Gegenüberstellung von Christus Salvator und Maria wohl auf Holbeins Zeichnung zurückzuführen ist. Weiters fand sie Parallelen in den beiden Gemälden, die als Schreinrückwände des ehemaligen Retabels von Großgmain angesprochen werden. Diese 1499 von der Frueaufwerkstatt gelieferten Tafeln tragen zudem das nach der gleichen Schablone gearbeitete Muster im Goldgrund wie neun der zwölf Passionsszenen. Sehr plausibel scheint daher der Vorschlag Zimmermanns, zumindest für den Entwurf der monumentalen Gestalten von Christus und Maria jenen Maler verantwortlich zu machen, der nach den Marienszenen auf den Feiertagsseiten des Großgmainer Retabels als Meister von Großgmain bezeichnet wird.

Die Passionsszenen, bei denen sie zwei Hände unterscheidet, schreibt Zimmermann überzeugend dem Maler zu, der den Wiener Marientod und die 1496 datierte, vielfigurige Kreuzigung im Stift Klosterneuburg gemalt hat (in der übrigen Literatur dem jüngeren Frueauf zugeschrieben). Dieser Mitarbeiter hat offenbar neue, auf seiner Wanderschaft erworbene Eindrücke mit dem Stil der Passauer Werkstatt verschmolzen. Zimmermann denkt an Zusammenhänge mit den frühen Werken Jörg Breus in Österreich. Aber auch mittelrheinische Anklänge können bemerkt werden. So mag vielleicht Flechsigs Aufzählung der Regensburger Passionstafeln unter den Werken des Hausbuchmeisters darauf beruht haben, daß z. B. bei der Mainzer Sebastianslegende (heute Wolfgang Beurer zugeschrieben) zumindest verwandte Gestaltungsprinzipien konstatiert werden können. Gerade durch die Drastik sowohl der Handlung als auch der karikierend überzeichneten Gesichter hebt sich der Maler deutlich von den anderen in der Frueaufwerkstatt Beschäftigten ab *(vgl. Kat. 24.9)*.

Die zeitliche Einordnung nach dem 1499 datierten Großgmainer Retabel ist auch insofern einleuchtend, als hier das in der Frueaufwerkstatt entwickelte Formengut in manierierter Überspitzung zum Einsatz kommt. Nimmt man an, daß die großen Gestalten der Flügelaußenseiten als Anregung für diejenigen des 1505 datierten Marienretabels in der Regensburger Leonhardskirche gedient haben, ergäbe sich eine weitere Eingrenzung der Entstehungszeit.

Lit.: WAAGEN 1845, 22; VHVOR 1862, 16; FLECHSIG 1898, 130; STIASSNY 1903, 49ff.; FISCHER 1908, 105ff.; G. RING in ThB XII 1916, 532f.; PÄCHT 1929, 75; GUBY 1929, 1ff.; BALDASS 1946, 23ff., 68f.; STANGE X 1960, 40; Kat. Salzburg 1972, 80f., 121, 266; ZIMMERMANN 1975, 162ff.

I.L.

24.11

Marienretabel

München (?), 1510
Mittelbild: Marientod
Nadelholz; 117,8 × 89,8 cm
Datiert am Sockel des Betpults: *1510*
Originale Rahmung

Linker Flügel:
Innenseite: Geburt Christi über dem hl. Bartholomäus mit Stifter und drei Söhnen
Inschrift auf dem Spruchband:
O herr.Jhesu. Erparm.dich...ybe.uns.;
außen am Unterrand: *1510*
Stifterwappen: roter Schild mit steigendem Wildschwein
Außenseite: Taufe Christi über dem thronenden hl. Petrus
Nadelholz; 117,3 × 44,8 cm
Originale Rahmung

Rechter Flügel:
Innenseite: Anbetung der Könige über dem hl. Johannes Ev. mit Stifterin und sechs Töchtern
Wappen der Frau des Stifters: weißer Schild mit Hausmarke
Außenseite: Martyrium des hl. Bartholomäus über dem thronenden hl. Paulus
Prov.: Bis 1803 im Kloster Benediktbeuren, vor 1817 in die Slg. Öttingen-Wallerstein, 1828 von Kg. Ludwig I. erworben.
Bayerische Staatsgemäldesammlungen HG 56
(Farbtafel 19, 20)

Die gut erhaltenen Gemälde dieses Flügelretabels zeigen in der Mitte den Tod Mariens und die Aufnahme ihrer Seele in den Himmel. Die flankierenden Flügelinnenseiten sind horizontal geteilt. Die oberen Felder nehmen die Marienthematik auf, links die Geburt Christi, rechts die Anbetung der Könige. Auf allen drei Szenen trägt Maria einen blauen, mit goldenen Ähren gemusterten Mantel – eine Anspielung auf ihr als Tempeljungfrau getragenes Ährenkleid und wohl auch auf das populäre Gnadenbild der Ährenmadonna *(vgl. Kat. 24.1)*. Die auf den unteren Feldern dargestellten, von ihren Schutzheiligen empfohlenen Stifter wenden sich andächtig dem Geschehen auf dem Mittelbild zu: links der Vater und die Söhne mit dem hl. Bartholomäus, rechts die Mutter und die Töchter mit dem Evangelisten Johannes. Die Wappen harren noch der Deutung.

Im geschlossenen Zustand nehmen die oberen Flügelfelder Bezug auf die Schutzheiligen (Namenspatrone?) der Stifter: links die Taufe Christi durch Johannes, rechts das Martyrium des hl. Bartholomäus. In den unteren Feldern thronen die Apostelfürsten, links Petrus, rechts Paulus.

Trotz der einheitlichen Gesamtwirkung werden wohl, wie schon Stange bemerkte, verschiedene Maler innerhalb eines Werkstattbetriebes an dem Retabel beteiligt gewesen sind. Allen gemeinsam ist die Nähe zur Kunst des Münchner Stadtmalers Jan Polack. Dies gilt vor allem für den Maler der Mitteltafel, der einzelne Kopftypen genau übernahm. Andererseits weicht die Art, die Bildfläche dicht mit Figuren zu füllen, von Polacks Kompositionsprinzipien ab, nach denen die Figuren einen Bild*raum* bevölkern. Hier jedoch wirken das schräggestellte Pult und die stark verkürzte Bettstatt im Mittelbild dennoch nicht raumschaffend. Dafür sind Stoffmuster, Borten und Goldschmiedearbeiten sorgfältig und in unterschiedlichen Materialien und Techniken ausgeführt.

Der Maler der Flügelinnenseiten operierte mit einem ganz ähnlichen Formenschatz, erzielte aber eine zierlichere Wirkung. Details wie die Konstruktion des Stalls oder die Streumuster auf den Gewändern finden sich verwandt auf Teilen eines Marienretabels, von dem die Geburt Christi in der Burghauser Filialgalerie der Bayerischen Staatsgemäldesammlungen ausgestellt ist.

Ob für die wieder anders komponierten Darstellungen auf den Außenseiten ein anderer Geselle verantwortlich zu machen ist oder ob nur andere Vorlagen benutzt wurden, ist schwer zu beurteilen. Die großen ernsten Kopftypen erinnern an die Flügelgemälde des Milbertshofener Georgsaltärchens. Auffallend ist jedoch die Größe der Figuren: Christus steht in der Taufszene bis zur Hüfte im Fluß, und der hl. Bartholomäus hätte ausgestreckt keinen Platz im Bildfeld.

Anlaß zur Fertigung des kleinen, doch kostbar gearbeiteten Retabels mag der Tod eines der beiden Stifter gewesen sein, eventuell im Zusammenhang mit einer Meßstiftung. Bedeutung kommt vielleicht auch dem großen, an Dürers Apokalypsenholzschnitt erinnernden Leuchter zu, der so auffällig ins Zentrum gerückt ist. Abgesehen von den Schutzheiligen Johannes und Bartholomäus scheint auch dem hl. Petrus besondere Verehrung gegolten zu haben, der in der Mitteltafel im reichen Papstornat erscheint und auf der Außenseite, hier in einfacherer Aposteltracht, dem hl. Paulus gegenübersitzt.

Lit.: Kat. Schleißheim 1914, 14f.;
STANGE X 1960, 91, Abb. 147

I.L.

24.12

Predigt des hl. Jakobus

Regensburg, um 1520
Nadelholz;
60,2–61,5 × 57,5 × 2,0–2,7 cm
Ringsum beschnitten
Die nur grob bearbeitete Rückseite nachträglich an allen Rändern abgefast
Prov.: 1860 vom Historischen Verein aus der Versteigerung des Nachlasses von Bischof Valentin von Riedel erworben
KN 1991/11
(Farbtafel 24)

In einem geräumigen Kircheninneren predigt der Apostel von einer an den rechten Bildrand gerückten Holzkanzel. Vor ihm sind die Zuhörer in die Knie gesunken, vier orientalisch gekleidete Männer stehen skeptisch dahinter. Ungewiß ist, ob die ausgestreckte Hand des als Rückenfigur gegebenen, durch Schmuck und Hermelinbesatz ausgezeichneten Würdenträgers zustimmend gemeint ist oder ob er als Herodes Agripa I. zu deuten ist, auf dessen Befehl Jakobus, Leiter der ersten christlichen Gemeinde Jerusalems, hingerichtet werden sollte.

In betonter Aufsicht wiedergegebene Möbel, rechts ein Stuhl, links eine Bank, verstärken den durch die Kacheln markierten Tiefenzug der Halle bis zu der durchbrochenen Wand, auf deren Empore kleine Staffagefigürchen die Entfernung demonstrieren. Eine heute nur noch als schmaler Streifen erhaltene, aber durch das Wulstkapitell erkennbare Säule am rechten Bildrand verklammerte ursprünglich wohl zusätzlich das Raumgefüge.

Für die Figuren der Zuhörer hat der Maler mit beachtlichem Geschick Dürers Holzschnitte zur Apokalypse ausgewertet. Aus der Schar der Anbetenden auf dem Blatt *Der siebenköpfige Drache und das Tier mit den Lammshörnern* (M. 175) entnahm er nicht nur die beiden effektvollen Rückenfiguren, sondern auch alle übrigen Köpfe, allerdings in freier Kombination und dem Sujet angepaßter Kleidung. So ist z. B. der König weggelassen, und aus der Königin ist eine Bürgerliche mit einer weißen Frauenhaube geworden. Die Gruppe der Stehenden basiert auf dem Holzschnitt mit der *Babylonischen Hure* (M. 177).

Neben der Adaptierung Dürerscher Vorlagen zeigt sich der Maler stark von Altdorfer beeinflußt, ohne daß ein direktes Schüler- oder Werkstattverhältnis vorausgesetzt werden muß.

Der Umstand, daß die Tafel aus horizontal verlaufenden Brettern zusammengesetzt ist, läßt vermuten, daß sie ehemals Teil einer Predella war.

Lit.: VHVOR 19 (1860), 384; VHVOR 21 (1862), 15

I.L.

24.13
Kreuzigung

Regensburg, um 1520
Laubholz; 55,1 × 43,8 × ca. 0,5 cm
Malgrat ringsum erhalten
Rückseite lackiert und an den Rändern abgefast
Unterzeichnung in verschiedenen Strichbreiten
Inschrift über dem Kreuz: *INRI*
Prov.: Aus der Neupfarrkirche
Leihgabe der Evang.-Luth. Gemeinde
(Farbtafel 25)

Das Format voll nutzend, schildert der Maler figurenreich die Kreuzigung. Schwer hängt der Leib Christi, etwas nach links geneigt, an dem in die Mittelachse gerückten Kreuz. Die Kreuze der beiden Schächer stoßen in leichter Schrägstellung in die Ecken. Die am unteren Bildrand aufgebauten Gruppen (links die um die ohnmächtige Maria, rechts die Reiter) steigen seitlich an und überdecken die Füße der Schächer. Die zwei Rückenfiguren vor dem Kreuz Christi stellen einerseits die Verbindung zwischen den einzelnen Gruppen dar, andererseits weisen sie bildeinwärts auf den Gekreuzigten. Hinter nur vage angedeuteten Bodenwellen öffnet sich ein Landschaftsprospekt mit breitem Fluß und Brücke, Burghügel und turmreicher Stadt am anderen Ufer.

Der farbige Eindruck wird durch die warmen Rottöne der Gewänder bestimmt, ergänzt durch das strahlende Blau des Himmels und aufleuchtende Weißpartien. Die heute überwiegenden Brauntöne der Landschaft werden ursprünglich mehr Grün enthalten haben.

Die aus der Neupfarrkirche stammende Tafel wurde im Inventar vorsichtig mit Werken Frueaufs d. J. in Verbindung gebracht. Buchner sah 1938 in den Gruppen unter dem Kreuz richtig spätgotisch-fränkische Züge, in der Landschaft aber auch solche Altdorferscher Malerei, und zog eine Autorschaft Ulrich Altdorfers, Albrechts Vater, in Erwägung. Außerdem verwies er auf Motivübereinstimmungen mit einer etwas älteren Kreuzigungstafel, die aus Baumburg ins Bayerische Nationalmuseum gelangt ist (STANGE X, Abb. 180). Die verdichtete Komposition sowie die Physiognomien der Reiter hingegen gemahnen eher an Cranachs frühe Schottenkreuzigung in Wien.

Lit.: KDB Regensburg II (1933), 205, Abb. 157; Kat. München 1938, Nr. 724; PFEIFFER 1967, 11

I.L.

24.14
Hl. Agnes

Nabburg (?), um 1520
Laubholz; 119 × 73 × ca. 0,8 cm
Mit dem wohl originalen Rahmen
130 × 84 cm
Rückseitenbemalung: Hl. Erasmus
Untere Hälfte eines Altarflügels, ehemals darüber, nun abgetrennt: hl. Apollonia (Rückseite hl. Wolfgang)
Prov.: Aus Nabburg; vor 1893 in die Sammlung des Historischen Vereins gelangt
HV 135
(Farbtafel 16)

Die vornehm gekleidete Heilige mit modisch aufgesteckten Zöpfen trägt als Ehrenzeichen für ihren durch Feuer und Schwert erlittenen Märtyrertod eine Krone. Gleich einem Schoßtier präsentiert sie das Lamm, mit dem sie nach dem Tod ihren Eltern erschienen sein soll. Auf einem Steinsockel frontal sitzend, ist sie von einer grün eingefaßten Stoffbahn aus gelbem Brokat mit rotem Granatapfelmuster hinterfangen, die oben baldachinförmig überfällt. Diese Würdeform kontrastiert mit der eher beiläufigen Plazierung der Sitzenden in einem kahlen gefliesten Raum, der sich rechts übergangslos zur Straße öffnet. Dort wird der Tiefenzug durch ein repräsentatives Haus verstellt; dafür wird er links durch den von Säulchen gestützten Mauerdurchbruch in eine weite Landschaft geleitet.

Auf der Rückseite ist in sehr pastoser Malweise der hl. Erasmus dargestellt, auf der heute abgetrennten oberen Hälfte vorn die ebenfalls in einem Innenraum thronende hl. Apollonia, rückseitig der hl. Wolfgang. Das Schema variierend, sitzt die hl. Apollonia auf einem präziser gestalteten Thron in einem überwölbten Raum mit Landschaftsausblick in der Fensteröffnung.

Da die Rückseitenbemalung in weniger haltbarer Leimfarbe flüchtig und farblich reduziert ausgeführt wurde, dürften die Flügel nicht beweglich, sondern als Standflügel fest zu seiten des Schreins montiert gewesen sein. Der Maler verarbeitete, durchaus im Sinne der Renaissance, Dürersches Formengut. Die von Stange vorgenommene Verbindung zum Maler der Berchinger Laurentiuslegende, den er mit Erhard Altdorfer zu identifizieren versucht, läßt sich nicht aufrechterhalten. Die Gemeinsamkeiten sind wohl auf die Verarbeitung gleicher Vorbilder zurückzuführen. Außerdem hat die neuere Forschung den Berchinger Gemäldezyklus der fränkisch-nürnbergischen Malerei zugeordnet. Die beiden Regensburger Tafeln sind wohl einem lokalen, von Dürer beeinflußten Maler zuzuschreiben.

Lit.: STANGE 1964, 144, Nr. 4

I.L.

25. Die Wallfahrt zur Schönen Maria

In der zweiten Hälfte des 15. Jahrhunderts verschlechterte sich das Verhältnis zwischen der christlichen Mehrheit und der jüdischen Minderheit rapid. Dies war nicht nur in Regensburg so, aber hier machte man die Juden zusätzlich für den wirtschaftlichen Niedergang der Stadt verantwortlich. Sie zu vertreiben, verbot jedoch der Kaiser als oberster Schutzherr der Juden.

Als im Januar 1519 Kaiser Maximilian I. starb, nutzte der Regensburger Rat die Chance des Interregnums. Am 21. Februar teilte er den Juden mit, daß sie ihre Synagoge binnen zwei Stunden zum Abbruch räumen und die Stadt innerhalb von fünf Tagen verlassen müßten. Noch vor dem Abbruch der Synagoge hatte der Domprediger Balthasar Hubmaier den Ratsherren empfohlen, diesen Ort der Gottesmutter zu weihen. So war man bereits in anderen Städten verfahren, um die Umwidmung vom jüdischen auf den christlichen Kultus unumkehrbar zu machen.

Beim Abbruch der Synagoge verletzte sich der Steinmetz Jakob Kern lebensgefährlich. Seine vorübergehende Genesung wurde dem wundersamen Eingreifen der *Schönen Maria* zugeschrieben: eine der letzten großen Wallfahrten des Mittelalters war begründet.

Im März 1519 wurde am Ort der zerstörten Synagoge eine Holzkapelle errichtet. Sie beherbergte, wie auf dem Holzschnitt Ostendorfers *(Kat. 25.1)* zu sehen ist, das von Albrecht Altdorfer gemalte Bild der *Schönen Maria*. Dieses gelangte später in den Besitz des Kollegiatstiftes zu den beiden Johannes und ist heute im Diözesanmuseum Regensburg ausgestellt.

Nachdem die Vertreibung der Juden auf Ratsbeschluß hin durchgeführt worden war, übernahm der Rat auch die Verwaltung der hölzernen Kapelle. Daher flossen die Einnahmen aus der rasch aufblühenden Wallfahrt der Stadt zu. Dies führte zu erbitterten Streitigkeiten mit dem Regensburger Klerus. Zu einer Einigung kam es erst im August 1522 durch Vermittlung der bayerischen Herzöge Wilhelm IV. und Ludwig X. Der Stadt wurde das wirtschaftlich höchst lukrative Patronatsrecht über die Wallfahrt zugesprochen, dem Bischof lediglich die geistliche Oberaufsicht und eine einmalige Abfindung von 5400 Gulden.

Die wirtschaftliche Bedeutung der Wallfahrt kann man aus den Mengen der Pilger ermessen, die aus ganz Mitteleuropa nach Regensburg strömten. In den Jahren 1519–21 sollen 25 374 Messen in der Gnadenkapelle gelesen worden sein. Eine weitere wichtige Quelle sind die Zahlen der verkauften Pilgerzeichen *(Kat. 25.6)*. Daß jedoch das Verhalten der Wallfahrer Formen annahm, die mehr mit heidnischem Götzendienst als mit christlicher Heiligenverehrung zu tun hatten, rief bereits bei Zeitgenossen, etwa bei Albrecht Dürer, Unverständnis und Unmut hervor.

Wenige Monate nach Entstehen der Wallfahrt hatte man mit dem Bau einer monumentalen Kirche *(Kat. 25.2, 25.3)* begonnen; Albrecht Altdorfer und Michael Ostendorfer lieferten Entwürfe für die Ausstattung. Die Arbeiten wurden jedoch bereits 1523, bedingt durch den – erstaunlich raschen – Niedergang der Wallfahrt, wieder eingestellt. Vollendet waren damals nur die Türme und der östlich daran anschließende Chor.

Daß die Verfügungsgewalt über diesen Kirchentorso nicht in bischöflichen, sondern in städtischen Händen lag, erwies sich wenig später als folgenreich. Als der Rat nämlich die Lehre Luthers annahm, konnte er als Patronatsherr der Wallfahrtskirche dort den ersten evangelischen Prediger anstellen. Am 15. Oktober 1542 fand in der – nunmehr protestantischen – Neupfarrkirche die erste öffentliche Feier des Abendmahls in beiderlei Gestalt statt.   E.T.

25. Die Wallfahrt zur Schönen Maria

25.1
Die Wallfahrt zur Schönen Maria

Michael Ostendorfer, 1520
Holzschnitt; 54 × 39,8 cm
Bez.: An der Kapelle links unten mit dem Monogramm Ostendorfers
G 1981/225

Auf dem Platz vor der Kapelle herrscht reger Wallfahrtsbetrieb. Die meisten Pilger haben sich angestellt, um zu dem durch die geöffnete Kapellentür sichtbaren Gnadenbild zu gelangen. Andere aber wenden sich in ekstatischer Anbetung der steinernen, vom Dombaumeister Erhard Heydenreich geschaffenen Marienstatue auf der Säule vor der Kapelle zu.

Diese Auswüchse spätmittelalterlicher Frömmigkeit riefen bereits bei kritischen Zeitgenossen Befremden hervor. Albrecht Dürer notierte auf ein Exemplar dieses Holzschnitts, das sich heute in den Kunstsammlungen der Veste Coburg befindet: „*1523 / Dis gespenst hat sich widr dy heilig geschrift erhebst zu regenspurg / und ist vom bischoff ferhengt worden / czeitlichen nutz halben nit abgestellt / gott helff vns das wir / sein werde muter nit / also vnern sundr / in Cristo Jesu / amen / AD.*"

Die von Albrecht Altdorfer entworfene Fahne, die vom Kirchturm weht, verknüpft das Bild der Schönen Maria mit dem Stadtwappen und verweist somit auf das städtische Patronatsrecht. Im Hintergrund sind die Ruinen des Ghettos zu sehen.

Lit.: WYNEN 1961, 115–117, 292f.; STAHL 1968, 92–94; Kat. Regensburg 1992/93, Nr. 16

E.T.

25.2
Präsentationszeichnung der Wallfahrtskirche

Michael Ostendorfer, 1519/22
Holzschnitt (3 Stöcke); 65 × 53,8 cm
Bez.: Im Wolkenkranz Mariens mit dem Monogramm Ostendorfers
G 1982/224

Noch vor Ausführung des aufwendigen Modells zeichnete Ostendorfer Hiebers Baupläne zur besseren Anschaulichkeit perspektivisch in eine mit figuralen und architektonischen Elementen angereicherte Umgebung. Sie ist mit dem durch den Abbruch des Ghettos freigewordenen Platz, dem heutigen Neupfarrplatz, zu identifizieren. Über den Türmen erscheint in einer aus Wolken gebildeten Aureole die Schöne Maria. Die sie flankierenden Inschriften kommentieren in lateinischer und deutscher Sprache die Entstehung der Wallfahrt. Die beiden Engel halten Wappenschilde mit dem doppelköpfigen Reichsadler bzw. den gekreuzten Regensburger Schlüsseln und verweisen dadurch auf das städtische Patronat über die Wallfahrt.

Der Holzschnitt wurde, zunächst noch ohne Schrift, bereits 1519 den Wallfahrern zum Kauf angeboten. Der erläuternde Text kam 1522 hinzu.

Lit.: WYNEN 1961, 118–121, 294; BÜCHNER-SUCHLAND 1962, 18f.; R. STAUDINGER in Kat. Regensburg 1992/93, Nr. 25

E.T.

25.3
Modell der Wallfahrtskirche

Hans Hieber, 1520/21
Lindenholz (außen), Pappelholz (innen); 185 × 185 × 105 cm
Bez. am Chor: *1523* und Steinmetzzeichen Hiebers (nachträglich angefügt?)
Reste von Bemalung
AB 217
(Farbtafel 59)

Das zerlegbare Modell zeigt das ursprünglich geplante Aussehen der Wallfahrtskirche zur Schönen Maria. Über einem Sockel erhebt sich ein zweiteiliger Baukörper: im Osten ein Langchor mit zweigeschossigen Seitenkapellen, im Westen ein sechseckiger Zentralbau mit gleichfalls zweigeschossigen Konchen und einer Vorhalle. Über den seitlichen Anbauten besitzen das Hexagon und der Langchor große Maßwerkrosetten, das Chorhaupt ist durch dreibahnige Maßwerkfenster gegliedert. Zwischen Zentral- und Langbau vermitteln die beiden Türme. Stilistisch markiert das Modell den Übergang von Spätgotik zu Renaissance.

Als 1523 der Bau eingestellt wurde, war das geistliche Zentrum der Kirche, der Zentralbau, noch nicht ausgeführt. (1860 wurde an seiner Stelle ein bescheidener Westchor errichtet.) An der Mittelsäule des Sechsecks sollte vermutlich nach dem Vorbild Ettals das Gnadenbild angebracht werden. Die zentrale Bauform ist in der Tradition von Marienrotunden zu sehen, die ihre gemeinsame Wurzel im römischen Pantheon haben, das seit 609 der Gottesmutter geweiht ist.

Bereits der erste große Architekturtheoretiker der Renaissance, Leon Battista Alberti, hatte ausdrücklich die Anfertigung von Modellen gefordert. Mit ihrer Hilfe könne dem Bauherrn ein wahrheitsgetreuer Eindruck des Entwurfs gegeben werden. Auch das Modell der Regensburger Wallfahrtskirche ist als solches Präsentationsmodell und nicht als einfaches Arbeitsmodell zu verstehen. Die von Michael Ostendorfer ausgeführte Bemalung unterstreicht dies. Durch sie sollte der Rat der Stadt vollends von der Prächtigkeit des zu finanzierenden Baus überzeugt werden.

Lit.: BÜCHNER-SUCHLAND 1962, 14–24; PFEIFFER 1964; DERS. 1966; R. STAUDINGER in Kat. Regensburg 1992/93, Nr. 24; REUTHER/BERCKENHAGEN 1994, Nr. 291 (mit Lit.)

E.T.

25.4

25.4
Entwurf für ein Sakramentshaus

Michael Ostendorfer, 1521
Holzschnitt (2 Stöcke); 99,4 × 20 cm
Bez. auf dem Sockel: *1521*
GN 1992/16

Die Architektur dieses – aller Wahrscheinlichkeit nach für die Wallfahrtskirche geplanten – Sakramentshauses ist eine Komposition aus Renaissanceformen. Das typologische Bildprogramm bezieht sich auf die Eucharistie. Über dem von gebauchten Säulen getragenen Pavillon mit dem Letzten Abendmahl erscheint dessen alttestamentarische Präfiguration, die Mannalese (Ex 16, 13–36); darüber als Bekrönung der Gekreuzigte zwischen Maria und Johannes: Der die Menschheit erlösende Tod Christi am Kreuz wiederholt sich in unblutiger Weise in der Eucharistie.

Lit.: WYNEN 1961, 123–125; R. STAUDINGER in Kat. Regensburg 1992/92, Nr. 27

E.T.

25.5 a

25.5
Glasmalereien aus der Wallfahrtskirche zur Schönen Maria

Regensburg, 1538

a. Familienwappen des Bischofs Johann Administrator (?)

47 × 37,5 cm
Ältere Ergänzungen, zahlreiche Reparaturen in Bleilot
K 1963/37a

Das Wappen ist viergeteilt mit den Pfälzer Löwen, den Rauten und einem blauem Feld mit Rankendamaszierung; die Umrahmung ist viergeteilt und wechselnd damasziert: blau und weiß vor schwarzem Grund. Bei dem blauen Feld handelt es sich wohl um eine alte Ergänzung. Es ist anzunehmen, daß es bei dem Wappen, das in dieser Form sonst nicht bekannt ist, um das des Wittelsbacher Pfalzgrafen Johann III. Administrator handelt, der am 3. Februar 1538 verstarb.

25.5 b

b. Wappen des Hochstifts Regensburg

48 × 47,5 cm
Reparaturen in Bleilot
K 1963/37b

Das Wappen zeigt einen weißen, gold umrandeten Schrägbalken mit Rankendamaszierung in Rot.

c. Wappen der Familie Sinzenhofer

61,5 × 46,5 cm
Reparaturen in Bleilot
HV 1244

Wappen von Silber und Blau schrägrechts-, schräglinks- und quergeteilt. Der Kustos und Domdekan Pankraz von Sinzenhofen wurde am 25. April 1538 zum Bischof von Regensburg gewählt.

d. Wappen des Abts Leonhard Pfennigmann von St. Emmeram

63 × 52,5 cm
Inschrift: *Leonhardus Pfening ma(nn) von Gottes gnad(en) abt zu S. Haimeran .. 1538*
Rechter Teil der Inschrift ergänzt, zwischen den Wappen originale, nicht zusammengehörige Teile

25.5 c

K 1963/36a
(Farbtafel 54)

Rechts das Wappen des Klosters mit Schlüssel und Palmzweig, links das des Abts mit drei heraldischen Lilien und halbem Adler.

25.5 e

e. Wappen der Äbte von Reichenbach und Walderbach

62,5 × 58 cm
Reparaturen in Bleilot
Inschrift: *Steffan(us) Abbt z Reiche(n)bach / Andreas Abbt z Waderbach*
K 1963/36b

Rechts das Wappen des Klosters Walderbach: drei rote Rosen auf blauem Schrägbalken in Gold, links der rote Drache des Klosters Reichenbach.

f. Wappen des Matheus Aichinger

Dm. 30 cm
Umschrift: *Matheus Aichinger..Anno domny 1538*
KN 1995/17

Wappen: drei Eicheln auf schwarzem Schrägbalken in Gold, Helmzier: männliche Halbfigur mit Lorbeerkranz, eine Eichel haltend.

Nach dem schnellen Rückgang der Wallfahrt zur Schönen Maria um 1522 gingen die Bauarbeiten immer langsamer voran, so daß bei der Weihe der Kirche im Jahr 1540 erst das Chorhaupt eingewölbt war. In den Jahren 1537–40 erfolgte die Verglasung der Fenster. Der Rat der Stadt wandte sich dazu auch an den Bischof und den Abt von St. Emmeram um finanzielle Unterstützung. Vom 17. Dezember 1538 ist folgender Rechnungseintrag der bischöflichen Kanzlei überliefert: „*denen von Regenspurg das Glas bezalt in unser Frauen Kirchen laut Zetl 20 (Gulden) 3 (Schillinge) 21 (Pfennige)*" (StAR, HV Ms R 390/1). Im 19. Jahrhundert wurden sechs der alten Wappenscheiben in eine neue Verglasung der Chorfenster integriert (a–e). Bei einer Renovierung Anfang der 1960er Jahre wurden die meisten alten Scheiben entfernt und an das Museum der Stadt Regensburg abgegeben. In der Neupfarrkirche sind noch das Schlüsselwappen der Stadt, das 1540 datierte Wappen das Kanonikus Sebastian Klueckhaimer und das 1538 datierte des Bürgers Hans Hetzer erhalten. Hans Hetzer war in den Jahren 1539–43 Stadtkämmerer und verstarb 1546. Mathias Aichinger war Mitglied

25.5 f

des Rates, er bekam 1534 die Erlaubnis, am „schönen Marienplatz" drei Häuser zu kaufen (SCHRATZ 1886, Nr. 90, 125). Zwei weitere Wappenscheiben von Regensburger Bürgern kamen aus der Neupfarrkirche in das Museum der Stadt: das der Familie Schlein sowie ein nicht bestimmtes mit einem goldenen Löwen in Blau (HV 1245 a,b)

Lit.: WALDERDORFF 1896, 441.

P.G.-B.

25.6
Pilgerzeichen

Regensburg, um 1520
Silber gegossen; 5,8 × 4 cm
K 1932/2

Ein rechteckiger, von einem halbkreisförmigen Bogenfeld bekrönter Rahmen umschließt eine halbfigurige Darstellung der Gottesmutter mit dem segnenden Kind. Sie entspricht dem von Albrecht Altdorfer geprägten Typus der Schönen Maria. Die Umschrift auf der Rahmung lautet *TO[TA] PVLCHRA ES AMICA MEA / 15*19 / REGENSPURG*. Der dem Hohenlied (4,7) entnommene lateinische Vers bezieht sich auf die Sündenlosigkeit Mariens und lautet in Übersetzung: *„Ganz schön bist Du, meine Freundin."* In den Ecken des Rahmens sitzen unten links und rechts jeweils eine Rosette, oben links das Reichswappen, rechts das Stadtwappen.

Derartige, am Hut oder an der Kleidung zu befestigende Pilgerzeichen *(vgl. Kat. 22.23)* wurden in allen mittelalterlichen Wallfahrtsorten angeboten. Bereits 1519 sollen in Regensburg 10 172 bleierne und 2430 silberne Zeichen verkauft worden sein, 1520 dann 109 198 bleierne und 9763 silberne Zeichen.

Lit.: SCHRATZ 1887; STAHL 1968, 66 u. 74f.; HUBEL 1977, 202 u. Abb. 10; BRUNA 1992. – Zu den an der Herstellung beteiligten Meistern s. den Beitrag von P. GERMANN-BAUER in Bd. I (mit Anm. 48).

E.T.

25.7
Votivrelief

Umkreis Veit Stoß, 1520
Birnbaumholz; 28,6 × 17,7 × 2,7 cm
Bez. unter dem Stadtwappen: *1520*
K 1982/8

Zur Biographie Stoß' s. Kat. 24.33
Bogen- und Mauerfragmente definieren die Bildfläche als Innenraum der Wallfahrtskapelle. Über dem Altar, auf dem Votivgaben liegen, erscheint auf einer Wolkenbank die Schöne Maria. Durch Bogenöffnungen blickt man in eine bergige Landschaft mit Pilgern. Zwei sind soeben in die Kapelle hereingekommen, ein anderer verläßt sie gerade. Links vor dem Altar kniet, zu der Erscheinung der Schönen Maria aufblickend, der Stifter des Reliefs. In der Linken hält er eine Gebetsschnur, mit der Rechten weist er auf die beiden Krücken, die er dank der Erlösung von seinem Beinleiden ablegen konnte. Pfeiffer gelang es, den mit einem pelzbesetzten Mantel bekleideten Mann anhand des 1519 von Kaplan Georg Harder verfaßten Mirakelbuches mit Wolfgang Perckhammer aus Breslau zu identifizieren.

Das von dem Geheilten wohl in Nürnberg in Auftrag gegebene Relief ist weit qualitätvoller als die üblichen Devotionalien. Obwohl diese nur in relativ geringer Zahl auf uns gekommen sind, muß ihre Zahl einst sehr groß gewesen sein. Zu ihrer Unterbringung wurde 1520 ein eigenes Haus angemietet, da nur „die vorzüglichsten eine Zeit lang in der Kirche zur Schau ausgestellt zu werden pflegten" (GEMEINER IV, 384).

Lit.: PFEIFFER 1983; E. TRAPP / A. SCHEICHL / K. VOCELKA in Kat. Engelhartszell 1994, Nr. III.4.1 (mit Lit.)

E.T.

25.8
Votivbild des Kuntz Seytz

Werkstatt Albrecht Altdorfers, 1521
2 Lindenholztafeln; je ca. 38 × 32,5 cm
Schrifttafel von 1643
Prov.: Wallfahrtskirche zur Schönen Maria; am 6. September 1643 in die Loreto-Kapelle bei St. Mang übertragen
Leihgabe Kirchenverwaltung Stadtamhof, St. Mang
(Farbtafel 33, 34)

Die erste der beiden zusammengehörigen Tafeln zeigt eine aufgebrachte Menschenmenge, die bewaffnet über einen bereits am Boden Liegenden herfällt. Hinter dieser bühnenhaft arrangierten Szene ragt über die gesamte Tafelbreite bildparallel die Giebelfront eines ländlichen Gebäudes empor. Die zweite Tafel gewährt Einblick in ein Interieur. Drei Ärzte operieren den Verwundeten am Magen. Zwischen dem Fußende des Betts und der Zimmertür drängen sich die besorgten Angehöri-

25. Die Wallfahrt zur Schönen Maria 191

25.8

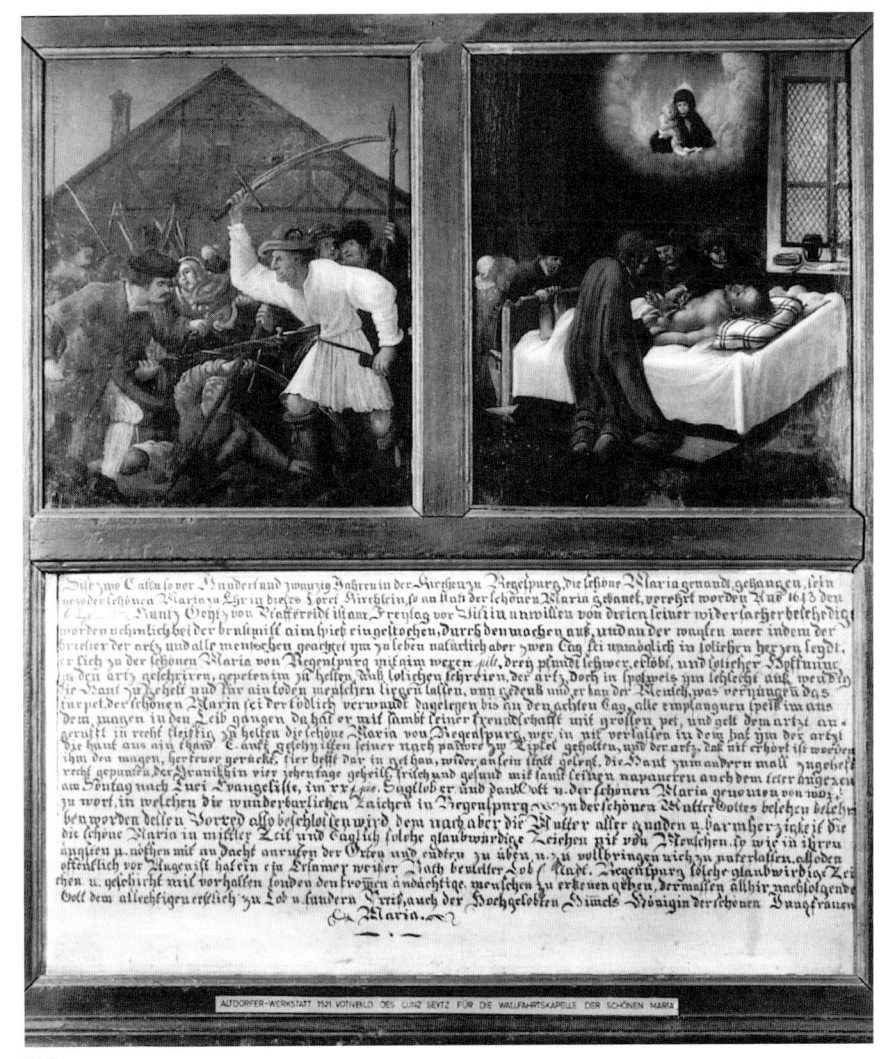

gen. Ein Mann sieht den Chirurgen interessiert bei ihrer Arbeit zu. Der tapfere Patient blickt auf die ihm in einer Wolkenaureole erscheinende Schöne Maria.

Die Inschrift, die den Text eines 1522 gedruckten Mirakelberichts wiedergibt, überliefert den Namen des Verwundeten und durch den wundersamen Beistand der Schönen Maria Geheilten als *Kuntz Seytz von Pfaffenreidt*.

Stilistisch zeigt die linke Tafel Reflexe von Altdorfers Niederknüppelung des hl. Florian (Prag, Národní Galerie), während die auf der rechten Tafel das schräg in den Raum gestellte Krankenbett Umgebenden eine Inspiration durch die Grablegungsszene auf der Predella von Altdorfers Sebastiansaltar (Wien, Kunsthistorisches Museum) nahelegen.

Lit.: WINZINGER 1975, 63 u. Nr. 101f.; C. SCHMUCK in Kat. Regensburg 1992/93, Nr. 23 (mit Quellen und Lit.); LEHNER 1993, 7

E.T.

25.9
Titelblatt eines Mirakelbuches

Michael Ostendorfer, 1522
Kolor. Holzschnitt; 16 × 10,5 cm
Bez. am Sockel der Statue mit dem Monogramm Ostendorfers; halblinks unten: *1522*
Schrift über dem Stadtwappen: *Regenspurg.*; darüber der Titel: *Wunderberliche czayche[n] vergan=/ gen Jars beschehen in Regenspurg tzw der schönen Ma=/ ria der mueter gottes hye inbegriffen.*
HV 228

Das Titelblatt des 1522 in Regensburg bei Paul Kohl gedruckten Mirakelbuches zeigt die hölzerne Wallfahrtskapelle mit der steinernen Mariensäule

25.9

und vier Pilgern. Das Stadtwappen verweist auf den Rat als Patronatsherrn der Wallfahrt.

Mirakelbücher, Verzeichnisse bereits geschehener Wunder, waren ein wichtiges Mittel, um den Bekanntheitsgrad der Wallfahrt zu steigern.

Lit.: WYNEN 1961, 115, 324; STAHL 1968, 97–100; E. TRAPP in Kat. Regensburg 1992/93, Nr. 20 (mit Lit.)

E.T.

25.10
Die Schöne Maria

Michael Ostendorfer, 1529
Öl auf Holz; 56,2 × 44 cm
Bez. links oben mit dem Monogramm Ostendorfers, rechts oben: *1529*
Schrift oben (fragmentarisch erhalten und entstellend ergänzt): *D. IESV. CRIST. FILIVS. DEI. ET. MARIE NOSTRI. OIM. MISERERE*
K 1993/23
(Farbtafel 36)

Hinter einer mit einem grünen Tuch belegten Brüstung erscheint Maria in Halbfigur. Sie hält den Jesusknaben mit der Rechten und trägt ein mit goldenen Fransen besetztes, am Kopf und an der Schulter mit je einem Stern besticktes Gewand. Soweit folgt sie dem von Albrecht Altdorfer geprägten Typus der Schönen Maria, der wiederum auf das Marienbild der Alten Kapelle zurückgreift. Auf diesem hält das Kind in der Rechten einen Apfel – ein Motiv, das von Altdorfer nicht übernommen wurde, sich bei seinem Schüler Ostendorfer jedoch in abgewandelter Form wiederfindet. Bei ihm hält Maria den Apfel in ihrer Linken.

Ebenso wie sich Maria und der Jesusknabe als Mutter und Kind innig einander zuwenden, wird durch den Apfel ihr bräutliches Verhältnis betont. Nach der Symbolik des Hohenliedes (2,3–5) ist der Apfel der Bräutigam (Christus), der die Braut (Maria-Ecclesia) erquickt.

Im Entstehungsjahr des Bildes war die Wallfahrt zur Schönen Maria an sich bereits erloschen.

Lit.: M. ANGERER in Kat. Regensburg 1992/93, Nr. 14; DERS. in Regensburger Almanach 1994, 271f.

E.T.

25.11
Maria mit Kind

Hans Leinberger (?), 1525–30
Lindenholz; 65,3 × 29 × 6 cm
Reste farbiger Fassung
Am unteren Rand abgesägt
Prov.: Erworben 1981 auf der Auktion Nr. 203 des Auktionshauses Neumeister, München
K 1981/17

Das Relief beweist, wie stark das Regensburger Gnadenbild durch seine Popularität auf die Marienikonographie in den 1520er Jahren eingewirkt hat. Obwohl Behle keinen Zusammenhang mit der Schönen Maria erkennen will, führen die Vorbilder dennoch eindeutig auf diesen Typus zurück: Maria hält das Kind auf dem rechten Arm, und der Saum des Schleiers ist, wenn auch ohne das Quastengehänge, aufwendig gestaltet. Er trägt die erhabenen Buchstaben *O M G* (wohl für *o mater genetrix* bzw. *o Maria Gottesgebärerin*) – ein Motiv, das sich in ähnlicher Form auch an Leinbergers Statue der Schönen Maria in St. Kassian findet. Die für die Schöne Maria charakteristischen Sterne an Haupt und Schulter fehlen; sie waren aber ursprünglich vermutlich aufgemalt.

Zwingend wird die Angliederung an den Typus des Regensburger Gnadenbildes durch die enge Verwandtschaft zu einem vom Leinberger-Schüler Peter Dell d. Ä. wohl bald nach 1519 geschaffenen Relief der Schönen Maria im Stadtmuseum Meißen (Slg. Horn): die beiden Arbeiten sind in direkter Abhängigkeit voneinander zu sehen.

Lit.: BEHLE 1984, 213–215; zum Meißner Relief HANNIG 1985, 30 u. Abb. 21

E.T.

25.11

26. Albrecht Altdorfer

Der um 1482/85 geborene Maler, Graphiker und Baumeister Albrecht Altdorfer erhielt am 13. März 1505 als „Meister von Amberg" das Regensburger Bürgerrecht. Ein Jahr später entstanden seine ersten signierten Zeichnungen und Kupferstiche, 1507 folgte das erste signierte Gemälde. Seine Ausbildung hatte er vermutlich bei einem salzburgischen Miniaturmaler erhalten.

1512 bekam Altdorfer erstmals einen Auftrag von Kaiser Maximilian I. Bis um 1517 arbeitete er noch an drei weiteren umfangreichen graphischen Zyklen für den Kaiser. Dadurch kam er in Kontakt mit der künstlerischen und geistigen Elite des Reiches.

1517 wurde Altdorfer Mitglied des Äußeren und 1526 auch des Inneren Rates sowie Stadtbaumeister. Als er für das letzte Quartal 1528 zum „Kammerer", d. h. Bürgermeister, gewählt wurde, bat er um Freistellung von diesem Amt, da er für Herzog Wilhelm IV. von Bayern mit der „Alexanderschlacht" beauftragt worden war. Dieses heute in der Alten Pinakothek in München befindliche Gemälde übertrifft an Ausdruckskraft noch die Darstellung der beiden heiligen Johannes *(Kat. 27.1)*; es zählt zu den Höhepunkten altdeutscher Malerei.

Gegen 1532 scheint Altdorfer, obwohl dies dokumentarisch nicht belegbar ist, in Trient gewesen zu sein, da er Architekturmotive des dortigen Kastells als Vorbild für seine Wandmalereien in der Badestube des Regensburger Bischofshofes nahm *(Kat. 27.2)*.

Altdorfer starb am 12. Februar 1538 in Regensburg. Er wurde in der (1838 abgebrochenen) Augustinerkirche am Neupfarrplatz bestattet. In seinem Testament hatte er seinen Verzicht auf eine Seelenmesse bekundet – ein Indiz dafür, daß er sich der Lehre Luthers zugewandt hatte.

Was Altdorfer über alle Maler erhebt, die vor ihm in Regensburg gewirkt hatten, ist sein Interesse an den Erscheinungsformen der Natur und deren eindringliche Schilderung. Gleichzeitig mit niederländischen Malern legte er den Grund für die Bildgattung der Landschaftsmalerei. Diese Errungenschaft kann anhand seiner in Regensburg verbliebenen Werke zwar nicht dokumentiert werden, doch läßt ein Blick auf die *Beiden Johannes* den Wert erkennen, den Altdorfer der Natur als Ausdrucksträger beigemessen hat: Landschaft ist keine austauschbare Hintergrundfolie für die vor ihr agierenden Figuren mehr, sondern ergänzt bzw. spiegelt deren Stimmungen mit – bisweilen expressiv eingesetzten – malerischen Mitteln. Hierin liegt das wesentliche Merkmal der sogenannten Donauschule, als deren Hauptvertreter Altdorfer zu gelten hat.

E.T.

26.1

Die beiden heiligen Johannes

Albrecht Altdorfer, 1520
Lindenholz (8 Bretter); 134 × 173 cm
Ölfarbe auf dünnem Kreidegrund, nicht bis an den Rand bemalt
Bez. unten links auf einem Zettel: *AA*
Datierung *1520* heute unleserlich (1929 entfernt, 1988 aber durch Infrarotreflektographie bestätigt)
Prov.: Von einem *Doctor* und *Canonicus* an die Abtei St. Emmeram gestiftet, dann (vor 1846) im Katharinenspital, 1927–31 München, Alte Pinakothek (Restaurierung), 1938–68 München, Alte Pinakothek, seit 1968 im Museum der Stadt Regensburg Leihgabe des St. Katharinenspitals
(Farbtafel 32)

Die beiden heiligen Johannes, der Täufer und der Evangelist, sind sitzend in einer Weltlandschaft dargestellt. Diese ist dreistufig komponiert: das Waldesdunkel mit dem Berghang gehört zum Vordergrund, wo wie auf einer Bühne die beiden Heiligen, das Lamm, Bäume, verschiedenste Pflanzen und Steine zu sehen sind. In der Tiefe bildet eine von Bergen begrenzte Meeresbucht den Mittelgrund, der mit den sich über den fernen Bergen zusammenziehenden Wolken in den Hintergrund übergeht.

Die Gestalten der Heiligen sind in Pyramidenformen eingeschrieben. Johannes d. T. hat das geschlossene Buch des Alten Testaments auf seinem rechten Oberschenkel liegen; mit der rechten Hand zeigt er auf das Lamm mit der Siegesfahne, das sich zärtlich an sein rechtes Schienbein schmiegt (Joh. 1,29: *Seht, das Lamm Gottes, das die Sünde der Welt hinwegnimmt*). Johannes Ev. ist im Begriff, die eben geschaute Vision im Neuen Testament niederzuschreiben. Der Täufer ist in einen braunroten Mantel mit Pelzverbrämung gekleidet, der Evangelist in ein türkisblaues Gewand mit rotem Futter. Während der braungebrannte Täufer in Blick und Geste Ruhe ausstrahlt, ist der Evangelist in innerer Ekstase nach oben gewandt. Seine Haut ist bleich, er schaut die Vision des apokalyptischen Weibes: Maria mit dem Kind auf der Mondsichel im Kranze musizierender Engel, umgeben von einer Wolkenaureole (Offb. 12,1: *Dann erschien ein großes Zeichen am Himmel: eine Frau, mit der Sonne bekleidet; der Mond war unter ihren Füßen und ein Kranz von zwölf Sternen auf ihrem Haupt*). Der Täufer ist der erste, der das Lamm Gottes prophezeit (Lk. 1,76: *Und du wirst dem Herrn vorangehen und ihm den Weg bereiten*), der Evangelist der letzte (Offb. 5,12: *Würdig ist das Lamm, das geschlachtet wurde, Macht zu empfangen, Reichtum und Weisheit, Kraft und Ehre, Herrlichkeit und Lob*).

Im Vordergund dominieren zwei große Baumstämme. Der rechte, hinter dem Täufer, ist spärlich belaubt, mit welkenden Ästen, der linke, der aus dem Baumstrunk zu sprießen scheint, ist dicht belaubt, trägt aber dennoch auch verdorrte Äste. Am unteren Bildrand sprießen monumentale Einzelpflanzen: Salbei, Königskerze, Bilsenkraut, Gräser, Moos, dazwischen liegen Wurzeln, Steine und Schneckenhäuser. Am Berghang grast ein Hirschpaar. Links unten am (beschnittenen) achten Brett nur noch zu erahnen sind der Rosenkranz und das Gewandstück eines Knienden, des *Doctor* und *Canonicus*, der die Tafel nach St. Emmeram gestiftet hat.

Wie vom Rückenkontur des Lammes ausgehend, öffnet sich ein weiter Ausblick über die mit weißen Schaumkronen belebte Meeresbucht, die Felsküste, eine Stadt mit Hafenanlage und Treppen zum Wasser hinab, wo man Menschen ahnt. Koggen sind zum Hafen oder zum offenen Meer unterwegs. In der Ferne sind die gleißenden Konturen einer weiteren Stadt und bläulicher Bergmassive zu sehen. Fast ohne Horizontlinie geht das Meer in den Himmel über, wo sich Wolken oder Nebelschwaden über den hohen Bergen zusammenziehen.

Die Tafel ist neben der Alexanderschlacht die umfassendste Weltlandschaft Altdorfers, sowohl in der Größe als auch in Qualität und Anspruch. Ihre Aussage aber ist von der der Schlachtenszene grundverschieden. Ikonographisch ist eine Zusammenstellung der beiden Johannes in dieser spezifischen Situation auf einer Tafel ungewöhnlich, zumal ihre Begegnung historisch unmöglich war – und so nehmen sie auch tatsächlich keinen Kontakt miteinander auf, sondern beschränken sich stumm auf das statische Zeigen bzw. das ekstatische Schreiben. Dennoch ist eindeutig, daß die beiden Heiligen hier als Propheten, Verkünder und Garanten der Bibel und des christlichen Glaubens erscheinen. Doch diese Manifestation ist nicht das einzige Thema der Tafel.

Für das weitere Verständnis des Bildes aufschlußreich ist eine Betrachtung der Farben. Altdorfers Werke sind normalerweise von hellen, starken und ungemischten Farben bestimmt; Weiß wird ungemischt eingesetzt, um Licht anzugeben. Hier ist die Palette dunkel, Weiß ist als Mischfarbe benutzt. Wie die Natur von unsichtbaren Ursachen bewegt scheint, so sind das Universum und die Naturphänomene von einer geheimen Strahlung, die Kraft und Lichtquelle zugleich zu sein scheint, beleuchtet. Alles – die Heiligen, das Lamm, die Bäume, die Pflanzen und die Steine – wirkt, als wäre es von innen erleuchtet.

Aus der Erwähnung der Tafel in der Chronik des Andreas Raselius (1598) wissen wir, daß sie damals im südlichen Seitenschiff von St. Emmeram über der Tür zum Kreuzgang angebracht war. Nach der deutschen Fassung wurde die Tafel von einem *Doctor* und *Canonicus* für St. Emmeram gestiftet, nach der lateinischen von einem Doktor in Kirchenrecht (*Canonici iuris doctore*), der in St. Emmeram begraben zu werden wünschte. Die Tafel besaß damals einen Rahmen mit folgender Inschrift: *Mystica Theosophus dum scribit visa Iohannes / emicat in coelo mulier sub solis amictu / alter erat sacer, et celebris baptista Iohannes / agnum demonstrans populosque docendo refulgens.* („Während der gotterleuchtete [Johannes] seine mystischen Visionen niederschreibt, erstrahlt am Himmel die Gestalt des Weibes im Sonnengewand. Der andere war der heilige und berühmte Johannes der Täufer, auf das Lamm weisend und die Völker erleuchtend durch Lehre.")

Wegen der Darstellung bewegter und belebter Wälder hat man Altdorfer zum Frühromantiker gemacht. Besonders diese Tafel erfuhr aufgrund der gewaltigen Naturschilderung eine pantheistische Auslegung im engeren romantischen Sinne, indem man in Altdorfer den ersten Repräsentanten des Sturm und Drang sah. Dies trifft jedoch nicht zu. Vielmehr hat Altdorfer aus der Kenntnis einiger Wissensquellen geschaffen, die später auch die Romantiker verarbeiteten. Zu seiner Zeit erfreute sich die christlich-neuplatonische Mystik in Humanisten- und Theologenkreisen großer Beliebtheit. Zwar fehlen genaue Belege für Altdorfers Umgang mit Humanisten, doch kann über das Benediktinerkloster St. Emmeram einiges erschlossen werden. Die Abtei wurde nämlich in Altdorfers Zeit sehr oft von den berühmtesten Humanisten und Theologen besucht, in erster Linie wegen ihrer bedeutenden Bibliothek, aber auch wegen ihrer ehrwürdigen Tradition. Die Quellen nennen Konrad Celtis, Johannes Cuspinian, Johannes Aventinus, Johannes Eck und viele andere, oft in Verbindung mit den Universitätsstädten Wien und Ingolstadt. St. Emmeram war zu Altdorfers Zeit das humanistische Zentrum Regensburgs.

Von großer Bedeutung für das Kloster war das Grab über den angeblichen Reliquien des Märtyrers und Theologen Dionysius Areopagita, die aus Saint-Denis nach St. Emmeram überführt worden sein sollen. Dionysius war der Verfasser des sogenannten *Corpus Dionysiacum*, Schriften, die durch ihre Verbindung von Neoplatonismus und christlichem Platonismus eine gewaltige Wirkung erzielten. Die mystische Lehre des Dionysius kreist um zwei Pole: die Unerkennbarkeit Gottes und die hierarchische Ordnung alles Seins. In Humanistenkreisen waren die Schriften des Dionysius Areopagita und spätere Auslegungen seiner Gedanken, wie frühe Schriften des Kardinals Nikolaus Cusanus, höchst aktuell. Liest man zeitgenössische Neuübersetzungen und Kommentare zu den Schriften des Dionysius Areopagita sowie frühe Schriften des Nikolaus Cusanus und vergleicht diese mit Altdorfers Werken, so kann man daraus ein Erklärungsmodell für die Allnatur Altdorfers gewinnen. Die Bewegungen und Belebungen der Natur, das ewig Aufwärtsstrebende und Abwärtssinkende sowie die Lichtquelle, die wie von innen alles erleuchtet, wären demnach als die Vielzahl der symbolischen Manifestationen Gottes zu sehen. Auch ist es möglich, für die spezifischen Naturphänomene auf Altdorfers Tafel Belege in den Schriften des Dionysius zu finden, diese mit humanistischen Bibelkommentaren zu vergleichen und somit die Naturphänomene symbolisch zu deuten. So ist denn auch die dunkelweiße, nebelartige Wolkenverdichtung als „Gottes Verborgenheit" in den Schriften des Dionysius auszulegen (Jes. 45,15: *Wahrhaftig, du bist ein verborgener Gott* sowie Ex. 19,9: *Ich werde zu dir in einer dichten Wolke kommen*). Ob Altdorfer diese Schriften gekannt hat, ist nicht zu beweisen. Nachweislich jedoch haben die Schriften des Dionysius Areopagita und die des Nikolaus Cusanus großen Einfluß auf die humanistischen Gott-Welt- und Kosmos-Naturvorstellungen ausgeübt. Da gerade in Regensburg und insbesondere in St. Emmeram eine Dionysius-Areopagita-Tradition bestand, können diese Schriften als Erläuterung der Schilderung des kosmischen Kräftespiels und der Allnatur Altdorfers herangezogen werden.

Lit.: RASELIUS 1598; RETTBERG 1846, 165; FRIEDLÄNDER 1891, 36; WALDERDORFF 1896, 584; Kat. München 1938, 3; BENESCH 1939, 11f., 37; BALDASS 1941, 64; STANGE 1964, 17; HUBEL 1973; WINZINGER 1975, Nr. 27; SILVER 1983, Nr. 72; GOLDBERG 1988, 64f.; FUGMANN 1990; WOOD 1993, 244; zum Stifter hat Franz FUCHS eine Pulikation in Vorbereitung.

U.F.

26.2

Wandmalereien aus der ehemaligen Badestube des Bischofshofes

Albrecht Altdorfer, um 1535
Öltempera auf Putz; Fragmente von unterschiedlicher Größe
Prov.: Bischofshof, dann Sammlungen des Historischen Vereins
KN 1992/39
(Farbtafel 38)

Die einzigen wandgebundenen Malereien Albrecht Altdorfers stammen aus der Badestube im Bischofshof, direkt nördlich neben dem Dom gelegen. Über Jahrhunderte hinweg waren sie durch Farb- und Putzschichten den Blicken entzogen; erst ein Brand 1887 deckte sie auf. Wie nach dem Brand angefertigte Photographien zeigen, waren sie damals noch ziemlich vollständig erhalten. Vor dem Abbruch des Gebäudes wurden sie jedoch unsachgemäß abgenommen, so daß sich nur 22 Fragmente erhielten. Diese wurden dem Historischen Verein übergeben, wo sie in den „Verhandlungen" des Jahres 1888 recht trocken als Neuzugang vermerkt werden: „Eine Reihe von Fresken aus dem ehemaligen Badezimmer des Kaisertraktes im Bischofshof. (Von der Administration geschenkt.)"

Das Fragment mit einem jugendlichen Paar, das 1909 in den Besitz des Museums der Schönen Künste in Budapest gelangte, muß um 1900 aus den Sammlungen des Historischen Vereins entwendet worden sein. 1938 wurden die restlichen 21 Bruchstücke, soweit sie zusammengehören, in größeren Rahmen in Gipsplatten eingelassen.

Der Auftraggeber für dieses profane, lebensfreudige und großartige Werk war der Administrator des Bistums Regensburg, Johann III., Pfalzgraf bei Rhein *(s. Kat. 26.5)*, den der Kanoniker Lorenz Hochwart wegen seines renaissancehaft üppigen Lebensstils mit dem Römer Lucullus verglich.

Nicolò Rasmo hat als erster auf die vorbildhafte Verbindung zwischen der gemalten Architektur bei Altdorfer und der realen des Treppenaufgangs im Löwenhof des Castello del Buonconsiglio in Trient hingewiesen. Dieser Erweiterungsbau aus der Zeit zwischen 1528 und 1536 war ein Auftrag von Kardinal Bernardo di Cles, mit dem Johann III. in reger Verbindung stand. So scheint eine Reise Altdorfers nach Trient möglich.

In den Uffizien erhielt sich die Vorzeichnung für die Malereien der Eingangswand *(Abb.)*. Das fein gezeichnete Blatt ist für die maßstabsgetreue Übertragung auf die Wand mit Rötel quadriert und somit die einzige erhaltene Werkzeichnung Altdorfers.

Die erhaltenen Fragmente bieten einen Blick auf die Badesitten der frühen Renaissance nördlich der Alpen. Ähnliche Darstellungen finden sich bei Albrecht Dürer und den Nürnberger Künstlern seiner Zeit. Für heutige Moralbegriffe scheinen derart freizügige

26.2 a

26.6 b

26.2 c

26.2 d

26.2 f

26.2 e

Szenen an den Wänden der Badestube in der Residenz eines Bischofs nur schwer vorstellbar. Die Bruchstücke bieten auch kulturhistorische Details wie Kleidung, Schmuck oder Trinkgefäße. Das „Scherzende Paar" ist mittlerweile in der Tourismuswerbung beinahe zu einem Signet für Regensburg geworden *(Farbtafel 38)*.

Franz Winzinger datiert die Wandbilder „um oder kurz vor 1532", Gisela Goldberg greift die erstmals von Otto Benesch erkannte Nähe zum 1537 datierten Gemälde „Lot und seine Töchter" auf und schlägt „um 1535" vor.

Lit.: VHVOR 42 (1888), 345; SCHMIDT 1890, Sp. 417f.; DERS. 1891, 57; FRIEDLÄNDER 1891, 93ff., 126f.; WALDERDORFF 1896, 109, Anm. 3; HILDEBRANDT 1910, 107f.; FRIEDLÄNDER 1923, 122; BENESCH 1930, 179; HALM 1932, 207; A. PIGLER in Jb. d. Preuß. Kunstsammlungen LVII (1936), 254f.; BALDASS 1941, 188; WINZINGER 1952, 45, 53, 62, 95; RASMO 1955, 33; STANGE 1964, 80; RUHMER 1965, 71; WINZINGER 1975, 55f., Nr. 80f. (mit Abb.); GOLDBERG 1988, 56–58 (mit Abb.); H. MIELKE in Kat. Berlin 1988, Nr. 171 (Vorzeichung)

M.A.

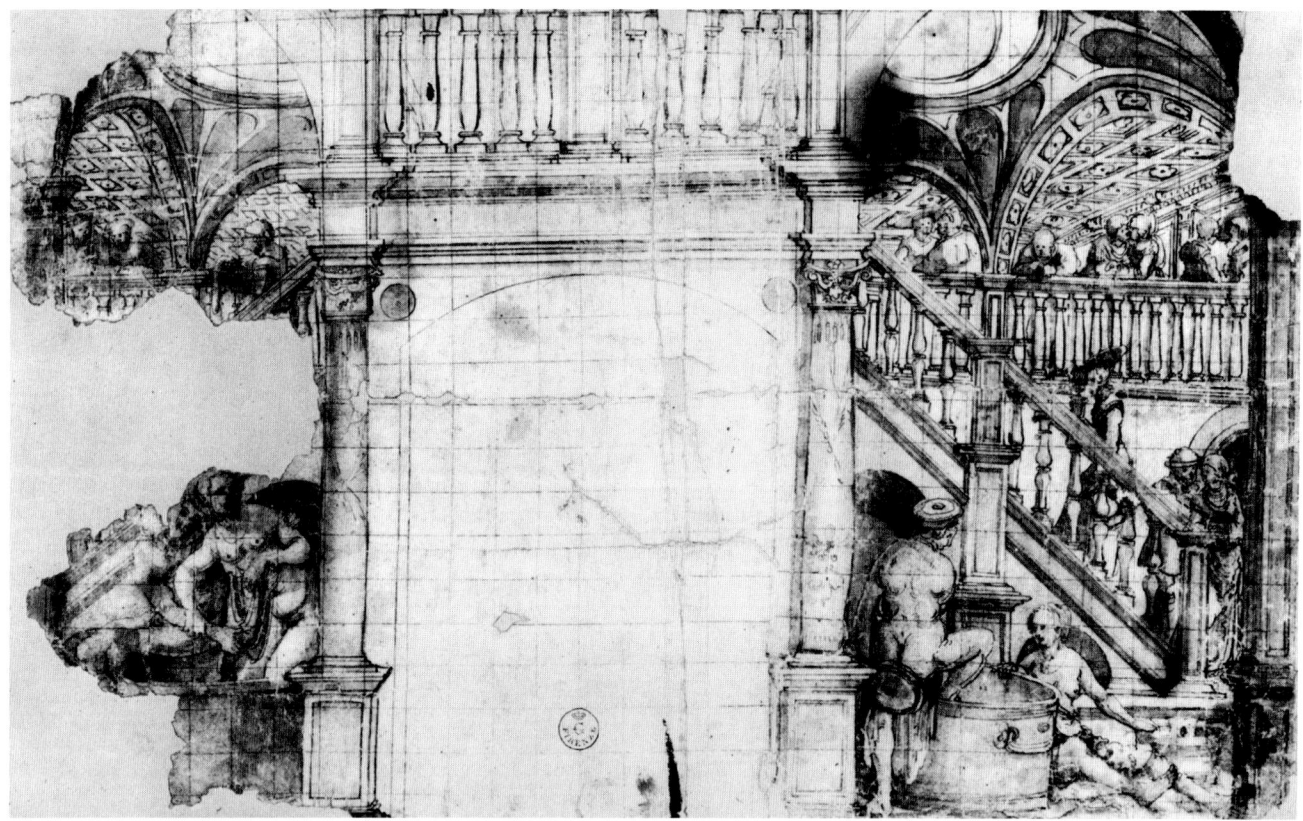

zu 26.2 (Florenz, Uffizien, Gabinetto Stampe)

26.3

Kalvarienberg

Regensburg, um 1530
Laubholz; 56,9 × 41,6 × 0,6 cm
Malgrat ringsum erhalten; über dem
Kreuz Fähnchen mit Inschrift *IHS;*
ausführliche Unterzeichnung mit dichten
Schraffuren
Prov.: Angeblich aus einem Regensburger
Bürgerhaus
Leihgabe der Evang.-Luth. Dreieinigkeitskirche
(Farbtafel 26)

Scharf beleuchtet hängen die drei Gekreuzigten hoch über der mit bunt gekleideten Figurengruppen bevölkerten Richtstätte. Wolkenformationen dramatisieren das Geschehen. Traditionsgemäß besetzt das Kreuz Christi die Mittelachse, und sein Körper ist durch Größe und durch das flatternde Lendentuch hervorgehoben. Die Ausdehnung des bühnenartig beleuchteten Plateaus erschließt sich durch die perspektivische Verkleinerung der Hintergrundfigürchen.

Im Gegensatz zur reduzierten Farbigkeit der oberen Zone ist die untere von strahlender Buntheit. Intensiver muß man sich wohl auch das heute braun verfärbte Grün der Vegetation vorstellen. Die Nimben sind zurückhaltend als Lichterscheinung nach außen strahlender Reifen dargestellt.

Schon Hildebrand erkannte richtig die Abhängigkeit des Malers von Altdorfer und zog Melchior Feselen als Schöpfer in Betracht. Buchner ordnete die Tafel in den engen Schulkreis Altdorfers ein. Sein Vorschlag, den Maler mit Mielich zu identifizieren, wurde in der Literatur nicht aufgenommen.

Verwandt in der Art, sämtliche für Altdorfer charakteristischen Bildelemente versatzstückartig zu arrangieren, ist die großformatige Darstellung der Geburt Christi in Berlin; auch dort wirken die Formen durch die nächtlichkühle Beleuchtung wie geglättet.

Lit.: HILDEBRANDT 1910, 175, Abb. 122; KDB Regensburg II 1933, 118, Abb. XIII; BUCHNER in Kat. München 1938, Nr. 339, Abb. 45; STANGE 1964, 143

I.L.

26.4

Geburt Mariens

Kopie nach Albrecht Altdorfer
Georg Christoph Eimmart d. Ä., um 1650
Leinwand; 163 × 128 cm
Prov.: Aus Kloster Niedermünster
HV 1371
(Farbtafel 35)

1603 als Sohn des Malers Christoph David Eimmart in Königsberg in Franken geboren, ließ sich Georg Christoph Eimmart in Regensburg nieder, wo er 1630 Bürger wurde. Geschätzt waren vor allem seine meist lebensgroßen Bildnisse, seine Landschaften und Küchenstücke. Sein dekoratives Talent bewährte sich im hochgelobten Entwurf für eine Triumphpforte anläßlich des Einzugs Kaiser Ferdinands III. in Regensburg. Auch schuf er einige religiöse Kupferstiche. Die drei Söhne des 1658 Verstorbenen wurden ebenfalls Künstler.

Das Leinwandgemälde gibt in nahezu gleichem Maßstab das Tafelbild Altdorfers wieder (München, Bayerische Staatsgemäldesammlungen), das in außergewöhnlicher Weise die Szene der Mariengeburt auf einem in einen flutenden Kirchenraum eingeschobenen Podest unter dem zentralen Motiv des kreisenden Engelreigens schildert.

Die Kopie dokumentiert die Wertschätzung des Originals. Doch unterdrückte Eimmart seinen routinierten barocken Malstil in der Wiederholung des ca. 130 Jahre älteren Vorbilds nicht ganz. So sind die Physiognomien etwas mehr ins Oval stilisiert und, für die Gesamtwirkung bestimmender, Farbgebung und Lichtführung verändert. Die Ausleuchtung und Verteilung der Farbflächen ist gleichmäßiger, wenngleich Eimmart die sonderbaren, unterschiedlich gedeuteten Lichtreflexe auf den Pfeilern vom Original übernommen hat. Während beispielsweise die Flügel des zentralen Engels mit dem Weihrauchgefäß bei Altdorfer nur stellenweise aus dem Dunkel rot gehöht sind, sind sie hier als kompakte rote Farbfläche gestaltet. Auch Altdorfers dynamisches Motiv der verströmenden Weihrauchschwaden wurde von Eimmart zurückgenommen. Im Sinne dieser Vereinheitlichung ist in der Kopie der bühnenartige Einbau im Vordergrund nicht so abgesetzt wie bei Altdorfer, sondern mit dem Kirchenpflaster belegt. Hinzugefügt wurde rechts im Hintergrund zwischen den Eintretenden (Selbstbildnis Altdorfers?) und der Magd ein kleines Hündchen, vielleicht nur eine Laune des Kopisten.

Da die Kopie ca. 22 cm höher ist als das Original, kommt die Gewölbezone stärker zur Wirkung. Ob diese Veränderung der Gesamtproportion allein dem Kopisten zuzuschreiben ist, ob mit ihr einem bestimmten Verwendungszweck Rechnung getragen wurde oder ob sie dem damaligen Erscheinungsbild des Originals entsprach, ist schwer zu entscheiden. Tatsächlich ist Altdorfers Tafel am Oberrand beschnitten, möglicherweise aber nur in der mittleren Zone, da die obere Kante unterschiedliche Sägespuren aufweist (freundl. Mitteilung von Dr. G. Goldberg).

Nach der um 1650 zu datierenden Regensburger Steueramtsrechnung Cameralia 53, f. 58r („*Dem Mahler Eimmart, vor das Altdorferisch Gemäld. 150 Gulden*"), muß das Original damals bereits als ein Werk Altdorfers gegolten haben. Vielleicht war es auf dem Rahmen beschriftet, zumal das Bild auch 1816, als es nach München kam, diese richtige Zuschreibung trug. Daher scheinen jene Überlegungen zweifelhaft, die Altdorfers Tafelbild als Altarbild auf dem Frauenaltar im Regensburger Dom annehmen, denn dieses ist im Historienkalender von 1684 als ein Werk Dürers bezeichnet. Auch Schuegraf notiert 1849 das Fehlen des „Dürergemäldes" im Dom (SCHUEGRAF II, 11), während 1828 die Kopie nach Altdorfer als Eigentum von Niedermünster aufgelistet wurde (KDB Regensburg II, 229).

Lit.: KDB Regensburg II 1933, 229; Kat. Alte Pinakothek 1963, 32; LOERS 1976, 233, Anm. 29

I.L.

26.5

Johann III., Administrator des Bistums Regensburg

Hans Wertinger, 1515
Öl(tempera) auf Holz; 66 × 45 cm
Bez. in den Bogenzwickeln: *1515*; im Bogenfeld: *IOHAN / ADMINISTRATOR / ZV REGENSPVRG PFAL / ZGRAF B REIN*
Prov.: Aus dem Alten Rathaus
AB 193
(Farbtafel 37)

Der Maler, Glasmaler, Zeichner und Illuminist Hans Wertinger wurde um 1465–70 geboren; am 18. August 1491 erwarb er das Bürgerrecht in Landshut, wo er 1494 unter der Bezeichnung „Johannes Schwab pictor" auftaucht. Da seine Arbeiten schwäbische Einflüsse aufweisen, vermutet man eine Ausbildung in Augsburg. 1497–99 Arbesitzen für den Freisinger Dom, 1515/16 Gemälde am Hochaltar in Moosburg; zwischen 1515 und 1526 zahlreiche Arbeiten für den Bischof von Freising, Pfalzgraf Philipp.

Am 7. Mai 1488 wurde Johann in Heidelberg als Sohn des Kurfürsten Philipp von der Pfalz und seiner Gemahlin Margarethe geboren. Zum geistlichen Stand bestimmt, erhielt er Kanonikate in Würzburg, Passau und Straßburg sowie die Abtei Klingenmünster bei Bergzabern. Nach dem Tode von Bischof Rupert II. von Simmern-Sponheim bestätigte Papst Julius II. 1507 die Postulation des neunzehnjährigen Pfalzgrafen zum Bischof.

Auf die Unruhen um die Aufstellung des Reichshauptmannes Thomas Fuchs versuchte er mäßigend einzuwirken, er konnte jedoch nicht verhindern, daß mehrere Anführer, darunter der Dombaumeister Wolfgang Roritzer, im Frühjahr 1514 hingerichtet wurden. Durch seine Diözesanverordnungen von 1512 und 1518 über das wucherische Zinsnehmen trug er zur antijüdischen Stimmung in der Stadt bei, die in der Vertreibung der jüdischen Gemeinde 1519 endete. Durch geeignete Maßnahmen versuchte er, dringend gebotene innerkirchliche Reformen durchzusetzen. So 1512 mit der Untersagung von kostspieligen Primizfeiern und 1531 durch ein oberhirtliches Mandat, in dem er Mißstände beim Klerus wie Konkubinat, Zechen und Spielen in Wirtshäusern und standeswidrige Kleidung anprangerte.

Seit 1517 kämpfte er um die Steuerfreiheit des Klerus und ab 1519 um die einträglichen Einkünfte aus der Wallfahrt zur „Schönen Maria". Durch seine Bemühungen konnte er die Einführung der Reformation in der Reichsstadt hinauszögern und bis zu seinem Tod am 3.2.1538 nach außen den Eindruck wahren, als ob die Reichsstadt gut katholisch geblieben sei. „Er blieb somit über dreißig von religiöser Krisenstimmung und heftigen Glaubenswirren erfüllte Jahre hin bloßer Administrator der Regensburger Kirche, die Pontifikalgeschäfte seinen Weihbischöfen Peter Krafft und Johann Kluspeck überlassend" (HAUSBERGER).

Vor allem in seinen letzten Jahren war er, einer der besten Vertreter des Umschwunges vom späten, auslaufenden Mittelalter zur Neuzeit, der Kunst sehr zugetan. So veranlaßte er den repräsentativen Haupttorbau des neuen bischöflichen Schlosses in Wörth an der Donau und beauftragte Albrecht Altdorfer mit der Ausmalung seiner Badestube, den sogenannten Kaiserbadfresken *(Kat. 26.2)*.

Dieses Porträt ist eine Wiederholung des Gemäldes im Bayerischen Nationalmuseum, das wiederum zu einer Serie von sechs Tafeln gehört, für die

26. Albrecht Altdorfer

Wertinger 1517 von Philipp von Freising bezahlt wurde.

Lit.: THEOBALD I 1936, 11–19, 226f.; HUPP 1910, 127–129 (mit Abb.); J. STABER in NDB 10, 519; STABER 1966, 96–114; EHRET 1976, 55f., 155; HAUSBERGER I 1988, 316–319; M. ANGERER in Kat. Regensburg 1992/93, 227f., Nr. 9 (mit Abb.)

M.A.

26.6
Fragment der Grabplatte Albrecht Altdorfers

Regensburg, um 1532
Rotmarmor, 64 × 58,5 cm
Inschrift: *Albrecht Altdorfer paum(eister)*
Prov.: Siehe Beschreibung
HVE 243

Albrecht Altdorfer verfügte in seinem am 12. Februar 1538 verfaßten Testament, seinen „*verstorben Corper in der Augustiner kirchen zu meiner lieben Hausfrauen selige vnter meinen Stain zu begraben*". Noch am selben Tag verschied Altdorfer, seine Frau war 1532 verstorben.

In die Grabplatte eingetieft ist das Monogramm Altdorfers, eingefaßt von einem Sonnenrad. Die roh bearbeiteten Tiefen und Bohrlöcher lassen auf (jetzt verlorene) Einlagen aus Bronze schließen. Neben dem Monogramm des Künstlers war auf dem nicht mehr erhaltenen Teil des Steins das eigentliche Wappen des Patriziers Altdorfer angebracht – ein von Silber und Rot schräg gevierteter Schild mit einem

26.6

Ring, in der Mitte eine Blume mit herzförmigen Blättern. Der Grabstein wird bereits im Wappenbuch des Hans Hylmeier um 1580 beschrieben. Nach dem Abbruch der Augustinerkirche wurden die Fragmente des Steins 1840 aus dem Schutt geborgen und den Sammlungen des Historischen Vereins übergeben.

Lit.: BOLL 1938/39, 95, Anm. 19, Abb. 1; WINZINGER 1975, Urkunden Nr. 48, 55, Anhang Abb. 63.

P.G.-B.

Farbtafel 1: Glasgefäße aus bajuwarischen Gräbern, 6. Jahrhundert (Kat. 3.6, 3.8, 3.48).

Farbtafel 2: Beigaben aus einem Mädchengrab (Regensburg, St. Emmeram-Nord, Grab 11), 2. Drittel 7. Jahrhundert, Holzeimer rekonstruiert (Kat. 3.69).

Farbtafel 3, 4: Slawischer Silberschmuck aus einem Frauengrab, Matzhausen, Grab 2/3 (Kat. 4.12).

Farbtafel 5: Maria im Ährenkleid, Regensburg, wohl Mitte 15. Jahrhundert (Kat. 24.1 a).

Farbtafel 6: Hl. Anna Selbdritt, Regensburg, wohl Mitte 15. Jahrhundert (Kat. 24.1 b).

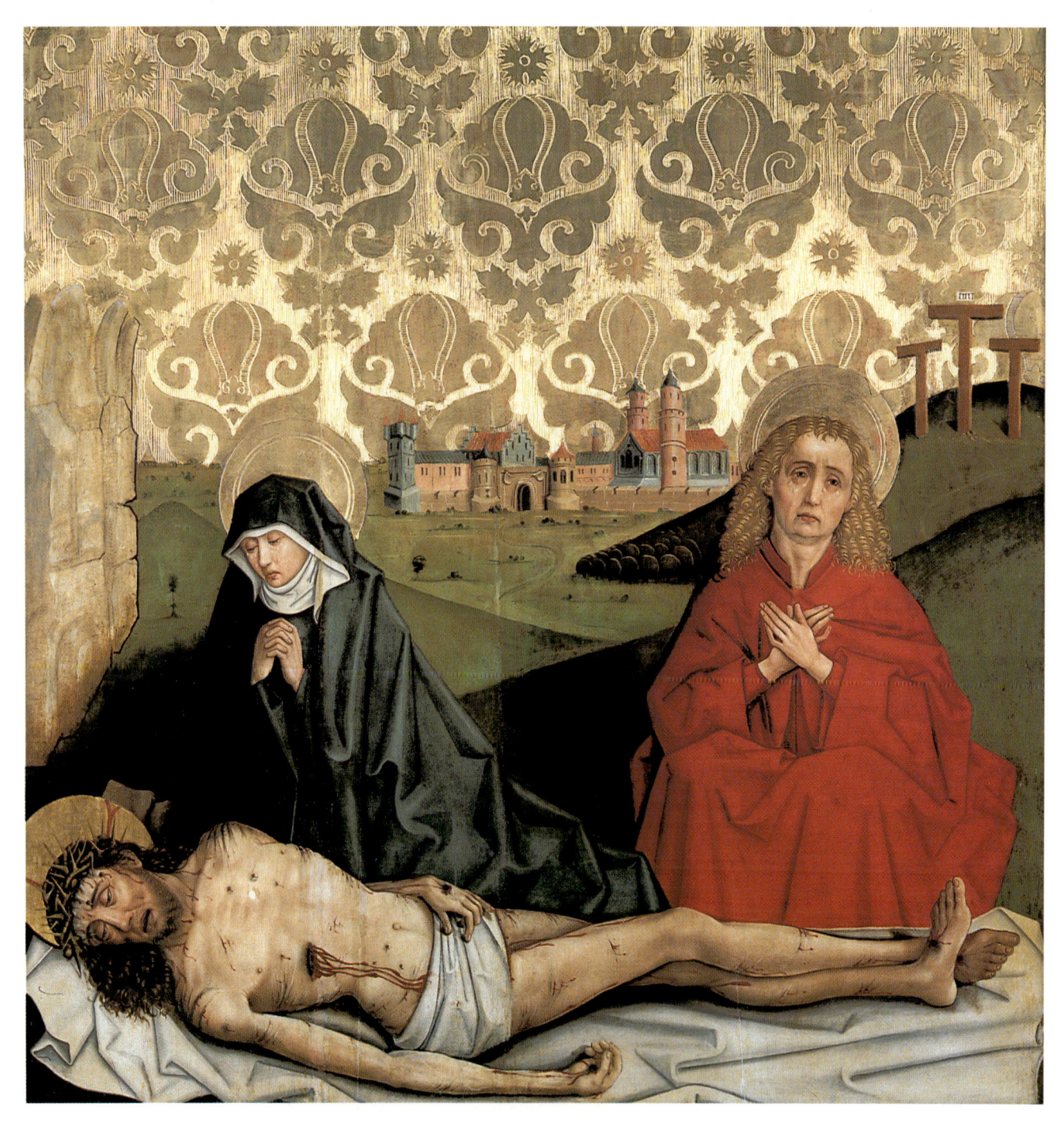

Farbtafel 7: Beweinung Christi, Allgäu oder Seeschwaben, um 1480 (Kat. 24.2 a).

Farbtafel 8: Hll. Barbara und Margaretha, Allgäu oder Seeschwaben, um 1480 (Kat. 24.2 b).

Farbtafel 9: Heilige Messe, aus einem Armeseelenzyklus, Niederbayern (?), um 1480 (Kat. 24.3 a).

Farbtafel 10: Fegefeuer, aus einem Armeseelenzyklus, Niederbayern (?), um 1480 (Kat. 24.3 b).

Farbtafel 11: Die Seligen an der Paradiespforte, aus einem Armeseelenzyklus, Niederbayern (?), um 1480 (Kat. 24.3 c).

Farbtafel 12: Die Verdammten am Höllenrachen, aus einem Armeseelenzyklus, Niederbayern (?), um 1480 (Kat. 24.3 d).

Farbtafel 13: Radwunder der hl. Katharina, Oberbayern, um 1475 (Kat. 24.4).

Farbtafel 14: Verkündigung, Regensburg, um 1490 (Kat. 24.7).

Farbtafel 15: Hl. Benedikt, Passau, Werkstatt des Rueland Frueauf d. Ä., um 1500 (Kat. 24.9).

Farbtafel 16: Hl. Agnes, Nabburg (?), um 1520 (Kat. 24.14).

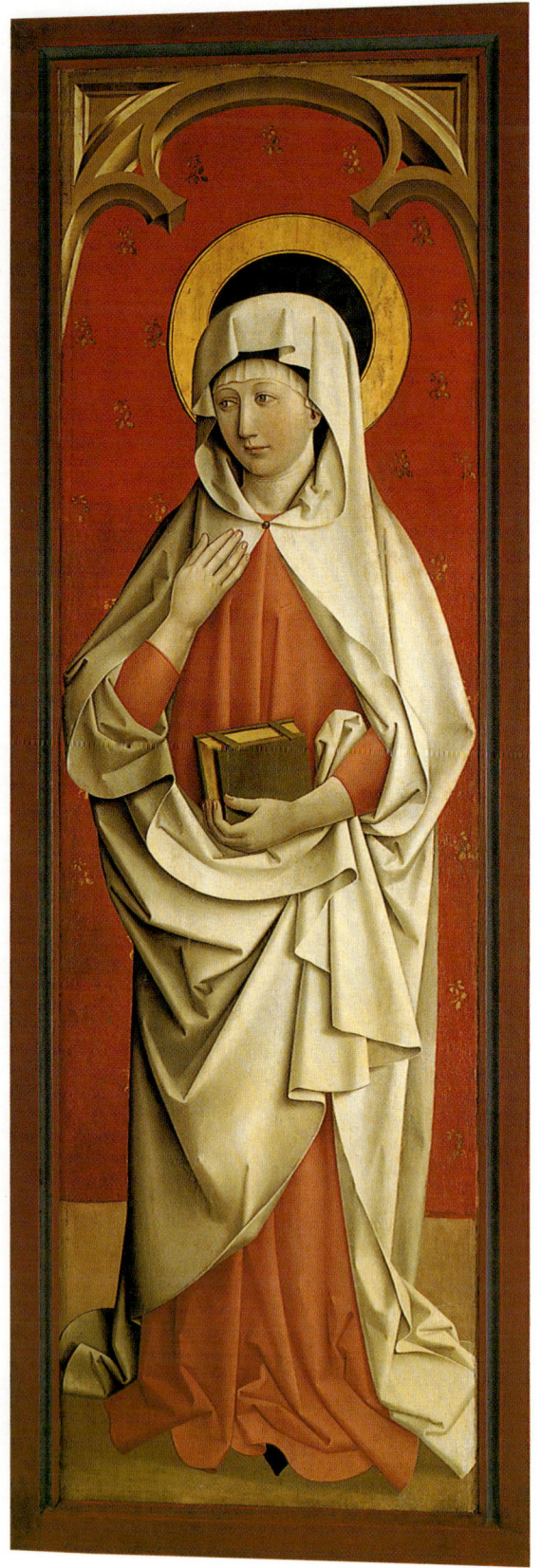

Farbtafel 17: Christus als Salvator Mundi und Maria, Flügelaußenseiten des Passionsretabels, Passau, Werkstatt des Rueland Frueauf d. Ä., kurz nach 1500 (Kat. 24.10 a, b).

Farbtafel 18: Passionsretabel, Passau, Werkstatt des Rueland Frueauf d. Ä., kurz nach 1500 (Kat. 24.10 c–e).

Farbtafel 19: Marienretabel im geöffneten Zustand, München (?), 1510 (Kat. 24.11).

Farbtafel 20: Marienretabel im geschlossenen Zustand, München (?), 1510 (Kat. 24.11).

Farbtafel 21: Die vier Kirchenväter, Nürnberg, Werkstatt des Michael Wolgemut, um 1490 (Kat. 24.5).

Farbtafel 22: Geburt Christi, Oberschwaben, gegen 1500 (Kat. 24.8).

Farbtafel 23: Aussendung des Heiligen Geistes, Regensburg, um 1490 (Kat. 24.6).

Farbtafel 24: Predigt des Jakobus, Regensburg, um 1520 (Kat. 24.12).

Farbtafel 25: Kalvarienberg, Regensburg, um 1520 (Kat. 24.13).

Farbtafel 26: Kalvarienberg, Regensburg, um 1530 (Kat. 26.3).

Farbtafel 27: Geburt Christi, Mitteltafel des Flügelaltars aus der Regensburger Minoritenkirche, Werkstatt Albrecht Altdorfers, 1517 (Kat. 9.9).

Farbtafel 28: Letztes Abendmahl, Innenseite des linken Flügels des Altars aus der Minoritenkirche, Werkstatt Albrecht Altdorfers, 1517 (Kat. 9.9).

Farbtafel 29: Christus als Auferstandener, Innenseite des rechten Flügels des Altars aus der Minoritenkirche, Werkstatt Albrecht Altdorfers, 1517 (Kat. 9.9).

Farbtafel 30: Engel der Verkündigung, Außenseite des linken Flügels des Altars aus der Minoritenkirche, Werkstatt Albrecht Altdorfers, 1517 (Kat. 9.9).

Farbtafel 31: Maria der Verkündigung, Außenseite des rechten Flügels des Altars aus der Minoritenkirche, 1517 (Kat. 9.9).

Farbtafel 32: Die beiden heiligen Johannes, Albrecht Altdorfer, 1520 (Kat. 26.1).

Farbtafel 33: Kuntz Seytz wird mißhandelt, Werkstatt Albrecht Altdorfers, 1521 (Kat. 25.8).

Farbtafel 34: Kuntz Seytz wird operiert, Werkstatt Albrecht Altdorfers, 1521 (Kat. 25.8).

Farbtafel 35: Geburt Mariens, Georg Christoph Eimmart d. Ä. nach Albrecht Altdorfer, um 1650 (Kat. 26.4).

Farbtafel 36: Die Schöne Maria von Regensburg, Michael Ostendorfer, 1529 (Kat. 25.10).

Farbtafel 37: Pfalzgraf Johann III., Administrator des Bistums Regensburg, Hans Wertinger, 1515 (Kat. 26.5).

Farbtafel 38: Freskenfragmente aus der Badestube Pfalzgraf Johanns III. im Bischofshof, Albrecht Altdorfer, 1532 (Kat. 26.2).

Farbtafel 39: Hl. Petrus aus dem Dom, Erminoldmeister, kurz nach 1284 (Kat. 8.2).

Farbtafel 40: Hl. Oswald aus dem Dollingersaal, um 1280/90 (Kat. 7.1).

Farbtafel 41: Pietà, Süddeutschland, um 1420 (Kat. 22.27).

Farbtafel 42: Hl. Antonius Eremita, Süddeutschland, um 1440 (Kat. 22.28).

Farbtafel 43: Pietà, Niederbayern, um 1430/40 (Kat. 23.2).

Farbtafel 44: Hl. Johannes der Täufer, Niederbayern, um 1450 (Kat. 23.3).

Farbtafel 45: Schmerzensmann, Umkreis Hans Multscher, um 1460 (Kat. 22.14).

Farbtafel 46: Hl. Georg, Steiermark, Ende 15. Jahrhundert (Kat. 22.18).

Farbtafel 47: Sogenannter Armeseelenaltar des Sigmund Graner, Regensburg, 1488 (Kat. 22.16).

Farbtafel 48: Kruzifix, Umkreis des Veit Stoß, um 1510 (Kat. 22.32).

Farbtafel 49: Medaillonteppich, Regensburg, um 1390 (Kat. 20.1).

Farbtafel 50: Teppich mit der thronenden Minnekönigin, Regensburg, um 1410/20 (Kat. 20.2).

Farbtafel 51: Teppich mit dem Kampf der Tugenden und Laster, Regensburg, um 1400 (Kat. 16.1).

Farbtafel 52: Teppich mit Wilden Leuten, Elsaß (?), vor 1450 (Kat. 16.2).

Farbtafel 53: Der hl. Franziskus sagt sich vom Vater los, Fragment eines Glasfensters aus der Minoritenkirche, Regensburg, 1360/70 (Kat. 9.1 c).

Farbtafel 54: Wappenscheibe des Emmeramer Abtes Leonhard Pfennigmann aus der Wallfahrtskirche zur Schönen Maria, Regensburg, 1538 (Kat. 25.5 d).

Farbtafel 55: Fragment eines emailbemalten Bechers, Venedig (?), um 1300 (Kat. 14.30).

Farbtafel 56: Glaspokal, Deutschland, 2. Viertel 16. Jahrhundert (Kat. 14.37).

Farbtafel 57: Brautkästchen, Norditalien, 1. Hälfte 15. Jahrhundert (Kat. 14.19).

Farbtafel 58: Tonpüppchen (Docken), Nürnberg (?), Anfang 15. Jahrhundert (Kat. 14.40).

Farbtafel 59: Modell der Wallfahrtskirche zur Schönen Maria, Hans Hieber, 1520/21 (Kat. 25.3).

Verzeichnis der Abkürzungen und Bibliographie

Abkürzungen:

AJ: Das Archäologische Jahr in Bayern

Aukt.kat.: Auktionskatalog

BAP: Baualterspläne zur Stadtsanierung in Bayern. Regensburg I–XI, hrsg. vom Bayerischen Landesamt für Denkmalpflege, München 1973–1990

BayHStA: Bayerisches Hauptstaatsarchiv München

BGBR: Beiträge zur Geschichte des Bistums Regensburg

BNM: Bayerisches Nationalmuseum München

Bz: Beschauzeichen

Dm.: Durchmesser

FO: Fundort

FS: Festschrift

HV: Historischer Verein; der Historische Verein für Oberpfalz und Regensburg übereignete 1933 der Stadt Regensburg seine gesamten Kunstsammlungen

KDB: Die Kunstdenkmäler von Bayern, München 1895 ff.

M.: s. MEDER

Mz: Meisterzeichen

NF: Neue Folge

Prov.: Provenienz

RAL: Regensburger Almanach

RDK: Reallexikon zur deutschen Kunstgeschichte, begründet von Otto SCHMITT, Stuttgart 1937 ff. (seit 1973 München)

RzR: DIETZ, Karlheinz / OSTERHAUS, Udo / RIECKHOFF-PAULI, Sabine / SPINDLER, Konrad: Regensburg zur Römerzeit, Regensburg 1979

StAR: Stadtarchiv Regensburg

ThB: THIEME, Ulrich / BECKER, Felix (Begr.): Allgemeines Lexikon der bildenden Künstler von der Antike bis zur Gegenwart, 37 Bde., Leipzig 1907–50

VHVOR: Verhandlungen des Historischen Vereins für Oberpfalz und Regensburg

Bibliographie:

Viele der im Katalog besprochenen Objekte sind erwähnt und teilweise auch abgebildet bei Karl BAUER: Regensburg. Aus Kunst-, Kultur- und Sittengeschichte, Regensburg ⁴1988, ohne daß dies in den Werkbibliographien jeweils eigens vermerkt ist.

ALTWEGER, Barbara: Das älteste erhaltene Ausgabenbuch der Stadt Regensburg aus den Jahren 1393 bis 1396, masch. Mag. Regensburg, o. J.

AMBRONN, Karl-Otto: Verwaltung, Kanzlei und Urkundenwesen der Reichsstadt Regensburg im 13. Jahrhundert (Münchener Historische Studien, Abt. Geschichtl. Hilfswissenschaften 6), Kallmünz 1968

ANGERER, Martin: Regensburger Goldschmiedekunst im 16. Jahrhundert, in: FS für Gerhard Bott zum 60. Geburtstag, Darmstadt 1987, 71–87

Aukt.kat. München 1918: Helbig-Auktion Antiquitäten, Kunst und Einrichtungsgegenstände (...) aus Schloß Mindelheim in Schwaben, München, 7.10.1918

Aukt.kat. Köln 1934: Lempertz-Katalog 364, Köln, 19.–21.6.1934

Aukt.kat. Wien-Berlin 1930: Die Sammlung Dr. Albert Figdor, Wien. Auktion bei Artaria/Glückselig, Wien, und Cassirer, Berlin, 1930

BALDASS, Ludwig: Albrecht Altdorfer, Wien 1941

BALDASS, Ludwig: Conrad Laib und die beiden Frueauf, Wien 1946

BARTEL, Antja / CODREANU-WINDAUER, Silvia: Spindel, Wirtel, Topf – ein besonderer Beigabenkomplex aus Pfakofen, Lkr. Regensburg, in: Bayerische Vorgeschichtsblätter 60 (1995; im Druck)

BASTIAN, Franz: Das Runtingerbuch 1383–1407 und verwandtes Material zum Regensburger-südostdeutschen Handel und Münzwesen (3 Bde.), 1. Bd. Regensburg 1944, 2. Bd. 1935, 3. Bd. 1943

BAUER, Karl: Regensburg. Aus Kunst-, Kultur- und Sittengeschichte, Regensburg ⁴1988

BAUER, N.: Die Silber- und Goldbarren des russischen Mittelalters, in: Numismatische Zeitschrift 62 (1929), 77–120; 64 (1931), 61–100

BAUM, Julius: Unbekannte Bildwerke alter deutscher Meister, Stuttgart 1954

BAYERN, Luitpold Herzog von: Die fränkische Bildwirkerei, München 1926

BECKENBAUER, Egon: Die Münzen der Reichsstadt Regensburg (Bayerische Münzkataloge 5), Grünwald 1978

BECKER, Hans Jürgen: Der Burgfrieden von Regensburg, in: RAL 1995, 59–66

BEHLE, Claudia: Hans Leinberger (Miscellanea Bavarica Monacensia, Bd. 124), München 1984

BENESCH, Otto: Altdorfers Badstubenfresken und das Wiener Lotbild, in: Jahrbuch der Preußischen Kunstsammlungen LI (1930), 179

BENESCH, Otto: Der Maler Albrecht Altdorfer, Wien 1939

BENNER, Edith: Studien zum Hochaltar von St. Jakob in Straubing, in: Jahresbericht des Historischen Vereins für Straubing und Umgebung, 86. Jg., 1984 (1985), 185–311

BERLINER, Rudolf: Die Bildwerke des Bayerischen Nationalmuseums. IV. Abteilung. Die Bildwerke in Elfenbein, Knochen, Hirsch- und Steinbockhorn (Kataloge des Bayerischen Nationalmuseums, Bd. 13), Augsburg 1926

BERLINER, Rudolf: Ornamentale Vorlageblätter des 15. bis 18. Jahrhunderts, Leipzig 1926

BIERBRAUER, Volker / OSTERHAUS, Udo: Ein Frauengrab des frühen 6. Jahrhunderts aus Alteglofsheim, Ldkr. Regensburg, in: Bayerische Vorgeschichtsblätter 38 (1973), 94–100

BLOCH, Peter: Romanische Bronzekruzifixe (Denkmäler deutscher Kunst. Bronzegeräte des Mittelalters, Bd. 5), Berlin 1992

BÖHME, Horst Wolfgang: Zur Bedeutung des spätrömischen Militärdienstes für die Stammesbildung der Bajuwaren, in: Kat. Rosenheim-Mattsee 1988, 23–37

BÖHME, Horst Wolfgang: Eine elbgermanische Bügelfibel des 5. Jahrhunderts aus Limetz-Villez (Yvelines, Frankreich), in: Archäologisches Korrespondenzblatt 19 (1989), 397–406

BOLL, Walter: Albrecht Altdorfers Nachlaß, in: Münchener Jahrbuch zur Bildenden Kunst 1938/39, 91–102

BOLL, Walter: Das Thon-Dittmer-Palais, Regensburg 1970

BOOCKMANN, Hartmut: Die Stadt im späten Mittelalter, München ³1994

BOOCKMANN, Hartmut: Belehrung durch Bilder? Ein unbekannter Typus spätmittelalterliche Tafelbilder, in: Zeitschrift für Kunstgeschichte, 57. Bd. (1994), H. 1 (= BOOCKMANN 1994 I)

BOOS, Andreas: Die frühen Bayern. Archäologische Zeugnisse der Bajuwaren, Ausstellungsblatt Museum der Stadt Regensburg 1994

BOOS, Andreas / CODREANU-WINDAUER, Silvia / WINTERGERST, Eleonore: Regensburg zwischen Antike und Mittelalter, in: Regensburg im Mittelalter, Bd. I (Aufsätze), Regensburg 1995, 31–44

BOTT, Hans: Bajuwarischer Schmuck der Agilolfingerzeit (Schriftenreihe zur bayerischen Landesgeschichte, Bd. 46), München 1952

BRANDL, Hans: Romanische Tontafeln aus Regensburg, in: Städel-Jahrbuch IX (1935/36), 156–166

BRUNA, Denis: Un moule pour enseignes de pèlerinage à l'image de la „Belle Vierge" de Ratisbonne, in: Bulletin de la Société Nationale des Antiquaires de France 1992, 317–324

BUCHENAU, Heinrich: Der Fund von Barbing bei Regensburg, in: Mitteilungen der Bayerischen Numismatischen Gesellschaft 45 (1927), 12–21, Tf. I

BÜCHNER-SUCHLAND, Irmgard: Hans Hieber. Ein Augsburger Baumeister der Renaissance, München-Berlin 1962 (dazu Wolfgang PFEIFFER: Notizen zu Irmgard Büchner-Suchland, Hans Hieber, in: VHVOR 104 [1964], 235–245

BUNDSZUS, Martina: Eine spätmittelalterliche Latrine (Objekt 8) auf dem Gelände des Evangelischen Krankenhauses zu Regensburg, ungedr. Magisterarbeit Univ. Bamberg 1994, 3 Tle.

BUSCH, Karl: Regensburger Kirchenbaukunst 1160–1280, Kallmünz 1932

CODREANU-WINDAUER, Silvia: Das bajuwarische Reihengräberfeld von Geisling, Lkr. Regensburg, Opf., in: Ausgrabungen und Funde in Altbayern 1987/88, Kat. Straubing 1989, 67–70

CODREANU-WINDAUER, Silvia: Der bajuwarische Friedhof von Geisling, in: DIES./ OSTERHAUS, Udo (Hrsg.): Auf Spurensuche. Archäologische und baugeschichtliche Untersuchungen in der Oberpfalz, Regensburg 1992, 44–48 (= 1992 I)

CODREANU-WINDAUER, Silvia: Die St. Nikolaus-Kirche in Thalmassing, in: ebd. 54–60 (= 1992 II)

CODREANU-WINDAUER, Silvia: Archäologie in Dorfkirchen, zum Beispiel Thalmassing, in: AJ 1991 (1992), 146–148 (= 1992 III)

CODREANU-WINDAUER, Silvia: Das bajuwarische Reihengräberfeld aus Geisling/Lkr. Regensburg, in: Regensburger Almanach 1992 (1993), 270–278

CODREANU-WINDAUER, Silvia: Ein neu entdecktes Reihengräberfeld in Pfakofen; in: AJ 1993 (1994), 121–124

DAHLEM, Joseph: Das mittelalterlich-römische Lapidarium und die vorgeschichtlich-römische Sammlung zu St. Ulrich in Regensburg, Regensburg 1882

DANNHEIMER, Hermann: Lauterhofen im frühen Mittelalter (Materialhefte zur bayerischen Vor- und Frühgeschichte, Bd. 22), Kallmünz 1968

DANNHEIMER, Hermann: Keramik des Mittelalters aus Bayern, Kallmünz 1973

DE WAAL, Anton: Christliche Altertümer in Regensburg, in: Römische Quartalschrift für christliche Altertumskunde und für Kirchengeschichte 8 (1894), 148f.

DEXEL, Thomas: Gebrauchsglas, München ²1983

DIEPOLDER, Irene: Führer durch die Sammlungen der Stadt Regensburg II. Minoritenkloster und -kirche, Grabmäler, Steinplastik, Waffen, Regensburg 1953

DIGBY, George Wingfield: The Devonshire Hunting Tapestries, London 1971

DIRMEIER, Artur / MORSBACH, Peter: Spitäler in Regensburg. Krankheit, Not und Alter im Spiegel der Fürsorgeeinrichtungen und Krankenhäuser einer Reichsstadt (Große Kunstführer 192), Regensburg 1994

DOBRZENIECKI, Tadeusz: Catalogue of Mediaeval Painting, Warschau 1977

Dollinger. Das Buch zum Spiel, hrsg. vom Verein zur Förderung des Regensburger Dollingerspiels e. V., Regensburg 1995

DREXLER, Jolanda: Die Glasfenster der Regensburger Minoritenkirche (= Studien und Quellen zur Kunstgeschichte Regensburgs II), Regensburg 1988

DUBLER, Elisabeth: Das Bild des hl. Benedikt, St. Ottilien 1953

EBNER, Franz: Ein Regensburger kaufmännisches Hauptbuch aus den Jahren 1383–1407, in: VHVOR 45 (1893), 131–151

ECKES, Richard / ZEISS, Hans: Bairische Reihengräber des 6. Jahrhunderts bei Irlmauth, BA Regensburg, in: Bayerische Vorgeschichtsblätter 15 (1938), 44–56

EHRET, Gloria: Hans Wertinger. Ein Landshuter Maler an der Wende der Spätgotik zur Renaissance, München 1976

EIKENBERG, Wiltrud: Das Handelshaus der Runtinger zu Regensburg. Ein Spiegel süddeutschen Rechts-, Handels- und Wirtschaftslebens im ausgehenden 14. Jahrhundert (Veröffentlichungen des Max-Planck-Instituts für Geschichte 43), Göttingen 1973

EMMERIG, Hubert: Der Regensburger Pfennig. Die Münzprägung in Regensburg vom 12. Jahrhundert bis 1409 (Berliner Numismatische Forschnungen, NF 3), Berlin 1993

ENDRES, Josef A.: Ein Reliefbild der Kaiserin Agnes im St. Ulrichsmuseum in Regensburg, in: Zeitschrift für christliche Kunst Nr. 3 (1906) Sp. 71–74 (Wiederabdruck in Karl REICH [Hrsg.]: Beiträge zur Kunst- und Kulturgeschichte des mittelalterlichen Regensburg, Regensburg 1924, 120–122)

ENDRES, Josef A.: Die alten Siegel und das Wappen der Stadt Regensburg, in: Zeitschrift für christliche Kunst 1916, 169 ff.

ENDRES, Josef A.: Die sogenannten Herzogsfiguren im St. Ulrichsmuseum zu Regensburg, in: Die Christliche Kunst 14 (1917/18), 37–44 (Wiederabdruck in Karl REICH [Hrsg.]: Beiträge zur Kunst- und Kulturgeschichte des mittelalterlichen Regensburg, Regensburg 1924, 123–130)

ENDRES, Josef A.: Führer durch die mittelalterliche und neuzeitliche Sammlung im Oberpfälzischen Kreismuseum zu St. Ulrich in Regensburg, in: VHVOR 70 (1920), 3–37

ENDRES, Werner: Zu einigen vogelgestaltigen Keramikformen des 16. Jahrhunderts, in: VHVOR 121 (1981), 475–487

ENDRES, Werner: Spätmittelalterliches Tischgeschirr in Regensburg, in: Regensburg im Mittelalter, Bd. I (Aufsätze), Regensburg 1995, im Druck

ENDRES, Werner / LOERS, Veit: Spätmittelalterliche Keramik aus Regensburg. Neufunde in Prebrunn, Regensburg 1981

ERLANDE-BRANDENBURG, Alain: Quand les cathédrales étaient peintes, Paris 1993

FALKE, Otto von/MEYER, Erich: Romanische Leuchter und Gefäße. Gießgefäße der Gotik, Berlin 1935

FISCHER, Georg: Volk und Geschichte, Kulmbach 1962

FISCHER, Otto: Die altdeutsche Malerei in Salzburg, Leipzig 1908

FISCHER, Thomas: Archäologische Funde der römischen Kaiserzeit und der Völkerwanderungszeit aus der Oberpfalz (nördlich der Donau), in: VHVOR 121 (1981), 349–388

FISCHER, Thomas: Der Übergang von der Spätantike zum frühen Mittelalter, in: Führer zu archäologischen Denkmälern in Deutschland 5. Regensburg-Kelheim-Straubing I, Stuttgart 1984, 236–243

FISCHER, Thomas: Römer und Germanen an der Donau, in: Kat. Rosenheim-Mattsee 1988, 39–45 (= 1988 I)

FISCHER, Thomas: Römer und Bajuwaren an der Donau, Regensburg 1988 (= 1988 II)

FISCHER, Thomas: Das bajuwarische Reihengräberfeld von Staubing. Studien zur Frühgeschichte im bayerischen Donauraum (Kataloge der Prähistorischen Staatssammlung, Bd. 26), Kallmünz 1993

FISCHER, Thomas / RIECKFOFF-PAULI, Sabine: Von den Römern zu den Bajuwaren. Stadtarchäologie in Regensburg (Bavaria Antiqua) München 1982

FRIEDLÄNDER, Max J.: Albrecht Altdorfer. Der Maler von Regensburg, Leipzig 1891

FRIEDLÄNDER, Max J.: Albrecht Altdorfer, Berlin 1923

FUCHS, Friedrich: Die Skulptur am mittleren und nördlichen Westportal des Regensburger Domes, Diss. Regensburg 1984

FUCHS, Friedrich: Das Hauptportal des Regensburger Domes, München-Zürich 1990

FUGMANN, Ursula: Wass in St. Haimerans Closter zu sehen. Albrecht Altdorfers Die beiden Johannes und die Reliquien des Dionysius Areopagita in St. Emmeram zu Regensburg, Diss. Kopenhagen 1990 (dänisch)

FUTTERER, Ilse: Gotische Bildwerke der deutschen Schweiz 1220–1400, Augsburg 1930

GEBHARD, Thorsten: Mittelalterliche Holzgefäße aus Regensburg, in: Die Oberpfalz 49 (1961), 283 ff.

GEISLER, Hans: Barbing-Kreuzhof, in: Führer zu archäologischen Denkmälern in Deutschland 5, Regensburg-Kelheim-Straubing I, Stuttgart 1984, 164–173

GEISLER, Hans: Studien zur Archäologie frühmittelalterlicher Siedlungen in Altbayern, Straubing 1993

GEISSLER, Heinrich s. Kat. Stuttgart 1979/80

GEMEINER, Carl Theodor: Reichsstadt Regensburgische Chronik, 4 Bde., Regensburg 1800–24

GERHARDT, Kurt: Zwei künstlich deformierte Schädel aus merowingischen Reihengräbern im Donaubogen bei Regensburg, in: Beiträge zur Oberpfalzforschung 1 (1965), 13–25

GERHARDT, Kurt: Ein neuer künstlich deformierter Schädel, gefunden in Alteglofsheim, Ldkr. Regensburg, in: Beiträge zur Oberpfalzforschung 4 (1980), 5–18

GERL, Armin: Das astronomische Lehrgerät des Wilhelm von Hirsau, in: Kat. Andechs 1993, 210

GERMANN-BAUER, Peter: Der spätgotische Flachschnitt, masch. Diss. München 1981

GLASER, Sabine: Untersuchungen zu spätgotischen Bischofsstäben, in: Jahrbuch des Vereins für Christliche Kunst, München 1993, 261–412

GOEBEL, Heinrich: Wandteppiche I, Leipzig 1923; III/1, Leipzig 1933

GÖLLER, Karl Heinz: König Oswald von Northumbrien: Von der Historia ecclesiastica bis zur Regensburger Stadtsage, in: FS für Karl Schneider zum 70. Geburtstag, Amsterdam-Philadelphia 1982, 305–323

GÖLLER, Karl Heinz/WURSTER, Herbert W.: Das Regensburger Dollingerlied, Regensburg 1980

GOERING, Max: Die jüngeren Angehörigen der Malerfamilie Bocksberger. Ein Beitrag zur Geschichte der Malerei des Manierismus in Süddeutschland (Diss. Frankfurt a.M. 1927), in: Münchner Jahrbuch der bildenden Kunst, NF VII (1930), H. 3, 185–280

GOLDBERG, Gisela: Albrecht Altdorfer. Meister von Landschaft, Raum und Licht, München-Zürich 1988

GÖTZ, Erich: Die Münzprägung der Oberpfalz. Geschichte und Katalog, Nürnberg 1992

GRATZMEIER, Jacob: Das Dollingerhaus zu Regensburg in Bau und Geschichte, in: VHVOR 43 (1889), 245–251

GRAUS, Johann: Praesentatio Beatae Mariae Virginis, in: Kirchenschmuck 36 (1905), 221–225

GREWE, Klaus: Die Wasserversorgung und -entsorgung im Mittelalter. Ein technikgeschichtlicher Überblick (Geschichte der Wasserversorgung, Bd. 4), Mainz 1991

GRÖBER, Karl: Die Plastik der Oberpfalz, in: Alte Kunst in Bayern, hrsg. vom Landesamt für Denkmalpflege, Augsburg 1924

GRZIMEK, Waldemar: Deutsche Stuckplastik, Berlin 1975

GUBY, Rudolf: Beiträge zur Kunstgeschichte der Passauer Maler Rueland Frueauf Vater und Sohn, in: Die Ostbayerischen Grenzmarken 1929, 1 ff.

GUMPELZHAIMER, Christian Gottlieb: Regensburg's Geschichte, Sagen und Merkwürdigkeiten von den ältesten bis auf die neuesten Zeiten, 4 Bde., Regensburg 1800–1838

GUMPELZHAIMER, Christian Gottlieb: Zwei der ältesten Steinbilder in Regensburg, in: VHVOR 4 (1837), 464–480

GUMPELZHAIMER, Christian Gottlieb: Über zwei steinerne Thiergestalten und die ältesten Gebäude des Herrenplatzes in Regensburg, in: VHVOR 15 (1853), 243–256

HAEDICKE, Hanns Ulrich: Zinn, Braunschweig 1963

HAHN, Lotte: Die Dollinger-Plastik in Regensburg, in: Oberrheinische Kunst III., Jg. 1925, H. 1/2, 19–44

HAHN, Wolfgang: Moneta Radasponensis. Bayerns Münzprägung im 9., 10. und 11. Jahrhundert, Braunschweig 1976

HALM, Philipp Maria: Ikonographische Studien zum Arme-Seelen-Kultus, in: Münchener Jahrbuch der bildenden Kunst 11 (1921), 4 ff.

HALM, Philipp Maria: Ein Entwurf A. Altdorfers zu den Wandmalereien im Kaiserbad zu Regensburg, in: Jahrbuch der Preußischen Kunstsammlungen LIII (1932), 207

HAMPE, Theodor: Alte Regensburger Zeughausinventare. Archivalische Forschungen zur Waffenkunde, in: Zeitschrift für historische Waffenkunde, Alte Folge, Bd. 5 (1911)

HANFTMANN, B.: Vom Regensburger Brückenmandl, in: VHVOR 85 (1935), 294–298

HANNIG, P.: Bildwerke des Mittelalters und des Barocks aus der Albrechtsburg, Dresden 1985

HARBISON C.: The Last Judgement in Sixteenth Century Northern Europe. A study in the relation between Art and the Reformation, 1976

HAUPTMANN, Elmar: Metallhandwerkerzünfte in der Reichsstadt Regensburg, masch. Diss. Erlangen 1952

HAUSBERGER, Karl: Geschichte des Bistums Regensburg, 2 Bde., Regensburg 1989

HEINZ, Dora: Europäische Wandteppiche 1. Von den Anfängen bis zum Ende des 16. Jahrhunderts, Braunschweig 1963

HEMMERLE, Josef: 700 Jahre Augustiner in Regensburg 1267–1967, Regensburg 1967, ohne Paginierung

HILDEBRAND, Hans: Regensburg (Berühmte Kunststätten, Bd. 52), Leipzig 1910

HILTL, Franz: St. Christophorus im mittelalterlichen Regensburg, in: Unser Heimatland (Tagesanzeiger Regensburg) 2, Nr. 6, 1952.

HILZ, Anneliese: Die Minderbrüder von St. Salvator in Regensburg 1226–1810 (= BGBR 25), Regensburg 1991

HIMMELHEBER, Georg: Zweigeschossige Schränke der Spätgotik in Oberdeutschland, in: Münchner Jahrbuch der Bildenden Kunst, 3. Folge, Bd. XVII, 1967, 97–110

HUBEL, Achim: Der Erminoldmeister und die deutsche Skulptur des 13. Jahrhunderts, in: BGBR 8 (1974), 53–241

HUBEL, Achim: Die Schöne Maria von Regensburg. Wallfahrten – Gnadenbilder – Ikonographie, in: 850 Jahre Kollegiatstift zu den heiligen Johannes Baptist und Johannes Evangelist in Regensburg 1127–1977, FS hrsg. im Auftrag des Stiftskapitels von Paul Mai, München-Zürich 1977, 199–239

HUBEL, Achim: Albrecht Altdorfers Tafel „Die beiden Johannes". Studien zu Form und Farbe in Altdorfers Gemälden, in: VHVOR 113 (1979), 161–175

HUBEL, Achim: Der Erminoldmeister – Überlegungen zu Person und Werk, in: RAL 1993, 197–207

HUBEL, Achim / SCHULLER, Manfred: Der Dom zu Regensburg. Vom Bauen und Gestalten einer gotischen Kathedrale, Regensburg 1995

HUNDSBICHLER, Helmut: Nahrung, in: KÜHNEL, Harry (Hrsg.): Alltag im Spätmittelalter, Graz-Wien-Köln 1984, 196–214

HUPP, Otto: Kunstschätze des Regensburger Rathauses, Regensburg 1910

Die Inschriften der Stadt Regensburg I. Minoriten, bearb. von B. KNORR und G. ZIPP unter Mitarbeit von B. MEIER (Die deutschen Inschriften, Bd. 40; Münchener Reihe, Bd. 8), München 1995

JAKOB, G: Die vier reitenden Könige an der Fassade des Regensburger Domes, in: Zeitschrift für christliche Kunst, 1900, 117–124

KARLINGER, Hans: Die romanische Steinplastik in Bayern und Salzburg 1050–1260, Augsburg 1924

KARLINGER, Hans: Das Astrolabium aus St. Emmeram in Regensburg, in: Münchner Jahrbuch der Bildenden Kunst, N.F., Bd. 13 (1938/39), 12–17

KASPAREK, Max Udo: Irdenware aus der Regensburger Judenstadt, in: Ostbairische Grenzmarken 3 (1959), 212–215

Kat. Alte Pinakothek: Alte Pinakothek München. Katalog II. Altdeutsche Malerei, München 1963

Kat. Andechs: Herzöge und Heilige. Das Geschlecht der Andechs-Meranier im europäischen Hochmittelalter (Landesausstellung im Kloster Andechs, 13.7.–24.10.1993), München 1993

Kat. Bayerisches Nationalmuseum 1908: Karl VOLL / Heinz BRAUNE / Hans BUCHHEIT: Gemälde-Katalog des Bayerischen Nationalmuseums, München 1908

Kat. Bayerisches Nationalmuseum 1924: Philipp Maria HALM / Georg LILL: Die Bildwerke des Bayerischen Nationalmuseums, I. Abt., Die Bildwerke in Holz und Stein vom XII. Jahrhundert bis 1450 (Kataloge des Bayerischen Nationalmuseums, Bd. 13), Augsburg 1924

Kat. Bayerisches Nationalmuseum 1959: Kataloge des Bayerischen Nationalmuseums, Bd. XIII, bearb. v. Theodor MÜLLER, München 1959

Kat. Berlin-Regensburg 1988: Albrecht Altdorfer. Zeichnungen, Deckfarbenmalerei, Druckgraphik. Hrsg. von Hans MIELKE (Berlin, Staatl. Museen Preußischer Kulturbesitz, Kupferstichkabinett, 12.2.–17.4.1988; Regensburg, Museen der Stadt Regensburg, 6.5.–10.7.1988), Berlin 1988

Kat. Berlin 1989/90: Dasein und Vision. Bürger und Bauern um 1500 (Staatliche Museen zu Berlin, Altes Museum 1989/90), Berlin 1989

Kat. Bonn 1988: Phoenix aus Sand und Asche. Glas des Mittelalters, hrsg. von Erwin BAUMGARTNER u. Ingeborg KRUEGER, Bonn (Rheinisches Landesmuseum, 3.5.–24.6.1988), München 1988

Kat. Engelhartszell 1994: Die Donau. Facetten eines europäischen Stromes (Oberösterreichische Landesausstellung 1994 in Engelhartszell), Linz 1994

Kat. Germanisches Nationalmuseum 1936: Katalog der Gemälde des 13.–16. Jahrhunderts des Germanischen Nationalmuseums in Nürnberg, Leipzig 1936

Kat. Güssing 1990: Die Ritter. Burgenländische Landesausstellung (Burg Güssing, 4.5.–28.10.1990), Eisenstadt 1990

Kat. Hamburg 1953: Bildteppiche aus sechs Jahrhunderten (Museum für Kunst und Gewerbe), Hamburg 1953

Kat. Innsbruck 1992: Hispania Austria. Kunst um 1492 (Schloß Ambras, 3.7.–20.9.1992), Mailand 1992

Kat. Landshut 1980: Wittelsbach und Bayern I/2, Die Zeit der frühen Herzöge. Von Otto I. zu Ludwig dem Bayern (Burg Trausnitz, 14.6.–5.10.1980), München-Zürich 1980

Kat. München 1938: Albrecht Altdorfer und sein Kreis. Gedächtnisausstellung zum 400. Todesjahr Altdorfers, München 1938

Kat. München 1958: Meisterwerke alter Kunst (Julius Böhler), München 1958

Kat. München 1972: Bayern. Kunst und Kultur. Von Michael PETZET, München 1972

Kat. München 1980: Deutsche Skulptur der Gotik (Julius Böhler), München 1980

Kat. Nürnberg 1983: Martin Luther und die Reformation in Deutschland (Germanisches Nationalmuseum, 25. 6.–25. 9. 1983), Nürnberg 1983

Kat. Nürnberg 1983 I: Veit Stoß in Nürnberg. Werke des Meisters und seiner Schule in Nürnberg und Umgebung (Germanisches Nationalmuseum 1983), München 1983

Kat. Nürnberg 1995: Die ersten Franken in Franken. Das Reihengräberfeld von Westheim (Germanisches Nationalmuseum), Nürnberg 1995

Kat. Passau 1995: Weißes Gold. Passau – Vom Reichtum einer europäischen Stadt (Oberhausmuseum, 6. 5.–1. 10. 1995), Passau 1995

Kat. Regensburg 1953 s. DIEPOLDER

Kat. Regensburg 1964: Ars Sacra. U.L. Frau zur Alten Kapelle, Regensburg 1964

Kat. Regensburg 1977: Gläser. Antike-Mittelalter-Neuzeit, Museum der Stadt Regensburg, Katalog der Glassammlung, Sammlung Brauser. Von Sabine BAUMGÄRTNER, Karlsruhe 1977

Kat. Regensburg 1979: Kostbarkeiten aus kirchlichen Schatzkammern. Goldschmiedekunst im Bistum Regensburg, bearb. von Achim HUBEL (Diözesanmuseum, 6. 7.–30. 9. 1979), München-Zürich 1979

Kat. Regensburg 1987: Regensburger Buchmalerei. Von frühkarolingischer Zeit bis zum Ausgang des Mittelalters (Bayerische Staatsbibliothek, Ausstellungskataloge, Bd. 39), München 1987

Kat. Regensburg 1989: Ratisbona Sacra. Das Bistum Regensburg im Mittelalter (Diözesanmuseum Obermünster, 2. 6.–1. 10. 1989), München-Zürich 1989

Kat. Regensburg 1989 I: Der Dom zu Regensburg. Ausgrabung – Restaurierung – Forschung (Domkreuzgang und Domkapitelhaus, 14. 7.–29. 10. 1989), München-Zürich 1989

Kat. Regensburg 1989/90: „Stadt und Mutter in Israel". Jüdische Geschichte und Kultur in Regensburg (Stadtarchiv und Runtingersäle, 9. 11.–12. 12. 1989) (= Ausstellungskataloge zur Regensburger Geschichte Bd. 2), 2., verbesserte Auflage, Regensburg 1990

Kat. Regensburg 1992/93: 1542–1992. 450 Jahre evangelische Kirche in Regensburg (Museum der Stadt Regensburg, 15. 10. 1992–19. 1. 1993), Regensburg 1992

Kat. Rosenheim-Mattsee 1993: Die Bajuwaren. Von Severin bis Tassilo 488–788, Rosenheim-Mattsee 1988

Kat. Salzburg 1972: Spätgotik in Salzburg. Die Malerei (Museum Carolino Augusteum), Salzburg 1972

Kat. Slg. Thyssen s. LÜBBEKE

Kat. St. Florian 1965: Die Kunst der Donauschule 1490–1540 (Stift St. Florian und Schloßmuseum Linz, 14. 5.–17. 10. 1965), Linz 1965

Kat. Schleißheim: Katalog der königlichen Gemäldegalerie zu Schleißheim, München 1914

Kat. Stuttgart 1979/80: Zeichnung in Deutschland – Deutsche Zeichner 1540–1640. Von Heinrich GEISSLER (Staatsgalerie, 1. 12. 1979–17. 2. 1980), 2 Bde., Stuttgart-Bad Cannstatt 1979

Kat. Tournai 1970: Tapisseries héraldiques et de la vie quotidienne. Von Jean-Paul ASSELBERGHS, Tournai 1970

Kat. Verona 1986: Momenti di vita nobiliare nel tardo medioevo. Gli Scaligeri nell' Italia settentrionale e in Baviera – Aus dem adeligen Leben im Spätmittelalter. Die Skaliger in Oberitalien und in Bayern. Eine Ausstellung des Hauses der Bayerischen Geschichte (Museo di Castelvecchio, 14.9.–5.10.1986), München 1986

Kat. Zürich 1991: „edele frouwen – schoene man". Die Manessische Liederhandschrift in Zürich. Von Claudia BRINKER u. Dione FLÜHLER (Schweizerisches Landesmuseum, 12. 6.–29. 9. 1991), Zürich 1991

Kat. Zürich 1994: Himmel Hölle Fegefeuer. Das Jenseits im Mittelalter. Von Peter JEZLER (Schweizerisches Landesmuseum 1994), Zürich 1994

KDB Niederbayern VI (Stadt Straubing), bearb. von Felix MADER, München 1921

KDB Regensburg, 3 Bde., bearb. von Felix MADER, München 1933

KELLER, Erwin: Germanenpolitik Roms im bayerischen Teil der Raetia Secunda während des 4. und 5. Jahrhunderts, in: Jahrbuch des Römisch-Germanischen Zentralmuseums Mainz 33 (1986), 575–592

KIESLINGER, Franz: Zur Geschichte der gotischen Plastik in Österreich (Artes Austriae. Studien zur Kunstgeschichte Österreichs, Bd. I), Wien 1923

KLEINSTÄUBER, Christian H.: Geschichte und Beschreibung der altberühmten steinernen Brücke zu Regensburg, in: VHVOR 33 (1878), 195–264.

KOCH, Ursula: Die Grabfunde der Merowingerzeit aus dem Donautal um Regensburg (= Germanische Denkmäler der Völkerwanderungszeit, Serie A, Bd. 10), Berlin 1968

KOECHLIN, Raymond: Les ivoires gothiques français, 3 Bde., Paris 1924 (ND Paris 1968)

KOESTER, Kurt: Ein rätselhafter „Siegeldruck" des 15. Jahrhunderts aus Regensburg. Studien zur mittelalterlichen Wallfahrt nach St. Emmeram und ihren Pilgerzeichen, in: Bibliothekswelt und Kulturgeschichte, hrsg. von Peter Schweigler (FS für Joachim Wieder), München 1977, 123–137

KOHLHAUSSEN, Heinrich: Geschichte des deutschen Kunsthandwerks, München 1955

KOHLHAUSSEN, Heinrich: Nürnberger Goldschmiedekunst, Berlin 1968

KRAUS, Andreas / PFEIFFER, Wolfgang (Hrsg.): Regensburg. Geschichte in Bilddokumenten, München 1979 (^{2}1986)

KURTH, Betty: Die Blütezeit der Bildwirkerkunst zu Tournai und der burgundische Hof, in: Jahrbuch der kunsthistorischen Sammlungen des allerhöchsten Kaiserhauses 34, Wien 1917, 53–110

KURTH, Betty: Gotische Bildteppiche aus Frankreich und Flandern, München 1923

KURTH, Betty: Die deutschen Bildteppiche des Mittelalters, Wien 1926

LAUNERT, Edmund: Der Mörser, München 1990

LEHNER, Albert: Medizin in Regensburg. Streifzug durch die Medizingeschichte, in: RAL 1994, 1–11

VON DER LEYEN, Friedrich/SPAMER, Adolf: Die altdeutschen Wandteppiche im Regensburger Rathaus, in: Das Regensburger Rathaus, Regensburg 1910 (auch separat erschienen)

LILL, Georg: Hans Leinberger. Der Bildschnitzer von Landshut. Welt und Umwelt des Künstlers, München 1942

LOEHR, A.: Probleme der Silberbarren, in: Numismatische Zeitschrift 64 (1931), 101–109

LOERS, Veit: Die Barockausstattung des Regensburger Doms und seine Restauration unter König Ludwig I. von Bayern (1827–1839), in: BGBR 10 (1976), 229–266

LOERS, Veit: Mittelalterliche Funde aus der Latrine eines Regensburger Patrizierhauses, in: AJ 1984, 169–171

LOERS, Veit: Funde aus der im Haus Vor der Grieb 3 ergrabenen Latrine, in: Jahrbuch der Bayerischen Denkmalpflege 39 (1985 [1988]), 70–72

LOERS, Veit: Funde aus der Latrine eines mittelalterlichen Patrizierhauses, in: Denkmalpflege in Regensburg (erscheint 1996)

LOSERT, Hans: Ein byzantinisches Reliquienkreuz aus der Umgebung von Altfalter, in: CODREANU-WINDAUER, Silvia / OSTERHAUS, Udo (Hrsg.): Auf Spurensuche. Archäologische und baugeschichtliche Untersuchungen in der Oberpfalz, Regensburg 1992, 92–94

LOSERT, Hans: Ein byzantinisches Reliquienkreuz aus der Umgebung von Altfalter, in: AJ 1992 (1993), 153–155

LOSERT, Hans: Die slawische Besiedlung Nordostbayerns aus archäologischer Sicht, in: Vorträge des 11. Niederbayerischen Archäologentages, Deggendorf 1993, 207–270

LÜBBEKE, Isolde: The Thyssen-Bornemisza Collection. Early German Painting 1350–1550, London 1991

MACKENSEN, Michael: Die spätantiken Sigillata- und Lampentöpfereien von El Mahrine (Nordtunesien) (= Münchner Beiträge zur Vor- und Frühgeschichte, Bd. 50), München 1993

MAEK-GÉRARD, Michael: Liebighaus – Museum Alter Plastik. Nachantike großplastische Bildwerke, Bd. 3: Die deutschsprachigen Länder ca. 1380–1530/40 (Wissenschaftliche Kataloge, hrsg. von Herbert BECK), Melsungen 1985

MAIER, Ulrike: Zwei mittelalterliche Latrinen aus Regensburg (Objekt 2 und 9 der Grabung Evang. Krankenhaus 1991), ungedr. Magisterarbeit Universität Bamberg 1994

MAYER, Josef: Die Sammlungen des historischen Vereins von Oberpfalz und Regensburg, in Regensburg, in: VHVOR 21 (1862/63), 1–24

MEDER, Joseph: Dürer-Katalog. Ein Handbuch über Albrecht Dürers Stiche, Radierungen, Holzschnitte, deren Zustände, Ausgaben und Wasserzeichen, Wien 1932

MENADIER und DRESSEL: Amtliche Berichte aus den königlichen Kunstsammlungen. Münzkabinett, in: Jahrbuch der königlichpreussischen Kunstsammlungen 20 (1899), Sp. LVIII–LXI

MENDE, Ursula: Die Türzieher des Mittelalters, Berlin 1981

MENGHIN, Wilfried: Frühgeschichte Bayerns, Stuttgart 1990

MERLINI, E.: La „Bottega degli Embriachi" e i cofanetti eburnei fra Trecento e Quattrocento: una proposta di classificazione, in: Arte Cristiana 76 (1988), 267–282

MEYER, E.: Der gotische Kronleuchter in Stans. Ein Beitrag zur Geschichte der Dinanderie, in: FS H. R. Hahnloser, Basel 1961, 151–184

MORSBACH, Peter / BRANDL, Anton J.: Kunst in Regensburg, Regensburg 1995

MÜLLER, Heinrich: Deutsche Bronzegeschützrohre 1400–1750, Berlin 1968

NEUHAUS, A.: Der Nürnberger Geschützgießer Endres Pegnitzer der Ältere, in: Anzeiger des Germanischen Nationalmuseums 1932/1933, 128–161

NEUMANN, Carl Woldemar: Die Dollingersage, Regensburg 1862

NIEDERMAYER, Anton: Künstler und Kunstwerke der Stadt Regensburg. Ein Beitrag zur Kunstgeschichte Altbayerns, Landshut 1857

NOSS, Alfred: Die Münzen der Erzbischöfe von Cöln 1306–1547, Köln 1913

OSTERHAUS, Udo: Beobachtungen zum römischen und frühmittelalterlichen Regensburg, in: VHVOR 112 (1972), 7–17

OSTERHAUS, Udo: Oberbarbing-Kreuzhof, östlich Regensburg. Frühmittelalterliche Siedlung. Gewinne und Verluste, in: Ausgrabungsnotizen aus Bayern 1977/2, München 1977

OSTERHAUS, Udo: Ein bemerkenswerter frühmittelalterlicher Fund aus Regensburg-Bismarckplatz, in: VHVOR 117 (1977), 177–181

OSTERHAUS, Udo: Eine Reiterbestattung aus dem frühen Mittelalter aus Regensburg-Bismarckplatz, in: Jahresbericht der Bayerischen Bodendenkmalpflege 21 (1980), 182–194

OSTERHAUS, Udo: Ein frühmittelalterliches Gräberfeld mit Adelsgrablege östlich von Harting, in: AJ 1985 (1986), 131–135

OSTERHAUS, Udo: Ein frühmittelalterliches Gehöft mit Gräberfeld von Burgweinting. AJ 1986 (1987) 139–140

OSTERHAUS, Udo: Eine Adelsbestattung vom Ende des 7. Jahrhunderts n. Chr. im Kloster St. Emmeram in Regensburg, in: AJ 1992 (1993), 136–138

OSTERHAUS, Udo: Die Ausgrabungen bei St. Emmeram in Regensburg, in: Bericht der Bayerischen Bodendenkmalpflege 34/35 (1993/1994; ersch. 1995), 202–223

OSTERHAUS, Udo / WINTERGERST, Eleonore: Die Ausgrabungen bei St. Emmeram. Ein Vorbericht, in: Bayerische Vorgeschichtsblätter 58 (1993), 271–303

PÄCHT, Otto: Österreichische Tafelmalerei der Gotik, Augsburg 1929

PARITIUS, Georg Heinrich: Das jetzt=lebende Regensburg oder Kurtz=gefaßte Nachricht vom Gegenwärtigen Zustand der des H. Röm. Reichs freyen Stadt Regensburg, Regensburg 1722

PAULUS, Helmut Eberhard: Der Regensburger Brückenlöwe. Zum Wappentier der Staufer an der Steinernen Brücke, in: Ars Bavarica 47/48 (1987), 1–10

PAULUS, Helmut-Eberhard: Steinerne Brücke. Mit Regensburger und Amberger Salzstadel und einem Ausflug zur historischen Wurstküche (Regensburger Taschenbücher, Bd. 2), Regensburg 1993

PFEIFFER, Wolfgang: Notizen zu Irmgard Büchner-Suchland, Hans Hieber, in: VHVOR 104 (1964), 235–245

PFEIFFER, Wolfgang: Ein Frühwerk Michael Ostendorfers (?). Die Nürnberger Tafeln des Monogrammisten I, in: Alte und moderne Kunst, 10. Jg. (1965), 20f.

PFEIFFER, Wolfgang: Die Zeichnungen Michael Ostendorfers am Kirchenmodell der Schönen Maria zu Regensburg, in: Pantheon XXIV (1966), 378–387

PFEIFFER, Wolfgang: Magister Aldrevandin me fecit, in: VHVOR 106 (1966), 205–207 (= PFEIFFER 1966 I)

PFEIFFER, Wolfgang: Neupfarrkirche Regensburg (Schnell und Steiner Kunstführer Nr. 877), München-Zürich 1967

PFEIFFER, Wolfgang: Die Tonaquamanilien im Museum der Stadt Regensburg, in: Beiträge zur Oberpfalzforschung 3 (1969), 83–87

PFEIFFER, Wolfgang: „Acrische" Gläser, in: Journal of Glass Studies, Vol. XII, 1970

PFEIFFER, Wolfgang: „und lobt die Schöne Maria". Ein Votivrelief der Regensburger Wallfahrt von 1520, in: Anzeiger des Germanischen Nationalmuseums 1983, 27–31

PFEIFFER, Wolfgang: Neuerwerbungen der Städtischen Sammlungen, in: RAL 1988, 156–162

PFEIFFER, Wolfgang: Wie sah Albrecht Altdorfer aus?, in: Pantheon XLVI (1988), 60–62

PLETZER, Gerhard: Die mittelalterliche Keramik von Regensburg, Diss. München 1974 (= Documenta naturae, Bd. 58, München 1990)

POHLIG, Carl Theodor: Eine verschwundene Bischofspfalz, in: Zeitschrift für bildende Kunst, NF 7 (1896), 145–152 u. 179–182

RADEMACHER, Franz: Die deutschen Gläser des Mittelalters, Berlin ²1963

RASELIUS, M. Andreas/DONAUER M. C.: Chronik Raseli. Von dem Ursprung der Stadt Regenspurg derselbigen Hoch-Stiffts, Neben-Stiffter und Clöster, und andere Merkwürdigkeiten (StAR)

RASMO, Nicolò: Il pittore Altdorfer e la Residenza Clesiana di Trento, in: Cultura Atesina 9 (1955), 31 ff.

REITZENSTEIN, Alexander von: Reiter von Mauerkirchen und Regensburg, in: Waffen- und Kostümkunde, 1966, 61–80

RESCH, A.: Beschreibung der Paulsdorfer'schen Kapelle und der darin befindlichen Grabmäler, in: VHVOR 4 (1837), 130–142 (1811 verfaßt)

RETTBERG, R. v.: Nürnberger Briefe, Hannover 1846

REUTHER, Hans/BERCKENHAGEN, Ekhart: Deutsche Architekturmodelle. Projekthilfe zwischen 1500 und 1900, Berlin 1994

SAGE, Walter: Gräber der älteren Merowingerzeit aus Altenerding, Ldkr. Erding (Oberbayern), in: 54. Bericht der Römisch-germanischen Kommission (1973), 213–317

Sammlung Herbert J. Erlanger (Auktion Bank Leu, Zürich, und Münzen- und Medaillenhandlung Stuttgart, 21.–23. Juni 1989)

SCHÄDLER-SAUB, Ursula: Die Regensburger Entwürfe der Bocksberger – italienische Einflüsse auf die Fassadenmalerei der Renaissance in Süddeutschland, in: Farbige Architektur. Regensburger Häuser – Bauforschung und Dokumentation (Bayerisches Landesamt für Denkmalpflege, Arbeitsheft 21), München 1984

SCHINNERER, Johannes: Die gotische Plastik in Regensburg (= Studien zur deutschen Kunstgeschichte 207), Straßburg 1918

SCHMIDT, Wilhelm: Albrecht Altdorfer, in: Kunstchronik, NF 1 (1890)

SCHMIDT, Wilhelm: Über den Anteil Wolf Trauts, Hans Springinklees und Albrecht Altdorfers an der Ehrenpforte Kaiser Maximilians, in: Chronik für vervielfältigende Kunst IV (1891)

SCHNELLBACH, R.: Ein Schmerzensmann aus dem Kreis des Hans Multscher, in: Kunstrundschau, 46. Jg., H. 4 (April 1938), 73–75

SCHNURBEIN, Siegmar von: Das römische Gräberfeld von Regensburg (= Materialhefte zur bayerischen Vorgeschichte, Reihe A, Bd. 31), Kallmünz 1977

SCHRAMM, Percy Ernst: Die deutschen Kaiser und Könige in Bildnissen ihrer Zeit, Leipzig 1928

SCHRATZ, Wilhelm: Regensburger Wappen, in: Der Deutsche Herold, 17. Jg., Berlin 1886

SCHRATZ, Wilhelm: Die Wallfahrtszeichen zur Schönen Maria in Regensburg, in: Mitteilungen der Bayerischen Numismatischen Gesellschaft 6 (1887), 41–60

SCHRÖTER, Peter: Zur beabsichtigten künstlichen Kopfumformung im völkerwanderungszeitlichen Mitteleuropa, in: Kat. Rosenheim-Mattsee 1988, 58–265

SCHUEGRAF, Joseph Rudolf: Geschichte des Domes zu Regensburg, 2 Bde., Regensburg 1848/49

SCHUETTE, Marie / MÜLLER-CHRISTENSEN, Sigrid: Das Stickereiwerk, Tübingen 1963

SEYLER, Alfred: Die mittelalterliche Plastik Regensburgs, Diss. München 1905

SPEAR, Richard E.: A 1490 „Harrowing of Hell", in: Record of the Art Museum Princeton University, vol. XXI (1962), 2–9

SPERBER, Helmut: Unsere Liebe Frau. 800 Jahre Madonnenbild und Marienverehrung, Regensburg 1980

STABER, Josef: Kirchengeschichte des Bistums Regensburg, Regensburg 1966

STAHL, Gerlinde: Die Wallfahrt zur Schönen Maria in Regensburg, in: BGBR 2 (1968), 35–282

STAHLSCHMIDT, Rainer: Das Messinggewerbe im spätmittelalterlichen Nürnberg, in: Mitteilungen des Vereins für Geschichte der Stadt Nürnberg 57 (1970), 124–149.

STANGE, Alfred: Deutsche Malerei der Gotik, 10 Bde., München-Berlin 1960

STANGE, Alfred: Die Malerei der Donauschule, München 1964

STANGE, Alfred: Kritisches Verzeichnis der deutschen Tafelbilder vor Dürer, Bd. III (Franken), hrsg. von Norbert LIEB, bearb. von Peter STRIEDER und Hanna HÄRTLE, München 1978

STEINHILBER, Dirk: Die Pfennige des Regensburger Schlages, in: Jahrbuch für Numismatik und Geldgeschichte 8 (1957), 121–186, Tf. 7–12

STIASSNY, Robert: Altsalzburger Tafelbilder, in: Jahrbuch der kunsthistorischen Sammlungen des allerhöchsten Kaiserhauses 24,2, Wien u. a. 1903, 49 ff.

STRIEDER, Peter: Tafelmalerei in Nürnberg 1350 – 1550, Königstein im Taunus 1993

STROBEL, Richard: Katalog der ottonischen und romanischen Säulen in Regensburg und Umgebung, in: Jahrbuch für fränkische Landesforschung 22 (1962), 357–431 u. Taf. 1–36

STROBEL, Richard: Romanische Architektur in Regensburg. Kapitell, Säule, Raum, Nürnberg 1965

STROBEL, Richard: Mittelalterliche Bauplastik am Bürgerhaus in Regensburg (Das deutsche Bürgerhaus XXX), Tübingen 1981

STROH, Armin: Die Reihengräber der karolingisch-ottonischen Zeit in der Oberpfalz (Materialhefte zur bayerischen Vorgeschichte, Bd. 4), Kallmünz 1954

THEOBALD, Leonhard: Die Reformationsgeschichte der Reichsstadt Regensburg, 2 Bde. (Einzelarbeiten aus der Kirchengeschichte Bayerns 19), Bd. 1, München 1936; Bd. 2, Nürnberg 1951

URBANEK, P.: Wappen und Siegel Regensburger Bürger und Bürgerinnen im Mittelalter, Diss. Regensburg 1988

VISCHER, Robert: Studien zur Kunstgeschichte, Stuttgart 1886

VON DER OSTEN, Gert: Der Schmerzensmann, Berlin 1935

WAAGEN, Gustav Friedrich: Kunstwerke und Künstler in Deutschland, Teil II, Leipzig 1845

WAGNER, Hans: Studien über die romanische Baukunst in Regensburg, in: VHVOR 68 (1918), 84–116

WALDERDORFF, Hugo Graf von: Regensburg in seiner Vergangenheit und Gegenwart, Regensburg ⁴1896

WALDERDORFF, Hugo Graf von: Über die Kapellen St. Georgii an der Halleruhr und im Witfend in Regensburg, in: VHVOR 56 (1904), 183–192

WALDHERR, Gerhard: Martiribus sociata. Überlegungen zur „ältesten" christlichen Inschrift Rätiens, in: K. DIETZ / D. HENNING / H. KALETSCH (Hrsg.): Klassisches Altertum, Spätantike und frühes Christentum. FS Adolf Lippold, Würzburg 1993, 553–577

WAMERS, Egon: Die frühmittelalterlichen Lesefunde aus der Löhrstraße (Baustelle Hilton II) in Mainz (= Mainzer Archäologische Schriften, Bd. 1), Mainz 1994

WEIGERT, Roger-Armand: La tapisserie française, Paris 1956

WEININGER, Hans: Dem Gedächtniß Hans Dollinger's, in: Illustrirte Zeitung Nr. 1298 (16.5.1868), 353f.

WEINLICH, Edgar: Ausgrabungen in einem neu entdeckten germanischen Brandgräberfeld des 4./5. Jahrhunderts n. Chr. bei Forchheim, in: AJ 1990 (1991), 136f.

WEINLICH, Edgar: Ausgrabungen in einem neu entdeckten germanischen Gräberfeld bei Forchheim, Gde. Freystadt, Lkr. Neumarkt/Opf., in: CODREANU-WINDAUER, Silvia / OSTERHAUS, Udo (Hrsg.): Auf Spurensuche. Archäologische und baugeschichtliche Forschungen in der Oberpfalz, München 1992, 41–43

WEINLICH, Edgar: Tönerne Ritterfigürchen zu Pferde – eine mittelalterliche Spielzeuggattung, in: VHVOR 133 (1993), 65–76

WERNER, Joachim: Ostgotische Bügelfibeln aus bajuwarischen Reihengräbern, in: Bayerische Vorgeschichtsblätter 26 (1961), 68–75

WERNER, Joachim: Zu einer elbgermanischen Fibel des 5. Jahrhunderts aus Gaukönigshofen, Lkr. Würzburg, in: Bayerische Vorgeschichtsblätter 46 (1981), 225–254

WESENBERG, Rudolf: Das Regensburger Samson-Relief und die süddeutsche Skulptur des 11. Jahrhunderts, in: Mitteilungen des Oberhessischen Geschichtsvereins, NF Bd. 40 (1960), 20–23

WIESENBACH, Joachim: Wilhelm von Hirsau. Astrolab und Astronomie im 11. Jahrhundert, in: Forschungen und Berichte der Archäologie des Mittelalters in Baden-Württemberg, Bd 10/2, Stuttgart 1991, 109–156

WILCKENS, Leonie von: Regensburg und Nürnberg an der Wende des 14. zum 15. Jahrhundert, in: Anzeiger des Germanischen Nationalmuseums 1973, 57–79

WILCKENS, Leonie von: Museum der Stadt Regensburg. Bildteppiche, Regensburg 1980

WILCKENS, Leonie von: Die textilen Künste von der Spätantike bis um 1500, München 1991

WILM, Hubert: Gotische Tonplastik in Deutschland, Augsburg 1929

WINDISCH-GRAETZ, Franz: Möbel Europas. Von der Romanik bis zur Spätgotik, München 1982

WINTERGERST, Eleonore: Die archäologischen Funde der Ausgrabung Niedermünster Kreuzgarten in Regensburg, ungedr. Magisterhausarbeit Universität Bamberg 1991

WINTERGERST, Eleonore: Das Niedermünster in Regensburg – Die Entwicklung zum Damenstift im frühen und hohen Mittelalter, in: Denkmalpflege in Regenburg 4 (1994), 67 ff.

WINTERGERST, Magnus: Mittelalterliche Keramik aus der Grabung Regensburg – Ledergasse 1 (1982), ungedr. Magisterhausarbeit Universität Bamberg 1991

WINTERGERST, Magnus: Hochmittelalterliche Keramik in Regensburg (10.–13. Jahrhundert), in: Regensburg im Mittelalter, Bd. I (Aufsätze), Regensburg 1995, im Druck

WINZINGER, Franz: Albrecht Altdorfer. Zeichnungen. Gesamtausgabe, München 1952

WINZINGER, Franz: Albrecht Altdorfer. Graphik, Holzschnitte, Kupferstiche, Radierungen. Gesamtausgabe, München 1963

WINZINGER, Franz: Albrecht Altdorfer. Gemälde, München 1975

WIRTH, Karl-August: Ein neugefundenes ottonisches Steinbildwerk in Regensburg, in: Kunstchronik 12 (1959), H. 2, 33–40

WOOD, Christopher S.: Albrecht Altdorfer and the Origins of Landscape, London 1993

WYNEN, Arnulf: Michael Ostendorfer. Ein Regensburger Maler der Reformationszeit, Diss. Freiburg i. Br. 1961

ZAHN, Karl: Der Dom zu Regensburg, Augsburg 1929

ZAISBERGER, Friederike: Der Salzburger Hof in Regensburg, in: Mitteilungen der Gesellschaft für Salzburger Landeskunde 11 (1982), 125–240

ZAPALAC, Kristin E. S.: In His Image and Likeness. Political Iconography and Religious Change in Regensburg 1500–1600, Ithaca-London 1990

ZIMMERMANN, E. H.: Aus Altdorfers Umkreis, in: Anzeiger des Germanischen Nationalmuseums, 1932/33, 119 ff.

ZIMMERMANN, Eva Maria: Studien zum Frueauf-Problem, masch. Diss. Wien 1975

ZINNER, Ernst: Das mittelalterliche Lehrgerät für Sternkunde zu Regensburg und seine Beziehung zu Wilhelm von Hirsau, in: Zeitschrift für Instrumentenkunde 43 (1923), 278–282

ZINNER, Ernst: Deutsche und Niederländische astronomische Instrumente des 11. bis 18. Jahrhunderts, München 1965

ZIRNGIBL, Roman: Codex diplomaticus octo fraternitatum Sti Wolfgangi, 1815 (Bischöfl. Zentralarchiv Regensburg, BDK 15)

Bildnachweis

Bamberg, Lamprecht & Hartleitner: Kat. 9.5

Kellberg, Dionys Asenkerschbaumer: Rekonstruktion zu Kat. 24.2 geöffnet: links oben und links unten

Florenz, Soprintendenza alle Gallerie: Vergleichsabb. zu Kat. 26.2

Loham, Wilkin Spitta: Farbtafel 49–52; Kat. 20.3, 25.1, 25.2

London, Christie's Images Ltd.: Rekonstruktion zu Kat. 24.2 geöffnet, rechts oben, und geschlossen, rechts oben

Mühldorf, Alexander Heck: Kat. 14.36 a

München, Dr. Albrecht Müller: Rekonstruktion zu Kat. 24.2 geschlossen, links oben und links unten

München, Dr. Hubert Emmerig: 12 (Münzen)

Regensburg, Museum der Stadt Regensburg (Fotostudio Zink): Farbtafel 1–48, 53–59; Kat. 1.1, 2.2, 2.3, 2.5–19, 3.1–68, 3.70–77, 4.2–4, 4.6–11, 4.13–18, 5.3–15, 6.1–7, 7.1–4, 8.1–9, 9.2–4, 9.6–9, 10.1–3, 10.5–12, 10.16–19, 10.24–29, 11.7, 11.10–12, 13.1,2, 13.6–8, 14.1–35, 14.36b–49, 15.1–7, 16.3–7, 18.1,2, 18.6, 21.1–16, 22.4–32, 23.1, 23.4–8, 25.4, 25.9; Rekonstruktion zu Kat. 24.2 geschlossen, rechts unten, und geöffnet, rechts unten (Presse- und Informationsstelle der Stadt Regensburg): Kat. 2.1, 9.8, 11.13,14, 25.6, 26.6; (Foto Wagmüller): Kat. 9.6, 25.3, 25.7, 25.8

Dank

Den folgenden Institutionen und Firmen gebührt, soweit nicht schon im Vorwort aufgeführt, aufrichtiger Dank für wertvolle Mitarbeit:

Bayerische Verwaltung der Staatl. Schlösser, Gärten und Seen (Frau Dr. Sabine Heym, Frau Cornelia Wild, Herrn André Brutillion)
Bayerisches Hauptstaatsarchiv München (Frau Claudia Mannsbart)
Bayerisches Landesamt für Denkmalpflege Regensburg (Frau Dr. Silvia Codreanu-Windauer, Herrn Rudi Röhrl)
Bayerisches Landesamt für Denkmalpflege, Schloß Seehof bei Bamberg (Frau Ltd. Restauratorin Maria Theresia Worch)
Germanisches Nationalmuseum Nürnberg, Archiv (Frau Dr. Irmtraut Freifrau von Andrian-Werburg)
Österreichische Nationalbibliothek Wien, Bildarchiv (Herrn Edwin Hofbauer)
Prähistorische Staatssammlung München (Herrn Prof. Dr. Ludwig Wamser, Frau Dr. Brigitte Haas)
Stadtmuseum Meißen (Frau Martina Fischer)
Stadtbibliothek Nürnberg (Frau Elisabeth Beare)

Herrn Michael Gerg, Lenggries (Holzrestaurierung)
Frau Gabi Kleindorfer, Vilsheim (Papierrestaurierung)
Frau Ursula Hofmann, Nürnberg (Textilrestaurierung)
Firma Lamprecht & Hartleitner, Bamberg (Steinrestaurierung)
Herrn Wilkin Spitta, Loham (Photographie)
Herrn Dietrich Schimpfle, Haimhausen (Steinrestaurierung)
Herrn Alfred Stemp, Eichenau (Papierrestaurierung)
Herrn Manfred Wunderskirchner, Böbing (Objektmontage)

Architekturbüro Alexander und Emanuela von Branca, München (Herrn Gallus Faller, Herrn Rudolf Balzer, Frau Karin S. Bannier, Frau Karin Blum)
Architekturbüro Dömges + Partner (Herrn Robert Fischer, Herrn Ulrich Kögler, Herrn Alfred Gramalla, Herrn Hans Dobmeier)

Atelier & Friends, Grafenau-München-Passau-Wien (Ausstellungsgrafik)

Ing.-Büro Ahlers, Waldetzenberg (Elektroprojektierung)
Firma Altmann, Regensburg (Elektroarbeiten)
Firma Brichta, Dillingen-Hausen (Verdunkelungen)
Firma Eckert, Barbing-Unterheising (Estrich)
Firma Englbrecht, Regensburg (Steinmetz)
Ing.-Büro Filus, Pentling (Statik)
Firma Forstmeier, Haag/Obb. (Ausstellungsarchitektur)
Firma Fürst, Regensburg (Glaserarbeiten)
Firma Güntner, Regensburg (Parkett)
Firma Hecht, Roding (Fliesen)
Firma Hegerl, Hainsacker (Schreinerarbeiten)
Ing.-Büro Hofer + Hölzl, Fürstenfeldbruck (Projektierung Temperierung)
Firma Hofmann, Neutraubling (Bodenleger)
Firma Hörmann GmbH, Regensburg (Leitungsverlegung für Alarm und Brandschutz)
Firma Hüttinger, Nürnberg (Ausstellungstechnik)
Firma Kaiser, Tegernheim (Metallbau)
Firma Koberger, Cham (Lüftung)
Firma Kunzendorf, Bad Abbach (Dachdecker- und Spenglerarbeiten, Abdichtung)
Firma Lichtdesign Ingenieurgesellschaft mbH, Köln (Beleuchtungsprojektierung)
Ing.-Büro Mehringer, Regensburg (Heizungsprojektierung)
Firma Hermann Meier, Regensburg (Steinmetzarbeiten)
Firma Muck, Tegernheim (Stahlbau)
Firma Pfifferling, Regensburg (Trockenbau, Brandschutz)
Firma Schmid, Sinzing (Heizung)
Firma Scholz, Zeitlarn (Natursteinarbeiten)
Firma Schöninger, Eching (Vitrinenbau)
Firma Semmler, Hemau (Zimmererarbeiten)
Firma Siemens, Regensburg (Alarm, Brandschutz)
Firma Smolka, Regensburg (Sanitär)
Firma Spandl, Regensburg (Malerarbeiten)
Firma Strobl, Adlersberg (Glaserarbeiten)
Firma Tausenpfund, Regensburg (Baumeister)
Firma Wimmer, Barbing (Trockenbau)
Fotostudio Zink, Regensburg